古川学園高等学校

〈収録内容〉

■ 2024年度入試の問題・解答解説・解答用紙・「合否の鍵はこの問題だ!!」、2024年度入試受験用の「出題傾向の分析と合格への対策」は、弊社HP の商品ページにて公開いたします。
■ 2018年度は、弊社ホームページで公開しております。
本ページの下方に掲載しておりますQRコードよりアクセスし、データをダウンロードしてご利用ください。

2024 年度 ……………………………… 2024 年10 月 弊社 HP にて公開予定
※著作権上の都合により、掲載できない内容が生じることがあります。

2023 年度 …… 普通科進学・創志コース (数・英・国)
情報ビジネス科・普通科総合コース (数・英・国)

2022 年度 …… 普通科進学・創志コース (数・英・国)
情報ビジネス科・普通科総合コース (数・英・国)

2021 年度 …… 普通科進学・創志コース (数・英・国)
情報ビジネス科・普通科総合コース (数・英・国)

2020 年度 …… 普通科進学・創志コース (数・英・国)

2019 年度 …… 普通科進学コース ・英・国)

2018 年度 …… 普通科進学 英)

解答用紙データ配信ページへスマホでアクセス! ⇒

※データのダウンロードは 2024 年 3 月末日まで。
※データへのアクセスには、右記のパスワードの入力が必要となります。 ⇒ 672935

〈合格最低点〉

※学校からの合格最低点の発表はありません。

本書の特長

実戦力がつく入試過去問題集

- ▶ 問題 …………… 実際の入試問題を見やすく再編集。
- ▶ 解答用紙 …… 実戦対応仕様で収録。
- ▶ 解答解説 …… 詳しくわかりやすい解説には、難易度の目安がわかる「基本・重要・やや難」の分類マークつき（下記参照）。各科末尾には合格へと導く「ワンポイントアドバイス」を配置。採点に便利な配点つき。

入試に役立つ分類マーク

基本 確実な得点源！
受験生の90％以上が正解できるような基礎的、かつ平易な問題。
何度もくり返して学習し、ケアレスミスも防げるようにしておこう。

重要 受験生なら何としても正解したい！
入試では典型的な問題で、長年にわたり、多くの学校でよく出題される問題。
各単元の内容理解を深めるのにも役立てよう。

やや難 これが解ければ合格に近づく！
受験生にとっては、かなり手ごたえのある問題。
合格者の正解率が低い場合もあるので、あきらめずにじっくりと取り組んでみよう。

合格への対策、実力錬成のための内容が充実

- ▶ 各科目の出題傾向の分析、合否を分けた問題の確認で、入試対策を強化！
- ▶ その他、学校紹介、過去問の効果的な使い方など、学習意欲を高める要素が満載！

解答用紙ダウンロード 解答用紙はプリントアウトしてご利用いただけます。弊社ＨＰの商品詳細ページよりダウンロードしてください。トビラのＱＲコードからアクセス可。

UD FONT 見やすく読みまちがえにくいユニバーサルデザインフォントを採用しています。

古川学園高等学校

▶ 交通　「古川駅」下車「中里口」目の前，仙台・栗原・登米・石巻・加美の各方面よりスクールバス運行

〒989-6143　宮城県大崎市古川中里六丁目２番８号
☎0229-22-2545（代表）
https://www.furukawa-gakuen.ac.jp

教育方針

教育基本法並びに学校教育法を遵守し，本校創立の理念をふまえ個々の人格の完成を目指し，平和な国際人・社会人として，また，一人の人間として真理と正義を愛し，その責任を果たし得る自立した心身ともに健全な人間を育成する。

教育目標

■ 人格の完成を目指し，自主性と実践力を持つ人材を育成する。
■ 健康で活力のある生徒を育成する。
■ 国際社会に通用する人格形成を図る。

教育課程

●普通科創志コース

部活動に全力で取り組みつつ，大学への現役合格を見据えた充実のカリキュラムを整備した新コース。「総合探究」の学習に力を入れており，県内大学をはじめ，多くの外部機関と連携した幅広い学びを展開している。2022年度には創志コースとして初の卒業生を送り出し，宮城教育大学や山形大学などの国公立大学にも現役で合格を輩出。部活動においてもインターハイや各種全国大会に出場する生徒が在籍するなど，学業と部活動の両立を実現している。

●普通科進学コース

難関大学への現役合格を目標に掲げるコース。これまで東京大学33名，東北大学242名などの合格実績(全て現役)を持つ。週39時間の授業に加え，得意分野をさらに伸ばし，苦手分野を克服するための自習や補講，さらに勉強合宿を実施。また，カリキュラムに「特別講座」を設定し，運動系，または文化系の活動を展開。心身ともにバランスの取れた健全な人材の育成を目指している。

●普通科総合コース

2年次からは進路希望や興味関心に応じた授業を自ら選択して受講できる「系列選択制」を導入。「文系」「理系」「スポーツ」「福祉・看護」「製菓」の中から選択し，より専門的で深い学びを実現。大学や専門学校への進学，就職，資格取得，そして部活動との両立など，生徒の個性に応じた指導を行い，非常に幅広い多彩な進路選択を実現している。

●情報ビジネス科

就職や大学・専門学校など様々な進路希望に対応。社会の即戦力となるためのスキルを身に付けるため，資格取得やビジネスマナーの指導に力を入れている。2年次からは「系列選択制」を導入し，実務的な資格取得を目指すビジネス系列とパソコン等のスキルアップを目指すＩＴ系列をそれぞれの希望で選択できる。就職に強く，毎年就職内定率100%の実績がある。

部活動

全国優勝15回を誇る女子バレー部を始め，卓球，陸上，野球，ハンドボール，バスケットボール，ソフトテニスなど県内外で活躍する部が多い。文化部では吹奏楽部が全国大会の常連として活躍している。

●運動部

野球(男)，陸上競技(男女)，サッカー（男)，バスケットボール(男)，ハンドボール(男女)，バレーボール(女)，卓球(男女)，ソフトテニス(男女)，バドミントン(男女)，柔道(男女)，剣道(男女)

●文化部

吹奏楽部，新聞，放送，美術，家庭，文芸，ＡＳＣ(パソコン系)，ボランティア

年間行事

4月／入学式，HR合宿(情報・総合・創志)，勉強合宿(進学)
5月／大崎地区高校総体，生徒大会，強歩大会(進学)，スポーツ大会
6月／宮城県高校総体，大学見学研修会(進学)
7月／インターハイ(～8月)，勉強合宿(進学)
8月／オープンスクール
9月／学園祭，オープンスクール
10月／体育祭，芸術鑑賞会，大崎市議会訪問(総合)
12月／関西研修旅行(情報2年，総合2年)，長崎研修旅行(創志2年)，カナダ研修旅行(進学)，勉強合宿(進学)
1月／吉野作造記念館訪問(総合)
2月／卒業生を送る会
3月／卒業式
※諸般の事情につき，研修旅行先は変更になる場合があります。

進　路

●2022年度進学実績(すべて現役での実績　順不同)

〈国公立大学〉
北海道教育大学(1)，北見工業大学(1)，弘前大学(2)，岩手大学(2)，東北大学(3)，宮城教育大学(7)，秋田大学(1)，山形大学(4)，埼玉大学(1)，お茶の水大学(1)，東京外国語大学(1)，新潟大学(1)，釧路公立大学(1)，青森公立大学(1)，秋田県立大学(1)，国際教養大学(1)，名桜大学(1)

〈文科省管轄外，大学校 他〉
防衛医科大学校(5)，防衛大学校(4)，宮城県農業大学校(1)

〈私立大学〉
北海道医療大学(2)，酪農学園大学(1)，岩手医科大学(4)，秋田看護福祉大学(1)，東北医科薬科大学(6)，東北学院大学(35)，東北福祉大学(10)，東北工業大学(7)，宮城学院女子大学(9)，仙台大学(4)，尚絅学院大学(4)，石巻専修大学(6)，東北芸術工科大学(1)，自治医科大学(1)，筑波大学(2)，洗足学園音楽大学(1)，早稲田大学(1)，慶応義塾大学(1)，東京理科大学(1)，法政大学(4)，明治大学(2)，青山学院大学(1)，中央大学(2)，駒澤大学(3)，専修大学(1)，東洋大学(1)，國學院大學(1)，明治学院大学(3)，東京女子大学(2)，日本体育大学(1)，北里大学(1)，東京歯科大学(1)，国立音楽大学(1)，日本大学(1)，文教大学(2)，神奈川大学(9)，神奈川工科大学(1)，フェリス女学院大学(1)，新潟医療福祉大学(1)，金城大学(1)，近畿大学(1)　他多数

〈専門学校〉
宮城調理製菓専門学校(1)，仙台医療福祉専門学校(5)，東北保健医療専門学校(2)，仙台幼児保育専門学校(2)，仙台こども専門学校(3)，宮城高等歯科衛生士学院(2)，仙台接骨医療専門学校(1)，東北電子専門学校(1)，宮城県立大崎高等技術専門学校(1)　他多数

〈就職〉
アルプスアルパイン(株)，(株)アルプス物流，トヨタ自動車(株)，トヨタ自動車東日本(株)，トヨタ紡織東北(株)，THKインテックス(株)，プライムアース(株)，わんや産婦人科医院，医療法人華桜会古川星陵病院，医療法人芳明会香川歯科医院，(株)精工，山崎製パン(株)，尾西食品(株)，太子食品工業(株)，陸上自衛隊　他多数

◎2023年度入試状況◎

学　科	普通科			情報ビジネス科
	進学	創志	総合	
募　集　数	280			60
応募者数	4/103	13/272	97/370	16/106
受験者数	4/103	13/269	97/368	16/104
合格者数	2/99	13/259	97/358	16/102

過去問の効果的な使い方

① **はじめに**　入学試験対策に的を絞った学習をする場合に効果的に活用したいのが「過去問」です。なぜならば，志望校別の出題傾向や出題構成，出題数などを知ることによって学習計画が立てやすくなるからです。入学試験に合格するという目的を達成するためには，各教科ともに「何を」「いつまでに」やるかを決めて計画的に学習することが必要です。目標を定めて効率よく学習を進めるために過去問を大いに活用してください。また，塾に通われていたり，家庭教師のもとで学習されていたりする場合は，それぞれのカリキュラムによって，どの段階で，どのように過去問を活用するのかが異なるので，その先生方の指示にしたがって「過去問」を活用してください。

② **目的**　過去問学習の目的は，言うまでもなく，志望校に合格することです。どのような分野の問題が出題されているか，どのレベルか，出題の数は多めか，といった概要をまず把握し，それを基に学習計画を立ててください。また，近年の出題傾向を把握することによって，入学試験に対する自分なりの感触をつかむこともできます。

過去問に取り組むことで，実際の試験をイメージすることもできます。制限時間内にどの程度までできるか，今の段階でどのくらいの得点を得られるかということも確かめられます。それによって必要な学習量も見えてきますし，過去問に取り組む体験は試験当日の緊張を和らげることにも役立つでしょう。

③ **開始時期**　過去問への取り組みは，全分野の学習に目安のつく時期，つまり，9月以降に始めるのが一般的です。しかし，全体的な傾向をつかみたい場合や，学習進度が早くて，夏前におおよその学習を終えている場合には，7月，8月頃から始めてもかまいません。もちろん，受験間際に模擬テストのつもりでやってみるのもよいでしょう。ただ，どの時期に行うにせよ，取り組むときには，集中的に徹底して取り組むようにしましょう。

④ **活用法**　各年度の入試問題を全問マスターしようと思う必要はありません。できる限り多くの問題にあたって自信をつけることは必要ですが，重要なのは，志望校に合格するためには，どの問題が解けなければいけないのかを知ることです。問題を制限時間内にやってみる。解答で答え合わせをしてみる。間違えたりできなかったりしたところについては，解説をじっくり読んでみる。そうすることによって，本校の入試問題に取り組むことが今の自分にとって適当かどうかが，はっきりします。出題傾向を研究し，合否のポイントとなる重要な部分を見極めて，入学試験に必要な力を効率よく身につけてください。

数学

各都道府県の公立高校の入学試験問題は，中学数学のすべての分野から幅広く出題されます。内容的にも，基本的・典型的なものから思考力・応用力を必要とするものまでバランスよく構成されています。私立・国立高校では，中学数学のすべての分野から出題されることには変わりはありませんが，出題形式，難易度などに差があり，また，年度によっての出題分野の偏りもあります。公立高校を含め，ほとんどの学校で，前半は広い範囲からの基本的な小問群，後半はあるテーマに沿っての数問の小問を集めた大問という形での出題となっています。

まずは，単年度の問題を制限時間内にやってみてください。その後で，解答の答え合わせ，解説での研究に時間をかけて取り組んでください。前半の小問群，後半の大問の一部を合わせて50％以上の正解が得られそうなら多年度のものにも順次挑戦してみるとよいでしょう。

英語

英語の志望校対策としては，まず志望校の出題形式をしっかり把握しておくことが重要です。英語の問題は，大きく分けて，リスニング，発音・アクセント，文法，読解，英作文の5種類に分けられます。リスニング問題の有無(出題されるならば，どのような形式で出題されるか)，発音・アクセント問題の形式，文法問題の形式(語句補充，語句整序，正誤問題など)，英作文の有無(出題されるならば，和文英訳か，条件作文か，自由作文か）など，細かく具体的につかみましょう。読解問題では，物語文，エッセイ，論理的な文章，会話文などのジャンルのほかに，文章の長さも知っておきましょう。また，読解問題でも，文法を問う問題が多いか，内容を問う問題が多く出題されるか，といった傾向をおさえておくことも重要です。志望校で出題される問題の形式に慣れておけば，本番ですんなり問題に対応することができますし，読解問題で出題される文章の内容や量をつかんでおけば，読解問題対策の勉強として，どのような読解問題を多くこなせばよいかの指針になります。

最後に，英語の入試問題では，なんと言っても読解問題でどれだけ得点できるかが最大のポイントとなります。初めて見る長い文章をすらすらと読み解くのはたいへんなことですが，そのような力を身につけるには，リスニングも含めて，総合的に英語に慣れていくことが必要です。「急がば回れ」ということわざの通り，志望校対策を進める一方で，英語という言語の基本的な学習を地道に続けることも忘れないでください。

国語

国語は，出題文の種類，解答形式をまず確認しましょう。論理的な文章と文学的な文章のどちらが中心となっているか，あるいは，どちらも同じ比重で出題されているか，韻文(和歌・短歌・俳句・詩・漢詩)は出題されているか，独立問題として古文の出題はあるか，といった，文章の種類を確認し，学習の方向性を決めましょう。また，解答形式は，記号選択のみか，記述解答はどの程度あるか，記述は書き抜き程度か，要約や説明はあるか，といった点を確認し，記述力重視の傾向にある場合は，文章力に磨きをかけることを意識するとよいでしょう。さらに，知識問題はどの程度出題されているか，語句(ことわざ・慣用句など)，文法，文学史など，特に出題頻度の高い分野はないか，といったことを確認しましょう。出題頻度の高い分野については，集中的に学習することが必要です。読解問題の出題傾向については，脱語補充問題が多い，書き抜きで解答する言い換えの問題が多い，自分の言葉で説明する問題が多い，選択肢がよく練られている，といった傾向を把握したうえで，これらを意識して取り組むと解答力を高めることができます。「漢字」「語句・文法」「文学史」「現代文の読解問題」「古文」「韻文」と，出題ジャンルを分類して取り組むとよいでしょう。毎年出題されているジャンルがあるとわかった場合は，必ず正解できる力をつけられるよう意識して取り組み，得点力を高めましょう。

数学

出題傾向の分析と合格への対策

●出題傾向と内容

本年度の出題数は，普通科進学・創志コース(Aとする)が大問5題，小問23題，情報ビジネス科・普通科総合コース(Bとする)が大問6題，小問25題で，例年並みの出題数であった。両コースとも，1は10題の小問群から成っていて，数・式の計算，因数分解，方程式，関数，資料の整理，図形などから基本的な問題が出題されている。2以降については，Bの大問4が図形の小問群であることを除けば，それぞれのテーマごとに数題の関連する小問で構成されている。範囲は広い。なお，両コースとも基本重視で応用力・思考力もみる良問であるが，Aの問題の方がやや難しい。

✔学習のポイント

弱点分野をつくらないようにして，教科書の例題や練習問題を確実に解ける実力を養っておこう。

●2024年度の予想と対策

来年度も本年度とほぼ同じレベルの問題が，小問数にして，25題前後出題されるだろう。

どの問題も，中学数学の基本的な知識や考え方が身についているか，そして，それを応用していく力があるかが確かめられるように工夫されて出題されると思われる。あらゆる分野の基礎を固めておくことが大切である。数量分野では確実な計算力が要求される。関数分野では直線の式の求め方，変化の割合等について正確に理解しておこう。図形分野も定理や公式を正しく使いこなせるようにしておくことが大切である。確率はさいころやカードなどいろいろなタイプの問題を一通り学習しておこう。

▼年度別出題内容分類表 ……

※普通科進学・創志コースをA，情報ビジネス科・普通科総合コースをBとする。

		出題内容	2019年	2020年	2021年	2022年	2023年
数と式		数の性質	A	A	A	A	AB
		数・式の計算	AB	AB	AB	AB	AB
		因数分解	B	B	AB	AB	AB
		平方根	B	AB	B	B	AB
方程式・不等式		一次方程式	B	AB	B	AB	AB
		二次方程式	AB	AB	AB	B	AB
		不等式					
		方程式・不等式の応用	AB	A	A	AB	A
関数		一次関数	AB	AB	A	AB	AB
		二乗に比例する関数	AB	AB	AB	AB	A
		比例関数	A	B	AB	AB	
		関数とグラフ	AB	AB	AB	AB	AB
		グラフの作成					
図形	平面図形	角度	AB	AB	AB	AB	AB
		合同・相似	AB		B	AB	A
		三平方の定理	AB	AB		AB	
		円の性質	AB	B	AB	B	B
	空間図形	合同・相似		B		A	
		三平方の定理	B				AB
		切断					
	計量	長さ	AB	AB	A	AB	AB
		面積	AB	AB	A	AB	AB
		体積	AB	B	B	A	AB
		証明			B		
		作図					
		動点			A		
統計		場合の数					B
		確率	AB	AB	AB	AB	A
		統計・標本調査	B	AB	AB	A	AB
融合問題		図形と関数・グラフ	AB	AB	B	AB	AB
		図形と確率		A		A	
		関数・グラフと確率		A			
		その他					A
その他						B	B

古川学園高等学校

英語

出題傾向の分析と 合格への対策

●出題傾向と内容

本年度は，普通科進学・創志コースでは語句補充問題2題，語句整序問題，会話文問題2題，短文の読解問題1題，長文読解問題3題，情報ビジネス科・普通科総合コースでは発音問題，アクセント問題，強勢の問題，語彙問題2題，語句補充問題，語句整序問題，会話文問題2題，長文読解問題が2題出題された。

語句補充問題と語句整序問題は，基本的な文法事項を問う問題が中心。

会話文問題は，語句や文を補う問題だった。

長文読解問題はいずれのコースも英文の量がかなり多く，指示語の問題や英問英答問題も出題された。

✔学習のポイント

基本的な文法事項・会話表現をしっかり押さえ，総合的に学習しよう。長めの文章をたくさん読む練習も必要である。

●2024年度の予想と対策

来年度も本年度と同様の出題となることが予想される。

全体的に語彙の知識を問う問題が多いので，まずは基本的な単語や熟語をしっかり覚えることが重要である。

長文読解問題は量が多いので，教科書レベルの英文を数多く読んで短い時間で内容をつかむ練習をしておこう。

文法問題については，基礎レベルの問題集を利用して，教科書で学習した文法事項をしっかり復習しておこう。

発音，アクセント，強勢についてもおろそかにしないよう，声に出して読む練習も必要だ。

▼年度別出題内容分類表 ……

※普通科進学・創志コースをA，情報ビジネス科・普通科総合コースをBとする。

	出題内容	2019年	2020年	2021年	2022年	2023年
話し方・聞き方	単語の発音	B	B	B	B	B
	アクセント	B	B	B	B	B
	くぎり・強勢・抑揚	B	B	B	B	B
	聞き取り・書き取り					
語い	単語・熟語・慣用句	AB	AB	AB	AB	AB
	同意語・反意語					
	同音異義語					
読解	英文和訳(記述・選択)	A				A
	内容吟味	B	AB	AB	AB	AB
	要旨把握				A	A
	語句解釈	A				B
	語句補充・選択		AB	A	A	A
	段落・文整序					AB
	指示語	AB	AB	AB	AB	A
	会話文	AB	AB	AB	AB	AB
文法・作文	和文英訳					
	語句補充・選択	AB	AB	AB	AB	AB
	語句整序	AB	AB	AB	AB	AB
	正誤問題					
	言い換え・書き換え				A	A
	英問英答	A	A	AB	A	
	自由・条件英作文					
文法事項	間接疑問文		B	A	B	A
	進行形	B	A	A		B
	助動詞	AB	AB	A	AB	AB
	付加疑問文	A			B	
	感嘆文					
	不定詞	AB	AB	AB	AB	B
	分詞・動名詞	AB	B	AB	AB	AB
	比較	AB	A	AB	A	B
	受動態	AB	A	A	AB	
	現在完了	AB	AB	AB	A	AB
	前置詞	A		A		
	接続詞	A	AB	AB	B	
	関係代名詞	A	AB		AB	

古川学園高等学校

国語

出題傾向の分析と 合格への対策

●出題傾向と内容

情報ビジネス科・普通科総合コースは論理的文章と文学的文章が1題ずつ，古文1題の大問3題，普通科進学・創志コースは資料読み取りを加えた大問4題の構成であった。

論理的文章は長さ・内容は標準的である。普通科進学コースでは資料の読み取りが出題された。

文学的文章はやや長く，心情を中心に的確な読解が必須である。

いずれの現代文も漢字や語句の意味など知識分野が組み込まれている。内容の正誤問題も必出で全体の要旨をとらえる必要がある。

古文は短めで読みやすいが，仮名遣いや口語訳のほか，内容に関する読解も出題され，古文の基礎的な力が要求されている。

全体として総合的な国語力が試される内容である。

学習のポイント

内容を的確に読み取り，全体を把握しよう！
基礎的な知識分野を積み上げておこう！
古文の作品に数多く触れておこう！

●2024年度の予想と対策

現代文2題に古文1題という問題構成は今後も続くと見られる。資料読み取りの出題にも慣れておきたい。

現代文の論理的文章では新聞の社説などを要約するなど，内容を把握する力をつけておきたい。文学的文章では小説の他に過去には随筆文も出題されているので，短編小説や短い随筆文などを通して心情読解に慣れておきたい。

知識分野では漢字のほか，語句の意味や同義語・対義語なども着実に積み重ねておこう。

古文は仮名遣いや古語の意味など基礎的な力をつけ，多くの作品を読んで古文に慣れておくことが重要だ。

▼年度別出題内容分類表 ……

※普通科進学・創志コースをA，情報ビジネス科・普通科総合コースをBとする。

出題内容			2019年	2020年	2021年	2022年	2023年
内容の分類	読解	主題・表題					B
		大意・要旨	AB	AB	AB	AB	AB
		情景・心情	AB	AB	AB	AB	AB
		内容吟味	AB	AB	AB	AB	AB
		文脈把握	AB	AB	AB	AB	AB
		段落・文章構成			AB		
		指示語の問題	AB	B	AB	AB	AB
		接続語の問題	B	B	AB	B	B
		脱文・脱語補充	AB	AB	AB	AB	AB
	漢字・語句	漢字の読み書き	AB	AB	AB	AB	AB
		筆順・画数・部首	A	A	A	A	A
		語句の意味	AB	B	AB	AB	AB
		同義語・対義語	B				
		熟語					
		ことわざ・慣用句	A	B		B	A
	表現	短文作成					
		作文(自由・課題)					
		その他					
	文法	文と文節					
		品詞・用法	A	A	A	A	A
		仮名遣い	AB	B	AB	AB	AB
		敬語・その他			B		
	古文の口語訳		AB	AB	A	AB	AB
	表現技法				AB	AB	AB
	文学史		B		B	B	
問題文の種類	散文	論説文・説明文	AB	AB	AB	AB	AB
		記録文・報告文					
		小説・物語・伝記	AB	AB	AB	AB	AB
		随筆・紀行・日記					
	韻文	詩					
		和歌(短歌)			AB		
		俳句・川柳					
	古文		AB	AB	AB	AB	AB
	漢文・漢詩						

古川学園高等学校

2023年度 合否の鍵はこの問題だ!!

(普通科進学・創志コース)

数学 1 (10), 3 (3), 4 (3), 5 (2)・(3)

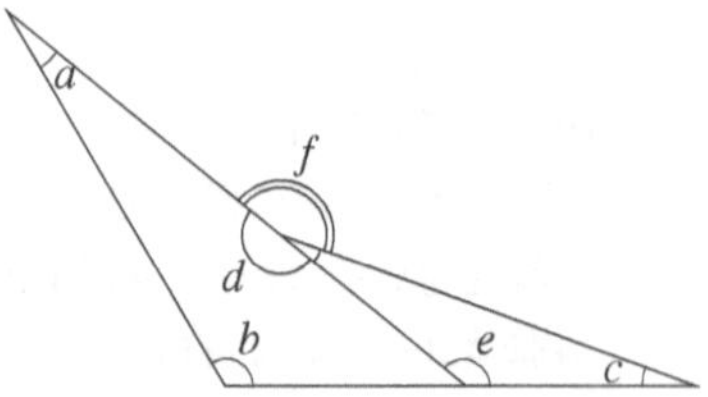

1 (10)　本問題は,「四角形の内角の和は360°である」ことから答えられた人も多かったと思うが,この図は,中学数学の図形範囲で最も重要な定理「三角形の外角はその隣りにない2つの内角の和に等しい」を理解する上でよく使われる図である。

右図で,$\angle e=\angle a+\angle b$　$\angle f=\angle e+\angle c$　よって,$\angle f=\angle a+\angle b+\angle c$　よって,$(\angle a+\angle b+\angle c)+\angle d=\angle f+\angle d=360°$と考えてもよい。

3 (3)　3点の座標がわかっている三角形の面積の求め方はいろいろある。本文解説では(4)の問題につなげやすいように点Bを通るACに平行な直線を引く方法を用いた。他の方法についても研究しておこう。

図1

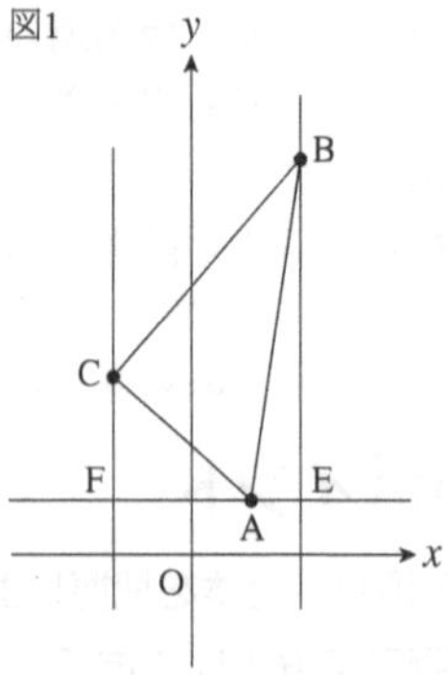

図2

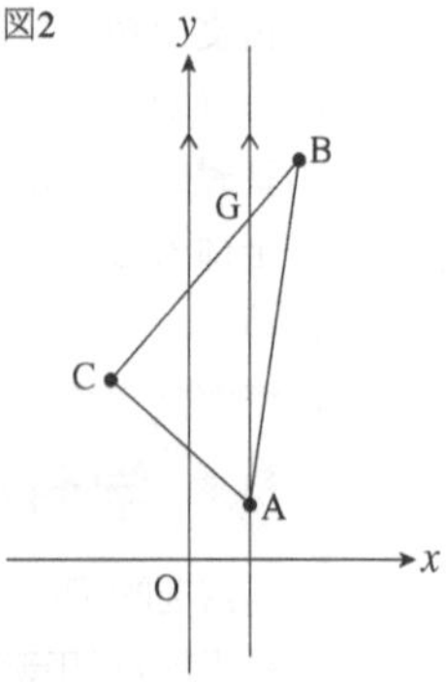

＜図1の方法＞　点Aを通るx軸に平行な直線と点B,Cを通るy軸に平行な直線との交点をそれぞれE,Fとする。△ABC＝(台形EBCF)－△ABE－△ACF $=\frac{1}{2}\times(\text{BE}+\text{CF})\times\text{EF}-\frac{1}{2}\times\text{AE}\times\text{BE}-\frac{1}{2}\times\text{AF}\times\text{CF}=\frac{1}{2}\times(8+3)\times5-\frac{1}{2}\times2\times8-\frac{1}{2}\times3\times3=\frac{55}{2}-\frac{16}{2}-\frac{9}{2}=15$

＜図2の方法＞　Aを通るy軸に平行な直線を引き直線BCとの交点をGとする。直線BCの傾きは,$\frac{9-4}{3-(-2)}=1$　$y=x+b$とおいて(3, 9)を代入すると,$9=3+b$　$b=6$　直線BCの式は$y=x+6$なので,点Gのy座標は$y=1+6=7$　よって,AG＝6　△ABC＝△BAG＋△CAG　AGを底辺とみると高さはそれぞれ点B,点Cから直線AGまでの距離だから,$\triangle\text{ABC}=\frac{1}{2}\times6\times2+\frac{1}{2}\times6\times3=15$

4 (3)　素数は1とその数自身の2つしか約数を持たない数である。2の倍数,3の倍数,5の倍数,7の倍数,11の倍数,…は素数ではない。2つのさいころを投げて作る36個の数字のうち,一の位の数が偶数であればその数は2の倍数なので素数ではない。一の位の数が5であればその数は5の倍数なので素数ではない。11,13,21,23,31,33,41,43,51,53,61,63の中から3の倍数を除くと,素数は,11,13,23,31,41,43,53,61の8個である。

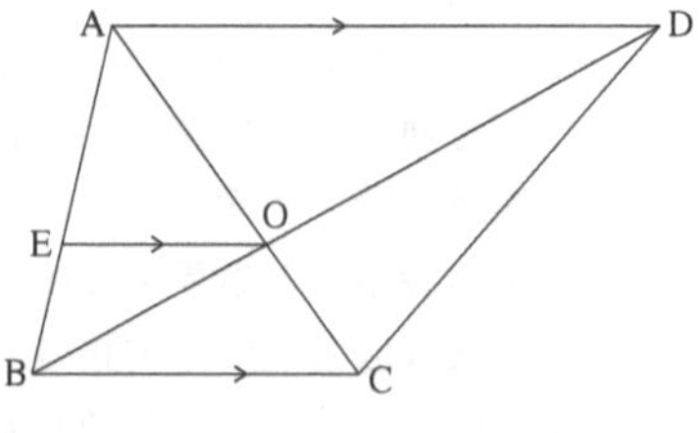

5 (2),(3)　平行線と線分の比の関係はいつでも使えるように練習しておこう。右図で,AD//EO//BCであるとき,AD：CB＝5：3であれば,AO：CO＝DO：BO＝5：3　AO：AC＝5：(5＋3)＝5：8　EO：BC＝AO：AC＝5：8　EO：AD＝BO：BD＝3：(3＋5)＝3：8

＊過去問題集を中学数学の総復習のつもりで活用しよう。

英語 H

読解問題で確実に得点できるようにすることが，合格への近道である。その中でも，Hの長文読解問題は比較的長い文章なので，正確に読み取る必要がある。長文読解に取り組むときには以下の点に注意をして取り組みたい。

①設問に目を通し，空欄や下線部以外の問題がないかどうか確認する。本問においては問6，7が該当する。

②文整序の問題は，事前に選択肢を読み，内容を把握しておく。

③段落ごとに読み進める。

④その段落に問題となる部分があれば，その場で読んで解く。

以上のように読み進めれば，すばやく問題を処理できるだろう。また，読むときにはきちんと日本語に訳しながら読むことが大切である。用いられている文法や英単語は難しいものは使われていないので，教科書に出てくる例文はぜひ暗唱できるまで繰り返したい。そして，問題集や過去問を用いて練習を積むことが大切である。

国語 第一問 問九

★合否を分けるポイント

本文の内容に合致しているものには①を，そうではないものには②をマークする問題である。本文の要旨をとらえ，選択肢の説明の正誤を見極められているかがポイントだ。

★選択肢の正誤を具体的に確認する

選択肢の説明と，本文で該当する箇所を確認していく。Aは，本文の「今は，LINEがどこまでも追いかけてくる。……常にレスを求められる」「『今の若者は……追いつけている自分に安心するために(コンテンツを)早送りしています』」といった内容の要旨になっているので合致している。Bの「大量の時間を対象に費やすことで」は，本文の「……若者たちが，『何かについてとても詳しいオタクに憧れている』にもかかわらず，『膨大な時間を費やして……読んだりすることを嫌う』」という内容と合致しない。Cの「変化の激しい社会の中において」は，本文で「会社組織」のこととして述べている「『……さまざまな部署……を経て，多方面にわたるスキルを身につける……ジェネラリストこそが，広い視野で物事を見ることができる』」では述べていないので合致しない。Dは，本文の「Z世代は……個性的でありたい。その結果，オタクに憧れる」「ただ，憧れの存在であるオタクに近づくためには，本来たくさんの作品を観る必要がある」「しかし彼らは……とにかく効率良く生きたい……これは倍速視聴の動機と根を同じくするもの」といった内容の要旨になっているので合致している。Eの「オタクになりたいと思う若者が増えたことを背景に」は，本文の「『……今の若者は，コミュニティでの自分が息をしやすくするため，追いつけている自分に安心するために早送りしています』」という内容と合致しない。このように，正誤問題では選択肢の説明と本文で該当する箇所を丁寧に確認することが必須だが，正しい選択肢では本文そのままではなく，言い換えた要旨になっている場合が多い。また，正しくない選択肢では，本文の語句を用いながらも一部だけが違う場合が多いので，選択肢の説明の一字一句を丁寧に確認することが重要だ。

MEMO

大切なことはメモしておこうネ！

ダウンロードコンテンツのご利用方法

※弊社 HP 内の各書籍ページより，解答用紙などのデータダウンロードが可能です。

※巻頭「収録内容」ページの下部 QR コードを読み取ると，書籍ページにアクセスが出来ます。（Step 4 からスタート）

Step 1　東京学参 HP（https://www.gakusan.co.jp/）にアクセス

Step 2　下へスクロール『フリーワード検索』に書籍名を入力

Step 3　検索結果から購入された書籍の表紙画像をクリックし，書籍ページにアクセス

Step 4　書籍ページ内の表紙画像下にある『ダウンロードページ』を

クリックし，ダウンロードページにアクセス

Step 5　巻頭「収録内容」ページの下部に記載されている

パスワードを入力し，『送信』をクリック

解答用紙・+αデータ配信ページへスマホでアクセス！ ⇒

※データのダウンロードは 2024 年 3 月末日まで。

※データへのアクセスには，右記のパスワードの入力が必要となります。 ⇒ ●●●●●●

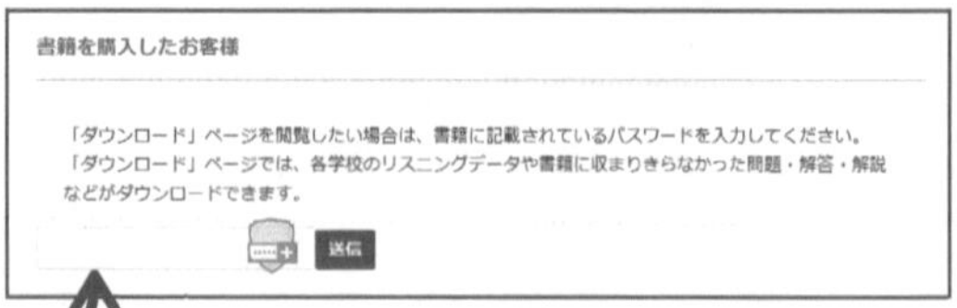

Step 6　使用したいコンテンツをクリック

※ PC ではマウス操作で保存が可能です。

2023年度

★★★★★★★★★★★★★★★★★★★★★★★★

入　試　問　題

2023年度

古川学園高等学校入試問題（普通科進学・創志コース）

【数　学】（50分）　＜満点：100点＞

1から5までの［　］のア～おに入る適当な数を１つずつ解答用紙にマークしなさい。

1 以下の問いに答えなさい。

(1) $\left(-\frac{3}{4}\right)^2 \div \frac{1}{2} - \frac{1}{8} =$ ［ア］である。

(2) $a = -2$，$b = 5$ のとき，$a + 3b - (2a - b)$ の値は，［イ｜ウ］である。

(3) １次方程式 $\frac{3x-2}{5} = \frac{2x-1}{3}$ を解くと，$x = -$［エ］である。

(4) １次関数 $y = \frac{2}{3}x - 1$ において，x の増加量が６のとき，y の増加量は，［オ］である。

(5) n を正の整数とする。$\sqrt{\frac{45}{2}n}$ が整数となる n の値のうち，最も小さい値は，［カ｜キ］である。

(6) $(x+y)^2 - 9y^2$ を因数分解すると，$(x+$［ク］$y)(x-$［ケ］$y)$ である。

(7) ２次方程式 $x^2 + x - 3 = 0$ を解くと，$x = \frac{-［コ］\pm\sqrt{［サ｜シ］}}{［ス］}$ である。

(8) 下の表は，あるクラスで行われた数学のテストの点数を調べ，度数分布表に整理し，まとめたものである。このテストの点数の最頻値は，［セ｜ソ］点である。

点数	度数（人）
0以上　20未満	2
20～　40	0
40～　60	1
60～　80	5
80～　100	6
計	14

(9) 底面の半径が３㎝，高さが５㎝の円すいの体積は，［タ｜チ］π ㎝^{3}である。

(10) 下の図において，

$\angle a + \angle b + \angle c + \angle d =$ ［ツ｜テ｜ト］°である。

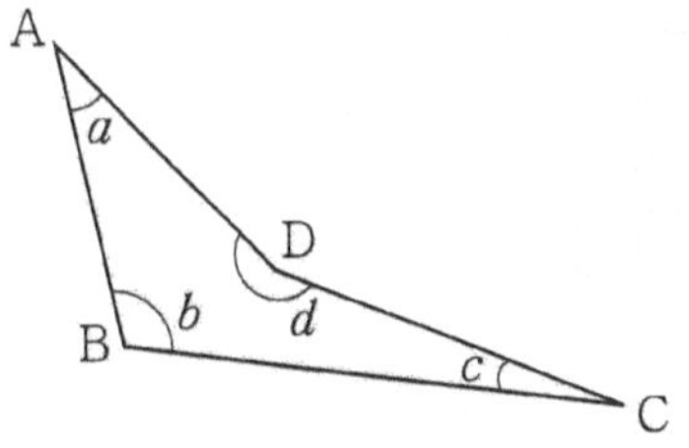

2　下の表は，ある中学校で全生徒を対象に血液型を調査し，１年生，２年生それぞれについて学年全体の生徒数に対する割合を整理し，まとめたものである。また，１年生の生徒数は２年生の生徒数よりも10人少ないことがわかっている。このとき，以下の問いに答えなさい。

１年生

血液型	割合（%）
A型	40
O型	30
B型	20
AB型	10

２年生

血液型	割合（%）
A型	45
O型	35
B型	15
AB型	5

⑴　１年生の生徒数を x 人とするとき，２年生のA型の生徒数は，$\frac{\text{ナ}}{20}(x+\text{ニヌ})$ 人である。

⑵　A型の生徒数は，１，２年生あわせて81人であった。このとき，１年生のB型の生徒数は，［ネ］［ノ］人である。

3　右の図のように，３点A（１，１），B（３，９），C（－２，４）が，関数 $y=ax^2$ のグラフ上にあるとき，以下の問いに答えなさい。

⑴　a の値は，［ハ］である。

⑵　２点A，Cを通る直線の式は，$y=-x+$［ヒ］である。

⑶　△ABCの面積は，［フ］［ヘ］である。

⑷　y 軸上に点Pを，△PCAの面積が△ABCの面積の半分となるようにとる。このとき，Pの座標は(０,［ホ］)である。ただし，Pの y 座標は正とする。

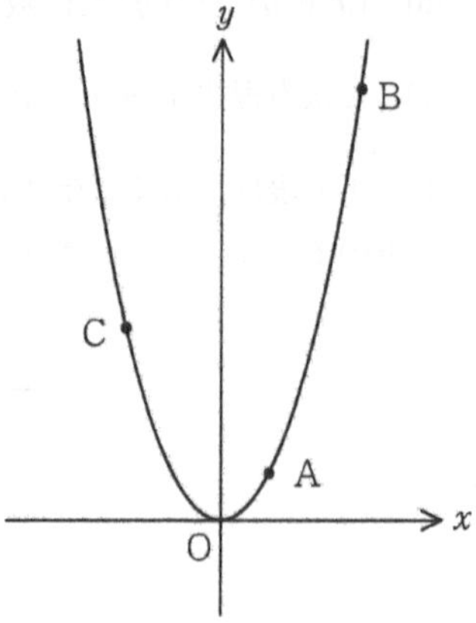

4　２つのさいころA，Bを同時に１回投げ，Aの出た目の数を十の位の数，Bの出た目の数を一の位の数として２けたの整数 x をつくる。このとき，以下の問いに答えなさい。

⑴　$x=11$となる確率は，$\frac{\text{マ}}{\text{ミム}}$ である。

⑵　x が偶数となる確率は，$\frac{\text{メ}}{\text{モ}}$ である。

⑶　x が素数となる確率は，$\frac{\text{ラ}}{\text{リ}}$ である。

5　下の図のような∠ABC＝∠BAD＝90°，AB＝BC＝3㎝，CD＝$\sqrt{13}$㎝の台形ABCDがある。対角線ACとBDの交点をOとするとき，以下の問いに答えなさい。

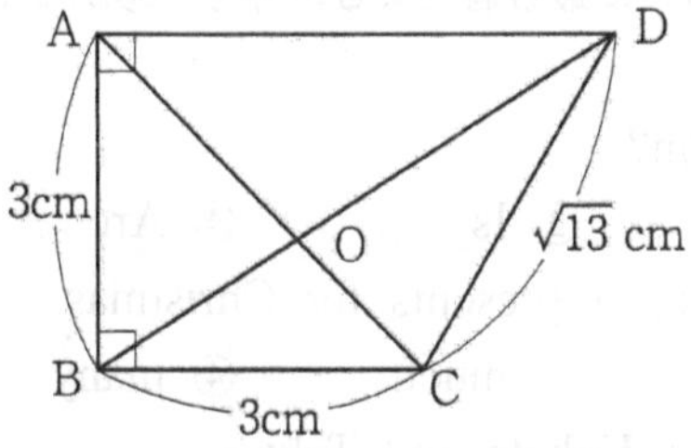

(1)　AD＝ ル ㎝である。

(2)　△ODAと相似な三角形を以下の①～④から１つ選ぶと， レ である。

①△ABC　②△OAB　③△OBC　④△OCD

(3)　△OABの面積は，$\frac{\text{ロ　あ}}{\text{い　う}}$ cm^2である。

(4)　台形ABCDを，辺BCを軸として１回転させてできる立体の体積は， え お π cm^3である。

【英　語】（50分）　＜満点：100点＞

A．次の英文の（　）に入れるのに最も適当なものを①～④から１つずつ選び，番号をマークしなさい。〔解答番号は[1]～[10]〕

1　（ [1] ）they late again?
① Was　② Do　③ Is　④ Are

2　I'm going to buy（ [2] ）presents for Christmas.
① a little　② little　③ much　④ many

3　The train runs（ [3] ）Hakata and Tokyo.
① among　② in　③ between　④ during

4　Which do you like（ [4] ），cats or dogs?
① good　② well　③ much　④ better

5　（ [5] ）is this animal called in English?
① How　② What　③ Which　④ Who

6　My mother（ [6] ）sick since last Friday.
① is　② was　③ has been　④ did

7　（ [7] ）too much is not good.
① Eat　② Ate　③ To eat　④ Eats

8　Look at that（ [8] ）chair.
① breaking　② broke　③ breaks　④ broken

9　The girl（ [9] ）I saw at the party is from Australia.
① who's　② whose　③ that　④ which

10　You'll get well（ [10] ）you go to bed soon.
① if　② and　③ but　④ or

B．次の英文の（　）に入れるのに最も適当なものを①～④から１つずつ選び，番号をマークしなさい。〔解答番号は[11]～[15]〕

1　I live with my father and mother.　My mother has a brother.　He is my（ [11] ）.
① uncle　② cousin　③ aunt　④ daughter

2　Sally likes the（ [12] ）which her mother makes.　It is very delicious.
① soap　② soup　③ ship　④ sheep

3　I came back home late.　So I（ [13] ）on the light first.
① put　② took　③ turned　④ made

4　My dream is to go abroad.　So I'm going to learn（ [14] ）English and French to study in Europe.
① others　② either　③ some　④ both

5　One of the（ [15] ）to keep the health is to eat balanced meals.　It is effective for you to live longer.
① roads　② lives　③ goods　④ ways

C．次の日本語の意味を表す英文となるように与えられた語（句）を並べかえたとき，(⑯)～(㉑)に入る語（句）を１つずつ選び，番号をマークしなさい。ただし，文頭に来る語も小文字になっている。〔**解答番号は⑯～㉑**〕

1　あなたは何時にリンダが来るか知っていますか。

Do you know (　　)(　　)(　　)(⑯) come?

① will　② Linda　③ what　④ time

2　私は12時までに空港に行かなければなりません。

I (　　)(　　)(⑰)(　　) twelve.

① by　② go　③ must　④ to the airport

3　ここから駅までどれくらいありますか。

How (　　)(⑱)(　　)(　　) here to the station?

① it　② from　③ far　④ is

4　今晩映画にいきませんか。

(　　)(⑲)(　　)(　　) to a movie tonight?

① don't　② why　③ go　④ you

5　郊外に通じている道は車でいっぱいです。

The road (　　)(　　)(⑳)(　　) of cars.

① to the country　② full　③ is　④ leading

6　あなたはタイ料理を食べたことがありますか。

Have (　　)(㉑)(　　)(　　) food?

① you　② ever　③ Thai　④ eaten

D．次の対話文の（　）に入れるのに最も適当なものを①～④から一つずつ選び，番号をマークしなさい。〔**解答番号は㉒～㉖**〕

1　**A**: Can you cook?

B: (㉒).

① Yes, Mike can cook very well.

② No, I have many cooking books.

③ Yes, I can cook as well as my mother.

④ No, I'm not.

2　**A**: My sister likes to travel. She has been to Kyoto several times.

B: Really? I'll go there next month. (㉓)

A: She'll be glad to help you.

① I'd like to ask her what to see.　② I'd like to tell her where to go.

③ I asked her how to travel.　④ I told her when to visit.

3　**A**: Aren't you a college student?

B: (㉔)

① Yes, I'm not.　② Yes, you are.

③ No, you aren't.　④ No, I'm not.

4 **A**: Have a nice day. Bye.
B: (25)
① Me, too. ② Not at all.
③ It's cloudy. ④ Thanks. Same to you.

5 **A**: How's your sister?
B: She is very sick today.
A: (26) I hope she'll be fine soon.
① That's famous. ② That's wonderful.
③ That's so good. ④ That's too bad.

E．次の会話文の（ ）に入れるのに最も適当なものを，下の①～⑥の中から１つずつ選び，番号をマークしなさい。〔**解答番号は27～32**〕

Helen: (27) I really like it! Do you know it, Kana?
Kana: Yes, it's a popular Japanese song.
Helen: (28)
Kana: It's coming from a mobile phone. Especially young people get the *latest information through SNS. By the way, mobile phones are not so expensive in Japan now. (29)
Helen: Mobile phones are inexpensive in my country, too. They are very useful.
Kana: That's right.
Mobile phones are so small that we can carry them.
Helen: But using mobile phones is dangerous in my country.
For example, (30)
Kana: That's a problem in Japan, too. Some people talk loudly on the phone on the train or bus, and they don't think about the other people around them.
Helen: That's true.
Kana: So, I think mobile phones have both good points and bad points.
Helen: Exactly. (31)
Kana: I think so, too.
Helen: Listen! (32)
Kana: No. This music is not from a mobile phone. It's from those traffic lights. Let's run before they change to red.

*latest 最新の

① Where is it coming from?
② I see some drivers who use a mobile phone while driving.
③ What a wonderful song!
④ Another phone is ringing.
⑤ We must think about others when we use our mobile phones.
⑥ How about in your country?

F. 次の英文はあるレストランのお客様アンケートである。これを読み，あとの問に答えなさい。〔解答番号は㉝～㉞〕

*Customer Satisfaction Survey

Thank you for eating at Osaki Ken's Diner. Please take a moment to answer some simple questions. Your opinions will be a great help to make our service better.

Was the waiter polite to you?

Did we give you friendly service?

Were you satisfied with our service?

Did you like our new uniforms?

What did you order today?

Please put this *questionnaire in the box placed at the cashier. Don't forget to write your name and address. We are going to send you a free lunch coupon later.

Thanks again.

Name: ____________________

Address : ____________________

＊Customer Satisfaction Survey　お客様満足度調査　＊questionnaire　アンケート

1　The questionnaire is about〔解答番号は㉝〕

① the food.　② the service.　③ the price.　④ the menu.

2　If you answer the questionnaire, you will〔解答番号は㉞〕

① have 10% discount.　② send a free lunch coupon.

③ get better service.　④ get a free lunch coupon.

G. 次の英文は，5年前に亡くなった祖母が加代子（かよこ）にあてて残した手紙を英語に訳したものです。これを読み，問1～問5に答えなさい。〔解答番号は㉟～㊴〕

Happy 16th Birthday, Kayoko,

I'm sure that you've become a fine young woman. ① <u>You'll be surprised when your father gives you this letter.</u> I'm now sitting on the bed in the hospital and writing this letter. I'd like to talk with you about peace when you turn 16, but I don't think I'll live that long. So, I said to your father, "Give this letter to Kayoko on her 16th birthday."

When I was 16 years old, World War II ended. My father never came back from the war. There were six children in my family. My mother worked hard on a farm and we helped her every day after school. But we couldn't get enough food for our family. Sometimes we ate rice only once a day. Through this experience, I learned that peace is one of the most important things in our lives.

② Have you ever seriously thought about peace? Maybe you haven't, because you may think ③ peace is like the air around you. I don't think so. There have been wars in the world since World War II ended. Peace is *fragile. Keeping peace requires effort, and everyone should take responsibility for peace. This may sound difficult, but you should try.

Kayo-chan, I hope you'll have a good life in the future. I also hope there are no more (38) in the world. I'll always love you.

*fragile　こわれやすいもの

問１　下線部①のように加代子の祖母が考えた理由として，最も適当なものを次の①～④から選び番号をマークしなさい。〔解答番号は35〕

① 戦争が起こっている地域からの手紙をもらうから。
② 戦時中は十分な食料が手に入らなかったことを伝えたから。
③ 加代子の16歳の誕生日に祖母は入院中だったから。
④ 亡くなった祖母からの手紙を受け取ることになるから。

問２　下線部②の日本語訳として，最も適当なものを次の①～④から選び番号をマークしなさい。〔解答番号は36〕

① あなたも平和について真剣に考えてくれませんか。
② あなたは平和についてこれまで真剣に考えたことがありますか。
③ あなたはこれまでに何度，平和の大切さを考えたことがありますか。
④ あなたは平和についての真剣な考えを持っていますか。

問３　下線部③が表している内容として，最も適当なものを次の①～④から選び番号をマークしなさい。〔解答番号は37〕

① we can't live without air
② you can lose air very easily
③ peace is given to us without any effort
④ you are able to live without peace

問４　本文中の（38）に入れるのに最も適当なものを次の①～④から選び番号をマークしなさい。〔解答番号は38〕

① letters　② children　③ peace　④ wars

問５　加代子の祖母が最も伝えたかったことを次の①～④から選び番号をマークしなさい。〔解答番号は39〕

① People didn't have enough food after World War II.
② The world has seen many wars since the end of World War II.
③ Only strong countries should take responsibility for peace.
④ There will be peace in the world when everyone works for it.

H． 次の英文を読み，問１～問７に答えなさい。〔解答番号は40～46〕

It was five years ago, but I still remember that Christmas day. Before that day, I believed Santa Claus lived in this world. I believed so because he gave me a nice present every year and my parents always said, "Santa comes because he loves you." But on that day, I understood there was no Santa. I was not sad to know that, but I was very happy.

I joined a photo club when I entered junior high school, but I didn't have my own camera. My friend had a nice camera and said to me, "㋐ Why don't you ask your father to buy you a camera?" I felt a little sad to hear that. I knew my family was not rich. Also, I just wanted to stay away from my father. So I didn't ask him. I didn't know why I was like that. I talked with my mother a lot, but not with him. I knew it was not a good thing for me and my father. On Christmas Eve, I wrote this letter:

"Dear Santa,

I'm afraid you won't come this year because I don't think you love me. I'm a bad girl because I stay away from my father. I don't know why I'm like that. I want to change myself, but I can't. I feel it's like winter staying in my heart and spring will never come.

Betty"

The next day, I found a present with this card:

"Dear Betty,

I know you are a good girl. I want you to know [イ]. *I always love you, Betty.*

Santa Claus"

I was very happy to get the kind words and the present, I opened the box and found a camera. "Oh, Santa! How did you know I wanted a camera?" I was so happy that I began to dance with ㋒ it. Then, a small piece of paper fell from it. I picked up the paper and found something on it - the name of a store in my town and my father's name. It was a *warranty card for the camera my father bought.

After a few minutes, I understood everything. I understood my father always thought of me. I also remembered his eyes were always warm when he looked at me. I said in a small voice, "I found another Santa [エ] loves me most. I feel my winter is leaving and spring is coming. I love you, ㋔ my Santa."

*warranty card （製品などの）保証書

問１　下線部㋐の意味を変えずに文を書き換えた場合，最も適切な文を①～④から選び，番号をマークしなさい。〔解答番号は40〕

① How about asking your father to buy you a camera?

② Why do you want to ask your father to buy you a camera?

③ You should not ask your father to buy you a camera.
④ I don't know why you want to buy a camera.

問２　［イ］に入れるのに最も適切なものを①～④から選び，番号をマークしなさい。
〔解答番号は41〕
① spring never comes after cold winter
② spring will not come
③ winter never stays in the same place
④ you will have snow soon

問３　下線部㋒が示すものを最も適切に表しているものを①～④から選び，番号をマークしなさい。〔解答番号は42〕
① a photo　② a camera　③ a letter　④ a card

問４　［エ］に入れるのに最も適切なものを①～④から選び，番号をマークしなさい。
〔解答番号は43〕
① who　② which　③ what　④ whose

問５　下線部㋔が示すものを最も適切に表しているものを①～④から選び，番号をマークしなさい。〔解答番号は44〕
① Mother　② Father　③ Betty　④ Betty's friend

問６　Bettyが述べた思い出の出来事を古いものから順番に並び替えたとき，最も適切なものを①～④から選び，番号にマークしなさい。〔解答番号は45〕
ア　I believed Santa Claus lived in this world.
イ　Santa gave me a camera with a warranty card.
ウ　I understood that my father was Santa Claus.
エ　I entered junior high school and joined a photo club.
オ　I wrote in a letter to Santa, "It's like winter staying in my heart."
① ア → エ → オ → イ → ウ　② ア → オ → エ → ウ → イ
③ イ → ア → オ → エ → ウ　④ イ → エ → オ → ウ → ア

問７　本文の表題として，最も適切なものを①～④から選び，番号にマークしなさい。
〔解答番号は46〕
① Spring—Santa's Other Present　② Camer—The Thing Ｉ Bought
③ Santa—Someone Ｉ Don't Like　④ Love—Something Santa Lost

Ⅰ．次の英文を読み，本文の内容と一致するものを①～④の中から一つずつ選び，番号をマークしなさい。〔解答番号は47～51〕

*New Orleans, Louisiana is a city in America. It has a long and interesting history, but it is most famous for music, especially jazz. Jazz is a kind of music that *originated in the African-American communities of New Orleans in the late 19th and early 20th centuries. In fact, many people say that jazz was first played there. People come from all over the world to see jazz musicians in the city and listen to their music.

But in September, 2005, there was a big *hurricane called Katrina. It was strong and huge hurricane and many stores and houses were destroyed, and most people had to leave the city. After the hurricane, they wanted to return, but many didn't have jobs or places to stay.

Volunteer groups around America started working hard to help the people from New Orleans. John and his friend Juan wanted to help the musicians, so they started a new volunteer group called Katrina's Piano Fund. A lot of musicians couldn't work because they lost their *instruments in the hurricane. John and Juan thought the best way to help was to find instruments, so they asked people for their old pianos and guitars. After a few months, they were able to collect more than 200 instruments for New Orleans' musicians. Many of the instruments were used for a big music festival that was held in New Orleans in April and May, 2006.

Thanks to John and Juan, many musicians were able to start playing in bands, teaching music, and making CDs again. The instruments have helped the musicians in New Orleans and brought back the music that makes the city special.

*New Orleans, Louisiana ルイジアナ州ニューオーリンズ　*originated 起源をもつ，起こる
*hurricane ハリケーン　*instruments 楽器

1 Why do people from many countries visit New Orleans?〔解答番号は47〕
① To buy instruments.
② To listen to jazz music.
③ To travel to other American cities
④ To study history at a university there.

2 What did John and his friend Juan do after the hurricane?〔解答番号は48〕
① They built houses for people.
② They started a volunteer group.
③ They looked for jobs in other cities.
④ They found places for people to stay.

3 What did John and Juan ask people to do?〔解答番号は49〕
① Buy their new CD.
② Move to New Orleans.
③ Give them old instruments for musicians.
④ Learn more about the city of New Orleans.

4 What happened in April and May, 2006 in New Orleans?〔解答番号は50〕
① There was a music festival.
② There was a big hurricane.
③ Juan stopped working.
④ John started a new band.

5 What is this story about?〔解答番号は51〕

① The life of a famous jazz musician.

② The most popular band in America.

③ A volunteer group that helps musicians.

④ A new kind of music that is popular in America.

① 喜ばしいことに　② はなはだ
③ 盛んに　④ すばらしく

y 「うつろひさぶらふなり」
① 変化するものなのです　② 散るものなのです
③ 色とりどりになるのです　④ 一斉に咲くのです

z 「わびしき」
① つらい　② 待ち遠しい　③ 寂しい　④ 腹立たしい

問五 〜〜〜線部A〜Dの主語にあたる人物を、「児」なら①を、「僧」なら②を、それぞれ一つずつマークして答えなさい。**解答番号はA＝46、B＝47、C＝48、D＝49。**

問六 〜〜〜線部E「よよと泣きければ」の現代語訳として最も適当なものを、次の①〜④のうちから一つ選びなさい。**解答番号は50。**

① わあわあ激しく泣いていても
② わあわあ激しく泣いたら
③ わあわあ激しく泣いたというのは
④ わあわあ激しく泣いたので

問七 ⑴「児」と⑵「僧」の会話文は、それぞれどこからどこまでですか。最も適当なものを、各群の①〜④のうちからそれぞれ一つずつ選びなさい。**解答番号は⑴＝51、⑵＝52。**

⑴ 「児」の会話文
① 桜ははかなき〜さのみぞさぶらふ、
② 風のはげしく〜思ふがわびしき
③ わが父の作りたる〜うたてしやな。
④ 桜の散らんは〜思ふがわびしき

⑵ 「僧」の会話文
① この花の散るを〜うつろひさぶらふなり。
② などかうは〜さのみぞさぶらふ、
③ この花の散るを〜さのみぞさぶらふ、
④ 桜ははかなき〜苦しからず。

第四問　次の『宇治拾遺物語』の一節を、本文の左側の小文字の現代語訳も参考にしながらよく読んで、後の問いに答えなさい。なお「児（ちご）」とは、修行などのために寺に入った少年のことです。

これも今は昔、**ア**ゐなかの児の比叡（ひえ）の山へ登りたりけるが、桜の**x**めでたく咲きたりけるに、風のはげしく吹きけるを**A**見て、この児さめざめと泣きけるを見て、僧の**イ**やはら**B**寄りて（そっと）、などかうは（どうしてこのように）**ウ**泣かせたまふぞ。この花の散るを、**エ**惜しう覚えさせたまふか。桜ははかなきものにて、かく程（ほど）なく（このようにすぐに）**y**うつろひさぶらふなり。されども、さのみぞ（それだけのことですよ、）**オ**さぶらふ、と**C**慰めければ、桜の散らんは、あながちにいかがせん（どうこうできることではありませんから、）、苦しからず（かまいません）。わが父（てて）の作りたる麦の花の散りて、実の入（い）らざらん思ふが**z**わびしきと言ひて、**D**さくりあげて、**E**よよと泣きければ、うたてしやな（なんともがっかりさせられる話ではないか。）。

問一　「比叡の山」にある寺院は何ですか。次の①～④のうちから一つ選びなさい。**解答番号は36**。

①　唐招提寺　②　法隆寺　③　金剛峯寺　④　延暦寺

問二　――線部**ア**「ゐなか」・**イ**「やはら」・**ウ**「泣かせたまふぞ」・**エ**「惜しう」・**オ**「さぶらふ」を、すべてひらがなで現代仮名遣いに改めたものとして最も適当なものを、各群の①～④のうちからそれぞれ一つずつ選びなさい。**解答番号はア＝37、イ＝38、ウ＝39、エ＝40、オ＝41**。

ア　ゐなか
①　えなか　②　ぬなか　③　いなか　④　おなか

イ　やはら
①　やわら　②　やえら　③　ようら　④　ゆうら

ウ　泣かせたまふぞ
①　なかせたみゅうぞ　②　なかせたみょうぞ
③　なかせたまいぞ　④　なかせたもうぞ

エ　惜しう
①　おしく　②　おしょう　③　おしい　④　おしゅう

オ　さぶらふ
①　さぶりゅう　②　さぶろう
③　さぶらい　④　さぶろい

問三　‖線部の太字の「**を**」のカタカナの書き順として最も適当なものを、次の①～④のうちから一つ選びなさい。**解答番号は42**。

①　亅→十→オ
②　一→十→オ
③　フ→ヲ
④　一→ニ→ヲ

問四　――線部**x**「めでたく」・**y**「うつろひさぶらふなり」・**z**「わびしき」の意味として最も適当なものを、各群の①～④のうちからそれぞれ一つずつ選びなさい。**解答番号はx＝43、y＝44、z＝45**。

x　「めでたく」

（図4）

◆コロナ禍は、自身が描く将来設計（人生・生き方・暮らし方の計画・選択）に対し影響を与えたか

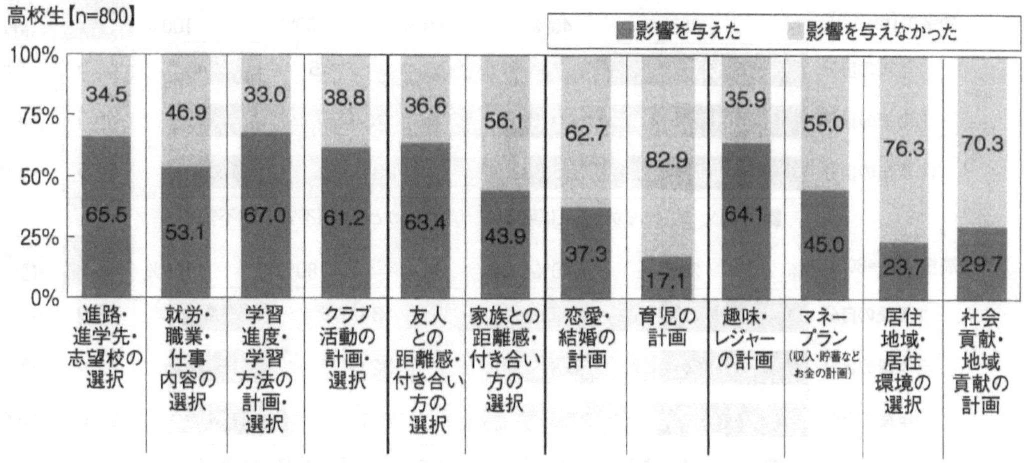

（図5）

◆コロナ禍は、自身が描く将来設計のうち、【進路・進路先・志望校の選択】に対しどのような影響を与えたか［複数回答形式］
対象:コロナ禍が【進路・進学先・志望校の選択】に影響を与えたと回答した人

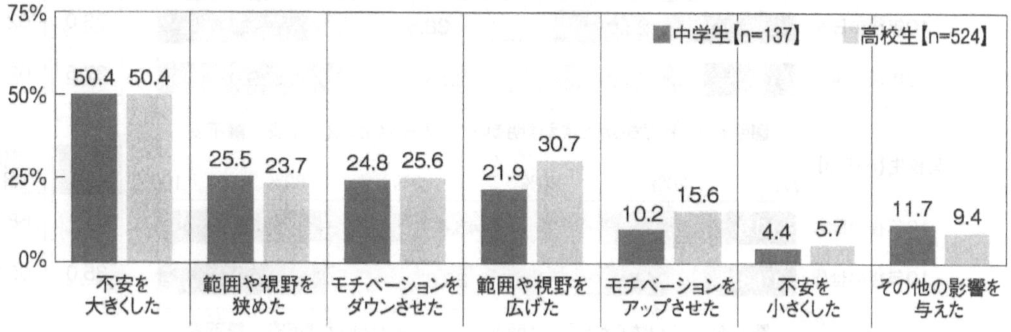

（図1～5　ソニー生命調べ）

（図1）

◆自身の将来について、明るい見通しをもっているか、不安を抱いているか［各単一回答形式］

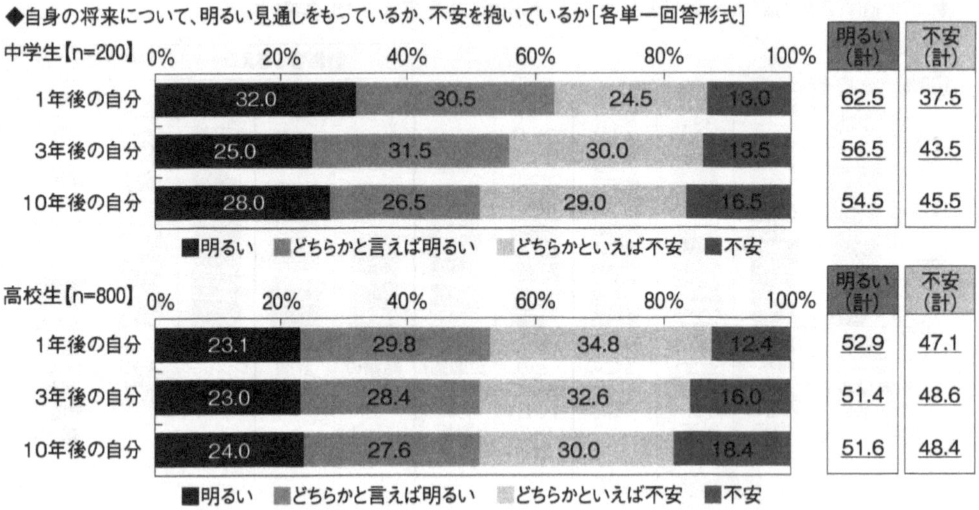

（図2）

◆日本や世界の将来について、明るい見通しをもっているか、不安を抱いているか［各単一回答形式］

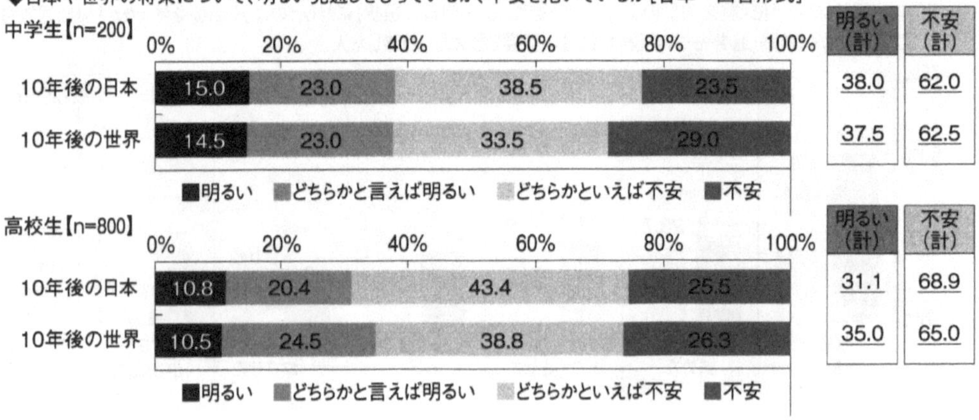

（図3）

◆コロナ禍は、自身が描く将来設計（人生・生き方・暮らし方の計画・選択）に対し影響を与えたか

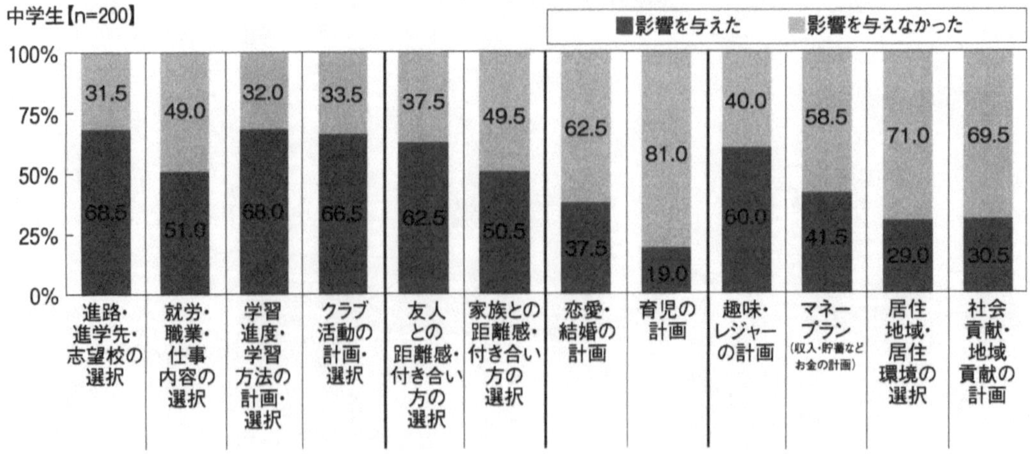

生よりも不安を抱く割合はさらに高く、日本の近未来に対して明るい見通しを持てない高校生は、約七割に上る。

図1・2からは、（　Ⅳ　）実情が明らかとなった。

また、図3～5において、コロナ禍が将来設計に影響を与えたかを聞いたところ、中学生の六八・五％、高校生の六五・五％が「進路・進学先・志望校の選択に影響を与えた」と回答。さらに中学生・高校生の（　Ⅴ　）が「学習進度・学習方法の計画・選択に影響を与えた」と答えた。進路に関する具体的な影響については、「不安を大きくした」「範囲や視野を狭めた」「モチベーションをダウンさせた」等があげられ、（　Ⅵ　）ようすがうかがえた。

Ⅰ
① 明るい見通しを持っている人の割合に大きな変化は見られない
② 不安を感じている人の割合に大きな変化は見られない
③ 三年後、十年後と遠くなるほど不安が増えている
④ 三年後、十年後と遠くなるほど不安が少なくなる

Ⅱ
① 一年後、三年後、十年後での変化は少ないが、中学生よりも不安の比率が多くなっている
② 一年後、三年後、十年後と遠くなるほど、不安と答えた中学生と高校生の差が大きくなる
③ 一年後、三年後、十年後での変化は少なく、中学生よりも明るい見通しを持つ人の割合が高い
④ 一年後、三年後、十年後と遠くなるほど、不安と答えた人の割合が高くなっていく

Ⅲ
① 日本には明るい見通し、世界には暗い見通しを持っている
② 日本には暗い見通し、世界には明るい見通しを持っている
③ 日本にも世界にも、明るい見通しを感じている
④ 日本にも世界にも、暗い見通しを感じている

Ⅳ
① 自分だけでなく国や世界全体の将来に対して客観的である
② 自分だけでなく国や世界全体の将来に対して悲観的である
③ 自分だけでなく国や世界全体の将来に対して楽観的である
④ 自分だけでなく国や世界全体の将来に対して主観的である

Ⅴ
① 七割弱
② 七割強
③ 六割弱
④ 六割強

Ⅵ
① 情緒的な影響は大きくなかった
② 直接的な影響は大きくなかった
③ 心理面への正の影響が大きかった
④ 心理面への負の影響が大きかった

子の心情として**ふさわしくない**ものを、次の①～⑤のうちから一つ選びなさい。**解答番号は28**。

① 一之瀬時男が少し前にそうであったように、今度はりつ子が一之瀬時男の言葉にどう答えてよいものか、当惑している。

② 一之瀬時男が自分のことを思いのほか理解していたが、先ほどまでの出まかせの発言の手前、引っ込みがつかなくなっている。

③ 一之瀬時男に意地を張って、今更自分のしたいことを素直に認めることができずに、咄嗟（とっさ）に相手の言葉を肯定できずにいる。

④ これまでの一之瀬時男に対するよからぬ印象から、最初は嫌悪感を抱いたものの、意外な話に言葉が出なくなっている。

⑤ 一之瀬時男が自分の行きたい学校ややりたいことを言い当てたことに、以前からの印象と重ねて薄気味の悪さを感じている。

問八 ――線部**オ**「いいえ、ともう一度、言った」とありますが、この表現に見えるりつ子の心情の説明として最も適当なものを、次の①～⑤のうちから一つ選びなさい。**解答番号は29**。

① 「もう一度」とあるが、一度目の「いいえ」は建前で答え、二度目の「いいえ」は本音で答えていると言える。

② 「もう一度」とあるが、一度目の「いいえ」は建前で答え、二度目の「いいえ」も建前で答えていると言える。

③ 「もう一度」とあるが、一度目の「いいえ」は本音で答え、二度目の「いいえ」も本音で答えていると言える。

④ 「もう一度」とあるが、一度目の「いいえ」は本音で答え、二度目の「いいえ」は建前で答えていると言える。

⑤ 「もう一度」とあるが、一度目と二度目どちらの「いいえ」も、これ以上一之瀬時男の話を聴く気がないことを暗示している。

第三問

次の資料（16ページ～15ページ）は、中高生が思い描く将来についての調査結果です。これらのグラフを読んで、後の問いに答えなさい。

問一 図1～5について述べた次の文章の空欄に入る最も適当な語句を、後の各群の①～④のうちから、それぞれ一つずつ選びなさい。**解答番号はⅠ＝30、Ⅱ＝31、Ⅲ＝32、Ⅳ＝33、Ⅴ＝34、Ⅵ＝35**。

図1は、自身の将来（一年後、三年後、十年後）について、明るい見通しをもっているか、不安を抱いているかを聞いたものである。中学生は、「明るい」と「どちらかといえば明るい」の合計が、「一年後の自分」では六二・五％「三年後の自分」では五六・五％、「十年後の自分」では五四・五％である。明るい将来を考えている中学生の方が多い一方で、（　Ⅰ　）。高校生の回答に目を向けると、「明るい」と「どちらかといえば明るい」の合計は、「一年後の自分」では五二・九％、「三年後の自分」では五一・四％、「十年後の自分」では五一・六％である。中学生に比べて、（　Ⅱ　）。半数近い高校生が、近い未来にも遠い未来にも明るい像を描けていないと言える。

図2において、質問対象を「日本や世界の将来」とすると、中学生の「不安」と「どちらかといえば不安」の合計は、「十年後の日本」六二・〇％、「十年後の世界」六二・五％、高校生の「不安」と「どちらかといえば不安」の合計は、「十年後の日本」六八・九％、「十年後の世界」六五・〇％で、（　Ⅲ　）ことが分かる。高校生では中学

d「改める」
① 思い直す
② 相手を見直す
③ 気持ちを切り替える
④ 思ったことを取り消す
⑤ 調べて確かめる

問四 ――線部**ア**「変に調子づいてしまったおじさんの的外れな言葉に反論することもなく」とはどういうことですか。その説明として**ふさわしくない**ものを、次の①～⑤のうちから一つ選びなさい。**解答番号は25**。

① おじさんが「変に調子づいてしまった」のは、りつ子たちが先を争って自分の作った綿菓子を受け取ろうとしたためである。
② おじさんの言葉が的外れなのは、りつ子たちが一之瀬時男の視線から逃れようとしたことをおじさんが知らないためである。
③ 「おじさんの的外れな言葉」とは、自分の作った一つの綿菓子を、りつ子たちがけんかするほど必死に待っていたと思い込んだおじさんの誤解による発言を指す。
④ 「反論することもなく」とは、りつ子たちの各々が、他の友達より早く綿菓子が食べたかった弁解を、あえてしなかったことを指す。
⑤ 「反論することもなく」とは、りつ子たちが「けんかするなするな」と言われたことを、あえて訂正しなかったことを指す。

問五 ――線部**イ**「言葉が口から勝手に飛び出した」とありますが、それはなぜですか。その説明として最も適当なものを、次の①～⑤のうちから一つ選びなさい。**解答番号は26**。

① 夏祭りで見かけた一之瀬時男に対する嫌悪感から、その姉と同じ中学校に心底行く気がしなくなったから。
② 一之瀬時男が口にした中学校に受かる自信がなかったので、その気持ちを無意識に隠したいと思ったから。
③ 夏祭りで見かけた一之瀬時男に対する印象との落差から、彼が尋ねてきた質問に、咄嗟（とっさ）に素直に答える気になれなかったから。
④ 自分が入学を熱望する中学校の制服を着た姿を、一之瀬時男の主観によって想像されることだけは耐えられなかったから。
⑤ 自分の名前を知っていて、自分が入学を熱望する中学校に先回りして足を踏み入れていた一之瀬時男を恨んでいるから。

問六 ――線部**ウ**「……何だよ。うそだろ」とありますが、これ以降の一之瀬時男についての説明として最も適当なものを、次の①～⑤のうちから一つ選びなさい。**解答番号は27**。

① 自分の姉の存在をりつ子に聞いてほしかっただけだったのに、りつ子の機嫌が悪く、予想外のことに動揺している。
② りつ子と村の他の子を区別し、自分の姉に重ねていたが、りつ子の答えが意外と考えていたのと違っていて失望している。
③ りつ子が村の他の子と違い新しいことをしている姿に好印象を抱いているが、りつ子の警戒した様子に、態度を改めている。
④ りつ子の受験を激励するつもりが、りつ子が自分を非常に嫌っていたことを知り、思わぬ会話の行方に驚愕（きょうがく）している。
⑤ 自分に対して姉と同様の行動をとるりつ子への好意をそれとなく伝えたが、りつ子が冷たいので伝えたのを後悔している。

問七 ――線部**エ**「今度は私が黙った」とありますが、このときのりつ

「ずっと一人で塾通って、頑張ってきたんじゃねえかよ」

「……」

「お母さん、寒い日も、立って待っててくれてたじゃねえかよ。反対なんかしてないだろ」

「……」

「おれは、あんたが合格するまで、ちゃんと送り届けるのが仕事だと思ってたんだよ。伊球磨じゃなくったっていいよ」

「……」

「おれがこんなことを言い出したからか」

いいえ、と答えた。

「ごめんね。悪かった。忘れてほしい」

オいいえ、ともう一度、言った。（西川美和『１９８３年のほたる』による）

【注】※１「あの古びたプレハブ」…バスの終点である神和田村にあり、最終便の運転手は翌朝始発を運転して街へ出るまで、そこで寝泊りした。

※２「鏡越し」…運転席の上のミラー越し、ということ。

※３「佐野さんや、益本のおばさん」…バスの常連客。

問一　═線部（ⅰ）～（ⅴ）の「の」を文法的に同じもの同士に分類したものとして最も適当なものを、次の①～⑤のうちから一つ選びなさい。**解答番号は19**。

① （ⅰ）／（ⅱ）（ⅳ）／（ⅲ）（ⅴ）
② （ⅰ）（ⅲ）／（ⅳ）（ⅴ）／（ⅱ）
③ （ⅰ）／（ⅱ）（ⅴ）／（ⅲ）（ⅳ）
④ （ⅱ）（ⅳ）／（ⅰ）（ⅲ）／（ⅴ）
⑤ （ⅱ）（ⅴ）／（ⅰ）（ⅲ）／（ⅳ）

問二　――線部Ｘ「言葉が、わたしを勝手に裏切っていった」に見られる表現技巧として最も適当なものを、次の①～⑤のうちから一つ選びなさい。**解答番号は20**。

① 直喩　② 隠喩　③ 擬人法
④ 倒置法　⑤ 体言止め

問三　――線部ａ～ｄの語句の意味として最も適当なものを、次の各群の①～⑤のうちから、それぞれ一つずつ選びなさい。**解答番号はａ＝21、ｂ＝22、ｃ＝23、ｄ＝24**。

ａ「はつらつとして」
① 若作りで
② 生き生きして
③ 年相応で
④ 初心に返って
⑤ 威勢がよくて

ｂ「気のおけない」
① 意気投合できない
② 油断ならない
③ 不思議と落ち着く
④ 遠慮の要らない
⑤ 頻繁に会っている

ｃ「胸さわぎ」
① 落ち着かない気持ち
② 何かが起こる予感
③ 相手の魅力に引かれる気持ち
④ 嫌な予感で不安に思う気持ち
⑤ 恋の予感

生や高校生を見ても、ただのガキにしか見えないのに、不思議と伊球磨の子だけはいまだに自分より年上みたいに思えちゃうんだよ」

鏡の中に、もう一度、あのぬらりとした目が戻ってきていた。

「来年からあんたも伊球磨の制服を着たら――」

「伊球磨には行きません」

イ言葉が口から勝手に飛び出した。

「受験も、やめてしまうかもしれません」

一之瀬時男は黙った。

「家の人も、反対してるし、他の人と一緒に、地元の神和田中学校に行きます」

「どうして」

「別に、神和田中でいいと思ったからです。外ではわたしなんか、通用しないんです。友だちもいるし、神和田にいるほうが、楽しいです」

不思議なくらいに口が動いた。X言葉が、わたしを勝手に裏切っていった。

「友だちか」

「……」

「また新しいのができるじゃないか。これまでの友だちだって、友だちでなくなるわけじゃない」

「そんなわけにはいかないと思います」

「どうして」

「そんなわけにはいかないとこだから」

「ウ……何だよ。うそだろ」

「え……うそじゃないです」

「だって色々、やってみたいことや、見たいものがあったんじゃないの」

エ今度はわたしが黙った。

「気、悪くされると困るんだけどな」

一之瀬時男はそう前置きをして、少しの間考えて、話し始めた。

「言っちゃ悪いけど、あんたの村は小さくて、何をしようにも何もないよな。おれの生まれたところも似たようなもんなんだよ。つまんねえとこなんだよ。うちの姉貴、それがたまらなくて、一人で中学から寮に入ってさ。新しい友だちに影響されて、将来は医者になるとか、言ってた。医者なんて、女が。おれんちのほうでは誰も考えもしないようなことだよ。たまに帰ってくるたびに、たくさん本買って帰ったり、レコード聴かせてくれたりした。そんで、おまえも早く、少しでも広いところに出たほうがいい、っておれに何度も言って聞かせてたけど、こっちはボーッと鼻垂らしたガキだったから、聞き流してるうちに姉貴はぽこっと死んじゃったの。高校二年生の暮れ。それっきり、そんな言葉も流したきりで、思い出したのは、もう、すっかり色々、後悔したあと」

よくしゃべるのにも驚いたけど、ぽこっと死ぬ、なんて、何のことかと思った。わたしはいよいよ言葉を失ってしまった。けれどどうしてお姉さんがそんなことになったのかにふれないまま、一之瀬時男は続けた。

「休みの終わる日の夕方、おれらを置いて、寮に戻っていく時の姉貴は、毎回寂しそうだったけど、でもいい感じだったんだよなあ。考えてみれば村の外の中学に行くことくらい、別にたいしたことでもないのかもしれないけど、とにかく何でも新しいことをしようとする奴は、寂しくて、さっそうとしていて、おれはいいと思う」

「……」

ることも、話題にすることもためらってしまった。それっきり、その姿を見かけることはなく、わたしたちはまた、年に一度の夏祭りを、ぼんぼりの消えるまで楽しんだ。けれど、いつもよりも濃い闇の降りた帰り道の間も、わたしの目の奥には、一之瀬時男の長く伸びた前髪のすき間にぬるっと光った白目の意外な青さが、あざやかに残って消えることはなかった。

美恵ちゃんにも、知佳ちゃんにも、気づかれなかっただろうか。わたしたちが三人ほぼ同時に目をそむける直前に、あの、誰も寄せ付けないような、冷たくてどんよりとしたまなざしが、一瞬だけ、ゆるんだこと。

あの人、わたしがわかったのだ。

元々知り合いなんかじゃないし、あいさつなんてする間がらじゃない。夏祭りでお互いに目が合ったというだけで、どうというわけでもないのに、その晩以来、塾帰りのバスが、わたしにとってはなんだかたまらなく c胸さわぎのする場所になってしまったのだ。

「りつ子さんだろ」

「はい」

※2鏡越しの目の光に圧倒されて、思わず返事が、口からもれてしまった。どうしてわたしの名前を知っていて、どうしてあんたがそれを呼ぶのか、とはとても聞けない雰囲気だった。

「あんた、桐靖（とうせい）女子へ行くの」

「え」

「中学校」

「いえ」

「じゃあ、伊球磨（いくま）学園？」

「まだ、わかりません」

一之瀬時男は、夏祭りの夜のことを持ち出す様子はない。

「伊球磨には、むかしうちの姉貴が行っててさ。一度だけ、学園祭に行ったことがある。あそこの校舎は、真っ白くって、ぴかぴかで、気持ちがいいよ」

知ってるよそんなこと。

浜島まで出る用事があると、ついでにとお母さんにねだって、バスを乗り継いで、もう何度も伊球磨学園を見に行った。その校舎の外壁は、たしかに白すぎるほど白くて、目にまぶしかった。受験の日には、とにかくあの校舎の中に入れるんだ、と思ったら、それだけでじんわりと胸が熱くなった。その伊球磨学園に、一之瀬時男が足をふみ入れているなんて、何だか先回りされて見張られているようで、不愉快だった。わたしの進学のことを知っているのも、わたしの名前を知っているのも、※3佐野さんや、益本のおばさんとのおしゃべりを盗み聞きしていたからに違いない。いやらしい。だいたい伊球磨学園に通う人の弟が、こんな奴だなんて、信じられない。うそ言ってるのじゃないか。わたしは顔を上げ、d改めるようにして運転席の上のミラーを確かめた。けれどその中には、黒い制帽のつばだけが、ゆらゆらと小刻みにゆれていた。

「おれ、まだ小学生だったから、中学生や高校生の姉さんたちが焼きそば売ってたり、お化け屋敷なんかやってたりするのが、珍しくてねえ。楽しかったな」

わたしは黙ったままだったが、一之瀬時男はかまわず続けた。

「こっちへ回る前は、伊球磨へ行く路線に乗ってたんだけどさ、他の中学て、そんな姿を人目にさらして何とも思わない無神経さが、無性にかんにさわった。それでもわたしはその背中から目をそらすことができず、そしてなぜだが、一之瀬時男を知っていることも見ていることも、美恵ちゃんにも知佳ちゃんにも決してさとられまいとしていた。

　すると突然、それまで固まったように動かなった背中が、一瞬ぶるっとけいれんし、ぺしゃり、と水風船が水面に落ちる音が続いた。そしてそのまぬけな音とはうらはらに、

「ああっ、くそッ」

と、ひどいかんしゃくの色を帯びた、いがらっぽい声が、ちょうどおはやしの合間をぬうように響いた。

　なにあれ。美恵ちゃんが気づいた。

　知佳ちゃんもふり返った。

　水風船屋のおじさんは苦笑いをして、一之瀬時男の手からちぎれたこよりの釣り糸を受け取ると、どれにしましょ、と声をかけて一之瀬時男に水風船を選ばせ、一つを水槽からすくい上げた。

（中略）

　一之瀬時男が、こっちへ歩いてきた。

　指に通したゴムひもにつるされた黄色い水風船が、手の平にはじかれるでもなく、つぶされて毛をむしられた鶏みたいにだらんとぶら下がっていた。

　あわてて顔をそらしたわたしたちの後ろを素通りして、となりの焼イカ屋の前で立ち止まると、はい、らっしゃい、と声をかけるおじさんにポケットからつかみ出した小銭を手渡して、焼き上がったばかりのイカを受け取り、そのままお礼も言わずに大きな口を開けてその肉にかぶりつぃた。裂け目からあふれ出る熱い湯気を避けるようにゆがめた口の端から、一瞬、真っ赤な歯茎がのぞいた。

　わたしたちは三人とも、ぴたりとおしゃべりをやめてその様子に見入っていた。

　すると今度は、突然向こうがぎろりとこちらに視線を返してきた。怖いくらい静かな目つきだった。にちゃくちゃと、口だけが別の生き物みたいに動いていた。

　わたしたちは三人とも、声を出すこともできずに、ただ息を呑（の）んだ。

「あい、おまたせ」

　綿菓子屋のおじさんのその声を、わたしたちがどれだけ待ちこがれていたか。ようやくでき上がった一つの綿菓子にすがりつくように、一之瀬時男の視線から逃れて、三人いっせいに手を伸ばした。

　ええい、けんかするなするな、すぐ次作るから、と（ア）変に調子づいてしまったおじさんの的外れな言葉に反論することもなく、ただわたしたちは黙って、大きなモーター音と共にたらいの中にもやもやとたまっていく綿を見つめることにした。

　やがて背中のすぐ後ろを、たらり、たらりとサンダルの音が引きずられていき、甘い綿菓子の匂いに焼イカの生臭い匂いが、むう、と混じった。わたしは自分の（ⅰ）綿菓子をなめるの（ⅱ）も忘れて、きゅうっと酸っぱく口を閉ざし、焼イカの（ⅲ）匂いの（ⅳ）薄まるの（ⅴ）を待った。たぶんわたしたちは三人とも、心の中で同じようなことを思ったはずだ。だけどそれを誰もうまく口にすることができず、そのまま、さっき見た男のほうをもう一度見

ついた。行きのバスや、日曜日の昼間に乗る時の運転手さんたちは、どの人ももう少し年をとっているけれど、みんな[a]はつらつとして、ほのぼのと優しい雰囲気の人たちだ。わたしたちが降りる時や両替えをお願いする時なんかには、きまって一言、二言、言葉をそえてくれるものだけれど、この人だけはいかにも子供がうっとうしい、というふうに、顔を背けるようにして、口の中でもごもご何かをつぶやいたり、時には黙ったままの日もあった。

（中略）

一之瀬時男は村の寄り合いになんか来ない。村の中に友だちもたぶんいない。一之瀬時男は、バスを降りたら夜の間じゅう、ずっと一人で[※1]あの古びたプレハブの中にいるしかない。わたしは一之瀬時男が苦手だった。週に何度か、夜中にひっそりと村に入って来て、朝方出て行くまで、あのいやになるほど長く静かな夜を、一之瀬時男が一体どんなふうに過ごしているのかを考え始めると、それはまるでひどく深くて、真っ黒な沼の中に頭を突っ込んだような感じがして、何だかとても、とても怖くなるからだった。

けれど実際には、村でその姿を見かけるようなことはなかったのだ。

（中略）

けれどちょうどひと月前の晩、わたしはとうとう一之瀬時男を発見してしまった。

八月の、第三週の土曜日。

村の夜が一年のうち一瞬だけ、打ち上げ花火のようににぎやかになる夏祭りの日。美恵ちゃんと、知佳ちゃんと、三人で出掛けた六郷神社の境内（けいだい）、参道わきの大きな楠（くすのき）の枝にどっぷり茂った葉っぱを、重たそうに担いだ水風船屋の赤いテントの下に、男の薄い背中が丸まっていた。肌の色が透けて見えそうな洗いざらしのTシャツに、ワニの背中のように骨のごつごつが浮き出ていた。村の人たちがみんな、家族や友だち同士で連れ立って参道を行ったり来たりしている中に、その人はそんな周りの華々しさには目もくれず、たった一人、四角いブリキの水槽をのぞきこむようにしてじっとしゃがんでいた。屋台につるされたランプの光を受けて、耳のわきに伸びたもみあげが、いつもよりひときわ濡れて見えた。

わたしたちは、そのはす向かいで、綿菓子のできるのを待っていたのだ。美恵ちゃんも知佳ちゃんも、一之瀬時男の顔なんか知らなかったから、水風船屋のほうには目もくれず、おしゃべりを続けていた。わたしは二人の話に合わせるようにあいづちを打ちながら、一之瀬時男の姿を盗み見ていた。制服以外の洋服を着ている一之瀬時男を見るのは初めてだった。Tシャツの下には色あせたチェックの半ズボンをはいていて、しゃがんだ太ももに押しつぶされた生白いふくらはぎには、もみあげとよく似たちぢれ毛がびっしりと密集していた。おばあちゃんが水で泥を落とした山芋を思い出した。

最終便のバスを走らせて、お風呂にでも入った後だったのだろうか。制服を脱いだ一之瀬時男は、だらしなく、ひどく幼稚な感じで、何だか見ているだけでこっちが恥ずかしくなった。[b]気のおけない、親しい人もいないくせに、大人一人でひょっこり他人の村のお祭りにやって来

① 若い世代が「個性的でなければならない」という世間からのプレッシャーの中にさらされているため。

② 就職活動の場面で目立つため、無理をしてでも個性を作らなければならないと思い込んでいるため。

③ 何かの分野にとても詳しいということが、個性を重視する風潮の中で肯定的に捉えられるようになったため。

④ 圧倒的な知識量をもとに広く何でもそつなくこなせるスペシャリストとなることで、自分の価値を高めるため。

⑤ 文化の場面から主流が消えたことによって生じた不安を、何らかの拠り所を持つことで解消するため。

問九 本文の内容に合致しているものには①を、そうではないものには②を、それぞれ一つずつマークして答えなさい。**解答番号はA＝14、B＝15、C＝16、D＝17、E＝18。**

A　ＬＩＮＥやＴｗｉｔｔｅｒなどのＳＮＳで常に人とつながっている状況の中、会話ですぐに何らかの反応を返さなければならない必要に駆られ、話題に上がっているコンテンツの知識を手っ取り早く得ようと倍速視聴する人が増えた。

B　かつてオタクは、対象に愛と時間を注ぐ一方、一般的な社会生活を放棄する存在として忌避（きひ）されていたが、現在は大量の時間を対象に費やすことで圧倒的な知識を身につけ、オタクという個性を手に入れたいと考える若者が増えている。

C　かつて社会人として求められていたジェネラリストとは、様々な部署で経験を積み重ね、多方面にわたるスキルを身につけ、変化の激しい社会の中において、広い視点から物事を見ることのできる人材のことである。

D　先行きの見えない中、少しでも早く自分の目標を達成しなければならないという思いに駆られた若い世代は、そのために効率よく個性を手に入れて目立とうと、コンテンツを倍速視聴で消費するようになった。

E　「タイパ（タイムパフォーマンス）」とは、時間の無駄を損失だと捉え、かけた時間に対する効果の高さを重視する態度や考え方であり、オタクになりたいと思う若者が増えたことを背景に意識されるようになった。

第二問

神和田村に生まれ育ったりつ子は、村の外の中学を受験するため、バスで塾に通っています。ある日、ほかの乗客がすべて降りた帰りのバスで、りつ子は運転手の男に名前を呼ばれ、一度は聞こえないふりをしました。次の文章は、その後に続く場面から始まります。よく読んで、後の問いに答えなさい。

あの人の名前は、一之瀬時男（いちのせときお）という。料金表の下の名札にそう書いてあるのを知っている。

神和田村と浜島市内を結ぶ路線バスの運転手さんは何人かいるようだけれど、わたしが塾から帰る火曜と木曜の最終便の運転席には、決まってこの人がついていた。おじさんというには、少し若いのかもしれないけど、お兄さんというには少しくたびれている。制帽から、濡れたようなもみあげが、少しちぢれながら頰（ほお）に伸びている。そんなもみあげの運転手さんは他にいないから、後ろからでもちょっと見ればすぐに区別が肉だ。

問四 空欄 X ・ Y に入ることわざとして最も適切なものを、次の各群の①～④のうちから、それぞれ一つずつ選びなさい。なお、同じ記号には同じことわざが入る。**解答番号は** X ＝**8**、Y ＝**9**。

X
① 石の上にも三年　② 果報は寝て待て
③ 思い立ったが吉日　④ わざわいを転じて福となす

Y
① 明日は明日の風が吹く　② 一難去ってまた一難
③ 一寸先は闇　④ 身から出たさび

問五 ――線部**ア**『新たな〝目的〟』とありますが、倍速視聴をすることにおける新たな目的とはどのような目的ですか。その説明として最も適当なものを、次の①～⑤のうちから一つ選びなさい。**解答番号は10**。

① 倍速視聴のスピード感についていっている自分の能力を確認して安心するため。
② 話題のもとになる情報を手に入れて友人と円滑なコミュニケーションをとるため。
③ 限られた時間の中でより多くの作品を鑑賞して楽しみ、満足感を得るため。
④ より多くの作品に触れることで、作品を深く鑑賞するポイントを理解するため。
⑤ 沢山の情報を手に入れることで就職活動において有利に事を運ぶため。

問六 ――線部**イ**「『映画鑑賞』『読書』『音楽鑑賞』『スポーツ』などは、論外中の論外だ」について、これらが趣味として「論外中の論外」と判断される理由の説明として最も適当なものを、次の①～④のうちから一つ選びなさい。**解答番号は11**。

① 無理にこれらを趣味だと言っても、スペシャリストにはなれないため。
② 話題に取り上げるには範囲が広すぎるため、会話のネタになりにくいため。
③ 趣味としてありふれており、他人との違いを見せることができないため。
④ 会話が大きく発展する余地が少ないため、個性として機能しにくいため。

問七 ――線部**ウ**「個性的すぎる個性は、個性として機能しない」とはどういうことですか。その説明として最も適当なものを、次の①～④のうちから一つ選びなさい。**解答番号は12**。

① 個性を獲得しようとコストをかければかけるほど、かえって無個性になってしまいがちだということ。
② それについて知っている人が少ない個性は、人との会話を促進しないため、役に立たないということ。
③ あまりに特別感のありすぎる個性は、かえって扱いにくい人だという印象を与えてしまうということ。
④ それについて知っている人が少ない個性は、就職活動の場において、全く有利に働かないということ。

問八 筆者は、若者が「オタク」に憧れている理由をどのように説明していますか。**ふさわしくない**ものを、次の①～⑤のうちから一つ選びなさい。**解答番号は13**。

良く済ませたい」と願う。「観ておくべき（読んでおくべき）重要作品を、リストにして教えてほしい」と言う。

そもそも、一般の人が費やさないほど膨大な時間を、自らの専門分野に投じたからこそオタクなのであって、オタクはコスパから最も遠いところにある存在のはず。

しかし彼らはつまらない作品をつかまされて、時間が無駄になるのを避けたい。何本もの駄作をつかまされた挙げ句、自分にとっての傑作にたどり着く喜びは解さない。もしくは、そこに価値を置かない。極力外したくない。回り道はなるべく避けたい。とにかく効率良く生きたい。

これは倍速視聴の動機と根を同じくするものだ。

倍速視聴派に言わせれば、その最大の効能は効率だ。2時間の作品を1時間で観ることができたら、たしかに効率はいい。彼らは2時間の作品が1時間で観られたことを、喜びの感情を伴わせながら語る。「タイパ（タイムパフォーマンス）がいい」と。

ある映画レビューサイトの作品コメント欄に、こんな一言があった。

「飛ばし見したら、もっと点数が上がるのに」

どうせつまらないなら、その苦痛は短い方がいい。損失は最小限であるのに越したことはない。＊女子大学生Aさんが『かぐや様は告らせたい』について放った「もし（倍速視聴しないで）2時間近くもかけちゃってたら、おもしろさよりも『ああ、こんなに時間を使っちゃったんだ』みたいな後悔のほうが大きくなる」が思い出される。

レビューサイトのコメント主とAさんは、まったく同じことを言っている。（稲田　豊史『映画を早送りで観る人たち
ファスト映画・ネタバレ——コンテンツ消費の現在形』による）

【注】※1「レス」…「レスポンス（response）」の略で返答・返信のこと。
※2「VHS」…「ビデオ・ホーム・システム（Video Home System）」の略。家庭用ビデオテープレコーダーの録画・再生方式の一種。
※3「Z世代」…筆者は「概(おおむ)ね1990年代後半から2000年代生まれ、2022年代で10代後半から20代半ばくらいまでの若者」「10代前半からスマホでLINEやインスタグラムやTwitterに親しんできた世代」としている。

問一　——線部a～eのカタカナを漢字に直した時の表記として正しいものを、次の各群の①～④のうちから、それぞれ一つずつ選びなさい。**解答番号はa＝1、b＝2、c＝3、d＝4、e＝5。**

a　ゲンゼン　①現前　②厳然　③原前　④幻然
b　カン　①勘　②感　③観　④看
c　シコウ　①思考　②至高　③施行　④志向
d　リョウサン　①良産　②両産　③量産　④料産
e　カテイ　①過程　②仮定　③課程　④河底

問二　＝＝線部「好事家」の読み方と意味の組み合わせとして最も適当なものを、次の①～④のうちから一つ選びなさい。**解答番号は6。**

①「こうじか」と読んで「風流を好む人」という意味。
②「こうずか」と読んで「善行をする人」という意味。
③「こうじか」と読んで「変わった趣味の人」という意味。
④「こうずか」と読んで「もの好きの人」という意味。

問三　次の文を入れる箇所として最も適当な箇所を、本文中の記号**【①】～【⑤】**のうちから一つ選びなさい。**解答番号は7。**

にもかかわらず、「個性的であれ」という外圧が彼らを苦しめるとは皮

リストを[c]シコウする傾向が強まっている。浅く広くそつなくこなせる[d]リョウサン型の人材ではなく、一芸に秀でた替えの利かない人材を目指す。ゆめめ氏も、大学生とキャリアカンについて話し合った際に、その傾向に遭遇した。

「ジェネラリストはもう終わりました、って言うんですよ。今やスペシャリストの時代で、いかに自分の価値を高めるかが勝負だと」

個性を求める心、オタクへの憧れ、スペシャリスト。すべて「自分の希少価値」と同一線上にあるものだ。

なぜスペシャリストシコウなのか。それは「 X 」的なキャリアカンの説得力が急速に薄れつつあるからだ。

旧来から、多くの会社組織ではこんなふうに言われてきた。「不本意な業務も我慢して遂行し、さまざまな部署でのジョブローテーションを経て、多方面にわたるスキルを身につける。そんなジェネラリストこそが、広い視野で物事を見ることができる」。しかしこの理屈が成立するには、その会社が何年も、何十年もこの先存続し、現在と同じように安泰であることが保証されていなければならない。

しかし現在、ある企業が5年後も今と同じ事業規模で、今と同じ業態で、今と同じような人材を重用してくれるかどうかなど、わかったものではない。電機メーカーのシャープの例を出すまでもなく、国内を代表する超大企業も外国企業の傘下に入るような時代だ。つい昨日まで安泰だった業界が、天災で一気に奈落に突き落とされることもある。技術の進歩やトレンドの目まぐるしい変化によって、ゲームチェンジは頻繁に起こる。

 Y 、先行きがわからない世の中。「 X 」なんて言っていられない。

Z世代[※3]の育ってきた時代を見れば、その説得力は大いに増す。

２００８年のリーマンショック、２０１１年の東日本大震災、２０２０年から続くコロナショック。その都度、好調だった業界がどん底に叩き落とされ、生活が振り回されてきた。世帯収入が減ったことで学費を払えず大学を辞める同級生、きついバイトをする友人たちもたくさん見てきた。理不尽な内定取り消しに泣き、両親が肩を落とす姿に心を痛めた。

何も悪いことはしていない。ちゃんと頑張ってきた。なのに、世の中は突然変わる。

明日のことなど誰もわからない。自分のキャリアなんていつ脅かされるかわからない。ビジネスで生き抜くために必要なスキルなんて、来年にはがらっと変わっているかもしれない。

だから、今この瞬間にやりたい仕事に就かなければ意味がない。そのためには、今この瞬間に圧倒的な個性で目立たなければ。社会にピックアップされなければ。

急げ、急げ。

早く、早く。

Z世代は拠りどころが欲しい。個性的でありたい。その結果、オタクに憧れる。カルチャーシーンからメジャーが消え、ゆとり教育のなかで「個性的であれ」と言われて育った若者たちがそうした傾向をもつことは理解できる。

ただ、憧れの存在であるオタクに近づくためには、本来たくさんの作品を観る必要がある。しかし、彼らはその[e]カテイを、「なるべくコスパと時代の気分を過不足なく表したことで、歌い継がれる名曲として歌謡史に名を残した。

しかし、そのような価値カンは彼らを呪縛（じゅばく）もする。【①】

「ゆとり世代は、東京に出てきてそこそこの大学に行って、そこそこの会社に入る人生では足りていないのではないか、と思い込むようになりました。〝個性的じゃなきゃダメ〟だという価値カンが、多くの若者たちの間でプレッシャーになったんです」（森永氏）

本来、個性の尊重は、競争社会や学歴主義に対するオルタナティブ（代わりとなるもの）として生まれた、「みんなに優しい価値カン」のはずだった。【②】

彼らにとっての個性は、特徴というよりマストスキルであり前提条件。なければお話にならない基本能力のようなもの。【③】

その個性を中年世代にも理解できるもので例えるなら、パソコンだ。パソコンを操れるというだけで選民的な扱いを受けていたのは、平成初期までの話。今では会社員の最低必須条件になっている。使えなければお話にならない。【④】

実際、多くの大学生が「個性的でなければ就活で戦えない」と感じている。【⑤】履歴書に胸を張って書けるだけの〝武器〟が欲しい。

「本来は、その人がその人であるだけで立派な個性なのに、〝無理して個性を作らなければいけない〟と焦っている」（森永氏）

しかもその個性とは、特定の教科が得意だとか、多少英語が話せる程度では足りない。一昔前や二昔前には趣味として定番だったイ「映画鑑賞」「読書」「音楽鑑賞」「スポーツ」などは、論外中の論外だ。

ヒアリング時、ちょうど就活中だったIさんはこれに大きく同意した。

「面接はもちろん、エントリーシート上でも人とは違う自分を見せなきゃいけないじゃないですか。自分らしさってなんだろう、自分しかできないことってなんだろうって、すごく考えるようになりました」

Iさんは幼少期からバレエを習っているので、エントリーシートにはそう書くことにしている。ただ、新しい人と出会って自己紹介をするときには、バレエよりももっと別の個性があったほうがいいと感じるそうだ。

それを聞いて不思議に思った。バレエは十分に希少価値のある個性ではないか。誰もが誰も、バレエを習っているわけではないし、習えるわけではない。

しかし、それがダメなのだ。

「バレエを習ってると言ったところで、『ずっと習ってるんだ、すごいね』で、それ以上話が膨らまないんですよ」

要するに、それについて知っている人、馴染（なじ）みのある人が少ない個性は、個性としてコスパが悪い。バレエのなんたるかについて知る人の絶対数が少ないため、「あの振付、難しいよね」などというコミュニケーションに発展しないからだ。

「ジャニーズ好きとか、映画とか、普通のエンタメのほうが、話題としてはよっぽど盛り上がります」

ウ個性的すぎる個性は、個性として機能しない。

（中略）

昨今の大学生は社会人になるにあたり、ジェネラリストよりスペシャ

【国語】（五〇分）〈満点：一〇〇点〉

第一問 次の文章をよく読んで、後の問いに答えなさい。（なお、本文の＊は、出典から文言を改めた箇所を明示するためのものです。問題を解く上での影響はありません。）

話題作をコミュニケーションツールとして使う傾向は、昨日今日に始まったことではない。「観ておかないと学校や職場で話題の輪に入れない」作品は、昭和の時代からあった。１９８０年代から１９９０年代なら、『8時だョ！全員集合』『ザ・ベストテン』「月9ドラマ」等々。特に40代以上なら、いくらでも番組タイトルが口をついて出てくるだろう。

ただ、当時の若者が友達と触れ合うのは、教室だけだった。教室を出たら逃げられた。我が道を行くことができた。しかし今は、ＬＩＮＥがどこまでも追いかけてくる。逃げられない。常にレス[※1]を求められる。

過去との比較の話をすると、必ずと言っていいほど「倍速視聴なんて、[※2]ＶＨＳやＤＶＤで昔からできた。今に始まったことじゃない」という反論が出てくる。ただ、たとえば１９９０年代や２０００年代当時に倍速視聴していたのは、いわゆるマニア気質の人間だけだった。〝量〟をこなすことがアイデンティティになっている、好事家たち特有の、特殊な視聴スタイルだったはずだ。青山学院大学のように、「大学生の9割弱が倍速視聴経験者」などという状況ではなかった。

森永氏によれば、昔と今とでは倍速視聴の性質が違う。ア新たな〝目的〟が出現しているという。

「昔の人が早送りしていたのは、自分のためですよね。コンテンツが大好きな人が、限られた時間でたくさん作品を観て、自分を満足させるため。だけど今の若者は、コミュニティで自分が息をしやすくするため、追いつけている自分に安心するために早送りしています。生存戦略としての1・5倍速です」（森永氏）

カラオケボックスで、自分が心から歌いたい曲を歌うのではなく、そこにいるメンバーの顔ぶれを精査して、場がもっとも盛り上がる、ウケる曲を選曲するようなもの。その意味でも、彼らは作品の鑑賞者ではない。人間関係を維持するためにコンテンツを巧みに活用する、生き抜くスキルに長けた消費者なのだ。

若者動向の話で必ず言及しなければならないトピック、＊それが「オタクに憧れている」件である。

少なくない数の若者たちが、「何かについてとても詳しいオタクに憧れている」にもかかわらず、「膨大な時間を費やして何百本、何千本もの作品を観たり読んだりすることを嫌う」という。

オタクが社会から忌（い）み嫌われていた時代を知る、そしてオタクが一般的な社会生活を放棄してでも対象に時間と愛をつぎ込む存在であるという認識の年長者にとって、これほど胸をざわつかせる報告はなかろう。

まず、「若者はなぜオタクに憧れるのか」から考えてみたい。そこには、彼らが受けてきた「個性的でなければいけない」という世間からの圧がaゲンゼンとしてある。その象徴が、ＳＭＡＰの『世界に一つだけの花』（２００３年シングル発売）の歌詞で言うところの〝ナンバーワンよりオンリーワン〟だ。この曲は「個性を大事に」と言われて育ったゆとり世代（諸説あるが、ここでは概ね１９８７年から１９９０年代半ば生まれとする）が多感な頃に発表され、彼ら以降の世代の価値bカン

2023年度

古川学園高等学校入試問題
（情報ビジネス科・普通科総合コース）

【数　学】（50分）　＜満点：100点＞

問１から問６までの □ のア～えに入る適当な数字を，一つずつ解答用紙にマークしなさい。

【問１】 次の問いに答えなさい。

(1)　$-1^2\times 5+(-4)^2$ を計算すると，［ア｜イ］になる。

(2)　$\left(-\frac{1}{3}\right)^2-2\div\left(\frac{3}{2}\right)^2+\left(\frac{5}{3}\right)^2$ を計算すると，［ウ］になる。

(3)　$a=2$，$b=-3$ のとき，$5ab+4b^2$ を計算すると，［エ］になる。

(4)　１次方程式 $5x-2=3(x+4)$ の解は，$x=$［オ］である。

(5)　連立方程式 $\begin{cases}5x-8y=17\\ x-4y=1\end{cases}$ を解くと，$x=$［カ］，$y=$［キ］である。

(6)　$x^2+5x-24$ を因数分解すると，$(x+$［ク］$)(x-$［ケ］$)$ になる。

(7)　２次方程式 $x^2+3x+1=0$ の解は，$x=\dfrac{-［コ］\pm\sqrt{［サ］}}{［シ］}$ である。

(8)　$x=\sqrt{3}+\sqrt{2}$，$y=\sqrt{3}-\sqrt{2}$ のとき，x^2-y^2 を計算すると，［ス］$\sqrt{［セ］}$ になる。

(9)　関数 $y=x^2$ について，x の値が１から５まで変わるとき，変化の割合は［ソ］になる。

(10)　20以下の素数をすべて足し合わせると，［タ｜チ］になる。

【問２】 下の度数分布表は，男子高校生30人の50m走のタイムをまとめたものである。このとき，次の問いに答えなさい。

50m走タイム（秒）	度数（人）
5.8以上～6.0未満	1
6.0　～6.2	3
6.2　～6.4	6
6.4　～6.6	8
6.6　～6.8	5
6.8　～7.0	3
7.0　～7.2	4
計	30

(1)　6.6秒未満の累積度数は［ツ｜テ］（人）である。

(2)　度数分布表から，必ず正しいといえるものを以下から１つ選び，［ト］にマークしなさい。

①　最大値は6.6秒である。

②　平均値は6.6秒である。

③　全体の７割以上の生徒は6.8秒未満で50mを走ることができる。

④　6.0秒以下の生徒は全体の１割である。

【問３】 右の図のように，２点Ａ（４，８），Ｂ（－１，３）があり，この２点を通る直線を①，原点と点Ａを通る直線を②，原点と点Ｂを通る直線を③とする。

このとき，次の問いに答えなさい。

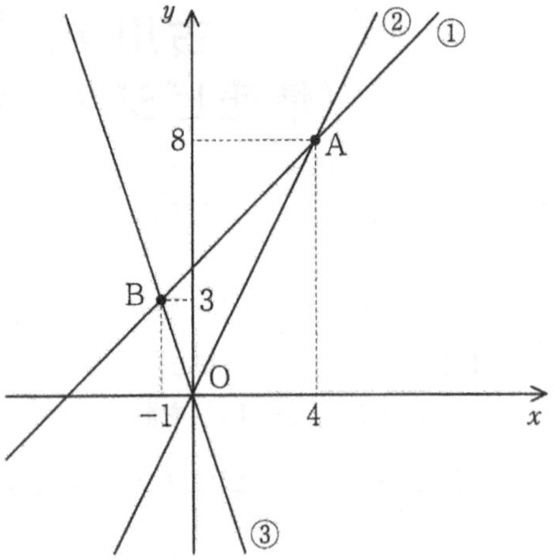

⑴ 直線③の傾きは－［ナ］である。

⑵ 直線①の方程式は，$y = x +$［ニ］である。

⑶ △OAB面積は，［ヌ］［ネ］である。

⑷ 原点を通り，△OABの面積を２等分する直線の方程式は，$y = \dfrac{［ノ］［ハ］}{［ヒ］}x$ である。

【問４】 次の問いに答えなさい。ただし，円周率をπとする。

⑴ 図１において，$\ell /\!/ m$，$n /\!/ o$である。このとき，$\angle x$の大きさは［フ］［ヘ］°である。

⑵ 図２において，斜線部の面積は［ホ］π－［マ］cm²である。

⑶ 図３において，直線ℓを軸として１回転してできる回転体の体積は［ミ］［ム］πcm³である。

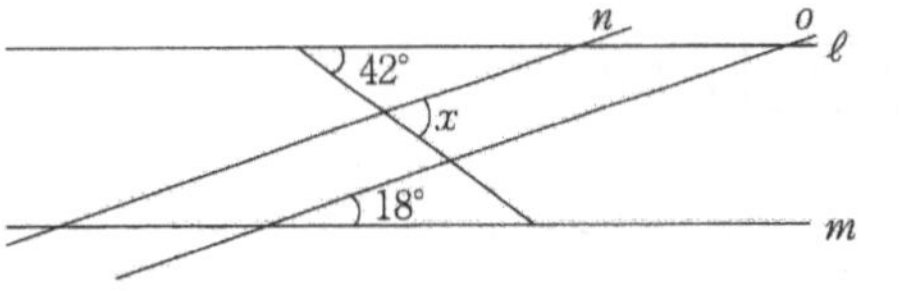

図1

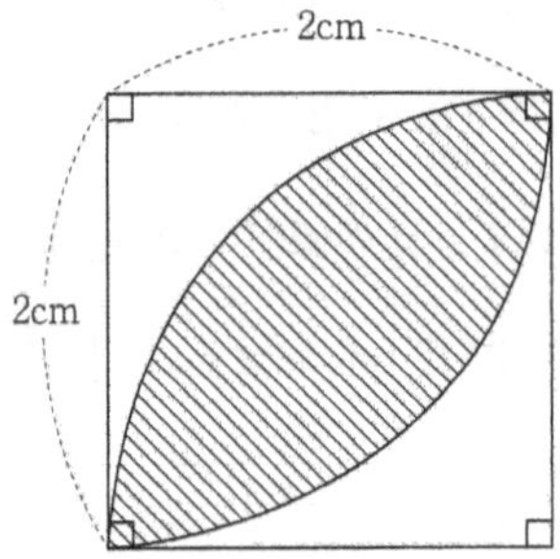

図2

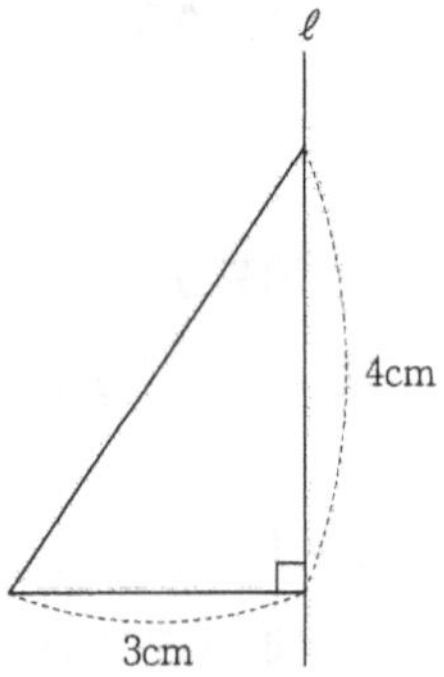

図3

【問５】 下の図の半円について，円の中心を点O，直径の両端をそれぞれ点A，Bとする。円弧上の点Cについて，AC＝$6\sqrt{3}$cm，BC＝６cmのとき，次のページの問いに答えなさい。ただし，円周率をπとする。

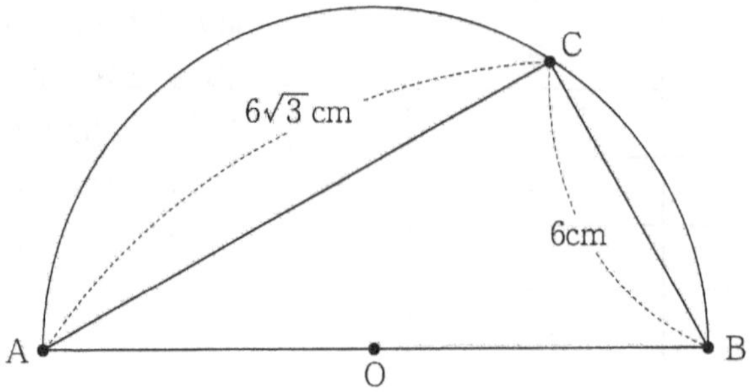

(1) △ABCの面積は，［メ］［モ］$\sqrt{［ラ］}$ cm^{2}である。

(2) 直径ABの長さは，［リ］［ル］cmである。

(3) 円弧ACの長さは，［レ］π cmである。

【問6】下の表は，あるハンバーガー店のメニューである。Aセット，Bセットの表を参考に，次の問いに答えなさい。

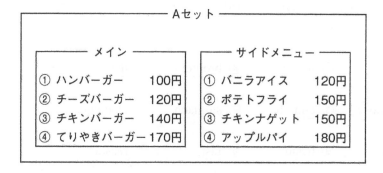

Aセット

メイン		サイドメニュー	
① ハンバーガー	100円	① バニラアイス	120円
② チーズバーガー	120円	② ポテトフライ	150円
③ チキンバーガー	140円	③ チキンナゲット	150円
④ てりやきバーガー	170円	④ アップルパイ	180円

Bセット

メイン		サイドメニュー		ドリンク	
① ハンバーガー	100円	① バニラアイス	120円	① コーラ	120円
② チーズバーガー	120円	② ポテトフライ	150円	② リンゴジュース	120円
③ チキンバーガー	140円	③ チキンナゲット	150円	③ コーヒー	150円
④ てりやきバーガー	170円	④ アップルパイ	180円		

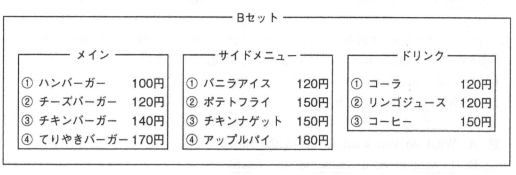

(1) メインから１つ，サイドメニューから１つ選び，Aセットを注文するとき，全部で［ロ］［あ］通りの選び方がある。

(2) メインから１つ，サイドメニューから１つ選び，Aセットを注文するとき，250円以下の金額で買うことができるのは，［い］通りの選び方がある。

(3) メインから１つ，サイドメニューから１つ，ドリンクから１つ選び，Bセットを注文するとき，400円以下の金額で買うことができるのは，［う］［え］通りの選び方がある。

【英　語】（50分）　＜満点：100点＞

A． 次の①～⑨の語のうち，発音されない文字を含む語を３つ選び，番号をマークしなさい。ただし番号の順序は問いません。〔**解答番号は**1，2，3〕

① study　② high　③ picture　④ because　⑤ change
⑥ should　⑦ language　⑧ climb　⑨ library

B． 次の4～7の語について，下線部の発音が同じ語を①～⑤の中から１つずつ選び，番号をマークしなさい。〔**解答番号は**4，5，6，7〕

4 birthday
① think　② they　③ together　④ brother　⑤ that

5 school
① machine　② choose　③ church　④ stomach　⑤ challenge

6 music
① castle　② sure　③ beside　④ fast　⑤ reason

7 mountain
① trouble　② about　③ enough　④ cousin　⑤ would

C． 次の8～11の対話文を読み，Ｂの発言のうち普通いちばん強く発音される語はどれか，①～④の中から１つずつ選び，番号をマークしなさい。〔**解答番号は**8，9，10，11〕

8 A: Did you go there by train?
B: No, I① went② there③ by bus④.

9 A: What do you want to be in the future?
B: I① want② to be a teacher③ in the future④.

10 A: Which country are you going to go?
B: I'm① going② to go③ to Australia④.

11 A: Who is the best baseball player in this class?
B: I think① Shohei② is the best③ player④.

D． 次の12～15の語を英語にしたとき，正しいものを①～⑤の中から１つずつ選び，番号をマークしなさい。〔**解答番号は**12，13，14，15〕

12 レストラン
① restrant　② restaurant　③ restran　④ lestaulant　⑤ lestoran

13 バレーボール
① baleyball　② bolleyball　③ volleyball　④ valleyball　⑤ vareyball

⑭ ボランティア

① voranteer　② borantia　③ boranteir　④ volanteer　⑤ volunteer

⑮ コミュニケーション

① komyunikeshon　② comunicasion　③ kommunikation
④ communication　⑤ comunikeision

E． 次の⑯～⑳に入るもっとも適切な語を①～⑤の中から１つずつ選び，番号をマークしなさい。
〔解答番号は⑯，⑰，⑱，⑲，⑳〕

⑯ Mike and Jim went to the (⑯) and saw a lot of animals yesterday.

① station　② museum　③ post office　④ library　⑤ zoo

⑰ I am very happy to hear the (⑰) news.

① good　② red　③ busy　④ large　⑤ many

⑱ There are (⑱) days in June.

① thirty　② thirteen　③ thirty-one　④ three　⑤ third

⑲ My mother drinks a (⑲) of tea every morning.

① many　② part　③ piece　④ cup　⑤ some

⑳ I don't like this color. Do you have (⑳) one?

① each　② many　③ another　④ other　⑤ any

F． 次の㉑～㉕の英文が完成するように，(　) に入るもっとも適切な語（句）を，①～⑤から１つずつ選び，番号をマークしなさい。〔解答番号は㉑，㉒，㉓，㉔，㉕〕

㉑ 私の部屋は弟の部屋と同じくらいの広さだ。

My room is as (㉑) as my brother's.

① large　② larger　③ larger than　④ largest　⑤ the large

㉒ マイクはクラスでいちばんテニスが上手だ。

Mike is (㉒) tennis player in his class.

① the better　② the good　③ the best　④ well　⑤ better

㉓ クミは夕食の前に宿題をし終えた。

Kumi finished (㉓) her homework before dinner.

① to doing　② to do　③ to done　④ does　⑤ doing

㉔ 彼は音楽教室でギターの弾き方を習った。

He learned how (㉔) the guitar at music school.

① play　② to play　③ playing　④ played　⑤ to playing

㉕ ここで写真を撮ってはいけません。

You (㉕) take pictures here.

① must　② may　③ have to　④ mustn't　⑤ won't

G． 次の［　］内の語句を正しい順番に並べ替えたとき，26～31に入る語（句）を①～⑤の中から1つずつ選び，番号をマークしなさい。ただし，文頭に来る単語も小文字にしてあります。〔**解答番号は**26，27，28，29，30，31〕

26　私の兄は，今朝公園で走っていました。

My brother (　　) (26) (　　) (　　) (　　).

[① in the park　② this　③ was　④ running　⑤ morning]

27　トムは父親から15歳のときに時計をもらった。

His father (　　) (27) (　　) (　　) (　　) was 15 years old.

[① Tom　② gave　③ a watch　④ when　⑤ he]

28　あなたはどのくらい東京に住んでいますか。

(　　) (　　) (28) (　　) (　　) in Tokyo?

[① you　② long　③ have　④ how　⑤ lived]

29　エリカにはやるべき宿題がたくさんあります。

Erika (　　) (　　) (　　) (29) (　　).

[① do　② has　③ homework　④ to　⑤ a lot of]

30　その会議をすることは私達のチームにとって重要です。

It (　　) (　　) (30) (　　) (　　) hold the meeting.

[① is　② to　③ important　④ our team　⑤ for]

31　マイケル・ジャクソンは世界で有名なミュージシャンのうちの一人です。

Michael Jackson (　　) (31) (　　) (　　) (　　) in the world.

[① one of　② the most　③ musicians　④ famous　⑤ is]

H． 次の会話文について，(32)～(37)に入るもっとも適切な英文を①～⑤から1つずつ選び，番号をマークしなさい。〔**解答番号は**32，33，34，35，36，37〕

32　A: He isn't at the office now.　Why?

B: (32)

① Because he is 20 years old.

② Show me another.

③ Would you hung out at the office?

④ Because the train is running a little late.

⑤ That's right.

33　A: Oh no!　We are lost!

B: (33)

① I'll take it.

② Will you call me tomorrow?

③ Let's take a look at the map.

④ You're welcome.

⑤ They don't take me anywhere.

34 A: What's wrong? You look so sad.
B: (34)
① I didn't get the concert ticket. ② I'm sorry to hear that.
③ Here you are. ④ I feel very happy.
⑤ Thank you.

35 A: How can I get to the post office?
B: (35)
① Of course. ② Turn at the second traffic light.
③ I know the bakery. ④ Don't talk.
⑤ Can I do it tomorrow?

36 A: I have an idea.
B: Do you? (36)
① I agree. ② Please tell me more. ③ See you.
④ Nobody knows. ⑤ How's everything?

37 A: Whose cap is this?
B: (37)
① It's OK. ② I'm fine. ③ Let's go.
④ This is red. ⑤ It's mine.

Ⅰ. 次の会話文を読み，(38) ～ (42) に入るもっとも適切な英文を，①～⑨から１つずつ選び，番号をマークしなさい。

Yang and Louis are friends. One day, Louis makes a call Yang.

Yang : Hello?
Louis : Hello, Yang? (38).
Yang : Oh! Hi, Louis.
Louis : Are you free on next Sunday? (39)?
Yang : Of course. What movies do you see?
Louis : I have not decided yet.
Yang : Would you like my favorite movie?
Louis : I'd love to!
Yang : It's *Flowers*. This is a new movie that was taken by Oliver.
Louis : Wow! He is *International Film Award winner!
Good idea. Let's go to the West Theater!
Yang : OK! (40)?
Louis : Let's meet at 9 o'clock. (41)?
Yang : How about the main entrance of the West Theater?
Louis : Sure. (42).
Yang : Me too. I'm excited.

*International Film Award 国際映画賞

① How about watching TV in my house together ② What time should we meet ③ Where will we meet ④ I will definitely watch this ⑤ I'm looking forward to it ⑥ It will be sunny tomorrow ⑦ This is Louis ⑧ Why don't you go and see a movie with me ⑨ This is Yang

J．次の英文を読み，本文の内容と一致するものを，①～⑨の中から３つ選び，番号をマークしなさい。ただし番号の順序は問いません。〔**解答番号は**㊸，㊹，㊺〕

Dear Kate,

Hi, *how have you been doing? I'm sorry I haven't written to you for three months. I *have been studying hard for the final tests. *I'm now quite free from tests and school work. Spring vacation started on March 20th.

Can you *imagine where I am and what I'm doing now? Well, I am snowboarding with my friends in Hokkaido. I just started it in the last season, and this is the second time for me. But *I am really into it. I am in snowboarding school. The teacher tells me that *I'm talented, and *I'm proud of it. I have already learned to snowboard in a straight line and begun to learn *several techniques. I will stay here one more week, and I will *master snowboarding before I leave.

Soon *the new school term will start, and I will be back in Tokyo to study! But now, I'll enjoy myself as much as I can. I am waiting for your *reply.

*Best wishes,
Miki

*how have you been doing　元気にしていますか　　*have been studying　ずっと勉強している
*I'm now quite free from ～　今は～と全く無関係だ　　*imagine ～　～を想像する
*I am really into ～　～に夢中だ　　*I'm talented　私は才能がある
*I'm proud of ～　～を誇りに思う　　*several techniques　いくつかの技術　　*master ～　～を習得する
*the new school term　新学期　　*reply　返事　　*Best wishes　あなたの友達

① Miki decided to keep writing to Kate for the next three months.
② Miki doesn't have to go to school because her final exams ended.
③ Miki has to go to school even during her spring vacation.
④ Miki and Kate enjoy snowboarding together in Hokkaido.
⑤ Miki likes snowboarding better than skiing.
⑥ Miki is a beginner of snowboarding but she wants to snowboard better.

⑦ Miki has a dream to be a teacher of snowboarding in the future.
⑧ Miki wants to live in Hokkaido for snowboarding.
⑨ Miki has to go back to Tokyo for her new school term.

K．次の英文を読み，あとの問いに答えなさい。〔**解答番号は**46，47，48，49，50，51〕

"What kind of things does Japan sell to other countries?" If you are asked this question, maybe you will answer "cars". But these days, animation (anime) movies and TV shows, called "*cartoons" in English, are also popular Japanese (1)exports. For example, the Japanese cartoon *Sailor Moon* is loved by people in many different countries, and the TV show *Ultraman* can be seen around the world.

Japanese anime has been popular in Asia for many years. Now, it is becoming popular in America, Europe, and Australia. In America there are many young people who (2)are crazy about Japanese cartoons. These people are called "*otaku*." *Otaku* sometimes use all of their money to buy the newest anime videos, and they like to wear the same kind of clothes that their favorite anime stars wear. Also, these days, most universities in America have an anime club and a home page on the Internet about their favorite hobby.

Americans have made and watched animation since *the early 1990s. One of the first movies in America to use moving pictures was called *Humorous Phases of Funny Faces*. It was made in 1906 by *a British movie maker named *J. Stuart Blackton. The famous American *inventor, *Thomas Edison, also helped to make animation. His company *created machines. They showed pictures that moved. But of course, the most famous maker of animation in American history was *Walt Disney. In 1928, his company made the first cartoon with action and sound that happened together. Its name was **Mickey Mouse*. In the beginning, cartoons were only shown in movie theaters. But, in 1949, the cartoon **Crusader Rabbit* began on American television.

There are many differences between Japanese and American cartoons. First, like *Crusader Rabbit*, *most cartoons in America are made for young children. But, 50% of the people in America who watch Japanese anime are young people from 13 to 20 years old. Second, in American cartoons, the star usually looks like a human. For example, *the "Super Heroes" *Batman and Spiderman* look like real people but they are stronger than humans. In Japanese anime, often the hero is something not human, for example *a robot like *Tetsuwan Atom*, or *a monster like *Godzilla*. Third, the art and stories in American cartoons are usually very simple. But, *anime movie makers like Hayao Miyazaki make movies with beautiful art and a *deep message.

Both Japanese and American cartoons have some problems. (48)

*cartoons　漫画（動画）　*the early 1990s　1990年代初め
*a British movie maker　イギリス人映画製作者
*J. Stuart Blackton　J．スチュアート・ブラックトン　*inventor　発明家
*Thomas Edison　トーマス・エジソン　*created ～　～を生み出す
*Walt Disney　ウォルト・ディズニー　**Mickey Mouse*　ミッキーマウス
**Crusader Rabbit*　進め！ラビット（世界で初めてテレビ放映されたアメリカのアニメ）
*most cartoons　ほとんどのアニメ
*the "Super Heroes" *Batman and Spiderman*　バットマンやスパイダーマンのような「スーパーヒーロー」
*a robot like *Tetsuwan Atom*　鉄腕アトムのようなロボット
*a monster like *Godzilla*　ゴジラのような怪獣
*anime movie makers like Hayao Miyazaki　宮崎駿のようなアニメ映画製作者　*deep　深い

問１　下線部(1)の意味として，もっとも適切なものを①～⑤から選び，番号をマークしなさい。〔**解答番号は㊻**〕

①　中古品　②　輸入品　③　輸出品　④　廃棄品　⑤　贈答品

問２　下線部(2)の意味として，もっとも適切なものを①～⑤から選び，番号をマークしなさい。〔**解答番号は㊼**〕

①　～を心配する　②　～に夢中である　③　～が嫌いである
④　～の役に立つ　⑤　～に疲れている

問３　日本のアニメとアメリカのアニメが抱える問題点について説明するとき，もっとも正しい順番のものを①～⑤から１つ選び，番号をマークしなさい。〔**解答番号は㊽**〕

ア　Children should sit *far away from the TV and not watch too many cartoons every day.　*far away from ～　～から離れて
イ　For example, some cartoons show a lot of fighting.
ウ　Finally, if people watch a lot of cartoons, they will not have time to read or talk with their friends.
エ　Some parents think that these cartoons are not good for their children to watch.
オ　Also, it can be bad for your eyes to watch these shows for hours and hours.

①　エ → ア → オ → イ → ウ　②　イ → ア → エ → ウ → オ
③　オ → イ → エ → ウ → ア　④　イ → エ → オ → ア → ウ
⑤　ア → イ → ウ → エ → オ

問４　本文の内容と一致するものを①～⑨から３つ選び，番号をマークしなさい。ただし番号の順序は問いません。〔**解答番号は㊾，㊿，51**〕

①　Japanese anime is more popular in foreign countries than Japanese cars.
②　Japanese anime was famous in Asian countries before it became popular in America and Europe.
③　*Otaku* in America sometimes use all of their money to make a home page about anime on the Internet.
④　Thomas Edison was the first man to make an animation movie with action

and sound that happened together.

⑤ From 1949, people in America could watch cartoons on television.

⑥ These days, 50% of all young people in America watch Japanese anime.

⑦ American cartoons are different from Japanese anime because in American cartoons the hero usually looks like a person.

⑧ The stories in American cartoons are usually deeper than the stories in Japanese anime.

⑨ Talking about cartoons is a good way for people to make new friends.

1 「文などにもめでたきものに作り」

① 漢詩文などにも素晴らしい鳥として素材になり
② 手紙などにも美しい鳥として素材になり
③ 詩文などにおいてめでたい鳥として素材になり
④ 和歌などにおいて優れた鳥として素材になり
⑤ 文章において素敵な鳥として素材になり

2 「さらに音せざりき」

① まったく鳴き声がしなかった。
② さらに鳴き声が聞こえてきた。
③ もっと鳴き声を聞きたい。
④ 再び鳴き声がしなくなった。
⑤ どうしても鳴かせてみたい。

5 「さも覚ゆまじ」

① そうも思われないだろう。
② さも当然の出来事だ。
③ それも覚えていない。
④ そのように記憶している。
⑤ そっと目を覚ます。

問五 ——線部3「まかでて聞けば」、——線部4「かしがましきまでぞ鳴く」の主語として最も適当なものを、それぞれ次の①～⑤の中から一つずつ選び、番号をマークしなさい。**解答番号は3＝41、4＝42**

① 筆者　② 鶯　③ 雀　④ 鳶　⑤ 烏

問六 ——線部6「人をも、人げなう、世の覚えあなづらはしうなりそめにたる」はどのような人を表すのか、最も適当なものを、次の①～⑤の中から一つ選び、番号をマークしなさい。**解答番号は43**

① 人間にしても、貴族らしがらぬ、世間の評判も下降気味になった人。
② 人間でも、人としての品がなく、世間体ばかり気にしている人。
③ 人を人とも思わないような、この世にいてほしくないような人。
④ 人として、人の短所を、世の中の人々に知らしめようとする人。
⑤ 人の中でも、下品な人で、世間一般の人々から評判の悪い人。

問七 本文中の「鶯」の説明として適当なものを、次の①～⑤の中から二つ選び、番号をマークしなさい。**解答番号は44、45**

① 鶯は、夏から秋にかけてまで年老いたように感じる声で鳴く。
② 鶯は、昆虫を餌（えさ）としているので「むしくひ」などと呼ばれてしまう。
③ 鶯は、素晴らしい鳥なのに、欠点があるのは残念だ。
④ 鶯は、鳶や烏のように多くの人から注意して見聞されることがない。
⑤ 鶯は、みすぼらしい家の見栄え（みば）もしないような梅の木などでは鳴かない。

るは。＊なほ春のうちならましかば、＊いかにをかしからまし。6人をも、人げなう、世の覚えあなづらはしうなりそめにたるをば＊そしりやはする。鳶・烏などのうへは見入れ、聞き入れなどする人、世になしかし。されば、＊いみじかるべきものとなりたればと思ふに、＊心ゆかぬ心地するなり。

（『枕草子』より）

＊「九重」……宮中。御所。
＊「十年ばかりさぶらひて」……筆者の宮仕え期間は約十年間であった。
＊「さるは」……しかし。
＊「たより」……頼みにできるもの。よりどころ。
＊「寝ぎたなき」……ぐっすり眠っている。寝坊だ。
＊「今はいかがせん」……今はどうしようか、いや、どうしようもない。
＊「老声」……老い衰えた声。
＊「ようもあらぬ者」……心ない者。
＊「年たちかへる」……『拾遺集』素性法師の和歌「あらたもの年立返るあしたより待たるるものは鶯の声」による。
＊「なほ春のうちならましかば」……やはり春の間だけであったならば。
＊「いかに～まし」……どんなに～があるだろうに。
＊「そしりやはする」……どうして悪くいおうか、いや、いわない。
＊「いみじかるべきもの」……すばらしいはずのもの。
＊「心ゆかぬ心地」……不満な気持ち。

問一 ——線部a「さぶらひて」、——線部b「ゆゑこそ」の現代仮名遣いとして適当なものを、それぞれ次の①～⑤の中から一つずつ選び、番号をマークしなさい。**解答番号はa＝33、b＝34**

a「さぶらひて」
①さぶらいて　②さぶらって
③さぶろうて　④さむらいて
⑤さむらひて

b「ゆゑこそ」
①ゆえんこそ　②ゆえこそ
③ゆへこそ　④ゆるこそ
⑤ゆゐこそ

問二 ==線部「九重」と対比されているものを、次の①～⑤の中から一つ選び、番号をマークしなさい。**解答番号は35**

①あやしき家　②竹近き、紅梅
③かよひぬべきたより　④常にある鳥
⑤鳶・烏などのうへ

問三 ——線部A「いと」、——線部B「をかしきこと」の意味として最も適当なものを、それぞれ次の①～⑤の中から一つずつ選び、番号をマークしなさい。**解答番号はA＝36、B＝37**

A「いと」
①きっと　②少しばかり
③案外　④それほど
⑤とても

B「をかしきこと」
①趣のあること　②おかしいこと
③ばかばかしいこと　④不思議なこと
⑤幼いこと

問四 ——線部1「文などにもめでたきものに作り」、——線部2「さらに音せざりき」、——線部5「さも覚ゆまじ」の解釈として適当なものを、それぞれ次のページの①～⑤の中から一つずつ選び、番号をマークしなさい。**解答番号は1＝38、2＝39、5＝40**

ということでウマが合ったはずだから。

問九　――線部6「嘘をついたままタケシくんの写真に見つめられて遊ぶ自分が、もっと嫌だった」とあるが、「嘘」の内容として最も適当なものを、次の①～⑤の中から一つ選び、番号をマークしなさい。**解答番号は30**

① こいのぼりは実は飛ばされてはいなかったこと。
② 少年はヨッちゃんと友だちであるということ。
③ タケシくんにヨッちゃんと友だちだと報告したこと。
④ おばさんに東小学校の児童であると言ったこと。
⑤ ヨッちゃんよりゲームがうまいとおばさんに言ったこと。

問十　――線部7「いままでとは違う――転校したての頃とも違う笑い方だった」からどのようなことがうかがえるか、最も適当なものを、次の①～⑤の中から一つ選び、番号をマークしなさい。**解答番号は31**

① 少年がやせ我慢をしていると思ったヨッちゃんは、少年の心を見透かした対応をしたということ。
② タケシくんが天国で見ていることに気付いたヨッちゃんが、自然に笑えるようになったこと。
③ タケシくんのこいのぼりを持ってくれている少年に対し、感謝の気持ちを表すようになったこと。
④ タケシくんの家での出来事がきっかけで、ヨッちゃんが少年に心を許すことができるようになったこと。
⑤ タケシくんのこいのぼりを少年に預けたことは、間違いではなかったと確信しているということ。

問十一　この物語の主題として、最も適当なものを、次の①～⑤の中から一つ選び、番号をマークしなさい。**解答番号は32**

① 飛ばされたこいのぼりをきっかけに、信頼関係を築いていく少年たちの姿を描いている。
② 事故で亡くなった友だちのこいのぼりをきっかけに、悲しみを乗り越える少年たちを描いている。
③ 飛ばされたこいのぼりをきっかけに、一人で生きようとする決意する少年の姿を描いている。
④ 「友だちの友だち」が人を強くすることに気づき、前を向いて歩こうとする少年の姿を描いている。
⑤ こいのぼりの意味することを理解した少年たちのたくましさに溢（あふ）れた姿を描いている。

第三問　次の文章をよく読んで、後の問いに答えなさい。

鶯は、1文などにもめでたきものに作り、声よりはじめてさまかたちもさばかりあてにうつくしきほどよりは、*九重（ここのへ）のうちに鳴かぬぞAいとわろき。人の「さなんある」といひしを「さしもあらじ」と思ひしに、*十年（ととせ）ばかりaさぶらひて聞（き）きしに、まことに2さらに音せざりき。*さるは、竹近（ちか）き、紅梅（こうばい）もいとよくかよひぬべき*たよりなりかし。3まかでて聞（き）けば、あやしき家の見所（みどころ）もなき梅の木などには、4かしがましきまでぞ鳴く。夜鳴かぬも*寝（い）ぎたなき心地（ここち）すれども、*今はいかがせん。夏秋の末まで*老声に鳴きて、「むしくひ」など、*ようもあらぬ者は名を付けかへていふぞ、口をしくくすしき心地する。それもただ雀（すずめ）などのやうに、常にある鳥ならば、5さも覚（おぼ）ゆまじ。春鳴くbゆゑこそはあらめ。「*年たちかへる」などBをかしきことに、歌にも文にも作るな

② クラスのみんなに前の学校に帰れよと言われたことを今になって思い出したから。
③ 母親に元気に行ってきますと言って家を出ていることがむなしくなってきたから。
④ 調子に乗ってしまい、皆を怒らせ、友だちがいなくなったことを思い出したから。
⑤ これからどうやって友だちを作るかを考えるうちに気が重くなってきたから。

問六 ――線部３「ごめんなさいごめんなさいしょうがないんです、と謝りながら畑に入った」とあるが、なぜ謝る必要があったのか、その理由として最も適当なものを、次の①～⑤の中から一つ選び、番号をマークしなさい。**解答番号は27**

① 畑の泥がついてこいのぼりが汚れてしまったことを申し訳なく思っていたから。
② 乗り捨てるくらい自転車を乱暴に扱ってしまったことを申し訳なく思っているから。
③ こいのぼりを拾うためとはいえ、作物の植えてある畑に入ることを申し訳なく思っていたから。
④ 畑に入っているところを誰かに見られた時の言い訳として謝っておこうと思ったから。
⑤ こいのぼりが飛ばされたのは自分のせいであると思い申し訳ないと思っているから。

問七 ――線部４「そんなの、打ち消すことなんてできない」とあるがそれはなぜか、最も適当なものを、次の①～⑤の中から一つ選び、番号をマークしなさい。**解答番号は28**

① 打ち消してしまったら、嬉しそうにしているおばさんを悲しませることになるから。
② 打ち消してしまったら、亡くなったタケシくんに申し訳ないことをしてしまうから。
③ 打ち消してしまったら、ぼくが嘘をついていることがバレてしまうから。
④ 打ち消してしまったら、ぼくがこの家に上がる理由がなくなってしまうから。
⑤ 打ち消してしまったら、ヨッちゃんと二度と友だちになることができなくなるから。

問八 ――線部５「タケシくんが生きてれば友だちになったよな、絶対そうだよな」とあるが、少年はなぜそう思ったのか、最も適当なものを、次の①～⑤の中から一つ選び、番号をマークしなさい。**解答番号は29**

① テレビゲームには対戦する子どもたちを友だちにする要素があることを少年は知っていたから。
② おばさんが楽しめるゲームだから、みんなも楽しく遊ぶことができ、その結果友だちになれるだろうから。
③ 少年とヨッちゃんがテレビゲームをするところを見れば、タケシくんも必ず楽しくなれるはずだから。
④ 三年生の頃のゲームのほうが、友だち作りのきっかけとしては最適だとわかっていたから。
⑤ 少年も遊んだゲームということはタケシくんも少年と同じ好みだ

問一　空欄 X ・ Y には同じ語が入る。入る語として、最も適当なものを、次の①～⑤の中から一つ選び、番号をマークしなさい。**解答番号は20**

①　緋鯉（ひごい）　②　吹き流し　③　子鯉（こごい）　④　矢車（やぐるま）　⑤　真鯉（まごい）

問二　――線部**ア**「肩をすぼめた」、――線部**イ**「けげんそうに」、――線部**ウ**「しみじみと」の本文中の意味として、最も適当なものを、それぞれ次の①～⑤の中から一つずつ選び、番号をマークしなさい。

解答番号はア＝21、イ＝22、ウ＝23

ア「肩をすぼめた」

①　強い風をさえぎるように、肩を縮める様子。
②　こいのぼりが泳いでいるのを見て安心している様子。
③　早く帰らないといけないので気が重くなる様子。
④　肩を落とし、元気なくしょんぼりした様子。
⑤　これから風に向かって走るので、気分が悪い様子。

イ「けげんそうに」

①　少年を、もの問いだけに不思議そうに思う様子。
②　少年のことを信用していない様子。
③　東小学校の子であることを期待している様子。
④　五年生には見えないのであきれている様子。
⑤　東小学校には良い印象がないので、疑っている様子。

ウ「しみじみと」

①　友だちであることを確信し、少年を見つめている様子。
②　友だちであることに心の底から深く感じている様子。
③　疑いもなく少年を信じ切っている様子。
④　少年を半分疑っているかのように軽い様子。
⑤　真の友だちになれるよう、期待を込めている様子。

問三　――線部a「風を呑み込んだ」に使われている修辞法を、次の①～⑤の中から一つ選び、番号をマークしなさい。**解答番号は24**

①　擬態法　②　倒置法　③　直喩法（ちょくゆ）
④　擬人法　⑤　反復法　⑥　体言止め

問四　――線部1「しくじった」とあるが、その内容として最も適当なものを、次の①～⑤の中から一つ選び、番号をマークしなさい。**解答番号は25**

①　人気者だと勘違いしてしまったが、実は本当に人気者になったことに気付いていないこと。
②　この小学校でや地域では、自分たちのことを馬鹿にしてはいけないことを知らなかったこと。
③　前の学校のことなど誰も聞きたくないのに、強引に聞かせてしまったこと。
④　自分にはすぐに友だちができると確信していたはずが、友だちができなかったこと。
⑤　みんなの前で得意になって話し、逆に周りから嫌われてしまったということ。

問五　――線部2「知らないうちにうつむいてしまっていた」とあるが、なぜうつむいたのか、その理由として、最も適当なものを、次の①～⑤の中から一つ選び、番号をマークしなさい。**解答番号は26**

①　埃っぽい風が先ほどよりも強くなり、こいのぼりを見ていられなくなったから。

た。「かわってやろうか」と言われて、「ぜんぜん平気だよ」と応えると、ふうん、と笑われた。7いままでとは違う——転校したての頃とも違う笑い方だった。タケシくんと一緒だった頃もこんなふうに笑っていたのかもしれない。そう思うと、急にうれしくなり、でも急に悲しくもなって、竿をぎゅっと強く握りしめた。

河原に出た。空も、川も、土手も、遠くの山も、夕焼けに赤く染まっていた。

ヨッちゃんは土手のサイクリングロードに出ると自転車を停め、少年からこいのぼりを受け取った。

「俺(おれ)ら……友だちなんだって？」

少年は、ごめん、とうつむいた。おばさんが勝手に勘違いしただけだ、とは言いたくなかった。

「べつにいいけど」

ヨッちゃんはまたさっきのように笑って、手に持った竿を振ってこいのぼりを泳がせた。

「タケシって……すげえいい奴だったの。サイコーだった。俺、いまでも親友だから」

「……うん」

「でも……おばさん、もう来るなって。ヨッちゃんは新しい友だちをどんどんつくりなさい、って……そんなのヤだよなあ、関係ないよなあ、俺が友だちつくるのとかつくんないのとか、自分の勝手だよなあ……」

ヨッちゃんは、悔しそうに竿を振り回す。こいのぼりは身をくねらせ、ばさばさと音をたてて泳ぐ。

「こいのぼり、ベランダからだと、川が見えないんだ。俺らいつも河原で遊んでたから、見せてやろうかな、って」

へへっと笑うヨッちゃんを、少年はじっと見つめた。ヨッちゃんはそのまなざしに気づくと、ちょっと怒った顔になって、「拾ってくれてサンキュー」と言った。

少年は黙って、首を横に振った。

「あそこの橋渡って、ぐるーっと回って、向こうの橋を通って帰るから」

向こう岸を指さして言ったヨッちゃんは、行こうぜ、とペダルを踏み込んだ。

ハンドルが揺れる。自転車が道幅いっぱいに蛇行(だこう)する。片手ハンドルで自転車を漕ぐのは、あまり得意ではなさそうだ。

少年はヨッちゃんの自転車に並んで、手を差し伸べた。「持ってやろうか」と声をかけると、ヨッちゃんは少し間をおいて「悪い」と竿を渡した。「べつにいいよ」と竿を受け取ったあと、ほんとうはもっと別の言葉を言わなきゃいけなかったのかもな、と思った。でも、そういうのって、いいんだよ、もう、と竿を持った右手を高く掲げた。

こいのぼりが泳ぐ。金色にふちどられたウロコが、夕陽(ゆうひ)を浴びてきらきらと光る。

ヨッちゃんの自転車が前に出た。少年は友だちを追いかける。右手で、友だちの友だちを握りしめる。振り向いたヨッちゃんが、「転ぶなよお」と笑った。

（重松　清『友だちの友だち』より）

＊「聞こえよがし」……その人がそばにいるのに、その人の悪口をわざと聞こえるように言うようす。

＊「鴨居」……引き戸やふすまの上部の、みぞをつけた横木のこと。

遊んだものだった。**5**タケシくんが生きてれば友達になったよな、絶対そうだよな、と少年は思う。去年発売されたシリーズの新作はもっと面白い。タケシくんが生きてれば絶対にハマっただろうな。

ヨッちゃんはゲームがうまかった。少年といい勝負――勝ったり負けたりを繰り返す二人を、「ひさしぶりにゲームすると、指と目が疲れちゃうねえ」と途中から見物に回ったおばさんは、にこにこ微笑んで見つめていた。

ヨッちゃんと仲直りをしたわけではない。ヨッちゃんは家に入って少年を見たとき、一瞬、なんでおまえなんかがここにいるんだよ、という顔をした。少年も、しょうがないだろ、とにらみ返して、そっぽを向いた。

おばさんがジュースのお代わりを取りに台所に立ったとき、「さっさと帰れよ」とヨッちゃんに小声で言われ、肩を小突（こづ）かれた。

少年も最初はそうするつもりだった。おばさんに嘘（うそ）がばれるのが嫌だったし、**6**嘘をついたままタケシくんの写真に見つめられて遊ぶ自分が、もっと嫌だった。

でも、おばさんはジュースを持って戻ってくると、二人に言った。

「タケシも喜んでるわよ、ヨッちゃんに新しいお友だちができて」

帰れなくなった。頬が急に熱くなり、赤くなって、そこからはいままで以上にゲームに夢中になったふりをした。ヨッちゃんも、ゲームのコントローラーを動かしながら、ときどき、テレビの画面を見つめたまま話しかけてくるようになった。そんな二人を、おばさんはずっと――ほんとうにずうっと、にこにことうれしそうに見つめていた。

先に「さようなら」と言った少年が団地の建物の外に出ても、ヨッちゃんはなかなか出てこなかった。放っておいて帰るつもりで自転車にまたがったが、このまま帰ってしまうのも、なんとなく嫌だった。困ったなあと思ってタケシくんの家のベランダを見上げていたら、窓が開いて、おばさんがベランダに顔を出した。少年に気づくと、「ちょっと待っててね」と笑って声をかけ、フェンスからこいのぼりの竿をはずした。

しばらくたって外に出てきたヨッちゃんは、［ Y ］だけをつないだ竿を持っていた。

「すぐ帰らないとヤバい？」

少年に顔を向けずに訊いた。

「べつに……いいけど」

「片手ハンドル、できる？」

「自転車の？」

簡単だよ、そんなの、と笑った。道が平らだったら両手を離しても漕（こ）げる。

ヨッちゃんはこいのぼりを少年に渡した。

「お前に持たせてやる」

「……どうするの？」

「ついて来いよ。タケシのこいのぼり、ぴんとなるように持ってろよ」

そう言って、自分の自転車のペダルを勢いよく踏み込んだ。

少年はあわてて追いかける。**a**風を呑（の）み込んだこいのぼりは、尾ひれまでぴんと張って泳ぎはじめた。意外と重い。しっかりと竿を握っていないと、飛んでいってしまいそうだ。

ヨッちゃんの自転車は団地を抜けて、細い道を何度も曲がっていく。片手ハンドルの運転ではなかなかスピードを上げられない。ヨッちゃんも途中でブレーキをかけたり自転車を停めたりして、少年を待ってくれら、おやつ食べていけば？」
　知らないひとの家に上がるのはよくない。お母さんにいつも言われている。
　でも、五時のチャイムまではまだ時間があるし、断るとおばさんはまた寂しそうな顔で固まってしまいそうだし、なにより、少年は気づいていた。台所の奥の居間に男の子の写真が飾ってある。大きく引き伸ばした写真をきちんとした額に入れて、＊鴨居(かもい)に立てかけて——田舎のおじいちゃんの家では、死んだひいおじいちゃんとひいおばあちゃんの写真をそうしている。そして、部屋に染(し)みついているにおいは、おじいちゃんの家でいつも嗅(か)いでいるのと同じ……たぶん……きっと……。
　うつむいて靴を脱ぐ少年に、おばさんは言った。
「せっかくだから、お仏壇(ぶつだん)にお線香(せんこう)をあげてくれる？」
　おばさんの息子は、タケシくんという。三年生の秋、交通事故で亡くなった。生きていれば東小学校の五年生——少年と同じ五年二組だったかもしれない。仏壇に供(そな)えられた超合金ロボやトレーディングカードは少年の好きなものと一緒だったから、仲良しの友だちになれた、かもしれない。
　おばさんは東小学校のことをあれこれ教えてくれた。髪の薄い校長先生のあだ名が「はげっち」だということ、秋の運動会に親子競技があること、冬になるとクラスでストーブ委員を決めること、学校のプールは真ん中が深くなっていて背が立たないかもしれない、ということ……。
　ヨッちゃんの名前が出た。胸がどきんとした。タケシくんのいちばんの友だちはヨッちゃんだったらしい。
「ヨッちゃんと同じクラスなの？　じゃあ、もう友だちになったでしょ。あの子元気だし、面白いし、意外と親切なところもあるから」
　タケシくんが小学校に上がって最初に仲良くなったのがヨッちゃんで、最後まで——いまでもヨッちゃんは、ときどき仏壇にお線香をあげにきてくれるのだという。
「ヨッちゃん、いろいろ面倒見てくれるから、すぐに友だちになれたでしょ」
　少年は黙ってうなずいた。一週間前までは、確かにそうだった。通学路の近道も、学校でいちばん冷たい水が出る水飲み場の場所も、教室を掃除するときの手順も、ぜんぶヨッちゃんに教わった。
「そうかあ、ヨッちゃんと友だちかあ……」
　おばさんはうれしそうに微笑(ほほえ)んで、ウしみじみとつぶやくように言った。勘違い——でも、4そんなの、打ち消すことなんてできない。
「じゃあ、タケシとも友だちってことだね」
　おばさんはもっとうれしそうに言った。
　少年がしかたなく「はあ……」と応(こた)えると、玄関のチャイムが鳴った。外からドアが開く。
「おばちゃん！　こいのぼり、黒いのがなくなってる！　飛んでったんじゃないの！」
　玄関に駆け込んできたのは、ヨッちゃんだった。
　五時のチャイムが鳴るまで、少年はヨッちゃんと一緒にタケシくんの家にいた。おばさんに「やろう、やろう」と誘われて、三人でテレビゲームをした。タケシくんの家にあったゲームはみな、少年も三年生の頃にくわからなかったから、1しくじった。最初はよかったのだ。クラスのみんなは休み時間のたびに少年のまわりに集まって、前の学校のことをあれこれ訊（き）いてきた。すっかり人気者だ――と、勘違（かんちが）いしてしまった。気がゆるんだ。質問に答えるだけではなく、なにか面白いことを言って、みんなを笑わせてやろうと思った。前の学校や町のことを少し大げさに話した。この学校やこの町の感想も、ギャグのネタになるようにしゃべった。すると、それが「いばってる」「ここを田舎（いなか）だと思ってバカにしてる」ということになってしまった。笑ってくれるはずのみんなは怒りだした。誰も少年の席には集まらなくなり、放課後のソフトボールにも誘ってくれなくなった。

「そんなに前の学校がいいんだったら、帰れよ、そっちに」――今日、*聞こえよがしに言われた。言ったのは、少年の話に真っ先に腹を立てたヨッちゃんだった。

男子のリーダー格のヨッちゃんは、好きなテレビやゲームやマンガがどれも少年と同じで、おしゃべりをするときのテンポやノリもぴったりで、クラスでいちばん仲良くなれるはずだった。親友になれたらいいな、きっとなれるだろうな、と楽しみにしていた一週間前までが、いまは、ずっと昔のことのように思える。

2知らないうちにうつむいてしまっていた。顔を上げ、こいのぼりをもう一度見つめて、まあいいや、とため息をついて自転車のペダルを踏み込みかけたとき、こいのぼりが一尾、空に泳ぎ出た。ぽかんと開けた口と竿を結んでいた紐（ひも）が、ほどけたか、ちぎれたか、黒い［X］が竿からはずれてしまい、風に乗って飛んでいったのだ。

少年はあわてて追いかけた。畑の真ん中にふわりと落ちたのを確かめると、自転車を乗り捨てて、3ごめんなさいごめんなさいしょうがないんです、と謝りながら畑に入った。

団地の建物は古く、オートロックどころかエレベータもなかった。陽（ひ）のほとんど射さない階段はひんやりとして、カビと埃の入り交じったにおいがした。

竿のあるベランダの位置を外から確認し、廊下に並ぶドアの数と照らし合わせて、奥から二軒目のドアのチャイムを鳴らした。

中から顔を出したのは、おばさんだった。少年のお母さんと変わらない年格好で、お母さんよりきれいで、そのかわり、お母さんより寂しそうに見えた。

こいのぼりが飛んでいったことを説明して、拾ってきたこいのぼりを差し出すと、おばさんはとても――少年が予想していたよりもずっと喜んで、感謝してくれた。

「ちょっと待っててね、お菓子あるから、持って帰って」

玄関の中に招き入れられた。おばさんは玄関とひとつづきになった台所の戸棚を開けながら、「何年生？」と訊（き）いた。

「五年、です」

「……東小学校の子？」

イけげんそうに訊かれた。

少年がうなずいて、「転校してきたばかりだけど」と付け加えると、おばさんは、ああそうなの、と笑った。固まっていたものがふっとゆるんだような笑顔だった。

「ねえ、ボク、上がっていきなさい。おみやげのお菓子はあとであげるか

問十 空欄 X ・ Y には同じ語が入る。入る語として、最も適当なものを、次の①～⑤の中から一つ選び、番号をマークしなさい。**解答番号は14**

① 教育　② ことば　③ 環境　④ 知識　⑤ 情報

問十一 次のAからEの文について、この文章の内容と合致するものとして、適当であるものには①を、適当でないものには②を、それぞれ選び、番号をマークしなさい。**解答番号はA＝15、B＝16、C＝17、D＝18、E＝19**

A どんな現象でも、すべて自己を通した思考・記述がなされ、自分の判断無しに認識されることはない。

B 自己としての「私」は自らの考え方や価値観で構成されており、人生において変化することはない。

C 自分のことを語るとき、テーマが自分にとってどんな意味があるかという問いを持つことで、自分に向き合うことになる。

D 語りたくないことがあっても、語らないことは不幸であるので、必ず語るべきである。

E 自分の言いたいことを自分のことばで伝えることは、相手の興味・関心がどのようなものであるかを考えることである。

第二問 次の文章をよく読んで、後の問いに答えなさい。

最初は旗だと思った。国旗のような長方形の旗ではなく、三角形のペナントが何枚か並んで、団地の一室のベランダに掲げられている。

少年は自転車に乗っていた。町の探検の途中だった。三月の終わりに引っ越してきて、まだ一カ月足らず――通学路からはずれたこの団地に来たのは、初めてだった。

自転車を停める。見上げると、なあんだ、と苦笑いが浮かんだ。旗ではなかった。竿をフェンスに掛けた、小さなこいのぼりだった。

部屋は三階だった。ベランダに干してある洗濯物の中に子ども服はなかったが、こいのぼりを揚げるのは男の子のいる家なんだということは、少年も知っている。

三年生か四年生の子だったらいいな。男の子がたまたまベランダに出てくる、たまたま少年に気づく、少年が「よお」と手を挙げて笑うと、男の子も笑い返す、そして二人はなんとなく仲良くなって……そんな情景を思い浮かべながら、少年は自転車を停めたまま、こいのぼりを見つめた。

風が強い。こいのぼりはしっぽまで伸びて、ぱたぱたと音をたてて泳いでいる。小さなこいのぼりだ。竿も細くて短く、一尾ぐらいなら片手に持って振り回すこともできそうだった。

風は少年にも吹きつける。埃っぽい風だ。団地の周囲に広がる畑の土が巻き上げられているのだろう、ときどき頬に小さな土のかけらが当たる。頬がぴりっとするたびに、目を細め、自転車のハンドルを強く握り直して、ア<u>肩をすぼめた</u>。

町の探検をするときには、いつも一人で自転車をとばす。お母さんは知らない。少年は学校から帰るとすぐに「遊びに行ってきまーす」とはずんだ声で言って家を出て、町をあてもなく自転車で巡って、夕方五時のチャイムが鳴るまで時間をつぶしてから「ただいまーっ」とはずんだ声で家に帰る。

初めての転校だった。新しい友だちとどうなじんでいけばいいのかよ分」の存在意義を見出し、そのような自分に自信を持つ。
④ 「自分」とは「他者」との関わりの中で考え方や価値観を常に変化させながら存在しており、そのようなものとして理解する。
⑤ 「自分」とは「他者」とはまったく関わりのない環境の中で遊びを取り入れながら生きており、そのような「自分」を認める。

問六 ――線部4「このような要求」の指す内容の説明として、最も適当なものを、次の①～⑤の中から一つ選び、番号をマークしなさい。
解答番号は 10
① テーマについて語りたくなくても、必ず何か自分のことを話さなくてはならないという要求。
② テーマの意味が分かりにくい場合、相手になぜそのテーマを選んだのかを聞かねばならないという要求。
③ テーマと自分との関係について、自分の内面に正面から向き合って考えなければならないという要求。
④ テーマについて真剣に考え、相手が納得するような内容を話さなければならないという要求。
⑤ テーマの内容が自分にとって苦手な内容であっても、他者との関わりを大切にしなければならないという要求。

問七 ――線部5「自分で考えて自分のことばで話すという行為から自ら疎外されること」の説明として、最も適当なものを、次の①～⑤の中から一つ選び、番号をマークしなさい。**解答番号は 11**
① テーマと自分との関係について考えたり、自分のことばで表現したりすることに意味はないと考え、自分から遠ざけること。
② テーマと自分との関係について考え、自分のことばで相手に伝えるという自分に向き合うことから、自分から離れるということ。
③ テーマについて考えていると被害妄想的な気持ちになり、自分のことばで話すことが難しく、自分から逃げるということ。
④ テーマについて考えると辛（つら）い思いをしながら自分の考えをことばに表さなければならず、自分から取り残されてしまうということ。
⑤ テーマの自分にとっての意味を考え、相手にわかりやすい表現にして話すことは苦痛であり、自分から避けてしまうということ。

問八 ――線部6「ここ」の指す内容の説明として、最も適当なものを、次の①～⑤の中から一つ選び、番号をマークしなさい。**解答番号は 12**
① 自分のテーマと向き合うということ。
② 自分に何ができるのかということを考えること。
③ 自分自身が知識を正確に記憶すること。
④ ことばで伝えるということは知識や情報を伝えることだと思い込むこと。
⑤ 自分の言いたいことを、自分のことばで語ること。

問九 次の一文は本文中の【A】～【E】のうち、どこに入れるのが最も適当か、次の①～⑤の中から一つ選び、番号をマークしなさい。**解答番号は 13**

> 南米の教育学者パウロ・フレイレ（一九二一－一九七）が、書く力を身につけることは自己を取り戻すことだとして識字教育を提案したのは、こうした、自分と向き合うことを示唆したものでした。

① 【A】 ② 【B】 ③ 【C】
④ 【D】 ⑤ 【E】

オ　テキ確
① サッカーでは彼は無テキだ。
② 水を一テキも無駄にしない。
③ 目テキを決める。
④ 汽車の汽テキが聞こえる。
⑤ 間違いを指テキする。

問二　空欄 Ⅰ・Ⅱ・Ⅲ・Ⅳ に当てはまる語として最も適当な組み合わせのものを、次の①～⑤の中から一つ選び、番号をマークしなさい。**解答番号は 6**

① Ⅰ ところで　Ⅱ もちろん　Ⅲ なぜなら　Ⅳ すなわち
② Ⅰ ところで　Ⅱ さて　Ⅲ もし　Ⅳ たとえば
③ Ⅰ しかし　Ⅱ たとえば　Ⅲ すなわち　Ⅳ そして
④ Ⅰ しかし　Ⅱ そして　Ⅲ けれども　Ⅳ すなわち
⑤ Ⅰ なぜなら　Ⅱ あるいは　Ⅲ たとえば　Ⅳ ところで

問三　――線部1「あなたのモノの見方は、すべてあなた自身の個人メガネを通したものでしかありえないということ」の説明として、最も適当なものを、次の①～⑤の中から一つ選び、番号をマークしなさい。**解答番号は 7**

① 自分のモノの見方は、自分自身が育ったさまざまな社会や文化の影響を強く受けたものだということ。
② 自分のモノの見方は、自分自身の感覚・感情によって決められた世界に一つだけのものだということ。
③ 自分のモノの見方は、自分の体の一部である眼でさまざまな要素を体験することで決まるものだということ。
④ 自分のモノの見方は、対象を客観的に観察することや他者の影響で決まるものだということ。
⑤ 自分のモノの見方は、他人のモノの見方をよく観察することで見えてくるものだということ。

問四　――線部2「『自分探し』の罠（わな）」の説明として、最も適当なものを、次の①～⑤の中から一つ選び、番号をマークしなさい。**解答番号は 8**

① 「自分」のことをよく理解するため、自分についての作文を書こうとしても、まったく何も書けないという罠。
② 「自分」を知るために、頭をかいて苦労しながらいろいろと探しまわる人が多いが、「自分」は自分自身の中にあるという罠。
③ これまで出会ったことのない考え方や価値観に触れることで、「自分」がますます見つからなくなるという罠。
④ 「自分」を探していくうちに少しずつ「自分」が変化していき、「自分探し」に終わりが見えなくなるという罠。
⑤ 自分で「自分」をどんなに研究しても本当の自分は見つからないが、「他者」とのやりとりの中に見つかるという罠。

問五　――線部3「自分と環境の間に浮遊するものとしていつのまにか把握される」の説明として、最も適当なものを、次の①～⑤の中から一つ選び、番号をマークしなさい。**解答番号は 9**

① 「自分探し」の進行状況に強い影響を受けながらさまざまな環境の変化に対応して生活しており、そのことにだんだん納得する。
② 「自分」が世の中でどのような存在であるのかを迷いながらも探し、そのようにして自分にしかできないことを見つけ出す。
③ 「自分」と「他者」の考え方を数多く比較することで少しずつ「自

えることでもあります。

そしてそれは、やや大げさにいえば、自分がなぜこのような人生という課題を選んだのかを考えはじめることでもあります。

このように考えると、自分に向き合うということは、自分を相対化し、他者との関係の中で、自分がどのような個人であるかを明確にしようとすることであるとわかります。いわば自分で自分自身に向かって「わたしはだれ？」と問いかけるようなものです。

【　D　】

自分にとって、この話題はどのような意味があるか、この話題について対話することで、結局、わたしはどのような解決を望んでいるのか、といった自分自身の深いところにある〈何か〉、この何かが、それぞれの人にとってのテーマです。

自分に向き合うとは、このテーマと自分との関係、［Ⅳ］、自分自身の立てたテーマが自分の本来の興味・関心とどのようにつながっているかを通して、自らを相対化し、自らが何者であるかを自覚することなのです。

【　E　】

この世で生きていくということは、自分のしたいこと、やりたいことをどのようにテーマ化し、それについて他者とともに実現していけるか、ここに考える個人の使命があるといえるでしょう。対話の活動とは、そうした個人の使命を、［X］によって引き受け、他者との［Y］の活動の場を形成する営みだということなのです。

（細川英雄『対話をデザインする』より）

＊「インターアクション」……さまざまな情報の相互のやりとりのこと。

＊「プロセス」……過程。　＊「対峙」……向き合って立つこと。

問一　――線部ア～オのカタカナ部分と同じ漢字を使うものを、それぞれ次の①～⑤の中から一つずつ選び、番号をマークしなさい。**解答番号はア＝1、イ＝2、ウ＝3、エ＝4、オ＝5**

ア　コウ新
① コウ衣室で着替える。
② 失敗をコウ悔する。
③ 部品をコウ換する。
④ 運動会で入場コウ進をする。
⑤ コウ民館に集まる。

イ　次ダイ
① 作文のダイ名を決める。
② 平安時ダイの着物。
③ 私は三人兄ダイです。
④ 将来は総理ダイ臣になりたい。
⑤ ダイ一位の表彰を行う。

ウ　無リ
① 商売でリ益を上げる。
② 得意な教科はリ科です。
③ 海に接した郷リの町。
④ コインは表リ一体だ。
⑤ はなやかなリ園の世界。

エ　テイ出
① 車をテイ止させる。
② 電車のテイ期券を買う。
③ テイ寧に取りあつかう。
④ 食事をテイ供する。
⑤ 高テイ差のある山道。

ようです。

では、「自分のことは語りたくない」という反応はどこから生まれてくるのでしょうか。

これは、自己というものが、自分の中にあって、それを見せることは、ふだんは隠れている「本当の自分」を人前に晒（さら）すことだという感覚・感情によるものではないかと考えられます。

往々にして、なぜ自分のテーマを相手にエテイ出するのかという自分自身の構えのないまま、そのテーマと正面から向き合わざるを得なくなった場合に、こうした反応は現れます。

テーマと向き合うというのは、そのテーマと自分との関係について考えるということです。ですから、自分を語るということは、テーマと自分との関係を語ること、つまり、自分の内面と*対峙（たいじ）するということなのです。テーマと向き合うことは、4このような要求に応えることになります。

【　B　】

このとき、もし「私にとって、テーマとは何か、このテーマは私にとってどんな意味があるか」という問いをあなた自身が持っていなければ、その要求は耐え難いものになるはずです。その結果、あたかも周囲からそのような状況に陥（おとしい）れられたという被害妄想的な気持ちになるのです。そして、そのこと自体が、5自分で考えて自分のことばで話すという行為から自ら疎外されることの不幸に気づいていないということでもあるのです。

［Ⅱ］、人が具体的に何を語るかは、その個人のまったくの自由です。だれも語りたくないことを語ることを強制することはできませんし、強要すべきでもありません。

これは後からくわしくお話しすることになると思いますが、自分のテーマと向き合うということは、「自分のしたいこと、やりたいことは何か」という自分の願望をしっかり見定め、そのために自分に何ができるのかということを考えることなのです。

この世の中には、自分自身が知識を正確に記憶することや、知識や情報をオテキ確に人に伝えることに苦手意識を持っているという人が、とても多いのではないかと思います。

さらに、ことばで伝えるということは、そうした知識や情報を伝えることだと思いこんでいる人が大勢います。ここには、「自分のテーマ」が存在しません。多くのコミュニケーション障害といわれているものは、6ここから来ているのではないかとわたしは思います。

それはなぜか。この問題について考えていくことも、この本の一つの課題です。

【　C　】

自分の言いたいことを、自分のことばで語る、自分のことばで相手に伝えるということは、同時に、「自分に向き合う」ことでもあります。

［Ⅲ］、自分にとって自明であるはずの、さまざまな思考や表現についてもう一度考えるということは、わたしたち一人ひとりが自身の考えをもう一度意識化するということでもあるからです。

自分に向き合うとは、「わたしは何を考えようとしているのか」を自分自身に問う、自分との対話だと考えることができます。

そのために、自分は何に興味・関心があるのか、それは、自分の選んだ話題が、自分の本来の興味・関心とどのようにつながっているかを考

【国　語】（五〇分）　〈満点：一〇〇点〉

第一問　次の文章をよく読んで、後の問いに答えなさい。

あなたは、成長する段階でさまざまな社会や文化の影響を受けつつ、いろいろな人との交流の中ではぐくまれてきました。同時に、あなた自身の経験や考え方、さまざまな要素によって、あなたにしかない感覚・感情を所有し、その結果として、今、あなたは、世界にたった一人の個人として存在しています。この世に、あなたにかわる存在は、どこにもないということができるでしょう。

【　A　】

そして、このことによって、あなたが見る世界は、あなた自身の眼によっているということもできるはずです。つまり、1あなたのモノの見方は、すべてあなた自身の個人メガネを通したものでしかありえないということです。

あなたが、何を考えようが、感じようが、すべてが「自分を通している」わけで、対象をいくら客観的に観察し、事実に即して述べようとしたところで、実際、それらはすべて自己を通した思考・記述でしかありえないということになります。どんな現象であろうと、「私」の判断というものをまったく消して認識することはありえない、ということになるのです。

しかも、この自己としての「私」は、そうした、さまざまな認識や判断によって少しずつつくられていく、あるいは少しずつ変わっていくということができます。

これまで出会ったことのない考え方や価値観に触れ、自らの考え方を振り返ったり、アコウ新したりすることを通して、「私」は確実に変容します。

ですから、はじめから、しっかりとした自分があるわけではないのです。

ここに、いわゆる2「自分探し」の罠（わな）があります。

本当の自分を探してどんなに自己を深く掘っていっても、何も出てきません。ちょうど真っ白な原稿用紙を前にどんなに頭をかきむしっても何も書けないのと同じです。

「自分」とは、「私」の中にはじめから明確に存在するものでなく、すでに述べたように、相手とのやりとり、つまり他者との*インターアクションの*プロセスの中で次イダイに少しずつ姿を現すものです。

このように考えることによって、あなた自身を「自分探し」から解放することができるのです。そして、本当の自分とは、はじめから「私」の中にはっきりと見えるかたちで存在するものではなく、3自分と環境の間に浮遊するものとしていつのまにか把握されるのです。

では、自分というものが他者との関係の中にあるとすると、そのような「自分」について語るとはどのようなことなのでしょうか。

［　I　］、この「自分を語る」ということを話題にすると、必ずといっていいほど出てくるのが、

「自分のことを人に語りたくない」

「他人に自分のことを知られたくない」

「自分の話を他人にするのは恥ずかしくて嫌だ」

といった反応です。

それは、あたかも自分の個人的なプライバシーを他人から無ウリやり抉（えぐ）り出されるような、不当な感覚を覚えてしまう人が多いということの

進学・創志

2023年度

解　答　と　解　説

《2023年度の配点は解答欄に掲載してあります。》

＜数学解答＞

1 (1) ア 1　(2) イ 2　ウ 2　(3) エ 1　(4) オ 4　(5) カ 1
キ 0　(6) ク 4　ケ 2　(7) コ 1　サ 1　シ 3　ス 2
(8) セ 9　ソ 0　(9) タ 1　チ 5　(10) ツ 3　テ 6　ト 0

2 (1) ナ 9　ニ 1　ヌ 0　(2) ネ 1　ノ 8

3 (1) ハ 1　(2) ヒ 2　(3) フ 1　ヘ 5　(4) ホ 7

4 (1) マ 1　ミ 3　ム 6　(2) メ 1　モ 2　(3) ラ 2　リ 9

5 (1) ル 5　(2) レ 3　(3) ロ 4　あ 5　い 1　う 6　(4) え 3
お 9

○推定配点○

1 各4点×10　2 各5点×2　3 (1), (2) 各4点×2　(3), (4) 各5点×2
4 (1) 4点　(2), (3) 各5点×2　5 (1), (2) 各4点×2　(3), (4) 各5点×2
計100点

＜数学解説＞

1 (小問群－数の計算，式の値，方程式，変化の割合，平方根，因数分解，2次方程式，度数分布表，円すいの体積，角度)

(1) $\left(-\frac{3}{4}\right)^2 \div \frac{1}{2} - \frac{1}{8} = \frac{9}{16} \times 2 - \frac{1}{8} = \frac{9}{8} - \frac{1}{8} = \frac{8}{8} = 1$

(2) $a+3b-(2a-b)=a+3b-2a+b=-a+4b$　この式に$a=-2$，$b=5$を代入すると，$-(-2)+4\times5=2+20=22$

(3) $\frac{3x-2}{5}=\frac{2x-1}{3}$の両辺に15をかけると，$3(3x-2)=5(2x-1)$　$9x-6=10x-5$　$9x-10x=-5+6$　$-x=1$　$x=-1$

重要 (4) 1次関数$y=\frac{2}{3}x-1$の傾きは$\frac{2}{3}$なので，変化の割合$=\frac{y\text{の増加量}}{x\text{の増加量}}=\frac{2}{3}$である。よって，$x$の増加量が6のとき，$y$の増加量は4である。

やや難 (5) $\sqrt{\frac{45}{2}n}=\sqrt{\frac{3^2\times5}{2}n}=3\sqrt{\frac{5}{2}n}$　よって，$n=2\times5$のとき，$3\sqrt{\frac{5}{2}n}=3\sqrt{5^2}=15$となるので，$n=10$　なお，$n=10\times2^2$，10×3^2，10×4^2，…のときも$\sqrt{\frac{45}{2}n}$は整数となる。

(6) $x+y=\mathrm{A}$とおくと，$9y^2=(3y)^2$だから，$(x+y)^2-9y^2=\mathrm{A}^2-(3y)^2=(\mathrm{A}+3y)(\mathrm{A}-3y)$　Aを元に戻すと，$(x+y+3y)(x+y-3y)=(x+4y)(x-2y)$

(7) 2次方程式$x^2+x-3=0$を2次方程式の解の公式を用いて解くと，$x=\frac{-1\pm\sqrt{1^2-4\times1\times(-3)}}{2\times1}=\frac{-1\pm\sqrt{13}}{2}$

(8) 度数分布表から，最も度数が大きい階級は80点以上100点未満である。よって，その階級の階級値90点が最頻値である。

基本 (9) 円すいの体積は，$\frac{1}{3}\times(3\times3\times\pi)\times5=15\pi$ (cm³)

基本 (10) 線分BDを引いて四角形ABCDを2つの三角形に分けると，$\angle a+\angle b+\angle c+\angle d$は2つの三角形の内角の和に等しいといえる。よって，$180^\circ\times2=360^\circ$

[2] (数量関係・方程式－百分率，割合と人数)

基本 (1) 2年生のA型の生徒の割合は，$45\%=\frac{45}{100}=\frac{9}{20}$　2年生の生徒数は$(x+10)$人　よって，2年生のA型の生徒数は，$\frac{9}{20}\times(x+10)$人

(2) 1，2年生のA型の生徒数をxを用いて表して方程式を立てると，$\frac{40}{100}\times x+\frac{9}{20}(x+10)=\frac{2}{5}x+\frac{9}{20}x+\frac{90}{20}=81$　両辺を20倍して整理すると，$17x=1620-90$　$17x=1530$　$x=90$　よって，1年生のB型の生徒数は，$\frac{20}{100}\times90=18$(人)

[3] (関数・グラフと図形－関数$y=ax^2$のグラフ，直線の式，グラフの交点，三角形の面積，面積の等分)

基本 (1) A(1, 1)が関数のグラフ上にあるので，$x=1$，$y=1$を代入すると，$1=a\times1^2$　$a=1$

重要 (2) A(1, 1)，C(−2, 4)だから，直線ACの傾きは，$\frac{y\text{の増加量}}{x\text{の増加量}}=\frac{4-1}{-2-1}=-1$　$y=-x+b$とおいて(1, 1)を代入すると，$1=-1+b$　$b=2$　よって，直線ACの式は，$y=-x+2$

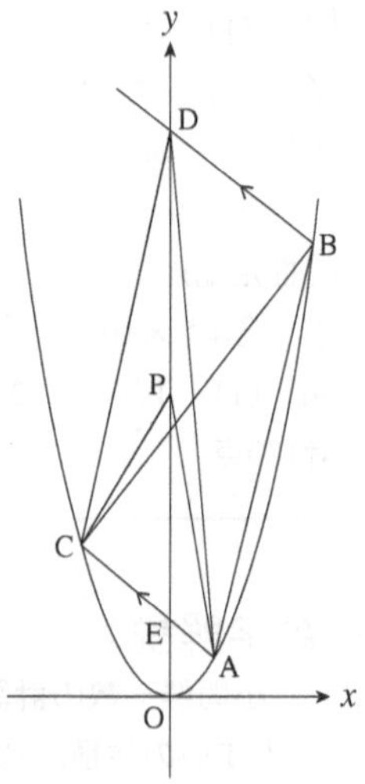

重要 (3) 点Bを通り直線ACに平行な直線を引いてy軸との交点をDとすると，BD//ACなので，△ABCと△ADCはACを底辺とみたときの高さが等しいので面積が等しい。平行な直線は傾きが等しいから，直線BDの式を$y=-x+d$とおいてB(3, 9)を代入すると，$9=-3+d$　$d=12$　よって，D(0, 12)　直線ACとy軸との交点をEとすると，E(0, 2)　DE＝10　よって，△ABC＝△ADC＝△ADE＋△CDE　点AからDEまでの距離は1，点CからDEまでの距離は2だから，△ABC＝$\frac{1}{2}\times10\times1+\frac{1}{2}\times10\times2=15$

(4) PE＝$\frac{1}{2}$DE＝5のとき，△PCA＝△APE＋△CPE＝$\frac{1}{2}$△ADE＋$\frac{1}{2}$△CDE＝$\frac{1}{2}$△ABCとなる。よって，点Pのy座標は$2+5=7$　P(0, 7)

[4] (確率－さいころの目の数，2けたの整数，素数)

基本 (1) Aに6通りの目の出方があり，そのそれぞれに対してBに6通りずつの目の出方があるから，2けたの整数xは$6\times6=36$(通り)できる。$x=11$となるのは(A, B)＝(1, 1)の1通りだけだから，その確率は，$\frac{1}{36}$

(2) xが偶数となるのは，Bの目の出方が2，4，6の3通りのときであり，そのそれぞれに対してAの目の出方が6通りずつあるからxは$3\times6=18$(通り)ある。よって，その確率は，$\frac{18}{36}=\frac{1}{2}$

(3) 素数であるxは，11，13，23，31，41，43，53，61の8通りある。よって，その確率は，$\frac{8}{36}=\frac{2}{9}$

[5] (平面図形－三平方の定理，相似，面積，辺の比と面積の比，回転体の体積)

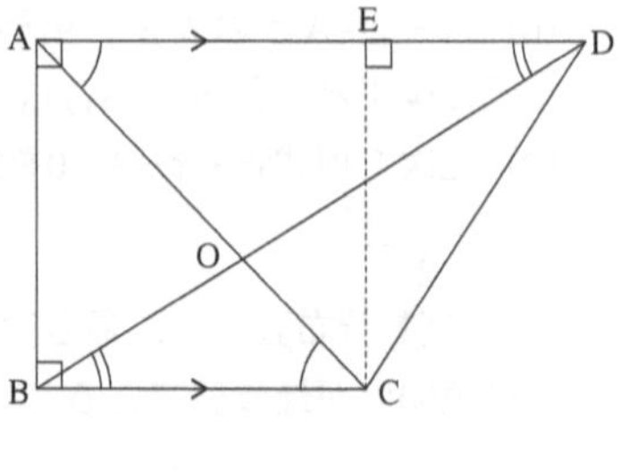

重要 (1) 点CからADに垂線CEを引くと，四角形ABCEは正方形になり，AE＝CE＝3　△CDEで三平方の定理を用いると，$DE^2=CD^2-CE^2=(\sqrt{13})^2-3^2=4$　よって，$DE=\sqrt{4}=2$　したがって，AD＝3＋2＝5(cm)

(2) AD//BCなので錯角は等しいから，∠OAD＝∠OCB，∠ODA＝∠OBC　2組の角がそれぞれ等しいので，△ODA∽△OBCよって，③△OBCが△ODAと相似である。

やや難 (3) $\triangle ODA \backsim \triangle OBC$なので，AO：CO＝AD：CB＝5：3 よって，AO：AC＝5：8 △OABと△CABはそれぞれの底辺をOA，CAとみたときの高さが共通だから，面積の比は底辺の比に等しい。よって，△OAB：△CAB＝5：8 △OAB：$\frac{1}{2}\times3\times3=5:8$ △OAB：$\frac{9}{2}=5:8$ △OAB＝$\frac{9}{2}\times5\div8=\frac{45}{16}$(cm²)

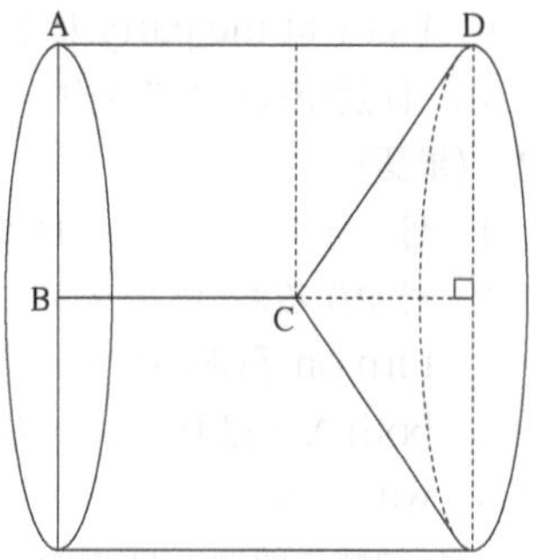

(4) 台形ABCDを，辺BCを軸として1回転させると，(底面の半径が3で高さが5の円柱)から，(底面の半径が3で高さが2の円すい)を除いた立体ができる。よって，その体積は，$3\times3\times\pi\times5-\frac{1}{3}\times3\times3\times\pi\times2=45\pi-6\pi=39\pi$(cm³)

★ワンポイントアドバイス★

①の(5)は根号の中が(整数)²になればよい。⑤の(1)は点CからADに垂線を引いて三平方の定理を用いる。⑤の(4)は円柱から円すいを抜き取る形になる。

＜英語解答＞

A 1 ④ 2 ④ 3 ③ 4 ④ 5 ② 6 ③ 7 ③ 8 ④ 9 ③ 10 ①

B 1 ① 2 ② 3 ③ 4 ④ 5 ④

C 1 ① 2 ④ 3 ④ 4 ① 5 ③ 6 ②

D 1 ③ 2 ① 3 ④ 4 ④ 5 ④

E 27 ③ 28 ① 29 ⑥ 30 ② 31 ⑤ 32 ④

F 1 ② 2 ④

G 問1 ④ 問2 ② 問3 ③ 問4 ④ 問5 ④

H 問1 ① 問2 ③ 問3 ② 問4 ① 問5 ② 問6 ① 問7 ①

I 1 ② 2 ② 3 ③ 4 ① 5 ③

○推定配点○

A～D 各1点×26 E・F 各2点×8 G・I 各3点×10 H 各4点×7 計100点

＜英語解説＞

基本 A (語句補充問題：前置詞，比較，現在完了，不定詞，分詞，関係代名詞，接続詞)

1 主語が they であり late は形容詞なので，are が適切。

2 presents は数えられる名詞なので many が適切。

3 between A and B「AとBの間」

4 2つを比べているので，比較級 better が適切。

5 「何」と呼ばれるかとなるので，what が適切。

6 since が用いられているので現在完了の文になる。

7 主語になるので，不定詞の名詞的用法を用いる。

8 broken は後の名詞を修飾する分詞の形容詞的用法である。

9　I saw at the party は前の名詞を修飾しているので，目的格の関係代名詞 that が適切。

10　体調が良くなる条件が後に述べられているので，「もし～なら」という意味の if が適切。

基本 B （単語）

1　母の兄弟は「おじ(uncle)」である。

2　母が作るおいしいものにあてはまるのは「スープ(soup)」である。

3　turn on「(あかりを)つける」

4　both A and B「AもBも両方とも」

5　way「方法」

重要 C （語句整序問題：間接疑問文，助動詞，分詞，現在完了）

1　(Do you know) what time Linda will (come?)　間接疑問文は<What time ＋ 主語 ＋ 動詞>の語順になる。

2　(I) must go to the airport by (twelve.)　<must ＋ 動詞の原形>「～しなければならない」

3　(How) far is it (from here to the station?)　距離をたずねる場合は　How far を用いる。

4　Why don't you go (to a movie tonight?)　Why don't you ～?「～するのはどうですか」

5　(The road) leading to the country is full (of cars.)　leading to the country は前の名詞を修飾する分詞の形容詞的用法である。be full of ～「～でいっぱいだ」

6　(Have) you ever eaten Thai (food?)　<Have you ever ＋ 過去分詞？>「今までに～したことがありますか」

D （会話文）

1　Can you～? と問われているため，Bの発言は自分自身に関する質問に答えている必要があり，can を用いて答える必要がある。

2　Aの発言から，姉が京都に詳しいことがわかる。したがって，次に行く予定の場所についての情報を求めていると判断できる。

3　Aren't you a college student?と尋ねられているので，Bの応答は自分のことについて答える。Yes の後は肯定，Noの後は否定で答えるので，No, I'm not. が適切。

4　Aの Have a nice day. Bye. は良い一日を過ごすようにという願いを表しており，Bの応答としては，同じように良い一日を過ごすように願っているという意味の選択肢が適切。

5　Bが姉が病気であると言っているので，同情を表す自然な反応は That's too bad.「お気の毒に」が適切。

E （会話文）

（全訳）Helen：(27)何て素敵な歌なの！本当に気に入ったよ！それ，知ってる，カナ？

Kana：ええ，人気の日本の歌だよ。

Helen：(28)どこから聞こえてきているの？

Kana：携帯電話から聞こえてくるの。特に若者はSNSで最新情報を得ているのよ。ところで，日本では今，携帯電話はそれほど高くないね。(29)あなたの国ではどう？

Helen：私の国でも携帯電話は安いよ。とても便利ね。

Kana：その通りだね。携帯電話は小さくて持ち運びができるからね。

Helen：でも，私の国では携帯電話の使用が危険なの。例えば，(30)運転中に携帯電話を使うドライバーを見かけるよ。

Kana：日本でも問題だよ。電車やバスで大声で話す人がいて，周りの人のことを考えないの。

Helen：本当にそうね。

Kana：だから，携帯電話には良い点と悪い点の両方があると思うな。
Helen：まさに。(31)携帯電話を使うときは他人のことについて考えないといけないね。
Kana：私もそう思うわ。
Helen：聞いて！ (32)別の電話が鳴っているよ。
Kana：いいえ，この音楽は携帯電話からではないよ。あの信号機からだね。赤に変わる前に走ろう。

27 「それを気に入っている」と言っていることから「なんて素敵な歌なの！」が適切。

28 It's coming from ～ と答えているので，Where is it coming from? が適切。

29 カナが日本について話した後に，ヘレンが自分の国について話しているので「あなたの国はどう？」が適切。

30 ヘレンが危険な使用例について言及していることから判断できる。

31 携帯電話には良い点と悪い点があるので，携帯電話の使用に関する他人への配慮について述べていると判断できる。

32 この後で「この音楽は携帯電話からではない」と言っているので，ヘレンは携帯電話が鳴っていると思っているとわかる。

基本 **F** (資料問題：英問英答)

(全訳)

> お客様満足度調査
>
> Osaki Ken's Dinerでのお食事，ありがとうございました。少しの時間をかけて，いくつかの質問にお答えください。お客様のご意見は，私たちのサービス向上の大きな助けとなります。
>
> ・ウェイターは丁寧に対応してくれましたか？
> ・私たちのサービスは友好的でしたか？
> ・サービスに満足していただけましたか？
> ・新しいユニフォームはいかがでしたか？
> ・本日は何をご注文いただきましたか？
>
> このアンケートを，レジに置いてあるボックスに入れてください。名前と住所をお忘れなくご記入ください。後日，無料のランチクーポンをお送りいたします。
> 本当にありがとうございます。
>
> 住所：＿＿＿＿＿＿＿＿＿＿
> 氏名：＿＿＿＿＿＿＿＿＿＿

1 このアンケートでは「ウェイターは礼儀正しいか」「サービスに満足したか」などの問いがあることから，レストランの「サービス」についてのものである。

2 最後の部分に，アンケートに答えると無料ランチクーポンを送ると書かれている。

G (長文読解問題・物語文：要旨把握，英文和訳，語句補充，内容吟味)

16歳のお誕生日おめでとう，加代子。

立派な若い女性になったことでしょう。①この手紙を父からもらうと驚くことでしょう。私は今，病院のベッドでこの手紙を書いています。16歳になったら平和について話したいのですが，そんなに長生きすることはないでしょう。だからあなたのお父さんに「彼女の16歳の誕生日にこの手紙を渡して」と言いました。

私が16歳のとき，第2次世界大戦が終わりました。父は戦争から戻りませんでした。家には6人の子供がいました。母は農場で一生懸命働き，私たちは学校の後毎日手伝いました。でも，家族に十分な食べ物がありませんでした。時には，一日に一度だけご飯を食べたこともありました。この経験から，平和が人生で最も大切なことの一つだと学びました。

②平和について真剣に考えたことがありますか？多分ないと思う，③平和が周りの空気のように感じるからね。私はそう思いません。第2次世界大戦以降も戦争は起こっています。平和は壊れやすいものです。平和を保つには努力が必要で，誰もが平和の責任を果たさなければなりません。難しいかもしれませんが，挑戦してください。

加代ちゃん，これからいい人生を送ってほしい。世界にもう38戦争がないことを願っています。いつも愛しています。

問1　祖母が病院のベッドで手紙を書いていること，そして16歳の誕生日まで生きられないかもしれないとのことからわかる。

問2　<Have you ever + 過去分詞～?>「あなたは～したことがありますか」という現在完了の経験用法である。

問3　平和について真剣に考えたことがなく「空気のようなもの」と述べられていることから，当たり前のように手に入るものとして書かれている。

問4　祖母は平和を望んでいることから，戦争がないことを望んでいるとわかる。

問5　手紙の主要なテーマは平和であり，その重要性とみんなが努力すれば実現できるというメッセージが強調されている。

重要 **H**　(長文読解問題・物語文：書き換え問題[動名詞]，語句補充，指示語，文整序，要旨把握)

(全訳)　それは5年前のことだが，私はまだあのクリスマスの日を覚えている。その日まで，私はサンタクロースがこの世界にいると信じていた。毎年素敵なプレゼントをくれたし，両親はいつも「サンタは君を愛しているから来るんだ」と言っていたからだ。しかし，その日，サンタがいないことを理解した。私は悲しんではいなかったが，とても幸せだった。

中学に入学して写真部に入部したが，自分のカメラは持っていなかった。友達は素敵なカメラを持っていて「ア父さんにカメラを買ってもらうように頼んだら？」と私に言った。それを聞いて少し悲しく感じた。私は家族が裕福でないことを知っていたし，父から遠ざかりたかったから，彼に頼まなかった。なぜそうだったのかわからない。母とはたくさん話したが，父とは話さなかった。私と父にとってそれがよくないことだとわかっていた。クリスマスイブにこの手紙を書いた。

「親愛なるサンタ，

私は今年は来ないんじゃないかと思う。私を愛していないと思うから。私は父と距離を置くから悪い子です。なぜそうなのかわからない。自分を変えたい，でもできない。心に冬が来て，春が来ないような気がする　ベティより」

次の日，このカード付きのプレゼントを見つけた。

「親愛なるベティ，

あなたがいい子だってことを知っているよ。イ冬は決して同じ場所にとどまらないと知ってほしい。私はいつもあなたを愛している。

サンタクロースより」

その優しい言葉とプレゼントを受け取ってとても嬉しくなった。箱を開けるとカメラが入っていた。「ああ，サンタ！どうして私がカメラが欲しいか知っていたの？」とても嬉しくて，ウそれと一緒に踊り始めた。すると，紙切れが落ちてきた。拾ってみると，私の町の店の名前と父の名前が書かれていた。それは父が買ったカメラの保証書だった。

数分後，すべてを理解した。父はいつも私のことを考えていた。彼の目がいつも温かく私を見ていたことも思い出した。「私は最も私を愛してくれるもう一人のサンタを見つけた。冬が去り，春が来る。オ私のサンタ，愛してる」と小声で言った。

問1 Why don't you ~? = How about ~ing?「~するのはどうですか？」

問2 最後にベティは「冬が去って春が来る」と感じていることから判断できる。

問3 直前の文にある名詞 a camera を指している。

問4 空欄の後に動詞が続いているため，主格の関係代名詞 who が適切である。

問5 下線部の my Santa は2文前の another Santa のことであり，もう1人のサンタとは「父」のことである。

問6 ベティが述べた思い出の出来事は，第1段落「サンタクロースがこの世界にいると信じている」→第2段落前半「高校入学後，写真部に入る」→第2段落後半「サンタクロースに手紙を書く」→第3段落「サンタが父の名前が書かれている保証書がついたカメラをくれる」→第4段落「父がサンタクロースだったと気づく」の順である。

問7 父がサンタであると気づき，自分を変えられるきっかけになっている点がテーマになっていることから判断する。

I (長文読解問題・説明文：要旨把握，英問英答)

(全訳) アメリカにあるルイジアナ州ニューオーリンズは，長い興味深い歴史を持つ都市だが，特にジャズで有名だ。ジャズは19世紀後半から20世紀初頭にかけて，ニューオーリンズのアフリカ系アメリカ人コミュニティで発祥した。実際，ジャズが最初に演奏されたのはそこだと多くの人々が言う。世界中から人々がこの都市のジャズミュージシャンを見に来て，彼らの音楽を聴く。

しかし，2005年の9月にカトリーナと呼ばれる大きなハリケーンがあった。強くて巨大なハリケーンで，多くの店舗や家が壊れ，ほとんどの人々が街を離れなければならなかった。ハリケーンの後，彼らは戻りたかったが，多くの人々は仕事や住む場所がなかった。

アメリカ中のボランティア団体がニューオーリンズの人々を助けるために一生懸命働き始めた。ジョンと彼の友人フアンはミュージシャンを助けたかったので，カトリーナのピアノ基金という新しいボランティア団体を設立した。多くのミュージシャンはハリケーンで楽器を失ったために働くことができなかった。ジョンとフアンは楽器を見つけるのが最良の方法だと考えたので，古いピアノやギターを人々に求めた。数ヶ月後，彼らはニューオーリンズのミュージシャンのために200以上の楽器を集めることができた。多くの楽器は2006年の4月と5月にニューオーリンズで開催された大きな音楽祭で使用された。

ジョンとフアンのおかげで，多くのミュージシャンは再びバンドで演奏したり，音楽を教えたり，CDを作ったりすることができた。楽器はニューオーリンズのミュージシャンを助け，都市を特別なものにする音楽を取り戻した。

1 「なぜ多くの国から人々がニューオーリンズを訪れるのか」第1段落最終文参照。ニューオーリンズはジャズ音楽で有名で，世界中から人々がジャズ音楽を聞きに来ると述べられている。

2 「ハリケーンの後，ジョンと友人のフアンは何をしたか」第3段落第2文参照。彼らはミュージシャンを助けるために「カトリーナピアノ基金」という新しいボランティア団体を設立した。

3 「ジョンとフアンは人々に何を頼んだか」第3段落第4文参照。ミュージシャンのために古い楽器を提供するよう頼んだ。

4 「2006年の4月と5月にニューオーリンズで何が起こったか」第4段落最終文参照。2006年の4月と

5月にニューオーリンズで開催された大きな音楽祭が述べられている。

5 「この話は何についてのものか」ジョンとフアンがミュージシャンを助けるためにボランティア団体を設立し，楽器を集め，音楽を取り戻す努力についての話である。

★ワンポイントアドバイス★

文法問題自体は取り組みやすい問題であるが，文章読解の分量が非常に多くなっている。過去問や問題集を用いて，数多くの問題に触れ，読解問題に慣れるようにしたい。

＜国語解答＞

第一問 問一 a ② b ③ c ④ d ③ e ① 問二 ④ 問三 ②
問四 X ① Y ③ 問五 ② 問六 ③ 問七 ② 問八 ④
問九 A ① B ② C ② D ① E ②

第二問 問一 ⑤ 問二 ③ 問三 a ② b ④ c ④ d ⑤ 問四 ④
問五 ③ 問六 ③ 問七 ⑤ 問八 ①

第三問 Ⅰ ③ Ⅱ ① Ⅲ ④ Ⅳ ② Ⅴ ① Ⅵ ④

第四問 問一 ④ 問二 ア ③ イ ① ウ ④ エ ④ オ ② 問三 ④
問四 x ④ y ② z ① 問五 A ① B ② C ② D ①
問六 ④ 問七 (1) ④ (2) ②

○推定配点○

第一問 問一 各1点×5 問三・問五～問八 各3点×5 他 各2点×8
第二問 問一・問二 各2点×2 問三 各1点×4 他 各3点×5
第三問 各2点×6 **第四問** 問二 各1点×5 他 各2点×12 計100点

＜国語解説＞

第一問 (論説文－大意・要旨，内容吟味，文脈把握，脱文・脱語補充，漢字の読み書き，語句の意味，ことわざ)

基本 問一 ――線部aは確固として動かしがたいさま。bは物の見方や考え方。cは意識や考えが一定の対象に向かうこと。dは「大量生産」の略。eは物事の進行や変化してゆく途中の段階。

問二 「好事家」の「事」の読み方に注意。「もの好きの人」のほかに，風流を好む人という意味もある。

問三 抜けている文の内容から，直前で「『個性的であれ』という外圧」について述べていることが推測できるので，「『〝個性的じゃなきゃダメ〟だという価値カンが，多くの若者たちの間でプレッシャーになった』」という森永氏の言葉を引用し，本来，個性の尊重は「みんなに優しい価値カン」のはずだった，と述べていることの直後の②に入れるのが適当。

問四 空欄Xはがまん強く辛抱すれば必ず成功することのたとえである①，Yはほんのわずか先のことですら全くわからないという意味の③がそれぞれ入る。Xの②は自分にできることをしたら，あせらずに良い結果が出るのを待つこと。③は何かを始めようと思ったときはすぐに実行に移したほうが良いということ。④は人生の幸せや不幸は予測できないということ。Yの①は先のことを心配するのではなく，成り行きに身を任せていくのがよいということ。②は次々に災難が襲ってくること。④は自分自身の行いや過ちが原因で自分自身が苦しむこと。

重要 問五　――線部アは「話題作をコミュニケーションツールとして使う」のは「コミュニティで自分が息をしやすくするため」でもあるので②が適当。ア直後で「『今の若者』」について述べていることをふまえていない他の選択肢は不適当。

問六　――線部イは，話すまでもないほどありふれていて「個性」とするには足りないもの，ということなので③が適当。イ直前で「特定の教科」や「英語が話せる」と同様に，個性として足りないということをふまえていない他の選択肢は不適当。

問七　――線部ウ前で「それについて知っている人，馴染みのある人が少ない個性は……コミュニケーションに発展しない」ことを述べているので②が適当。ウ直前の段落内容をふまえていない他の選択肢は不適当。

重要 問八　「スペシャリスト」は「オタクへの憧れ」と「『自分の希少価値』と同一線上にあるもの」として述べているので④はふさわしくない。①・②は「まず，『若者は……』……」から続く7段落，③は「少なくない数の……」で始まる段落，⑤は「Z世代は……」で始まる段落で，若者が「オタク」に憧れる理由として述べている。

やや難 問九　Aは「ただ，当時の……」から続く5段落，Dは「Z世代は……」から続く5段落で述べているので合致する。Bは「少なくない数の……」で始まる段落，Cは「旧来から……」で始まる段落，Eは「『昔の人が……』」で始まる段落の内容に，いずれも合致しない。

第二問 (小説－情景・心情，内容吟味，文脈把握，語句の意味，品詞・用法，表現技法)

問一　――線部iとiiiは連体修飾語をつくる格助詞，iiとvは体言代用の格助詞，ivは主語を表す格助詞。

基本 問二　――線部Xは「言葉」を人に見立てて「裏切っていった」と表現しているので③が適当。①は「～のような」などを用いてたとえる技巧。②は「～のような」などを用いずに直接たとえる技巧。④は文節などを普通の順序とは逆にする技巧。⑤は文の最後を体言(名詞)で終わらせる技巧。

問三　――線部aは元気に満ちあふれて生き生きとしているさま。bは気配りや遠慮の要らない，という意味。油断ならない，気が許せないという意味ではないことに注意。cは嫌な予感や心配ごとなどのために不安になること。dは正しいかどうか詳しく調べて確かめること。

問四　――線部アは，一之瀬の視線から逃れるために，でき上がった綿菓子に「三人いっせいに手を伸ばした」ことで綿菓子屋のおじさんが「けんかするな」と言ったことに対するものなので，①・②・③・⑤は正しいが，④はふさわしくない。

問五　――線部イの場面の最初で，一之瀬に話しかけられて「思わず返事が，口からもれてしまった」が，イでは，一之瀬の目に夏祭りで見かけた一之瀬の目を重ねていることから③が適当。夏祭りの一之瀬の印象との違いから一之瀬の話に素直に答える気になれないことを説明していない他の選択肢は不適当。

重要 問六　――線部ウ後で，自分の姉がそうだったように，中学受験をするりつ子に対し「『……何でも新しいことをしようとする奴は，寂しくて，さっそうとしていて，おれはいいと思う』」と話しながら，りつ子を励ますような言葉をかけていたが，りつ子が何も答えないため，話を切り上げている一之瀬の様子が描かれているので③が適当。りつ子が何も答えていないこと，一之瀬が話を切り上げていることをふまえていない他の選択肢は不適当。

問七　――線部エ前の描写をふまえた①～④はふさわしいが，「薄気味の悪さを感じている」とある⑤はふさわしくない。

やや難 問八 ——線部オ前の一度目は，一之瀬の話に言葉が出なくなって本音では「はい」なので建前としての「いいえ」，オは直前の一之瀬の言葉を本音で否定している「いいえ」なので①が適当。一度目は建前，二度目は本音であることを説明していない他の選択肢は不適当。

第三問 （資料の読み取り）

問一 図1の「不安(計)」で，中学生は「3年後の自分」では43.5%，「10年後の自分」では45.5%なので，Ⅰは③が適当で，他は不適当。図1の「不安(計)」の数字が，いずれも中学生より高いので，Ⅱは①が適当で，②の「差が大きくなる」，③の「割合が高い」，④の「割合が高くなっていく」は不適当。図2の中高生の「不安(計)」の数字から，Ⅲは④が適当で，他は不適当。図1・2の「不安(計)」の数字から，Ⅳは②が適当で，他は不適当。図3・4の「学習進度・学習方法の計画・選択に影響を与えた」の項目で，中学生は68%，高校生は67%が「影響を与えた」と答えているので，Ⅴには七割に少し少ないという意味の①が適当。図5の「不安を大きくした」の項目では中高生ともに50%を超えていることから，Ⅵは心理面で好ましくない状態の影響が大きかったとする④が適当で，他は不適当。

第四問 （古文－内容吟味，文脈把握，筆順，仮名遣い，口語訳）

〈口語訳〉 これも今となっては昔のことだが，田舎の児が比叡山へ登って(修行をして)いたが，桜の花がすばらしく咲いていたところに，風がはげしく吹きつけるのを見て，この児がさめざめと泣いているのを見て，僧がそっと近づいて，「どうしてこのように泣かれるか。この花が散るのを，惜しいとお思いか。桜ははかないもので，このようにすぐに散るものなのです。だが，それだけのことですよ，」と慰めたが，「桜が散るのは，どうこうできることではありませんから，かまいません。私の父が作りました麦の花が(この風で)散って，実らないのではないかと思うとそれが悲しいのです」と言って，しゃくりあげて，大声でわあわあ激しく泣いたので，なんともがっかりさせられる話ではないか。

問一 「比叡の山」にあるのは④である。

基本 問二 歴史的仮名遣いの「ゐ・ゑ」は現代仮名遣いで「い・え」，語頭以外の「は行」は「わ行」，「ア段＋う」は「オ段＋う」，「イ段＋う」は「イ段＋ゅ＋う」になるので，アは③，イは①，ウは④，エは④，オは②がそれぞれ適当。

問三 「を」のカタカナは「ヲ」で，画数は三画，横棒を先に書く。「オ」は「お」のカタカナ。

重要 問四 ——線部xは「すばらしい，見事だ」という意味。現代語の意味と異なるので注意する。yの「うつろひ(ふ)」は「花が散る」という意味。zは「つらい，やりきれない」という意味。

問五 〜〜線部Aは「児」が桜に風がはげしく吹きつけるのを「見て」ということ。Bは「僧」が児にそっと「近づいて」ということ。Cも「僧」が児を「慰めた」ということ。Dは「児」が「しゃくりあげて」ということ。

問六 〜〜線部Eの「ば」は「〜ので」という意味の接続助詞なので④が適当。

やや難 問七 (1)の「児」の会話文は，僧に慰められた直後「桜の散らんは」から始まり，「と言ひて」の直前「わびしき」までである。(2)の僧の会話文は，泣いている児に近づいた直後「などかうは」から始まり，「と慰めければ」の直前「さのみぞさぶらふ，」までである。

★ワンポイントアドバイス★

小説では，表情や動作から読み取れる登場人物の心情を丁寧に確認しよう。

情報・総合

2023年度

解　答　と　解　説

《2023年度の配点は解答欄に掲載してあります。》

＜数学解答＞

【問1】 (1) ア 1 イ 1 (2) ウ 2 (3) エ 6 (4) オ 7 (5) カ 5 キ 1 (6) ク 8 ケ 3 (7) コ 3 サ 5 シ 2 (8) ス 4 セ 6 (9) ソ 6 (10) タ 7 チ 7

【問2】 (1) ツ 1 テ 8 (2) ト 3

【問3】 (1) ナ 3 (2) ニ 4 (3) ヌ 1 ネ 0 (4) ノ 1 ハ 1 ヒ 3

【問4】 (1) フ 6 ヘ 0 (2) ホ 2 マ 4 (3) ミ 1 ム 2

【問5】 (1) メ 1 モ 8 ラ 3 (2) リ 1 ル 2 (3) レ 4

【問6】 (1) ロ 1 あ 6 (2) い 4 (3) う 2 え 0

○推定配点○

各4点×25　　計100点

＜数学解説＞

【問1】 (小問群－数の計算，式の値，方程式，連立方程式，因数分解，2次方程式，平方根，変化の割合，素数)

基本 (1) $-1^2\times5+(-4)^2=-1\times5+16=-5+16=11$

(2) $\left(-\frac{1}{3}\right)^2-2\div\left(\frac{3}{2}\right)^2+\left(\frac{5}{3}\right)^2=\frac{1}{9}-2\div\frac{9}{4}+\frac{25}{9}=\frac{1}{9}-2\times\frac{4}{9}+\frac{25}{9}=\frac{1}{9}-\frac{8}{9}+\frac{25}{9}=\frac{18}{9}=2$

(3) $5ab+4b^2=b(5a+4b)$　$a=2$，$b=-3$を代入すると，$-3\times\{5\times2+4\times(-3)\}=-3\times(10-12)=-3\times(-2)=6$

基本 (4) $5x-2=3(x+4)$　$5x-2=3x+12$　$5x-3x=12+2$　$2x=14$　$x=7$

(5) $5x-8y=17$…①　$x-4y=1$…②　②の両辺を2倍すると，$2x-8y=2$…③　①－③から，$3x=15$　$x=5$　②に代入して，$5-4y=1$　$-4y=-4$　$y=1$

基本 (6) 和が5，積が-24になる2数は，8と-3　よって，$x^2+5x-24=(x+8)(x-3)$

(7) $x^2+3x+1=0$を2次方程式の解の公式を用いて解くと，$x=\frac{-3\pm\sqrt{3^2-4\times1\times1}}{2\times1}=\frac{-3\pm\sqrt{5}}{2}$

重要 (8) $x^2-y^2=(x+y)(x-y)=\{(\sqrt{3}+\sqrt{2})+(\sqrt{3}-\sqrt{2})\}\{(\sqrt{3}+\sqrt{2})-(\sqrt{3}-\sqrt{2})\}=2\sqrt{3}\times2\sqrt{2}=4\sqrt{6}$　【別解】 $(A+B)^2-(A-B)^2=4AB$を利用すると$(\sqrt{3}+\sqrt{2})^2-(\sqrt{3}-\sqrt{2})^2=4\times\sqrt{3}\times\sqrt{2}=4\sqrt{6}$

(9) $y=x^2$について，$x=1$のとき$y=1$，$x=5$のとき$y=25$　変化の割合$=\frac{yの増加量}{xの増加量}=\frac{25-1}{5-1}=6$

(10) 20以下の素数の総和は，$2+3+5+7+11+13+17+19=77$

【問2】 (資料の整理－度数分布表，累積度数，最大値，平均値，相対度数)

基本 (1) 6.6秒未満の累積度数は，6.6秒未満の人の合計である。$1+3+6+8=18$(人)

重要 (2) ①最大値は7.0秒以上7.2秒未満の階級の階級値の7.1秒である。②平均値が6.6秒であるとき，合計は$6.6\times30=198$　$5.9\times1+6.1\times3+6.3\times6+6.5\times8+6.7\times5+6.9\times3+7.1\times4$は198にならな

い。③全体の7割は30人×0.7=21人　6.8秒未満で走る人は30−(3+4)=23(人)なので，7割以上の生徒が6.8秒未満で走る。④全体の1割は3人　6.0秒以上6.2秒未満の階級に入っている3人の中に6.0秒で走る人が必ず2人いるとはかぎらない。よって，必ず正しいといえるのは③

【問3】 (関数・グラフと図形−直線の傾き，直線の式，三角形の面積，面積の等分)

(1) B(−1, 3)，O(0, 0)なので，直線③の傾きは，$\dfrac{y\text{の増加量}}{x\text{の増加量}}=\dfrac{0-3}{0-(-1)}=-3$

重要 (2) B(−1, 3)，A(4, 8)なので，直線①の傾きは，$\dfrac{y\text{の増加量}}{x\text{の増加量}}=\dfrac{4-(-1)}{8-3}=1$　$y=x+b$とおいてA(4, 8)を代入すると，$8=4+b$　$b=4$　よって，$y=x+4$

重要 (3) 直線①とy軸との交点をCとすると，C(0, 4)　△OAB＝△OAC＋△OBC　△OAC，△OBCの底辺をそれぞれOCとすると，OC=4，点Aから直線OCまでの距離は4，点Bから直線OCまでの距離は1だから，△OAB＝△OAC＋△OBC＝$\dfrac{1}{2}\times4\times4+\dfrac{1}{2}\times4\times1=10$

やや難 (4) 線分ABの中点をDとすると，△OADと△OBDはAD，BDをそれぞれの三角形の底辺とみたときの高さが等しいから，△OAD：△OBD＝AD：BD＝1：1　よって，直線ODが△OABの面積を2等分する。2点$(x_1,\ y_1)$，$(x_2,\ y_2)$の中点の座標は$\left(\dfrac{x_1+x_2}{2},\ \dfrac{y_1+y_2}{2}\right)$で求められるから，$\mathrm{D}\left(\dfrac{-1+4}{2},\ \dfrac{3+8}{2}\right)=\mathrm{D}\left(\dfrac{3}{2},\ \dfrac{11}{2}\right)$　直線ODの傾きは，$\dfrac{11}{2}\div\dfrac{3}{2}=\dfrac{11}{3}$　したがって，△OABの面積を2等分する直線は，$y=\dfrac{11}{3}x$

【問4】 (図形の小問群−平行線と角度，重なった図形の面積，回転体の体積)

重要 (1) 図1のように点A～Gをおく。$\ell /\!/ m$，$n /\!/ o$で同位角，錯角は等しいから，∠ECD＝∠CDF＝∠ABF＝18°　∠CGFは△CGEの外角なので，その隣りにない2つの内角の和に等しい。よって，$\angle x$＝∠CGF＝∠GEC＋∠ECG＝42°＋18°＝60°

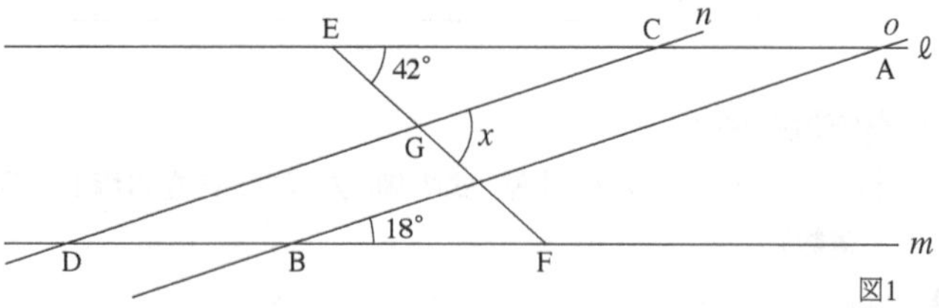

図1

やや難 (2) 斜線部の面積は図2で示すように，半径2cm，中心角90°のおうぎ形2個の面積から1辺が2cmの正方形の面積を除くことによって求められる。よって，$\pi\times2^2\times\dfrac{90}{360}\times2-2^2=2\pi-4(\text{cm}^2)$

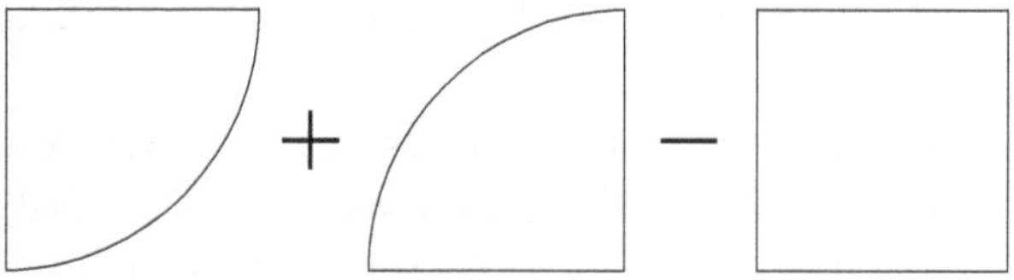
図2

(3) 底面の半径が3cm，高さが4cmの円すいができる。$\dfrac{1}{3}\times(\text{底面積})\times(\text{高さ})=\dfrac{1}{3}\times9\pi\times4=12\pi(\text{cm}^3)$

【問5】 (平面図形−三角形の面積，三平方の定理，正三角形，弧の長さ)

(1) 直径に対する円周角は90°である。AC⊥BCなので，△ABC＝$\dfrac{1}{2}\times\text{AC}\times\text{BC}=\dfrac{1}{2}\times6\sqrt{3}\times6=18\sqrt{3}(\text{cm}^2)$

重要 (2) △ABCはABを斜辺とする直角三角形だから，三平方の定理を用いると，$\text{AB}^2=\text{AC}^2+\text{BC}^2=108+36=144$　よって，$\text{AB}=\sqrt{144}=12(\text{cm})$

(3) 半径OCを引くと，OC＝OB＝6＝BC　よって，△BOCは3辺が等しいので正三角形である。∠BOC＝60°だから，∠AOC＝120°　したがって，弧ACの長さは，$2\times\pi\times6\times\dfrac{120}{360}=4\pi(\text{cm})$

【問6】（場合の数－商品の選び方）

(1)　メインからの選び方が4通りあり，そのそれぞれに対して，サイドメニューからの選び方が4通りずつあるので，4×4＝16(通り)

(2)　メインから①ハンバーガーを選んだとき，250－100＝150なので，サイドメニューからは①バニラアイスと②ポテトフライと③チキンナゲットの3通りの選び方がある。メインから②チーズバーガーを選ぶときは，250－120＝130なので，サイドメニューからは①バニラアイスの選び方だけである。それ以外では250円以下のAセットは作れない。よって，4通りある。

やや難　(3)　ドリンクが①コーラまたは②リンゴジュースのとき，400－120＝280なので，メインが①ハンバーガーのときには，サイドメニューは①バニラアイス，②ポテトフライ，③チキンナゲット④アップルパイのすべてが選べる…2×4＝8(通り)　　また，メインが②チーズバーガーのときにはサイドメニューは①バニラアイス，②ポテトフライ，③チキンナゲットが選べる…2×3＝6(通り)　　メインが③のチキンバーガーのときには，サイドメニューは①バニラアイスが選べる…2×1＝2(通り)　　ドリンクが③コーヒーのときには，400－150＝250なので，メインが①ハンバーガーのときには，サイドメニューは①バニラアイス，②ポテトフライ，③チキンナゲットの3通りが選べる…1×3＝3(通り)　　メインが②チーズバーガーのときには，サイドメニューは①バニラアイスの1通りが選べる…1×1＝1(通り)　　よって，400円以下のBセットとして，8＋6＋2＋3＋1＝20(通り)の選び方がある。

★ワンポイントアドバイス★

問題数が多いので，手がけられるものから着実に仕上げていくとよい。関数の変化の割合＝$\frac{y\text{の増加量}}{x\text{の増加量}}$を確実に使っていこう。【問3】の(4)は三角形の底辺の中点を考える。【問6】は，どれか1つを決めて他のものを考えていく。

＜英語解答＞

A　②・⑥・⑧
B　4 ①　5 ④　6 ⑤　7 ②
C　8 ④　9 ③　10 ④　11 ②
D　12 ②　13 ③　14 ⑤　15 ④
E　16 ⑤　17 ①　18 ①　19 ④　20 ③
F　21 ①　22 ③　23 ⑤　24 ②　25 ④
G　26 ④　27 ①　28 ③　29 ④　30 ⑤　31 ①
H　32 ④　33 ③　34 ①　35 ②　36 ②　37 ⑤
I　38 ⑦　39 ⑧　40 ②　41 ③　42 ⑤
J　②・⑥・⑨
K　問1 ③　問2 ②　問3 ④　問4 ②・⑤・⑦

○推定配点○

A～E　各1点×20　　F～H　各2点×17　　I・J・K問1・問2　各3点×10

K問3・問4　各4点×4　　計100点

＜英語解説＞

基本 A (発音)

② gh は発音しない。 ⑥ l は発音しない。 ⑧ b は発音しない。

基本 B (発音)

4 [θ] と発音する。②~⑤の単語は [ð] と発音する。

5 [k] と発音する。①の単語は [ʃ], ②, ③, ⑤の単語は [ʧ] と発音する。

6 [z] と発音する。②の単語は [ʃ], ①, ③, ④の単語は [s] と発音する。

7 [au] と発音する。①, ③, ④の単語は [ʌ], ⑤の単語は [u] と発音する。

基本 C (アクセント)

8 電車で行くかどうか聞かれているので, 交通手段を強く発音して答える。

9 何になりたいか聞かれているので, なりたいものを強く発音して答える。

10 どの国に行くのか聞かれているので, 国名を強く発音して答える。

11 誰が最も良い野球選手かを尋ねているので, 人名を強く発音して答える。

基本 D (単語)

12 「レストラン」restaurant

13 「バレーボール」volleyball

14 「ボランティア」volunteer

15 「コミュニケーション」communication

E (語句補充問題:単語)

16 たくさんの動物を見るので「動物園」であるとわかる。

17 聞いてとても嬉しくなるので「よい」知らせだとわかる。

18 6月は「30」日ある。

19 a cup of ~「1杯の~」

20 another「別の, もう一つの」

F (語句補充問題:比較, 動名詞, 不定詞, 助動詞)

21 <as + 原級 + as ~>「~と同じくらいの…」

22 「いちばん」とあるので最上級 best を用いる。

23 finish ~ing「~し終える」

24 how to ~「~のやり方」

25 mustn't ~「~してはいけない」

重要 G (語句整序問題:進行形, 現在完了, 不定詞, 比較)

26 (My brother) was running in the park this morning(.) <be 動詞+ ~ing>で進行形の形になる。

27 (His father) gave Tom a watch when he (was 15 years old.) <give + 人 + 物>「人に物を与える」

28 How long have you lived (in Tokyo?) How long で期間を尋ねる疑問文になる。

29 (Erika) has a lot of homework to do(.) to do は前の名詞を修飾する不定詞の形容詞的用法である。

30 (It) is important for our team to hold the meeting(.) <It is ~ for A to…>「…することは人にとって~だ」

31 (Micheal Jackson) is one of the most famous musicians (in the world.) <one of the 最上級 + 複数名詞>「最も~な…のうちの一つ」

H (会話文)

32 Why で尋ねているので Because で答えており，またオフィスにいない理由が述べられているものが適切である。

33 迷った状況で地図を見るという提案をしているものが適切である。

34 悲しい表情をしているため，その理由として「コンサートのチケットが取れなかった」が適切である。

35 郵便局への道順を具体的に指示しているものが適切である。

36 考えについて興味・関心があるので「もっと教えてください」が適切である。

37 「この帽子は誰の？」という質問に対して，持ち主を表している所有代名詞を用いたものが適切である。

I (会話文)

(全訳) ヤンとルイスは友達である。ある日，ルイスはヤンに電話をかける。

ヤ ン：もしもし？

ルイス：もしもし，ヤン？ (38)ルイスだよ。

ヤ ン：ああ！やぁ，ルイス。

ルイス：次の日曜日に暇？ (39)僕と映画を見に行かない？

ヤ ン：もちろん。どんな映画を見るの？

ルイス：まだ決めていないんだ。

ヤ ン：僕のお気に入りの映画はどうですか？

ルイス：見たいな！

ヤ ン：それは「Flowers」なんだ。オリバーが撮った新しい映画だよ。

ルイス：わぁ！彼は国際映画賞受賞者だね！いい考えだよ。ウエストシアターに行こう！

ヤ ン：わかった！ (40)何時に会おうか？

ルイス：9時に会おう。(41)どこで待ち合わせる？

ヤ ン：ウエストシアターのメインエントランスはどう？

ルイス：いいね。(42)楽しみにしているね。

ヤ ン：僕も。楽しみだね。

38 LouisはYangに電話をかけていることから判断する。This is ～.「こちらは～です」

39 この後で「どんな映画を見るの」と言っているので，映画について述べられているものが適切。Why don't you ～?「～するのはどうですか」

40 この後で9時に会う約束をしているので，時間について尋ねる選択肢が適切。

41 この後で映画館での待ち合わせの場所について述べているので，場所について尋ねる疑問文が適切。

42 look forward to ～「～を楽しみに待つ」

重要 J (長文読解問題・手紙：内容吟味)

(全訳) 親愛なるケイトへ,

こんにちは，元気にしていますか？3ヶ月も手紙を書いていなくてごめんなさい。私は最終テストのためにずっと勉強していました。今はテストや学校の勉強から全く無関係だよ。春休みは3月20日に始まったの。

今，私がどこにいて何をしているか想像できる？私は北海道で友達とスノーボードをしているの。前のシーズンに始めたばかりで，これが2回目なんだ。でも，私はスノーボードに夢中です。スノーボード学校に入学しているんだよ。先生は私に才能があると言ってくれて，私はそれを誇りに思っているんだ。もう直線でスノーボードをする方法を学び，いくつかの技術を学び始めたの。もう一週間ここにいる予定で，帰る前にスノーボードを習得するつもりだよ。

新学期がもうすぐ始まるので，勉強するために東京に戻ることになるよ！でも，今はできるだけ楽しむつもりなんだ。返事を待っているね。

あなたの友達，ミキ

1 「ミキは今後3ヶ月間もケイトに手紙を書き続けることにした」第1段落第2文参照。3か月は手紙を書かなかった期間なので不適切。

2 「ミキは最終試験が終わったので学校に行かなくてもよい」第1段落第4文参照。テストや勉強とは全く無関係なので適切。

3 「ミキは春休み中も学校に行かなければならない」第1段落参照。ミキは最終試験が終わったので，春休み中に学校に行く必要はないので不適切。

4 「ミキとケイトは北海道で一緒にスノーボードを楽しんでいる」第2段落第2文参照。ミキはミキの友達とスノーボードを楽しんでいるので不適切。

5 「ミキはスキーよりもスノーボードの方が好きだ」スキーとの比較についての情報は文中に含まれていないので不適切。

6 「ミキはスノーボードの初心者だが，もっとうまくなりたいと思っている」第2段落参照。ミキはスノーボードを始めたばかりで，これが2回目だが，スノーボードを習得するつもりだと述べているので適切。

7 「ミキは将来，スノーボードの先生になる夢を持っている」将来スノーボード教師になりたいというミキの夢についての情報は文中にないので不適切。

8 「ミキはスノーボードのために北海道に住みたいと思っている」北海道に住みたいというミキの願望についての情報は文中にないので不適切。

9 「ミキは新学期のために東京に戻らなければならない」第3段落第1文参照。新学期が始まるため，東京に戻らなければならないと述べられているので適切。

K （長文読解問題・説明文：語句解釈，熟語，文整序，内容吟味）

（全訳） 日本が他の国に売るものは何か。もしこの質問をされたら，多くの人が「車」と答えるかもしれない。しかし，近年，アニメ映画やテレビ番組(英語では「カートゥーン」と呼ばれる)も，人気の日本の(1)輸出品だ。例えば，日本の漫画「セーラームーン」は多くの国で愛され「ウルトラマン」は世界中で見られる。

日本のアニメは，長年アジアで人気があった。今では，アメリカ，ヨーロッパ，オーストラリアでも人気になっている。アメリカでは，日本のカートゥーン(2)に夢中の若者がたくさんいる。これらの人々は「オタク」と呼ばれる。オタクは最新のアニメビデオを購入するためにすべてのお金を使ったり，お気に入りのアニメスターと同じ服を着たりする。また，アメリカのほとんどの大学にはアニメクラブがあり，お気に入りの趣味に関するインターネットのホームページも持っている。

アメリカ人は1990年代初めからアニメーションを制作し，鑑賞している。動く絵を使った最初の映画の一つに，「Humorous Phases of Funny Faces」がある。それは，1906年にイギリス人映画製作者J. スチュアート・ブラックトンによって制作された。有名なアメリカの発明家，トーマス・エジソンもアニメーションの制作を助けた。彼の会社は機械を作った。その機械は動く絵を見せるものだ。しかしもちろん，アメリカのアニメーション史で最も有名なのはウォルト・ディズニーだ。1928年に，彼の会社はアクションと音が同時に行われる最初の漫画「ミッキーマウス」を制作した。最初は映画館でのみ上映されたが，1949年にはアメリカのテレビで「進め!ラビット」が始まった。

日本とアメリカの漫画には多くの違いがある。最初に，アメリカの漫画のほとんどは幼児向けである。しかし，アメリカで日本のアニメを視聴する人々の50％は13歳から20歳の若者だ。次に，アメリカの漫画では，主人公は通常人間のように見える。例えば「スーパーヒーロー」バットマンやスパイダーマンは人間のように見えるが，人間よりも強力だ。日本のアニメでは，主人公は人間でないこともよくある。例えば，鉄腕アトムのようなロボットやゴジラのような怪物だ。3つ目に，アメリカの漫画のアートや物語は通常非常にシンプルだが，宮崎駿のようなアニメ映画製作者は美しいアートと深いメッセージを持つ映画を作る。

日本とアメリカの漫画の両方にはいくつかの問題がある。

基本 問1　文脈から，日本のアニメが他国に販売されていると明らかになっているため「輸出品」が適切である。

問2　アメリカの若者が日本のアニメに夢中であることが説明されていることから判断する。

やや難 問3　イ「例えば，一部の漫画ではたくさんの戦いが描かれている」→エ「一部の親は，これらの漫画を子供たちが見るのは良くないと考えている」→オ「さらに，これらの番組を何時間も見続けることは，目に悪いことがある」→ア「子供たちはテレビから遠く離れて座り，毎日あまり多くの漫画を見ないようにすべきだ」→ウ「最後に，たくさんの漫画を見ると，読書や友達との会話の時間がなくなる」　イで漫画の問題点の一例が挙げられ，エで親の懸念が示される。オでさらなる問題である目への影響が指摘され，アで子供たちに対する具体的な助言が述べられる。最後にウで漫画を見ることが他の活動にどう影響するのかが結論されている。

問4　①「日本のアニメは外国で日本の車よりも人気がある」　本文中にこの情報はないため，不適切。　②「日本のアニメは，アメリカとヨーロッパで人気になる前に，アジア諸国で有名だった」　第2段落第1文参照。アジアでの人気が述べられているため適切。　③「アメリカのオタクは時々，インターネット上のアニメのホームページを作るために全てのお金を使う」　第2段落第5文参照。全てのお金を使うのは最新のアニメビデオを買うためなので不適切。　④「トーマス・エジソンは，アクションと音が同時に起こるアニメーション映画を作った最初の人物だ」　第3段落第8文参照。アクションと音が同時に起こるアニメーション映画を作ったのはウォルト・ディズニーなので不適切。　⑤「1949年から，アメリカの人々はテレビで漫画を見ることができた」　第3段落最終文参照。1949年からテレビ放送が始まったと本文に記載されているため適切。　⑥「最近，アメリカの全若者の50％が日本のアニメを見ている」　第4段落第3文参照。アニメを見ている人の50％が13～20歳の若者なので不適切。　⑦「アメリカの漫画は，主人公が通常人間のように見えるため，日本のアニメとは異なる」　第4段落第4文参照。アメリカの漫画は主人公が人間に見えるが，日本は主人公がロボットや怪獣なので適切。　⑧「アメリカの漫画のストーリーは通常，日本のアニメのストーリーよりも深い」　第4段落最終文参照。本文では逆の情報が述べられているため不適切。　⑨「漫画について話すことは，人々が新しい友達を作るための良い方法だ」　この情報は本文中に現れていないため不適切。

★ワンポイントアドバイス★

語彙や英文法に関する問題が多くなっている。基本的な出題となっているので，教科書に載っている英単語や熟語はきちんと暗記しておきたい。

＜国語解答＞

第一問 問一 ア ① イ ⑤ ウ ② エ ④ オ ③ 問二 ① 問三 ②
問四 ⑤ 問五 ④ 問六 ③ 問七 ② 問八 ④ 問九 ④
問十 ② 問十一 A ① B ② C ① D ② E ②

第二問 問一 ⑤ 問二 ア ④ イ ① ウ ② 問三 ④ 問四 ⑤
問五 ④ 問六 ③ 問七 ① 問八 ⑤ 問九 ② 問十 ④
問十一 ①

第三問 問一 a ① b ② 問二 ① 問三 A ⑤ B ① 問四 1 ①
2 ① 5 ① 問五 3 ① 4 ② 問六 ① 問七 ①・③

○推定配点○
第一問 問一・問十一 各2点×10 他 各3点×9
第二問 問一～問三 各2点×5 他 各3点×8
第三問 問一～問三 各1点×5 他 各2点×7(問七完答) 計100点

＜国語解説＞

第一問 (論説文－大意・要旨，内容吟味，文脈把握，指示語，接続語，脱文・脱語補充，漢字の書き取り)

基本 問一 ア「更新」，①「更衣室」②「後悔」③「交換」④「行進」⑤「公民館」。 イ「次第」，①「題名」②「時代」③「兄弟」④「大臣」⑤「第一位」。 ウ「無理」，①「利益」②「理科」③「郷里」④「表裏」⑤「梨園」。 エ「提出」，①「停止」②「定期券」③「丁寧」④「提供」⑤「高低」。 オ「的確」，①「無敵」②「一滴」③「目的」④「汽笛」⑤「指摘」。

問二 空欄Ⅰは直後で話題を転じているので「ところで」，Ⅱは言うまでもなくという意味で「もちろん」，Ⅲは直前の内容の理由が直後で続いているので「なぜなら」，Ⅳは直前の言葉を言い換えた内容が続いているので「すなわち」がそれぞれ当てはまる。

問三 冒頭の段落で「経験や考え方，さまざまな要素によって，あなたにしかない感覚・感情を所有し，その結果として，今，あなたは，世界にたった一人の個人として存在してい」ると述べ，これをふまえて――線部1のように述べているので②が適当。冒頭の段落をふまえ，「あなたにしかない感覚・感情」に触れて説明していない他の選択肢は不適当。

問四 ――線部2の説明として直後の2段落で，「本当の自分を探して……も何も出て」こず，「他者とのインターアクション……の中で……姿を現す」と述べているので⑤が適当。2直後の2段落の内容をふまえていない他の選択肢は不適当。

やや難 問五 ――線部3は「……自己としての『私』は……さまざまな認識や判断によって少しずつつくられ」，「これまで出会ったことのない考え方や価値観に触れ」る「ことを通して，『私』は変容し」，「本当の自分」はそのような存在として理解する，ということなので④が適当。3前までの内容をふまえ，「自分」というものの存在を理解することについて説明していない他の選択肢は不適当。

問六 ――線部4は「……テーマと自分との関係について考えるということで」，「自分の内面と対峙するということなの」で③が適当。4直前の内容を説明していない他の選択肢は不適当。

重要 問七 ――線部5は「テーマと自分との関係について考え」，「自分を語る……つまり，自分の内面と対峙」して「テーマと向き合う」ことから，「自ら疎外される」すなわち自分から離れる，ということなので②が適当。5前の内容と,「自ら疎外される」を「自分から離れる」という意味で説明していない他の選択肢は不適当。

問八　――線部6は「ことばで伝えるということは,そうした知識や情報を伝えることだと思いこんでいる」ことを指しているので④が適当。

問九　「自分と向き合うことを示唆」する具体例を挙げている一文の内容から,「自分に向き合うことは……自分自身に向って……問いかけるようなもの」→一文,という流れになるので④が適当。

問十　空欄X・Yはどちらも「対話の活動」のことなので②が適当。

重要　問十一　Aは冒頭の2段落をふまえているので合致する。Bは「これまで……」で始まる段落内容と合致しない。Cは「テーマと向き合う……」で始まる段落内容と合致する。Dは「　Ⅱ　……」で始まる段落内容,Eも「自分の言いたいこと……」から続く3段落内容といずれも合致しない。

第二問　(小説－主題,情景・心情,内容吟味,文脈把握,語句の意味,表現技法)

問一　空欄X・Yどちらも「黒い」こいのぼりのことなので⑤が入る。「こいのぼり」は竿の一番上から,矢羽を円形に取りつけた「矢車」,五色の布の「吹き流し」,お父さんを表す黒色の「真鯉」,お母さんを表す赤色の「緋鯉」,子どもを表す青色などの「子鯉」の順になっている。

基本　問二　――線部アは肩を落として縮めて,元気なくしょんぼりとした様子を表す。イの「けげん」は不思議に思ったり,疑わしく思ったりすること。ウは心の底から深く感じるさまを表す。

問三　――線部aは「こいのぼり」の様子なので,人ではないものを人に見立てる④が使われている。①は事物の様子などを擬態語や擬声語などを使って表現する修辞法。②は文節などを普通の順序とは逆にする修辞法。③は「～のような」などを用いてたとえる修辞法。⑤は同じ語句や似ている語句をくり返し用いる修辞法。⑥は文の最後を体言(名詞)で終わらせる修辞法。

問四　――線部1は,転校して最初はよかったが,笑わせようとして大げさに話したことでみんなが怒りだしてしまったことなので⑤が適当。1直後の描写をふまえていない他の選択肢は不適当。

問五　ヨッちゃんを始め,皆を怒らせてしまったことで,誰も少年を相手にしなくなったことを思い出して,――線部2のようになっているので④が適当。2前の出来事を思い出していることを説明していない他の選択肢は不適当。

問六　畑の真ん中に落ちてしまったこいのぼりを拾うために,勝手に畑に入ることに対して申し訳なく思って,――線部3のようにしているので③が適当。3直前の描写をふまえていない他の選択肢は不適当。

重要　問七　――線部4では,少年がヨッちゃんの友だちだと思ったおばさんがうれしそうにしているので,ヨッちゃんと友だちではないと打ち消すのは,おばさんが悲しむと思っているので①が適当。おばさんに対する心情であることを説明していない他の選択肢は不適当。

問八　――線部5直前で「タケシくんの家にあったゲームはみな,少年も三年生の頃に遊んだものだった」と描かれていることから⑤が適当。タケシくんと少年のゲームの好みが同じであることを説明していない他の選択肢は不適当。

問九　――線部6の「嘘」は「ヨッちゃんと仲直りをしたわけではない」「『さっさと帰れよ』とヨッちゃんに小声で言われ,肩を小突かれた」とあるように,ヨッちゃんとは友だちではないのに友だちであるという「嘘」ということなので②が適当。

重要　問十　――線部7前後で,タケシくんの家で偶然はち合わせてゲームをすることになるなど,ヨッちゃんと一緒に過ごした後,ヨッちゃんはタケシくんのこいのぼりを持って自転車をこぐ「少年を待ってくれた」り,声をかけたりし,「タケシくんと一緒だった頃もこんなふうに笑っていたのかもしれない」と少年がうれしくもなっていることが描かれているので④が適当。ヨッちゃんの少年に対するわだかまりがなくなりつつあることをふまえていない他の選択肢は不適当。

やや難 問十一　タケシのこいのぼりが飛ばされたことをきっかけに，少年とヨッちゃんの関係が良い方向に変化していることが描かれているので①が適当。少年とヨッちゃんの関係を説明していない他の選択肢は不適当。

第三問 (古文－内容吟味，文脈把握，仮名遣い，口語訳)

〈口語訳〉 鶯は，漢詩文などにも素晴らしい鳥として素材になり，鳴き声をはじめとして姿形はあれほど上品で美しいのに，宮中の中に来ても鳴いてくれないのは，とてもよろしくない。ある人が「宮中では鳴かない」と言ったのを(私は)「まさかそんなことはない」と思ったけれど，(宮中に)十年ほどお仕えして聞いていたが，まったく鳴き声がしなかった。しかし，竹に近い，紅梅があり(鶯にとって)通ってきて鳴くことができるよりどころのように思われるのに。(宮中を)退出して聞くと，貧しい家の何の見所もない梅の木では，うるさいほどに鳴いている。夜に鳴かないのもぐっすり眠っているように思えるが，今はどうしようか，いや，どうしようもない。夏秋の終わり頃まで老い衰えた声で鳴いて，「虫食い」などと，心ない者が名前を変えて言うのは，悔しくて残念な気持ちがする。それもただの雀などのように，いつもいる鳥であれば，そうも思われないだろう。(鶯が)春に鳴く鳥だからである。「年が立ち返る(新年の朝から鶯の声が待ち遠しい)」などと趣のある鳥として，歌にも詩にも歌われているのに。やはり春の間だけであったならば，どんなに趣があるだろうに。人間にしても，貴族らしからぬ，世間の評判も下降気味になった人をどうして悪くいおうか，いや，いわない。(はじめから評価の低い)鳶や烏などに見入ったり，論評し合ったりする人は，世の中にいないものだ。だから，(鶯は)すばらしいはずのものとなっているからこそと思うにつけ，不満な気持ちになるのだ。

基本 問一　歴史的仮名遣いの語頭以外の「は行」は現代仮名遣いで「わ行」，「ゐ・ゑ」は「い・え」になるので，――線部aは①，bは②が適当。

問二　「宮中，御所」という意味の＝＝線部「九重」と対比されているのは，「貧しい家，身分の低い家」という意味の①である。

問三　――線部Aは「とても，非常に」という意味で程度がはなはだしいことを表す。Bの「をかし」は「趣のある，風情がある」という意味。

重要 問四　――線部1の「文」は漢詩や漢文のこと，「めでたき(し)」は「素晴らしい，見事だ」という意味なので①が適当。2の「さらに」は後に打消しの語を伴って「まったく～ない」という意味になるので①が適当。5の「さも」は「そうも，そのようにも」という意味，「まじ」は「～ないだろう」という打消推量の意味なので①が適当。

問五　――線部3は「筆者」が「(宮中を)退出して聞くと」ということ。4は「鶯」が「うるさいほどに鳴いている」ということ。

問六　――線部6の「人げなう(人げなし)」は「人並でない，人並みに扱われない」という意味，「世の覚え」は「世間の評判」，「あなづらはしう」は「軽く扱ってよい，あなどってよい」という意味，「～そめ(む)」は「～し始める」という意味なので，これらをふまえた①が適当。

やや難 問七　①は「夏秋の末まで老声に鳴きて」，③は最後の一文で述べている。②の「昆虫を餌としている」は述べていない。④も「鳶・烏など……かし」の内容，⑤も「……あやしき家の……鳴く」の内容に合致しない。

★ワンポイントアドバイス★

古文では，基本的な古語や文法の理解が本文の的確な内容理解につながる。

2022年度

入　試　問　題

2022年度

古川学園高等学校入試問題（普通科進学・創志コース）

【数　学】（50分）　＜満点：100点＞

1から5までの □ のア～けに入る適当な数を１つずつ解答用紙にマークしなさい。

1　次の問いに答えなさい。

(1)　$18-8\times\left(-\frac{5}{2}\right)=$ [ア][イ] である。

(2)　$a=2$，$b=-3$のとき，$2a^3b^2\div(ab)$ の値は，$-$ [ウ][エ] である。

(3)　１次方程式 $3x+2=2(x-3)$ を解くと，$x=-$ [オ] である。

(4)　y が x に比例し，$x=-5$ のとき，$y=15$ である。

$x=\frac{11}{3}$ のとき，y の値は，$-$ [カ][キ] である。

(5)　大小２つの自然数があり，その差が７，積が60であるとき，大きい方の数は [ク][ケ] である。

(6)　n を２桁の自然数とする。$\sqrt{n+18}$ が整数となるような自然数 n は全部で [コ] 個ある。

(7)　x^2-81y^2 を因数分解すると，$(x+$ [サ] $y)(x-$ [シ] $y)$ である。

(8)　ある７人の生徒の小テストの結果が次のようになった。

5，10，6，1，5，7，8

このテストの結果の最頻値（モード）は，[ス] である。

(9)　下の図のように相似な２つの円すいＰ，Ｑがあり，底面の半径はそれぞれ３cm，２cmであるとする。

Ｐの体積が54cm³であるとき，Ｑの体積は，[セ][ソ] cm³である。

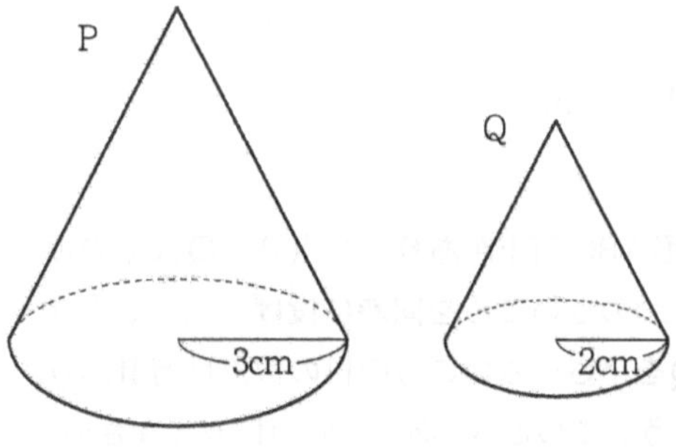

(10)　次のページの図において

$\angle a+\angle b+\angle c+\angle d+\angle e=$ [タ][チ][ツ] °である。

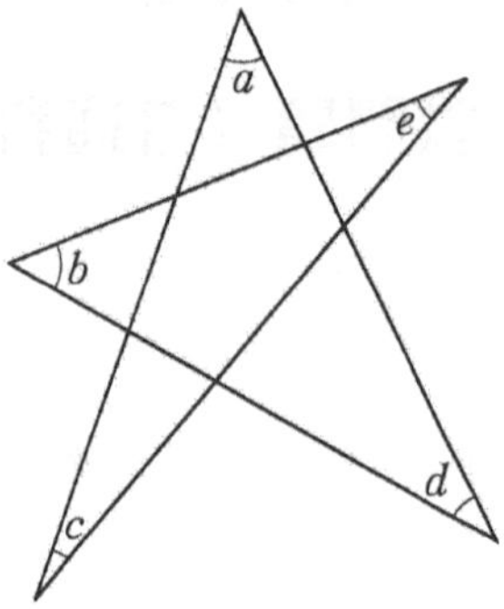

2 ある学校の昨年度の入学者数は男女合わせて150人であった。今年度は昨年度と比べ，男子は10%減少し，女子は８人増加した。その結果，入学者数は昨年度と同じ人数になった。昨年度の男子の入学者数を x 人，女子の入学者数を y 人とするとき，次の問いに答えなさい。

(1) 今年度の入学者数について方程式をつくると，$\frac{\boxed{テ}}{10}x+(y+\boxed{ト})=150$ となる。

(2) 今年度の男子の入学者数は $\boxed{ナ}\boxed{ニ}$ 人，女子の入学者数は $\boxed{ヌ}\boxed{ネ}$ 人である。

3 右の図の放物線は，関数 $y=ax^2$ のグラフである。このグラフ上に，x 座標が－４である点Aと点B（－２，２）がある。点Bを通り，x 軸に平行な直線と放物線の交点のうち x 座標が正となる点をCとし，点Aを通り，x 軸に平行な直線と放物線の交点のうち，x 座標が正となる点をDとする。ただし，原点をOとする。

このとき，次の問いに答えなさい。

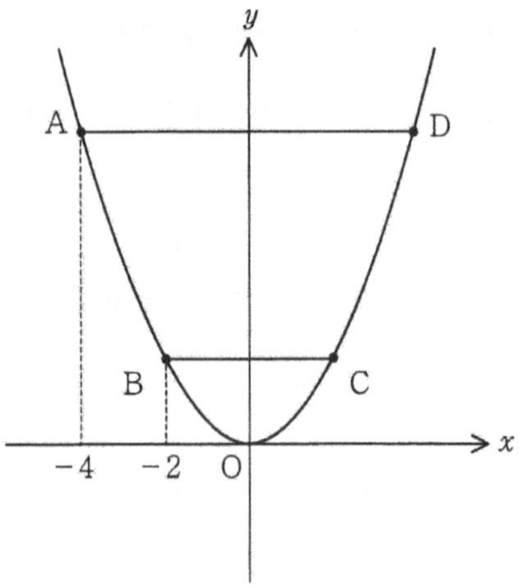

(1) a の値は，$\frac{\boxed{ノ}}{\boxed{ハ}}$ である。

(2) 台形ABCDの面積は，$\boxed{ヒ}\boxed{フ}$ である。

(3) 点Bを通り，台形ABCDの面積を２等分する直線の式は，

$y=\frac{\boxed{ヘ}}{\boxed{ホ}}x+\boxed{マ}$ である。

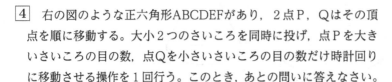

4 右の図のような正六角形ABCDEFがあり，２点P，Qはその頂点を順に移動する。大小２つのさいころを同時に投げ，点Pを大きいさいころの目の数，点Qを小さいさいころの目の数だけ時計回りに移動させる操作を１回行う。このとき，あとの問いに答えなさい。

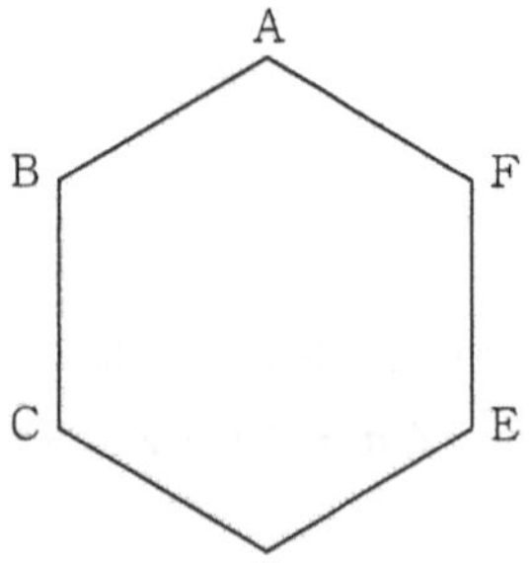

(1) はじめに点P，Qがともに頂点Aにあるとき，操作を行った後に２点P，Qが同じ頂点にある確率は，$\frac{\boxed{ミ}}{\boxed{ム}}$ である。

⑵　はじめに点P，Qがともに頂点Aにあるとき，操作を行った後に△APQが正三角形となる確率は，$\dfrac{\boxed{メ}}{\boxed{モ}\boxed{ラ}}$である。

⑶　はじめに点Pが頂点A，点Qが頂点Dにあるとき，操作を行った後に２点P，Qが同じ頂点にある確率は，$\dfrac{\boxed{リ}}{\boxed{ル}}$である。

⑷　はじめに点Pが頂点A，点Qが頂点Dにあるとき，操作を行った後に△APQが直角三角形となる確率は，$\dfrac{\boxed{レ}}{\boxed{ロ}}$である。

5　右の図のような長方形ABCDがあり，E，Fはそれぞれ辺AB，ADの中点である。また，GはFCとDEの交点であり，HはFCとBDの交点である。

AB＝２㎝，AD＝４㎝のとき，次の問いに答えなさい。

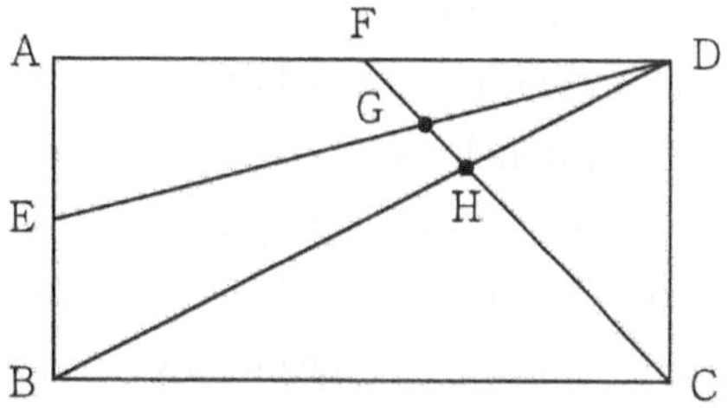

⑴　FCの長さは，$\boxed{あ}\sqrt{\boxed{い}}$㎝である。

⑵　FHの長さは，$\dfrac{\boxed{う}\sqrt{\boxed{え}}}{\boxed{お}}$㎝である。

⑶　FG：GH：HCを最も簡単な整数の比で表すと，$\boxed{か}$：$\boxed{き}$：$\boxed{く}\boxed{け}$である。

【英　語】（50分）　＜満点：100点＞

A． 次の英文の（　）に入れるのに最も適当なものを①～④から１つずつ選び，番号をマークしなさい。〔解答番号は[1]～[10]〕

1 （ [1] ） Yuri and Maki sisters?
① Was　② Do　③ Is　④ Are

2 They （ [2] ） come to the meeting tomorrow.
① didn't　② aren't　③ may not　④ weren't

3 He put two pieces of （ [3] ） on the desk.
① paper　② papers　③ the papers　④ a paper

4 I am as （ [4] ） as Tom.
① taller　② tallest　③ tall　④ the tallest

5 English is （ [5] ） in many parts of the world.
① speaks　② spoke　③ spoken　④ speaking

6 Our train has （ [6] ） arrived at the station.
① been　② already　③ still　④ yet

7 The snow mountain is （ [7] ） dangerous for us to climb.
① so　② enough　③ very　④ too

8 Thank you for （ [8] ） me. See you tomorrow.
① call　② calling　③ called　④ to call

9 She bought a book （ [9] ） in English.
① write　② wrote　③ written　④ writing

10 I have an aunt who （ [10] ） in Australia.
① living　② live　③ is lived　④ lives

B． 次の英文の（　）に入れるのに最も適当なものを①～④から１つずつ選び，番号をマークしなさい。〔解答番号は[11]～[15]〕

1 Sara is a TV reporter. She was really excited yesterday because she had an （ [11] ） with a famous singer.
① answer　② interview　③ order　④ example

2 Lucy was （ [12] ） on the same day as her cousin. Her family always has a big birthday party for the two of them.
① born　② grown　③ paid　④ lent

3 The trains are too crowded in this area. But you'll get used to （ [13] ） a while.
① between　② before　③ after　④ against

4 My dog is very （ [14] ）. She can open the kitchen all by herself.
① clever　② familiar　③ absent　④ ethnic

5 When I was hiking in the mountain, I saw a deer. It （ [15] ） away quickly.
① listened　② told　③ changed　④ ran

C．次の日本語の意味を表す英文となるように与えられた語（句）を並べかえたとき，（⑯）～（㉑）に入る語（句）を１つずつ選び，番号をマークしなさい。ただし，文頭に来る語も小文字になっている。〔**解答番号は⑯～㉑**〕

1 自己紹介してくれませんか。
Will (　　)(　　)(　　)(⑯) us?
① yourself　② to　③ introduce　④ you

2 いつか英語が話せるようになりますか？
Will I (　　)(　　)(⑰)(　　) English someday?
① able　② be　③ to　④ speak

3 駅へはどのバスに乗ればいいですか。
(　　)(⑱)(　　)(　　) take to the station?
① bus　② I　③ should　④ which

4 お母さんは早くシャワーを浴びるように言いました。
Mother (　　)(⑲)(　　)(　　) a shower soon.
① take　② told　③ me　④ to

5 長い間ずっと会いたかった人に会います。
I'll meet the man (　　)(⑳)(　　)(　　) to see for a long time.
① have　② wanted　③ I　④ that

6 このバスに乗ると美術館に行けます。
(　　)(㉑)(　　)(　　) to the art museum.
① you　② this bus　③ will　④ take

D．次の対話文の（　）に入れるのに最も適当なものを①～④から一つずつ選び，番号をマークしなさい。〔**解答番号は㉒～㉖**〕

1 A : Four *kanji* are written on your New Year card but (㉒).
B : They mean "Happy New Year!"
① it is easy to read them　② I don't understand what they mean
③ I don't know who sent it to me　④ I know when you wrote it

2 A : You speak English very well. How did you learn it?
B : (㉓).
A : Really? I hope I can go there, too.
① I talked with my friend in English
② I studied it for two hours every day
③ I watched TV in English every day
④ I lived in London for two years

3 A : Would you tell me the way to the nearest bus stop?
B : (㉔). It's in front of the bookstore over there.
① Sure　② Don't worry　③ You're welcome　④ Sorry, I don't know

4　A：Where in Japan are you from?
B：（ 25 ）.
① Yes, I am from Japan　② No, I'm not in Japan
③ From Okinawa　④ Okinawa is in Japan

5　A：I don't like this noisy music.
B：（ 26 ）
A：I hate silence more.　*silence 沈黙
① Why don't you change the station?
② Why don't you turn off the radio?
③ What kind of music do you like?
④ I like this music very much.

E. 次の会話文の（ ）に入れるのに最も適当なものを，下の①～⑥の中から１つずつ選び，番号をマークしなさい。〔**解答番号は27～32**〕

Mary：How did you spend your holiday yesterday?
Ken：I went fishing early in the morning.
Mary：（ 27 ）
Ken：No. With my father and uncle.
Mary：（ 28 ）
Ken：In Ishinomaki Bay.*
Mary：Ishinomaki Bay? I know the name, but I've never been there.
Ken：Really? We go there by car.
Mary：（ 29 ） Your father?
Ken：No. My father doesn't know how to drive a car. So my uncle did.
Mary：I see. By the way, （ 30 ）
Ken：At two in the morning.
Mary：Too early. Did you enjoy fishing?
Ken：Of course! I enjoyed the fresh air too. （ 31 ）
Mary：No. Only in the river.
Ken：Why don't you try? It is very interesting to fish in the sea.
Mary：（ 32 ）
Ken：Yes, there were. We caught a lot of fish there.　*Ishinomaki Bay 「石巻湾」

① What time did you get up?
② Who drove the car?
③ Were there many fish in the sea?
④ Where did you fish?
⑤ Have you ever fished in the sea?
⑥ Did you go fishing alone?

F． 次の英文（お知らせ）を読み，下の問の答えとして最も適当なものを①～④の中から一つずつ選び，番号をマークしなさい。〔**解答番号は㉝～㉞**〕

Important *Notice to Parents
Host Families Needed

Students from a high school in Japan will visit Kootenai High School from March 20th to March 27th. Twenty host families are needed.

Homestay Schedule

March 20th (Sun) : Welcome party in the school gym

March 21st (Mon) to **March 25th (Fri)** : Students take classes at Kootenai High.

March 26th (Sat) : Free day for sightseeing. (Students spend the day with their host families.)

March 27th (Sun) : Students leave Kootenai by bus for the airport. (Host families must bring students to the bus stop in Queens Park by 8 a.m.)

If you are interested in becoming a host family, please contact your child's homeroom teacher.

*notice　お知らせ

問1　Who is this notice for?　〔**解答番号は㉝**〕

① Tourists visiting Kootenai in March.

② Students who want to spend a week in Japan.

③ Parents of students at Kootenai High School.

④ Japanese high school students who want to learn English.

問2　Where should host families take the Japanese students on the last day?
〔**解答番号は㉞**〕

① To a welcome party in the gym.

② To the bus stop in Queens Park.

③ To the airport near Kootenai.

④ To a special class at the high school.

G． 次の英文を読み，あとの問１～問５に答えなさい。

Jane is a student who came to Japan from America last September. She'll stay in Japan for one year. Now she goes to a junior high school in Osaki. On her first day at school, a student in the same class spoke to her in English and they became friends.

Two days later, Jane and Sachiko talked about school life in Japan. Jane asked, "Why do students in Japan clean their school? I don't understand. In my country, students don't usually ① do that." Sachiko said, "Well, I'll tell you an experience I had two years ago. When I wasn't happy about cleaning, a teacher told me two things. First, school is a place which gives us many chances to learn. Second, cleaning is one of the ways to *thank the school for giving us those chances. I always remember her words." Jane said to Sachiko, "Do you like cleaning?" Sachiko said, "Yes. After listening to the teacher's words, I often feel happy during cleaning time. Now I think it's important for students to thank the school by cleaning. ② So we should clean it." Jane said, "Oh, I have never thought about it *that way." Then, Jane worked hard with Sachiko during cleaning time.

In November, all the students at Sachiko's school were collecting *trash around their school. Sachiko said, "Let's go over there to collect more trash, Jane." Jane said, "Sure. I learned a new thing about cleaning from you. Next, I'd like to clean other places, too." Sachiko said, "That's wonderful."

One Friday afternoon, when Jane was walking home from school, she found *empty cans on the street. Then (38) those cans. An old man who was watching Jane said, "Thank you for doing that. You're a good student." Jane said, "I'm doing it because I like this town." The old man smiled and began to help her. Jane felt happy and liked her town more.

*thank…for ~ ing　…が～してくれることに感謝する　　*that way　そのように　　*trash　ごみ
*empty can　空き缶

問１　下線部①が表すものとして最も適当なものを次の①～④から選び番号をマークしなさい。
〔解答番号は35〕
① remember her words　　② understand
③ talk about school life in Japan　　④ clean their school

問２　幸子（Sachiko）が下線部②のように言っているのは，幸子が現在どのように考えているからですか。その内容を本文中から探し，最も適当なものを次の①～④から選び番号をマークしなさい。〔解答番号は36〕
① 掃除についてジェーンに不満があると考えているから。
② 掃除するとジェーンは楽しくなると考えているから。
③ 掃除することで学校に感謝することは生徒にとって大切であると考えているから。
④ 掃除することで友人との仲が深まると考えているから。

問３　ジェーン（Jane）は，幸子から学んで，次に何をしたいと言っていますか。その内容を本文

中から探し，最も適当なものを次の①～④から選び番号をマークしなさい。〔解答番号は37〕

① 学校の周りのごみを集めたい。　② お年寄りと一緒に掃除したい。

② ほかの場所も掃除したい。　④ 楽しみながら掃除したい。

問4　本文中の（38）に入れるのに最も適当なものを次の①～④から選び番号をマークしなさい。〔解答番号は38〕

① she stopped and started to collect

② she stopped and started to give

③ she went home and started to find

④ she went home and started to watch

問5　本文中の内容と合うものを次の①～④から選び番号をマークしなさい。〔解答番号は39〕

① Jane is a student who doesn't go to school in Japan.

② When Jane talked about collecting more trash, Sachiko agreed.

③ The empty cans Jane found on the Friday afternoon were in her school.

④ The old man who was watching Jane thanked her and started to help her.

H．次の英文を読み，あとの問1～問7に答えなさい。〔解答番号は40～46〕

Mr. Smith is a *pilot. He flies people between America and other countries of the world.

One day, Mr. Smith was in Japan, and he was talking with his wife in America on the phone. "You know, tomorrow is Mike's birthday," she said. "Did you get a birthday present?" "Yes, I bought it here in Japan. But now I don't want to say anything about it. I want to surprise Mike tomorrow," answered Mr. Smith.

The next day, in the afternoon, Mrs. Smith was looking out of the window. Just then Mr. Smith's car stopped in front of the house, and Mr. Smith went out.

"What kind of present does he have?" Mrs. Smith said to herself. "He isn't carrying anything. But he knows Mike's birthday is already here."

When Mr. Smith came into the house, he called, "Hello, dear! Can you find the *cage we bought last year and take it out to the car?"

"㋐ What do you need the cage for?" Mrs. Smith asked. "If you bring the cage, you'll see," said Mr. Smith.

Mrs. Smith ran out of the car after him with the cage. There was a *parrot in a basket on the back seat of the car. Mr. Smith took it out of the basket and put it in the cage.

"Oh!" said Mrs. Smith. "Is ㋑ that for Mike's birthday? Can it speak?"

"Well, Mike has always wanted a parrot that can speak," Mr. Smith answered. "He has often told me. This one can speak [　ウ　] a little."

Just then Mike came home from school. "Hello, Father!" he said.

"Hello, Mike," said Mr. Smith. "Look! This is a present for you, a beautiful parrot. It can speak Japanese a little. Happy birthday!"

㊁ <u>Mike was very happy.</u> “Thank you very much,” he said. “I've always wanted to have a parrot.”

When they were talking in the room after dinner, the parrot began to speak. “*Ohayo. Ohayo,*” it said. Mike was very surprised. “What did the bird say?” he asked. “The bird said *Ohayo.* It means good morning,” said his father with a smile. “I think you can learn some [オ] from the bird. It will be interesting for you to teach it [カ] at the same time.”

*pilot 操縦士 *cage 鳥かご *parrot オウム

問１ 下線部㋐の意味を変えずに次のように文を書き換えた時，空所に当てはまるものを①～④から選び，番号をマークしなさい。〔**解答番号は40**〕

( ) do you need the cage?

① Why ② How ③ When ④ Which

問２ 下線部㋑が示すものを最も適当に表しているものを①～④から選び，番号をマークしなさい。〔**解答番号は41**〕

① basket ② parrot ③ car ④ cage

問３ ［ウ］に入れるのに最も適当なものを①～④から選び，番号をマークしなさい。〔**解答番号は42**〕

① Russian ② Chinese ③ French ④ Japanese

問４ 下線部㋓の理由として最も適当なものを①～④から選び，番号をマークしなさい。〔**解答番号は43**〕

① He was given a wonderful present by his father.

② Mike's father came back home earlier than usual.

③ The cage was large and beautiful.

④ Mike's favorite color was the same as the parrot.

問５ ［オ］と［カ］に入る語の組み合わせとして最も適当なものを①～④から選び，番号をマークしなさい。〔**解答番号は44**〕

① オ English カ English ② オ English カ Japanese

③ オ Japanese カ English ④ オ Japanese カ Japanese

問６ 本文の内容に合うものを①～④から選び，番号をマークしなさい。〔**解答番号は45**〕

① Mrs. Smith asked Mr. Smith to buy a parrot for Mike's birthday.

② Mr. and Mrs. Smith bought a parrot for Mike in America.

③ Mike was home when Mrs. Smith was asked to bring the cage to the car.

④ When the parrot began to speak, Mike couldn't understand its word.

問７ 本文の主題として最も適当なものを①～④から選び，番号をマークしなさい。〔**解答番号は46**〕

① Mr. Smith, a Plane Pilot

② Mr. Smith and His Family

③ A Parrot and Its Cage

④ Mike's Birthday Present from His Father

Ⅰ． 次の英文を読み，本文の内容と一致するものを①～④の中から一つずつ選び，番号をマークしなさい。〔解答番号は47～51〕

Robert was an American scientist. He is famous because he believed that rockets could fly to the moon. Before Robert was born, rockets were only used as *fireworks or as *weapons in wars. Most scientists didn't think that rockets could be used to travel into space.

Robert first started thinking about using rockets for space travel in high school. He graduated from high school in 1904 and made his first rocket while he was a university student. It didn't fly, but he kept trying.

Robert studied hard and became a teacher at a university. One day, he wrote a report about his ideas. In the report, he said that rockets could go to the moon someday. But on January 13, 1920, he read a story in *The New York Times* newspaper and was shocked. The story said that Robert was wrong and rockets could never fly into space. It also said that even high school students knew more about science than Robert.

Robert was angry and worked harder to make better rockets. He wanted to make a new kind of rocket that used a special *fuel. Finally, on March 16, 1926, his new rocket flew 12 meters high.

Robert never made a rocket that could fly to the moon, but he had many good ideas. He died in 1945. Later, scientists were able to use his ideas to make bigger and better rockets. When the first men walked on the moon in 1969, *The New York times* said sorry to Robert in its newspaper. It said that his ideas were right.

*fireworks 花火　*weapon 武器　*fuel 燃料

1 When Robert was a high school student, he 〔解答番号は47〕
① wanted to travel to many countries.
② often watched fireworks near his house.
③ thought about using rockets for space travel.
④ started writing stories for his school newspaper.

2 When did Robert make his first rocket? 〔解答番号は48〕
① Before he started high school.
② When he was a high school student.
③ When he was a university student.
④ After he became a university teacher.

3 Why was Robert shocked when he saw The New York Times? 〔解答番号は49〕
① It said that Robert's university would close.
② It said that sending rockets to space was impossible.
③ There was a picture of the moon in it.
④ There was a story about one of his students in it.

4 What happened after the first men walked on the moon? 〔解答番号は50〕
① A university asked Robert to write a report.
② Robert started teaching at a university.
③ Robert decided to stop working on rockets.
④ The New York Times said sorry to Robert.

5 What is this story about? 〔解答番号は51〕
① The first person to walk on the moon.
② How fireworks were brought to America.
③ An American scientist who made rockets.
④ The history of the oldest newspaper in America.

マークしなさい。**解答番号は44**

① 感心している　② おびえている　③ 同情している
④ 腹を立てている　⑤ 喜んでいる

問七　――線部Y「昔今さばかりものの移ろへる」とありますが、「昔」と違って「今」はどうだと言っているのですか。最も適当なものを、次の①～⑤のうちから選んで、番号をマークしなさい。**解答番号は45**

① おどしても、雀が容易には驚かなくなった。
② 集団行動をする雀は、人に恐怖心をいだかなくなった。
③ 人間をなめきった雀は、生活を脅かす存在となった。
④ 雀の警戒心が強くなって、ずる賢くなった。
⑤ 害虫を駆除する雀は、人間との共存を願うようになった。

問八　――線部Z「暗きまで」とはどういう様子を述べたものですか。最も適当なものを、次の①～⑤のうちから選んで、番号をマークしなさい。**解答番号は46**

① 夕暮れが迫っている様子
② 気持ちが滅入ってくる様子
③ 天候が次第に悪くなっていく様子
④ 多くの雀が密集している様子
⑤ 雀の多さに不気味さを覚えずにはいられない様子

問一 ═線部**ア**「まうけ」・**イ**「所狭う」・**ウ**「ゐ」・**オ**「わづらふ」を、すべてひらがなで現代仮名遣いに改めたものとして最も適当なものを、それぞれ①～④のうちから一つずつ選んで、番号をマークしなさい。**解答番号はア＝30、イ＝31、ウ＝32、オ＝33**

ア まうけ
① みょうけ　② みうけ　③ むうけ　④ もうけ

イ 所狭う（ところせ）
① ところしょう　② ところせまく　③ ところせく　④ ところそう

ウ ゐ
① ぬ　② い　③ え　④ ね

オ わづらふ
① わづらう　② わずりょう　③ わずろう　④ わづらい

問二 ═線部**エ**「を」のカタカナの書き順として最も適当なものを、①～④のうちから選んで、番号をマークしなさい。**解答番号は34**

① 亅→ナ→オ
② 一→ナ→オ
③ フ→ヲ
④ 一→＝→ヲ

問三 ──線部Ⅰ「あまた」・Ⅱ「うちまもらひ」・Ⅲ「いみじう」の意味として最も適当なものを、それぞれ①～④のうちから一つずつ選んで、番号をマークしなさい。**解答番号はⅠ＝35、Ⅱ＝36、Ⅲ＝37**

Ⅰ「あまた」
① あちらこちらから　② 一斉に　③ たくさん　④ うるさく

Ⅱ「うちまもらひ」
① 守り　② 見つめて　③ 妨害して　④ 調べて

Ⅲ「いみじう」
① いまいましく　② 少し　③ ひどく　④ そこそこ

問四 ──線部**a**「ば」・**b**「の」・**c**「して」・**d**「ど」の助詞の意味・文法的用法として最も適当なものを、それぞれ①～④のうちから一つずつ選んで、番号をマークしなさい。**解答番号はa＝38、b＝39、c＝40、d＝41**

① 「……けれども」の意味で、逆接の確定条件を表わす。
② 「……で」の意味で、手段を表わす。
③ 「……ので」の意味で、順接の確定条件を表わす。
④ 「……が」の意味で、主格を表わす。

問五 〰〰線部A「知らぬ顔なり」・B「繰り言しつつ」の主語はそれぞれ誰ですか。最も適当なものを、次の①～③のうちからそれぞれ一つずつ選んで、番号をマークしなさい。**解答番号はA＝42、B＝43**

① 媼　② 雀　③ 童

問六 ──線部X「執念き小鳥らの物あさりかな」から読み取れる媼の心情として最も適当なものを、次の①～⑤のうちから選んで番号を

Ⅱ　空欄Eに入るべきものとして**ふさわしくないもの**を、次の①～⑤のうちから選び、番号をマークしなさい。**解答番号は29**

① 教職員・生徒・保護者が一緒に話し合って校則の制定や見直しを行う学校が増えてきた

② ヨーロッパでは自治体、国家レベルの「若者協議会」があり、社会に影響力を持っている

③ ○○市在住の十代、二十代の若者が市内の図書館の改装を企画し、利用率を向上させた

④ 高校生の意見を市政に取り入れるために、市長が直接話を聞く座談会が開催されている

⑤ 中学生や高校生による職場体験によって、社会とのつながりを実感する機会が増えている

第四問　次の文章は、江戸時代後期の歌人・国学者である橘曙覧の書いた随筆の一節で、農家の一風景を描いたものです。文章と【注】をよく読んで、あとの問いに答えなさい。（なお、問題作成上、本文に一部省略した箇所があります。）

秋もやうやうたかる※①頃になりぬれば、a賤が家の這入り這入り※②清うかきはらひて、たなつもの※③の取り納むらむ場のまうけしなしたるに、ア日和待ちえて※④物干すわざのいそがはしげなる。筵敷き並べて所狭う※⑤イ取り広げたるに、雀どものI あまた来て、声かしましうさへづりかはしあさりし躍る。年老いたる嫗bの、そぞろはしく立ちゐて※⑥ウ、すきひがめたる※⑦声してc追ふとすれど、A知らぬ顔なり。d嫗心苛られし、ひたぶるに※⑧手うちたたけば、からうじて百千の羽音おどろおどろしうて※⑨一群れに飛び立つ。行方つとうちまもらひ、II「執念き小鳥らの物あさりかな。X『やや。』など呼びたりとて、かへり見だにせぬぞにくきや。あな、このまもりこそ倦んじにたれ※⑩。姥らが幼かりし頃の雀らは、童どもしてひき鳴らさする鳴子※⑪にだに、III いみじうおびえまどひて、跡なう散りぼひ去にしかし。今の心強き、さやうのことに身じろぎだにするものかは※⑫。Y昔今さばかりものの移ろへること。」と、しはぶき※⑬まじりに繰り言しつつ、B門入りもて行くと見つれば、また筵のエ上をZ暗きまで、いづこよりかは集まり来ぬ。げに、オまもりわづらふもことわりとぞ。

（橘　曙覧『沽哉集』「田家鳥」による）

【注】

※① たかる――盛りを過ぎるころ。

※② 賤が家の這入り這入り――みすぼらしい我が家の（あちらの）出入り口（こちらの）出入り口を

※③ たなつもの――（収穫した）穀物

※④ 日和待ちえて――晴天を待って

※⑤ 所狭う――（穀物を筵に）いっぱいに

※⑥ そぞろはしく立ちゐて――落ち着きなく立ったり座ったりして

※⑦ すきひがめたる――ゆがんだ声

※⑧ ひたぶるに――ひたすら

※⑨ おどろおどろしうて――はなはだ（うるさい音を立てて）

※⑩ このまもりこそ倦んじにたれ。――この見張りにはうんざりしてしまった。

※⑪ 鳴子――鳥を追い払うための、音が出る仕掛け。

※⑫ 身じろぎだにするものかは。――身じろぎさえしようか（いや、しない）。

※⑬ しはぶき――咳

③　日本社会は、子ども・若者に関することを決定したり、解決する際、子ども・若者の意見を表明する権利が保障されていると思いますか

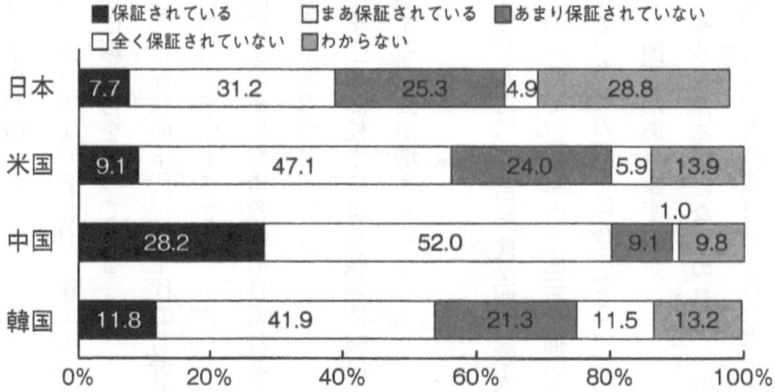

④　未成年のことは親（保護者）や先生に決めてもらうべきだ

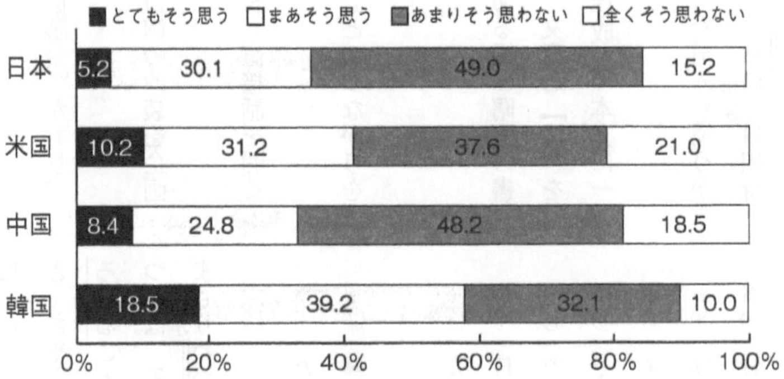

⑤　人は性別によらず、すべての面で同等の権利が保障されるべきだ

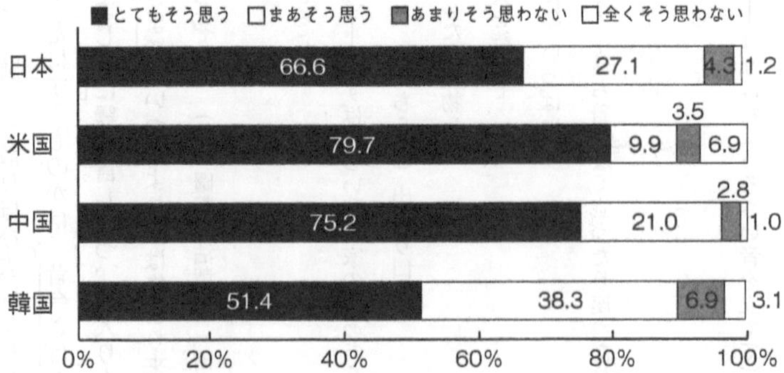

問三 次の文章は、資料1～3と、問一と問二の会話をもとに意見をまとめたものです。

> 日本の高校生は、政治や社会問題に関心がないと言われます。それは、他国の高校生との比較からも読み取ることができます。その原因の一つに、若者が声をあげても影響力が発揮できず、変わらないという現実があるということが言えるのではないでしょうか。
>
> 関心がないといっても、自分と関係がないと考えているわけではありません。また、この資料からは、他国の高校生と同様に、日本の高校生も、自分の意見を持ったり述べたりすることを肯定的に考えていることが読み取れます。重要なことは、若者と大人が対等に関わり、結果として提案による変化がなかったとしても、自分たちの意見を受け止めてもらえたと実感できる社会を築いていくことだと思います。実際に、（　E　）などの例があります。このような取り組みが広がっていくことで、日本の若者が、政治や社会に関心をもつようになると考えます。

Ⅰ　二重傍線部「この資料」として最も適当なものを、あとの①～⑤のうちから選び、番号をマークしなさい。**解答番号は28**

①　子ども・若者は社会や政治について自分たちの意見を表現しやすいと思いますか

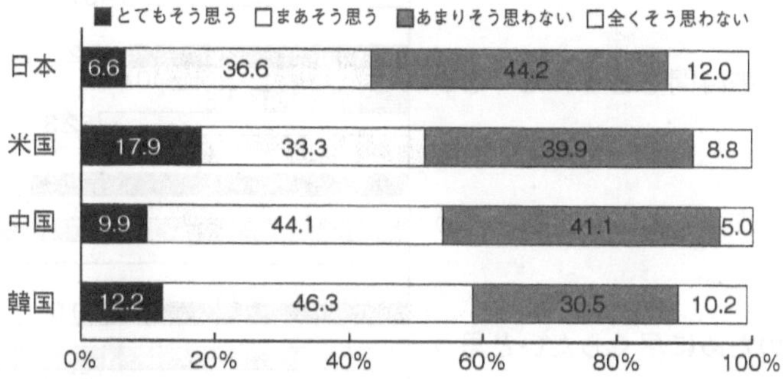

②　子ども・若者が社会や政治に対し、自分たちの意見を表現することについて、あなたは良いことだと思いますか

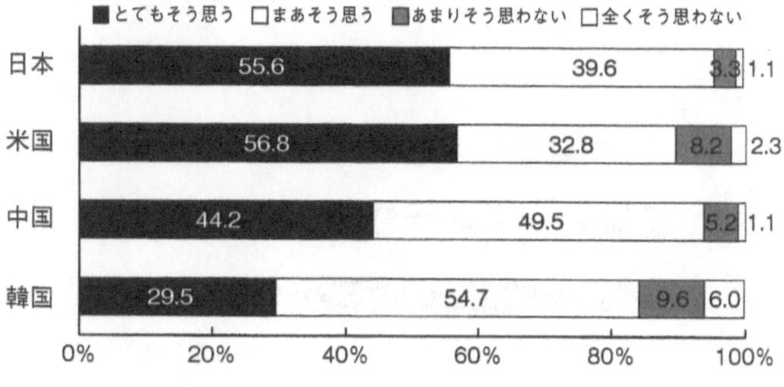

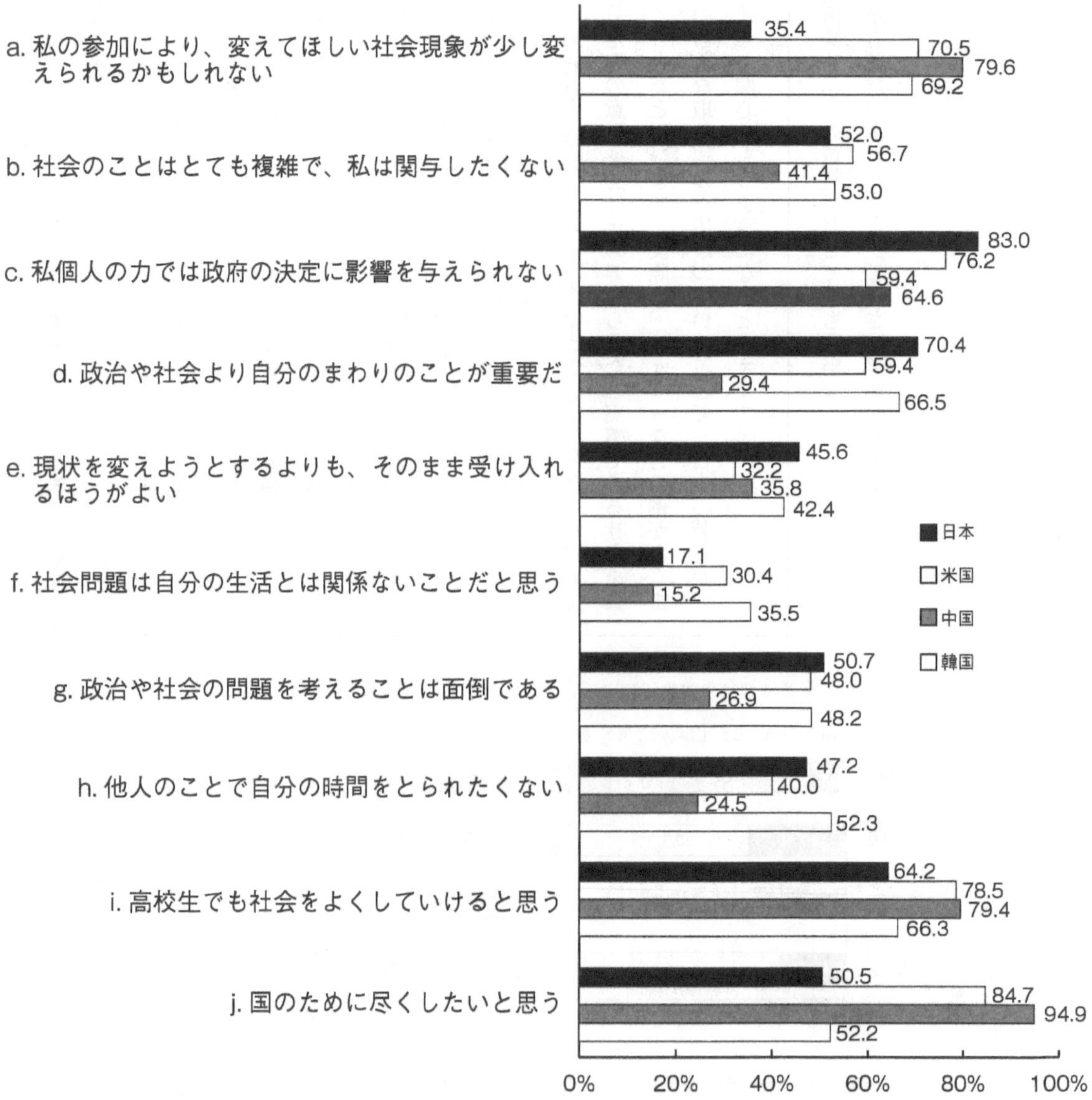

（資料３）社会参加についての考え方（「全くそう思う」「まあそう思う」と回答した者の割合）

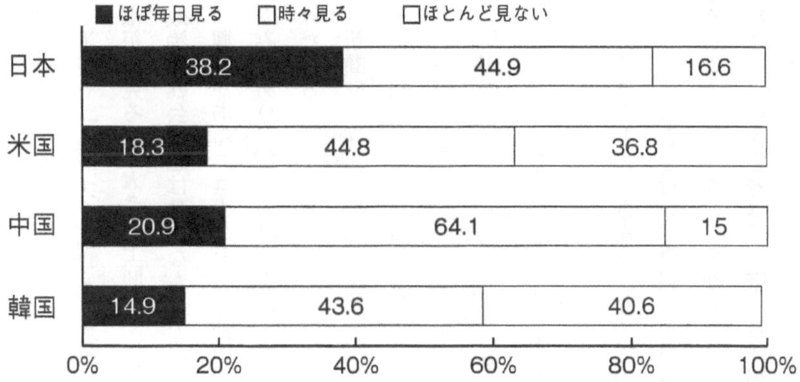

（資料１）新聞やニュースをよく見ますか

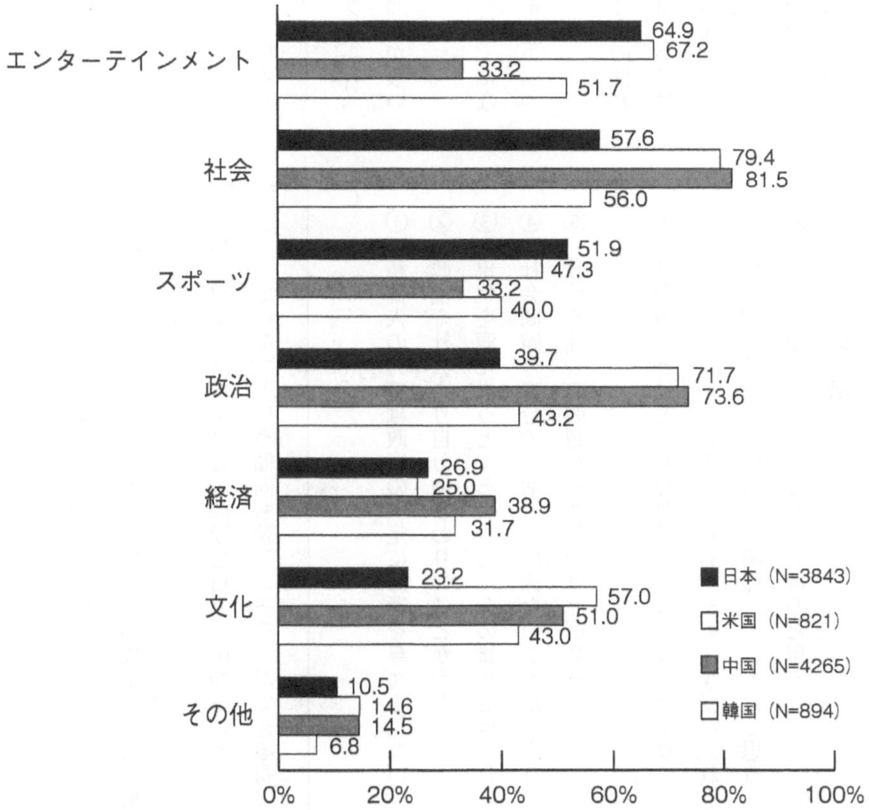

（資料２）新聞やニュースを「よく見る」「時々見る」と回答した者
どんなニュースに興味があるか（複数回答）

B

① 日本の高校生にとって関心が高いのは「エンターテインメント」や「スポーツ」で、それ以外の項目への関心は、他国と比べて高いとはいえないから

② 新聞やニュースを「時々見る」「ほとんど見ない」の割合が「ほぼ毎日見る」を大きく上回っていて、多くの日本の高校生にとって、政治や社会問題は身近なものではないから

③ 興味があるニュースとして他国の割合を上回るのは「スポーツ」のみであり、日本の高校生はスポーツの記事を楽しみにしているだけだから

④ 新聞やニュースを「時々見る」人の割合が、中国を大きく下回り、米韓の割合と大差ないことから、日本の高校生は政治に関心がないことがわかるから

⑤ 新聞やニュースといっても、まんべんなく見ているわけではなく、「文化」に興味がある人の割合は、他国の割合を大幅に下回っているから

問二 大崎さんと古川さんは、問一での会話のあと、若者と社会の関わりについて調査を行い、資料3を見つけました。空欄**C**・**D**にあてはまるものを、①～⑤のうちからそれぞれ一つずつ選び、番号をマークしなさい。**解答番号はC＝26、D＝27**

古川：（　C　）と考えている高校生の割合は、日本が四か国中最も高くなっているね。
大崎：そうだね。「私の参加により、変えてほしい社会現象が少し変えられるかもしれない」と考えている人の割合が一番低いのも気になるね。
古川：二つのデータからは、社会を変えたいと思っても、「どうせ変えられない」とか、「言ってもむだ」と考える人が、他国と比べて多いと言えそうだね。
大崎：一方で、（　D　）と考えている高校生の割合が低いという特徴もあるよ。
古川：日本の高校生は社会問題を自分に関わることとしてとらえている」という傾向も読み取ることができるね。

C

① 私個人の力では政府の決定に影響を与えられない
② 政治や社会より自分のまわりのことが重要だ
③ 現状を変えようとするよりも、そのまま受け入れるほうがよい
④ 社会問題は自分の生活とは関係ないことだと思う
⑤ 政治や社会の問題を考えるのは面倒である

D

① 社会のことはとても複雑で、私は関与したくない
② 現状を変えようとするよりも、そのまま受け入れるほうがよい
③ 社会問題は自分の生活とは関係ないことだと思う
④ 高校生でも社会をよくしていけると思う
⑤ 国のために尽くしたいと思う

のうちから選び、番号をマークしなさい。**解答番号は22**

① ハルに自分の思いをぶつけられないストレスを、ハルの目の前で発散させようとすごんでいる気持ち。
② 必ずいつかこの集落から出てやるぞとハルに向かって約束しようという気持ち。
③ 自分やハルを狭い集落に閉じ込めているものの正体を必ず暴いてやると執着する気持ち。
④ 自分の住む集落の狭さを目の当たりにして閉塞感を抱き、このままでは終わらないぞと宣言するような気持ち。
⑤ 狭い集落を見ながら、母の闘病につきあわねばならない運命に悲しさを感じている。

問八 ――線部**オ**「ハルはラグビーボールみたいなやつだ」とありますが、それはどのようなことですか。その説明として**ふさわしくないもの**を、次の①〜⑤のうちから一つ選び、番号をマークしなさい。**解答番号は23**

① ハルとのコミュニケーションはラグビーボールを扱うときのようになかなか予測できない、ということ。
② ハルと会話していると、簡潔でストレートな答えがいつも返ってくる、ということ。
③ リュウセイはラグビーに魅力を感じるのと同じように、ハルとのやりとりにも魅力を感じている、ということ。
④ ラグビーにもハルにもリュウセイは希望を抱いている、ということ。
⑤ ハルの性格はラグビーボールの性質と似ていて、扱いが一筋縄ではいかない、ということ。

第三問 19ページ・18ページの資料は、日本と世界各国の高校生が社会参加についてどのように考えているか調査した結果をまとめたものです。資料をもとに、あとの問いに答えなさい。（データは全て国立青少年教育支援機構「高校生の社会参加に関する意識調査」による）

問一 次の会話は、大崎さんと古川さんが、資料1・2を見て話しているものです。空欄**A**・**B**にあてはまるものを、①〜⑤のうちからそれぞれ一つずつ選び、番号をマークしなさい。**解答番号はA＝24、B＝25**

> 大崎：日本の高校生は、新聞やニュースを「ほぼ毎日見る」と回答した人の割合が（　A　）なっているね。
> 古川：ということは、日本の高校生は外国の高校生と比べて、まじめで、政治や社会問題に関心を持っている人が多いんだね。
> 大崎：そのように言うことはできないんじゃないかな？
> 古川：どうしてそう思うの？
> 大崎：（　B　）。
> 古川：なるほど。もう少しくわしく調べてみたいな。

A

① 八割強で、中国に次いで二番目に高く
② 八割弱で、米韓に比べれば高く
③ 四割弱で、「ほとんど見ない」よりも圧倒的に高く
④ 四割弱で、他国の高校生と比べて最も高く
⑤ 四割強で、米中韓の約二割と比べて高く

c「上げ膳据え膳」

①　食事を作るのに悩まなくてよくて
②　人の手から食べさせてもらって
③　食事のメニューが豪華で
④　何から何までしてもらって
⑤　食事のあとデザートもあって

d「堰を切ったような」

①　息切れして苦しいような　②　堪えたものが溢れたような
③　悲鳴を上げたような　④　理性を失ったような
⑤　すべてを飲み込んだような

問四　――線部**ア**「音をたてて、リュウセイはつばを飲みこんだ」とありますが、このときのリュウセイの心情として最も適当なものを、次の①～⑤のうちから選び、番号をマークしなさい。**解答番号は19**

①　多恵子のあっけらかんとした勢いのよい態度に驚いている。
②　多恵子の白いのどぼけの震えに病への恐怖を察し、緊張している。
③　母に自分の気持ちをどのように切り出そうかと緊張している。
④　母のご飯の食べっぷりに、自分こそが頑張らねばと泣きそうになっている。
⑤　これまで苦労をかけた自分を多恵子が責めてくるのではと身構えている。

問五　――線部**イ**「……安心せえや。ちゃんとやるし」とありますが、このように言うリュウセイについての説明として最も適当なものを、次の①～⑤のうちから選び、番号をマークしなさい。**解答番号は20**

①　自分がしっかりできるか不安でもそれを母に悟られまいとして、母への気休めを口にしている。
②　意中のハルのことを母に言われて思わず向きになってしまったのを、取り消そうとしている。
③　母にやさしく出来ないもの言いを後悔し、母の気丈さに思い至って態度を改めている。
④　母親の言葉に本気で答えるのが面倒なので、場をまるく収めようとしている。
⑤　母が病気を治す間、仕事を見つけて医療費を稼ぐことを心に決めている。

問六　――線部**ウ**「久美は多恵子のほうは見ないで答えた」とありますが、このときの久美についての説明として最も適当なものを、次の①～⑤のうちから選び、番号をマークしなさい。**解答番号は21**

①　多恵子の強がりを察しながらも、多恵子に寄り添う気持ちで何気ないふうを装っている。
②　多恵子の空元気にうんざりして顔を見る気もせず、それを多恵子に悟られまいとしている。
③　多恵子を見るのがつらく、涙を見せたくないのでコスモスを活ける動作でごまかしている。
④　主婦業に疲れ、入院している多恵子がうらやましい余り、相手を直視できないでいる。
⑤　多恵子を心配する自分の表情を多恵子に見せまいとして微動だにしないでいる。

問七　――線部**エ**「吠えずにはいられなかった」とありますが、このときのリュウセイの心情として最も適当なものを、次のページの①～⑤

聞きたくても聞けない問いを胸のうちでくり返した。

――ただの幼なじみ。

きっとそう言われる気がして、怖くて口に出せなかった。

（八束澄子『おたまじゃくしの降る町で』による）

【注】

※1 「痛ないんか」…「痛くないのか」という意味の方言。

※2 「アラフォー」…「アラウンド・フォーティ」の略語。四十歳前後という意味。

※3 「ハルちゃん」…リュウセイの幼なじみで、同じ中学校に通っている女子。リュウセイはラグビー部で、ハルはソフトボール部でがんばっている。

※4 「豊見さん」…リュウセイが所属するラグビー部の監督。部員を自宅に集めて寺子屋も開いており、面倒見がよい。

※5 「道子さん」…豊見さんの奥さん。一緒にラグビー部員の面倒を見ている。

※6 「久美」…ハルの母親。リュウセイの母親とは高校時代の同級生で無二の親友。

※7 「リュウセイくん係」…幼いころ何かと泣き虫だったリュウセイの面倒を、久美に言われていたこともあり、いつもハルが見ていたことを指す。

※8 「じいちゃんのとき」…ハルの祖父が肝臓ガンで亡くなる前の、祖父の様子を指す。

問一 ＝＝線部（i）～（vi）の「だ」を文法的に同じもの同士に分類したものとして最も適当なものを、次の①～⑤のうちから選び、番号をマークしなさい。**解答番号は13**

① (i)(iii)(v)(vi)／(ii)(iv)

② (i)(v)(vi)／(ii)(iii)(iv)

③ (i)(vi)／(ii)(iv)(vi)(v)

④ (i)(iii)／(ii)(iv)／(v)(vi)

⑤ (i)(iii)(vi)／(ii)(iv)／(v)

問二 ＝＝線部X「肩を抱くような」に見られる表現技巧として最も適当なものを、次の①～⑤のうちから選び、番号をマークしなさい。**解答番号は14**

① 擬人法　② 隠喩　③ 擬態語　④ 直喩　⑤ 倒置法

問三 ――線部a～dの語句の意味として適当なものを、次の①～⑤のうちからそれぞれ一つずつ選び、番号をマークしなさい。**解答番号は** a＝**15**、b＝**16**、c＝**17**、d＝**18**

a 「決然と」

① 思い切った様子で
② 独断と偏見で
③ 頑固に
④ 勢いよく
⑤ 有無を言わせない様子で

b 「御しがたい」

① 抵抗しがたい
② 全く支配することができない
③ 思うように扱えない
④ 手に入れにくい
⑤ 突破する意欲をなくす

内になった病院は八階建てで、このあたりではいちばん高い建物だ。屋上からは三百六十度のパノラマで町が見渡せた。まるで城壁のようにぐるりを山が囲んでいる。リュウセイとハルたちの住む集落は、あの山の向こう、この町よりもっと山が近くに迫った小さな盆地だ。なんてせまいところに、おれらは閉じこめられているんだ！

「わあー」

突然、リュウセイは吠えた。エ吠えずにはいられなかった。並んで立っていたハルが一瞬びくっと身を引いた。

「わおーっ」

もう一度吠えた。吠えながらフェンスにパンチを入れた。めっちゃ痛かった。それでもやめられなかった。「わお、わお、わあーっ」。畜生！　おれたちをこんなせまっくるしいところに閉じこめてるもの、その正体はなんだ！　おれは、おれは、いつかゼッタイ、ハルの手を取って、あの広い空へと、飛ぶ！

いつのまにか泣いていた。

「……リュウセイ」

フェンスから身を乗り出して吠えるリュウセイのTシャツを、青ざめたハルが握っていた。嗚咽をかき消すかのように、セミの声が一段と高まった。ジャージャージャー、シャーン、シャンシャン。

「リュウセイの泣き虫」

突然ハルが、怒ったようにTシャツをしゃくった。

「うち、リュウセイくん係※7なんか、もうしてやらんしな」

ポコンと頭をはたかれた。

「いて！　うっせえ。いらんわ、そんなもん」

なんとかふつうの声が出せた。ああ、言葉は不便(ⅴ)だ。今、胸に熱くたぎっている思いとは、真逆の言葉が出てしまう。ドラマやったら、ここで「ハル」と抱きしめるところなのに。現実はシビアだ。頭をはたかれ鼻水をたらしている情けないおれがいるだけ(ⅵ)だ。でも、不思議とそれがイヤではなかった。いつのまにか心は平静さをとりもどしていた。

「大丈夫だよ、リュウセイ」

たたくのをやめたハルの声はやわらかかった。

「※8じいちゃんのときと全然ちがう。おばちゃんの顔、病気なんかに負けてたまるかって気迫にあふれとった」

「……うん。もう一花咲かせるゆうとった」

「ええねえ、それ」

ホッとしたような笑顔を見せると、ハルはフェンスに身を乗り出し、まぶしそうに細めた目を空に向けた。伸ばされた首のしなやかなラインにどきっとした。この夏、ハルはどんどんきれいになる。頼むしハル、あんまりきれいにならんといてくれ。おれを置いていかんといてくれ。リュウセイは心細さに胸がしめつけられた。ハルを失うなんて、母ちゃんを失うのと同じくらい、耐えられそうになかった。

――おれは、ハルが好きだ。

心いっぱいに叫んでいた。

オハルはラグビーボールみたいなやつだ。扱いが難しい。パスはまっすぐ飛ばないし、地面にバウンドすれば、あらぬ方向に行ってしまう。だけどそこが、たまらない魅力だ。ハルは、リュウセイの希望そのものだった。

――ハル、おまえはおれのこと、好きか？

「リュウセイ」
囲炉裏端で灰をいじっているリュウセイのX肩を抱くような声で、豊見さんは呼びかけた。
「こうなったら、使えるもんは全部使おうや。福祉でもなんでももらえるもんはもらう。そのうえで、足らんぶんはおまえが働く。わしが職場は探してやる」
ホーッと吐き出したリュウセイの息で、灰が白く舞い上がった。台所とリビングをへだてるドアの陰に※5道子さんがたたずんで、黙って聞いていた。

八月の末、多恵子は入院した。
翌日が始業式という日の午後、手術が行われることになった。※6久美もハルも駆けつけた。久美は旅行カバンをぶら下げていた。
白いレースの遮光カーテンを通してでさえ、夏の名残の強い日ざしが射しこむ病室で、多恵子はことさら明るかった。
「なあ、なあ、久美。ここって天国やで。入院前、リュウセイのご飯作り置きしたり、家中の掃除したり、バタバタバタバタ走り回ってたやろ。もうくったくたになって入院したら、c上げ膳据え膳でお姫様扱いなんやもん。くせになりそう。ずっとここにおりたいくらいや」
「ほんまやねえ。となりのベッド空いてるやん。うちも入院させてもらおうかな。主婦って、入院でもせん限り休めんもんね」
持参した花瓶に庭で切ってきたコスモスを活けながら、ウ久美は多恵子のほうは見ないで答えた。
「リュウセイ、ハルちゃんとデートしてき。めったにないチャンス、せっかくお母ちゃんが作ってあげたんやし」
追い払われるように外に出された。ドアを背に、ハルと二人顔を見合わせた。デートって、ここ病院やぞ。どこ行けゆうんや。気まずい沈黙のあと、ハルが指を上に立てたときだった。
「久美ィ、久美ィ、抱いて。助けて。怖いよお」
d堰を切ったような多恵子の泣き声が、薄いドアから廊下までもれてきた。カッとリュウセイの顔に血が上る。
「うちがおるし。手術が終わるまでずっとここで待ってるし。今夜は泊まっていくし。――……頑張ろ。な、一緒に頑張ろ」
多恵子の肩を抱いているのだろう、くぐもった久美の泣き声が重なる。冷静さを失ったリュウセイがドアのノブに手をかけたときだった。体ごとぶつかってきたハルがその手を取って駆けだした。
ハルに引きずられるように階段を上った。三階、四階、どこまで行くんや、ハル。五階、六階。ハルの足腰は強い。部を辞めてだいぶたつのに、どうやら体力は落ちていないようだ。七階、八階。とうとう屋上まで上りきった。
……ハア、ハア、ハア。
しばらく二人ともひざに両手をついて、息を継ぐのに忙しかった。
「なんか、うち、うらやましかった」
ようやく口を開いたハルがあえぎながら言った。
「仲いいよなあ。リュウセイの母ちゃんとうちの母親」
「……うん」
ハルとリュウセイは、胸まであるフェンスに並んでもたれて立った。セミの声がわくように下から上ってきた。平成の大合併で、今は同じ市

「こりこりしたもんができてるやろ」
手を伸ばして触る勇気が、リュウセイには出なかった。
――大変なことになった。
それだけははっきりとわかった。ドクドクという血液の流れをこめかみに感じた。
「い、痛※1ないんか？」
ようやくそれだけ尋ねた。
「なんともない。ご飯もおいしい。……そやのに、なんで！」
怒ったようにはしを取り上げると、多恵子は猛烈な勢いで飯をかき(iv)こんだ。顔は茶碗に隠れて見えなかったが、白いのどぼとけがひくひくとふるえているのがわかった。ごくっ。ア音をたてて、リュウセイはつばを飲みこんだ。
小学校の四年まではじいちゃんがいたけど、それ以来ずっと多恵子と二人で生きてきた。淋しくなかった。と言えばうそになるけど、これが当たり前と思っていた。その当たり前が当たり前でなくなる。
「取ったら治るんか？」
「わからん。そやけど、うちまだアラフォー※2やで。アラフォーゆうたら女ざかりやんか。まだまだ死ぬわけにはいかん。そやから、やれるだけのことはやる」
a決然と多恵子は言った。
「うん」
女ざかりかどうかは疑問のあるところだが、その力強さに救われた。
「入院中、ちゃんと一人で朝起きて学校行きよ。ご飯もちゃんと炊いてよ。三日に一回は洗濯機回すんやで。あ、それと風呂は毎晩入らんとあかんで。あんた汗くさいし、ハルちゃん※3に嫌われるで」
「わかってるわ！」
突き放すような言い方になった。言ったあと、「しまった」と思った。
なんで、「頑張りや」とやさしく言ってやれないんだろう。
だけど、「ガンバレ」というのは、なんかちがう気がする。言われなくても多恵子は十分頑張っている。一人で病院に行き、一人で検査結果を聞き、一人で手術を受ける決心をしたのだ。これ以上、どう頑張れというのだ。
イ「……安心せえや。ちゃんとやるし」
それがリュウセイの精いっぱいの励ましの言葉だった。
リュウセイの肩にのしかかってきたのは、病気の心配だけではなかった。経済。こいつが一番の難問だ。中学生のリュウセイにはb御しがたい手ごわさだ。派遣社員の多恵子に、休業手当は出ない。休んだとたん、情け容赦なく収入はストップする。
「働きたいんですけど、どこか雇ってくれるとこないですか」
相談相手といえば、豊見※4さんしか思いつかなかった。
「どしたんや」
豊見さんの顔が曇る。この人は年中、人の心配をしているから、眉間のしわはすっかり硬くなって、岩のように盛り上がっている。
「ふうむ、ふうむ」
リュウセイの話を聞いている間、豊見さんの顔は赤くなったり、青くなったりした。まるで今にもシュッシュポッポと走り出しそうな勢いで、鼻から息を吐き出した。豊見さんは怒っていたのだ。運命の非情さを。世の無策と自分の無力さとを。

教　師：そうですね。では、これらの内容を総合して、岡田氏と坂本氏は、どのような姿勢で生きていくべきだと考えているのでしょうか。

メグミ：それぞれの文章の内容によれば、「　Y　」ということだと思います。

ケイコ：そこに、音楽というものの価値があるということなのではないでしょうか。

問七　会話文中の空欄「X」に入るべきものとして最も適当なものを、次の①～④のうちから選び、番号をマークしなさい。**解答番号は11**

① 未来が見えない不安の中で、希望を見失わないために頑張り続けようとする状態。

② 周りと協力し合い、頑張り続けることにこそ最も尊い価値があると信じている状態。

③ 頑張ればなんとかなるだろうと信じ込んで、問題の本質から目を背けている状態。

④ 頑張っていればいずれ物語の筋が見えるようになるだろうと簡単に考えている状態。

問八　会話文中の空欄「Y」に入るべきものとして最も適当なものを、次の①～④のうちから選び、番号をマークしなさい。**解答番号は12**

① 感覚を研ぎすまして現実を見つめ、誠実に向き合っていこうとする姿勢。

② 真実を見極めるために、きれいではない物語でも好んで選びとっていく姿勢。

③ 積極的に行動することで、先行きの見えない将来への不安感を打破しようとする姿勢。

④ 明日どうなるか見えない不安定さに耐えながら、頑張りぬく決意をする姿勢。

第二問　リュウセイは中学二年生で、母親の多恵子（たえこ）はリュウセイを母子家庭で育ててきました。以下の文章をよく読んで、あとの問いに答えなさい。

多恵子が会社の健康診断（しんだん）でひっかかっていたなんて、リュウセイは知らなかった。だから、

「来週から一週間、入院するし」

夕飯の席で突然（とつぜん）切りだされて、

「なんで」

と間の抜（ぬ）けた返事をした。

「おっぱいを切る」

「へっ？」

冗談（じょうだん）きついよ、母ちゃん。リュウセイは思わず自分(i)の股間（こかん）に手を置いた。あそこを切る、と言われたのと同じに感じたのだ。

「だって、いらんもん、こんなもん。無用の長物や」

はしを置いた多恵子は、両手でぎゅっと自分の乳房（ちぶさ）をつかんだ(ii)。いやいや、そういう問題では……。女性の体についての話題は、リュウセイにはお手上げだ(iii)。なんて答えればいいのかわからない。

「左の乳房に二センチほどのガンができてるんやて。ひょっとしたら、リンパにも転移してるかもしれん。ここんとこ」

多恵子は白いのどをそらせて、耳の下あたりを指で探（さぐ）った。

す。読んでみてください。

坂本　大きな物語がなくなっても、ぼくたちはなにかを作っていかなければいけないわけですけども、簡単には作れないわけですよね。いつも物語を探し求めているような、ひじょうに不安定な状態です。テロの恐怖と同様に、どこに向かっているのかわからない、物語の筋が見えない不安定さに耐え続けなきゃいけない。だからこそ、頑張ろう節みたいなもの、頑張ろうという物語に安直に手を出してしまう人たちもたくさんいるんでしょう。でも、ほんとうに真摯な態度というのは、明日どうなるかわからないという状態に耐え続けて、きちんと目を開いていることと、あるいは耳で聴くことでしょうね。

　そういえば、予言というのは「聴く」ものですよね。「天の声を聴く」っていうでしょ？　いつでも音で表現される。

ああ、たしかに！

坂本　予感があったときも「耳をそばだてる」っていうでしょ？　わりと聴くものなんですよね。気配を感じさせるのは、音なんですよ。だから、音を聴く人間は、未来を聴く、これから起ころうとしていることを聴く能力が少しだけあるのかもしれないですね。

なるほど。

坂本　そういう訓練を知らないうちにしているのかもしれないですね。予言というのはかならず音で、言葉でもあるけれど、音で伝わってくるものなんです。どうしてもきれいな物語にはならないんですけどね。真実というのはむしろ、普通の人にとっては嫌なものです。ノアの方舟※1のノアだって、世界中でただひとり「洪水がくる」と言っていたわけでしょう。他の人は嫌なわけですよ。「みんなが死んじゃうようなことをなんで言うんだ」と。いまそんなことをTwitter※2でつぶやいたら、炎上しちゃいますよね（笑）。でも、ノアはそんな人だったんです。真実をつぶやかれると困る人が多いので、その反対の物語を作って、みんなで「頑張ろう」といって防衛する。壁を作るというか、真実を見ないようにするんじゃないのかな。

（『アルテス』VOL.01　特集「3.11と音楽」）

※1　「ノアの方舟」…神が悪に満ちた世界を滅ぼそうとして洪水を起こしたとき、ノアという人物が神に命じられて作った方形の舟。その舟にノアの家族や一対ずつの動物を乗せて難を避けたという話が『旧約聖書』にある。

※2　「Twitter」…ソーシャルネットワーキングサービス（SNS）の一種。

ケイコ：誰かがやってくるというとき、最初にそれとわかるのは、音によって察知しているように思います。たとえば扉を開けたり閉めたりする音とか。こっちに向かってくる足音とか。音の感じで、誰が来たかまでわかることもありますよね。

サトシ：そういう、何かの前触れである「音」を聴き取るのが、音楽家だということですね。ただ、これは音楽家に限った話でなく、私たちが日々を生きていく上で大事な姿勢についても述べていると思います。

メグミ：ところで傍線部の「頑張ろう節みたいなもの、頑張ろうという物語に安直に手を出してしまう」とはどういうことなのでしょうか。

サトシ：ここでは「　X　」のことだと思います。

f＝6

b　カチョウ　①加聴　②佳調　③可聴　④歌調

c　テンケイ　①天啓　②典型　③展景　④添形

d　ビジャク　①微弱　②微弱　③美弱　④備弱

e　トクイ　①得意　②特意　③得異　④特異

f　カジョウ　①過剰　②過乗　③過上　④過状

問三　本文中の空欄 x ・ y に入るべき語の組み合わせとして最も適当なものを、次の①～④のうちから選び、番号をマークしなさい。なお、同じ記号のところには、同じ語が入ります。**解答番号は7**

①　x　玩具(がんぐ)　y　偶像　②　x　人形　y　亡霊

③　x　模型　y　偶像　④　x　標本　y　亡霊

問四　――線部**ア**「そのようなわけで」とありますが、その説明として最も適当なものを、次の①～④のうちから選び、番号をマークしなさい。**解答番号は8**

①　録音音楽にはない客のざわめきや息づかいなどの気配を盛り込むことに、録音音楽の更なる可能性があると気付いたということ。

②　録音音楽のように客の発する余計な雑音を消した音楽では、それぞれの音がより鮮明に聞こえてくると気付いたということ。

③　生の音楽の背後に含まれるかすかな客の気配が、実は音楽に生命を吹き込んでいたのだと気付いたということ。

④　コンサート会場などで無数に生まれる雑音があってはじめて、音楽が成り立っていることに気付いたということ。

問五　――線部**イ**「秘密」の説明として最も適切なものを、次の①～④のうちから選び、番号をマークしなさい。**解答番号は9**

①　作曲家が特定の倍音を聞き取れるようになるために行う、秘密の訓練。

②　作曲家は楽譜に書いてある音だけを聴いているのではないのだという真実。

③　作曲家が密かに仕込んだ音を導き出すことによって初めて立ち現れる、その曲の真の姿。

④　生の音楽に、客の発する咳や身動きの気配が組み合わさって完成する、作曲家が密かに仕込んでおいた音。

問六　――線部**ウ**「こんなことが人生にはいっぱいある」について、「こんなこと」の具体例として**ふさわしくない**ものを、次の①～④のうちから一つ選び、番号をマークしなさい。**解答番号は10**

①　話している人の言葉の先を予測して、それに対する自分の考えを述べる。

②　無くしたものを探す際、自分がそれを普段置いている場所の周囲だけを探す。

③　今のやり方では失敗するのが目に見えていながら、その方法をそのまま続ける。

④　ある事件が起こることを予想して、それが起こることのないように警戒する。

Ⅱ

（文章Ⅰについて、教師と生徒が話し合っています）

教　師：筆者はこの文章のあとの部分で、音楽家の坂本龍一氏のインタビュー記録を引用しています。これは、その元の記事の一部で

「秘密の倍音」を正しく引き出さないことには、つまり楽譜に書いてある音をただ鳴らすだけでは、作品はその秘密を打ち明けてはくれないのだ。

数年前にライブで聴いたロシアのピアニスト、アレクセイ・リュビモフも忘れられない音楽家の一人である。彼はまさに「倍音の魔術師」で、アンコールで彼が弾いたショパンの『舟歌』では、通常は絶対聞こえない音（つまり楽譜には書いていない音）が上部倍音として聞こえてくることに、わたしは仰天した。「聞こえない音」が［ y ］のように現れ、不思議な斑紋（はんもん）を描くのである。だがこの［ y ］の旋律ともいうべきものは、リュビモフがトリックを使って加えたものでもなんでもなく、間違いなくショパンが自分の作品の究極の秘密としてあらかじめ仕込んでいたものに違いない。ほとんどの演奏家は楽譜に書いてある音符を正しく弾くことに気をとられてしまい、この［ y ］の旋律を聞き逃してしまっているのだ。

「聞こえているのに聞こえない音を聴く」とは、そのまま人生訓にもなるはずである。聞こえているはずなのに聴いてない、見ているはずなのに見えていない。こんなことが人生にはいっぱいある。実際われわれはしょっちゅう「あの人は他人のいってることを聞いてないからねえ」とか「あの人は全然現実が見えてないよね」というではないか。では「聞こえていない人」はどうしてそうなるのか？　単純に耳のセンサーがよくないからという話ではないだろう。例えば「人の話を聴くより前に自分がしゃべり始める」（わたしにもそのきらいがあるが）人には、この傾向が強い。つまりカジョウな自我や自己主張が、聞こえているものを打ち消すのである。また思い込みが強い人もしばしば他人の声を聴かない。自分に刷り込まれた常識以外の現実はあるはずがないと思い込んでいて、「こうであるはずだ！」とか「こうであるべきだ！」が邪魔になり、聞こえているのに聴かないのである。

ごくふつうの音楽学習者がショパンの『舟歌』を練習していて、そのときたまたまタッチの加減によって、ふだんは聞こえていない不思議な倍音が一瞬聞こえた気がしたとする。しかし彼は「あれ？　なにかの空耳かな……？」と打ち消すであろう。しかし実はそれはショパン自身が仕掛けた、実際に聞こえる音であるかもしれないのだ。人生もこれと似ている。本当は聞こえている声を、往々にして人は「まさか……」と打ち消す。絶対に聞き逃してはいけないはずの気配を感じているにもかかわらず、それを自分で否定してしまう。

音楽家に限らず天才的な芸術家にどこか予言者のような能力が備わっているとすると、それはまさにこの「聞こえない音を感じ取る」能力と深くかかわっているのだと思う。つまり芸術の歴史においてはしばしば、これから起きることを作者があらかじめ知っていたとしか思えない作品が作られることがあるのだ。

（岡田　暁生『音楽の危機』による）

問一　――線部aの読みについて、正しいものを、①～④のうちから選び、番号をマークしなさい。**解答番号は1**

①　うやうやしく　②　はなはだしく

③　いちじるしく　④　めまぐるしく

問二　――線部b～fのカタカナを漢字に直したときの表記として正しいものを、それぞれ次のページの①～④のうちから一つずつ選び、番号をマークしなさい。**解答番号はb＝2、c＝3、d＝4、e＝5、**

【国　語】（五〇分）〈満点：一〇〇点〉

第一問　次の文章をよく読んで、あとの問いに答えなさい。

Ｉ

　コロナ禍によって人の外出がａ著しく減ったことで、街中がすっかり静かになり、ふだんまったく耳に入っていなかったいろいろな気配がよく聞こえることに驚いた人も多いだろう。またわたしについていえば、コンサートやライブが自粛されていた間、録音音楽ばかり聴いていたせいで逆に、生の音楽における背後のかすかなお客たちの気配やざわめきが、いかに音楽を生き生きと映えさせるための舞台背景であったか、改めて実感した。録音された音楽の大半はノイズが全部きれいに消されていて、いわば背景が白地の肖像写真みたいなものであるわけだが、それだとどうにも音楽がヴィヴィッドにならないのだ。きれいだが無表情な［　Ｘ　］みたいに聞こえる。ふだんわずらわしいとさえ思っていた客の咳（せき）や身動きの気配こそが、実は音楽に生命を吹き込んでいたのだと、今になってわかる。

　アそのようなわけで、このところ「聞こえているのだけれど聞こえていない音／音楽」というものに、とても強い興味がわいている。別にオカルトのような話ではない。例えば人間には非ｂカチョウ音域があって、それより高い音域と低い音域は、聞こえているのに聞こえない。コウモリやイルカが交信に使う超音波はそのｃテンケイであろうし、ｄビジャクな地震なども本当はその音が聞こえているのに、カチョウ音域よりも低いから聞こえないのであろう。ノラ猫が庭を通ると赤外線が感知して、超音波（つまり猫には聞こえるが人間には聞こえない音）で追い払うという装置も同じ要領である。これらはすべて「耳には入っているのだけれど聞こえていない音」である。「聞こえていないのだが気配として感じられている音」と、逆の言い方をしてもいいだろう。

　一級の音楽家というのは恐ろしく耳のいい人たちで、「ふつうは聞こえない音」が聞こえているのだと思う。「ふつうは（ふつうの人には）聞こえない音」のテンケイの一つは、例えば上部倍音だ。ピアノの低いほうの鍵盤（けんばん）をどれか強く鳴らし、その残響に耳を澄ますと、高い音域に無数の別の音が聞こえてくる。あれが上部倍音である。この倍音に人一倍こだわった作曲家がジェルジュ・クルターク（一九二六－）だ。ジェルジュ・リゲティ（一九二三－二〇〇六）と並んで二十世紀後半を代表するハンガリーの前衛作曲家である。彼はほとんど聴き取れないような弱音を多用する作風で知られるが、ピアノの猛烈（もうれつ）な達人としても有名で、リスト音楽院では室内楽の授業を担当していた。そのレッスンは極めてｅトクイなもので、特定の倍音が聞こえてくるようになるまで、たった一つの音を繰り返し弾かせるだけで授業が終わると聞いたことがある（ネットにはクルタークが夫人と連弾でバッハを弾いた映像がアップされていて、ここで二人はまさに聞こえない音にじっと耳を澄ませるようにして弾いている）。

　このクルタークのレッスンのエピソードを聞いて以来わたしは、「作曲家は楽譜に書いてある音だけを聴いているのではないのだ」と思うようになった。例えば楽譜に真ん中のドの音を書き込むとき、彼らはドの音が発生させるさまざまな唸（うな）りや倍音をも聴いているに違いあるまい。これらの倍音のバランスを感じながら、それに導かれるようにして伴奏を書き、次の音への運びを考えていくのではないか。おそらくそうした

MEMO

大切なことはメモしておこうネ！

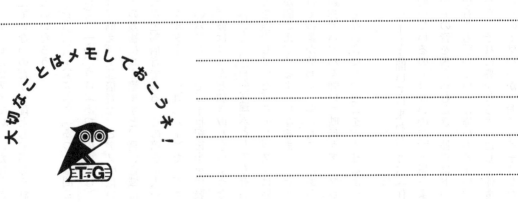

2022年度

古川学園高等学校入試問題
（情報ビジネス科・普通科総合コース）

【数　学】（50分）　＜満点：100点＞

問１から問６までの [　] のア～しに入る適当な数字を，一つずつ解答用紙にマークしなさい。

【問１】 次の問いに答えなさい。

(1) $(-3)^2+(-2)^3-(-1)^2$を計算すると，[ア] になる。

(2) $a=5$，$b=-4$のとき，$2a^2-ab$を計算すると，[イ][ウ]になる。

(3) １次方程式 $\dfrac{x-1}{2}-\dfrac{x-5}{3}=2$ の解は，$x=$ [エ] である。

(4) $x^2+4x-12$を因数分解すると，$(x+$ [オ] $)(x-$ [カ] $)$ になる。

(5) ２次方程式 $x^2+3x-1=0$ の解は，$x=\dfrac{-[キ]\pm\sqrt{[ク][ケ]}}{2}$ である。

(6) $\dfrac{4}{\sqrt{2}}+\sqrt{32}$を計算すると，[コ]$\sqrt{[サ]}$ になる。

(7) y は x に比例し，$x=8$ のとき $y=-2$ である。$y=4$ のとき，$x=-$[シ][ス] である。

(8) ２時間37分58秒を，秒のみで表すと[セ][ソ][タ][チ]秒である。

【問２】 次の問いに答えなさい。

(1) ある仕事をＡさんがすると10日かかる。同じ仕事をＢさんがすると15日かかる。
同じ仕事をＡさんとＢさんが協力してするとき，かかる日数は [ツ] 日である。

(2) ある施設の利用料は大人２人と子供６人では2100円であり，大人１人と子供２人では850円である。
このとき，大人１人の利用料は[テ][ト][ナ]円である。

【問３】 次のページの図のように，放物線 $y=ax^2$のグラフ上に２点Ａ，Ｂがある。また，２点Ａ，Ｂを結ぶ直線と y 軸の交点をＣとする。点Ａの座標を（2，2），点Ｂの x 座標を－４とするとき，次の問いに答えなさい。

(1) a の値は，$\dfrac{[ニ]}{[ヌ]}$ である。

(2) OBの長さは，[ネ]$\sqrt{[ノ]}$ である。

(3) △OACと△OBCの面積の比は，[ハ]：[ヒ] である。

(4) △OACと△OBCについて，それぞれ y 軸を軸にして１回転させたときにできる立体の体積の比は，[フ]：[ヘ] である。

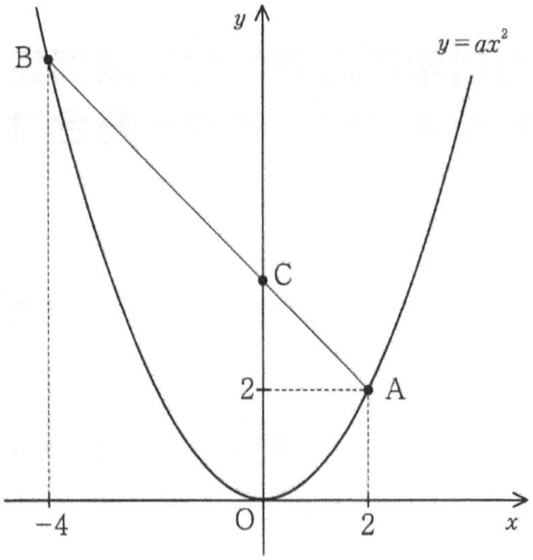

【問4】 次の問いに答えなさい。

⑴ 図1において，$\ell /\!/ m$ である。このとき，$\angle x$ の大きさは，［ホ］［マ］［ミ］°である。

⑵ 図2において，$\ell /\!/ m$ であり，点P，Qはそれぞれ円の中心である。このとき，斜線部の面積は，［ム］［メ］である。

⑶ 図3において，AC＝ADであるとき，$\angle x$ の大きさは，［モ］［ラ］°である。

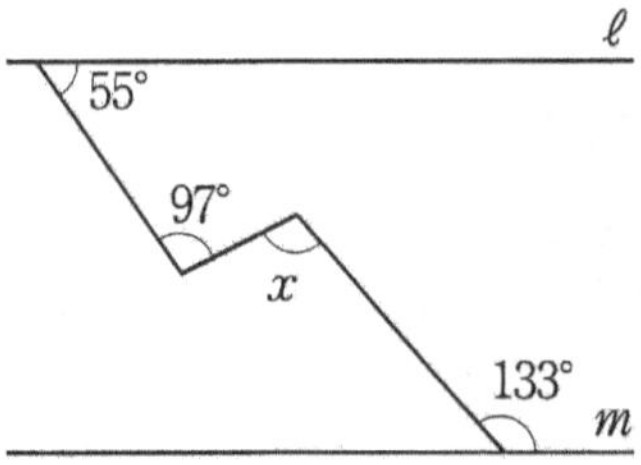

図1

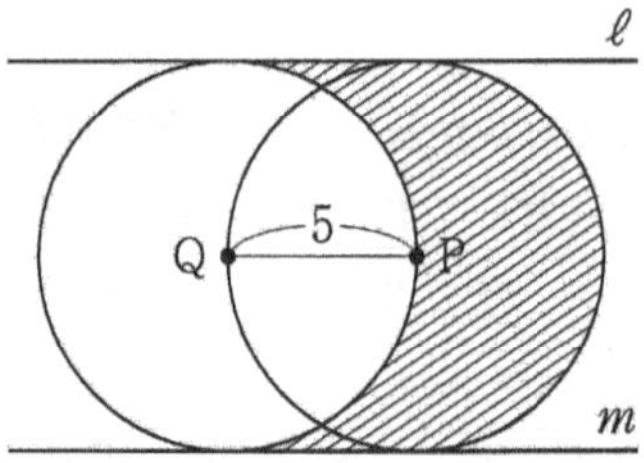

図2

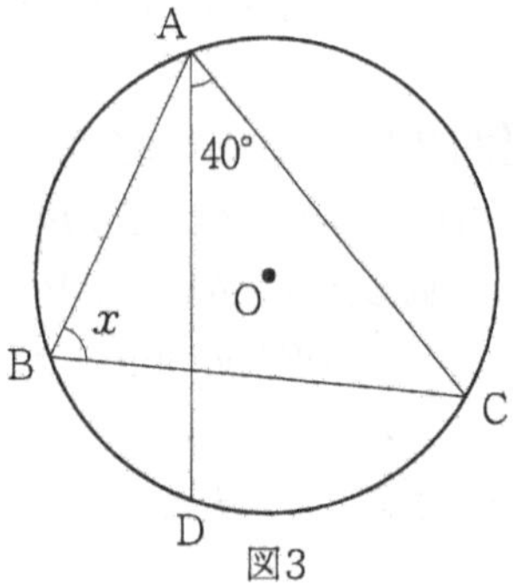

図3

【問5】 右図の四角形ABCDは長方形である。点Eは辺BC上にあり，BEとECの長さの比は1：2である。また，点FはAEとBDの交点とする。このとき，あとの問いに答えなさい。

⑴ BFとFDの長さの比は，［リ］：［ル］である。

⑵ ABの長さが4，ADの長さが9のとき，AEの長さは，［レ］となる。

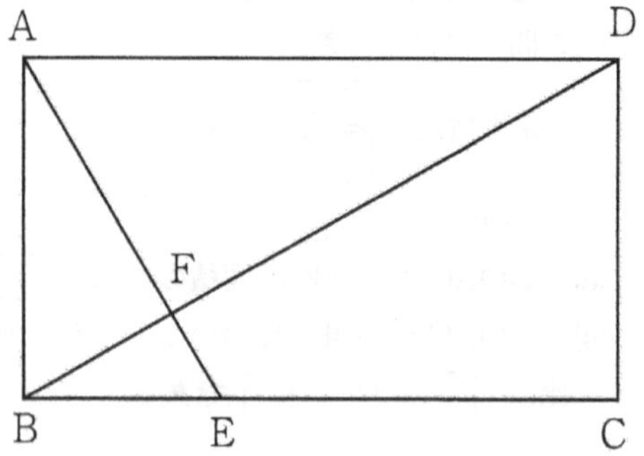

⑶　△ABEと△ADEの面積の比は，［ロ］：［あ］である。

⑷　△ABFの面積が12のとき，長方形ABCDの面積は，［い］［う］となる。

【問６】 袋Ａには０から４までの整数が書かれた球がそれぞれ１つずつ入っており，袋Ｂには1，3，5の整数が書かれた球がそれぞれ１つずつ入っている。袋Ａから球を１つ取り出し，書かれた整数を a とする。また，袋Ｂから球を１つ取り出し，書かれた整数を b とする。このとき，次の問いに答えなさい。

⑴　a が奇数である確率は，$\dfrac{\boxed{え}}{\boxed{お}}$ である。

⑵　$a+b$ が素数である確率は，$\dfrac{\boxed{か}}{\boxed{き}\boxed{く}}$ である。

⑶　$\sqrt{ab+1}>3$ となる確率は，$\dfrac{\boxed{け}}{\boxed{こ}}$ である。

⑷　$a^2+ab \geqq 1$ となる確率は，$\dfrac{\boxed{さ}}{\boxed{し}}$ である。

【英　語】（50分）　＜満点：100点＞

A． 次の各組から，下線部の発音が他と異なる語を１つずつ選び，番号をマークしなさい。
〔解答番号は①，②，③，④，⑤〕

	①	②	③	④	⑤
1	① talked	② opened	③ tried	④ studied	⑤ played
2	① earth	② three	③ these	④ anything	⑤ math
3	① learn	② turn	③ person	④ March	⑤ heard
4	① about	② our	③ cloudy	④ without	⑤ should
5	① sea	② team	③ leaf	④ please	⑤ early

B． 次の各組から，イの部分をもっとも強く発音する語を１つずつ選び，番号をマークしなさい。
〔解答番号は6，7，8，9〕

6	① sur-prise (ア イ)	② mu-sic (ア イ)	③ af-ter (ア イ)	④ ta-ble (ア イ)
7	① yes-ter-day (ア イ ウ)	② im-por-tant (ア イ ウ)	③ an-i-mal (ア イ ウ)	④ Af-ri-ca (ア イ ウ)
8	① mem-ber (ア イ)	② peo-ple (ア イ)	③ en-joy (ア イ)	④ of-ten (ア イ)
9	① O-lym-pic (ア イ ウ)	② busi-ness (ア イ)	③ news-pa-per (ア イ ウ)	④ vi-o-lin (ア イ ウ)

C． 次の各対話文で，Ｂの発言のうち，普通，もっとも強く読まれる語（句）を①～④から１つずつ選び，番号をマークしなさい。〔解答番号は10，11，12，13，14〕

10　A：Where are you from?
　　B：I(①) am(②) from(③) Canada(④).

11　A：Did you read this book last night?
　　B：No, I(①) read(②) magazines(③) last night(④).

12　A：What did you do yesterday?
　　B：I played(①) tennis(②) with(③) my friends(④).

13　A：Can you open the window?
　　B：Sure.　It(①) is(②) a hot(③) day(④) today!

14　A：Which do you like better, apple juice or grape juice?
　　B：I like(①) apple(②) juice(③) better(④).

D．次の英文を読み，空欄に入るもっとも適切な語を，①～⑨から１つずつ選び，番号をマークしなさい。〔**解答番号は**⑮，⑯，⑰，⑱，⑲〕

⑮ Thursday comes after (⑮).

⑯ The month before August is (⑯).

⑰ Summer is between (⑰) and fall.

⑱ There are many doctors in the (⑱).

⑲ French and (⑲) are spoken in Canada.

① Wednesday　② spring　③ June　④ school　⑤ winter

⑥ July　⑦ hospital　⑧ English　⑨ Friday

E．各組の英文の（　）に共通して入るもっとも適切な語を，①～⑤から１つずつ選び，番号をマークしなさい。〔**解答番号は**⑳，㉑，㉒，㉓，㉔，㉕〕

⑳ I (　　) a brother. He is older than me.
We (　　) to be silent in the library.
[① play　② red　③ take　④ have　⑤ let]

㉑ I (　　) at the post office.
This (　　) was painted by Picasso.
[① have　② work　③ want　④ like　⑤ write]

㉒ Excuse me, (　　) I come in?
Jack doesn't come to school today. He (　　) be sick.
[① should　② do　③ may　④ had　⑤ was]

㉓ I'll go to the park (　　) my friends tomorrow.
Who is this girl (　　) long hair?
[① in　② as　③ with　④ and　⑤ of]

㉔ I usually play tennis (　　) Sunday afternoon.
There are two caps (　　) the table.
[① to　② on　③ under　④ in　⑤ with]

㉕ I bought a (　　) of tomatoes at the supermarket.
My father (　　) play the piano very well.
[① will　② should　③ may　④ can　⑤ must]

F．次の英文が完成するように，（　）に入るもっとも適切な語（句）を，①～⑤から１つずつ選び，番号をマークしなさい。〔**解答番号は**㉖，㉗，㉘，㉙，㉚〕

㉖ 私は今日読むべき本がたくさんある。
I have many books (㉖) today.
[① read　② have read　③ reading　④ to read　⑤ are read]

㉗ その映画は多くの人々に愛されている。
That movie is (㉗) by many people.
[① love　② loves　③ loved　④ loving　⑤ to love]

㉘ あなたはコーヒーが好きじゃないんですよね。
You don't like coffee, (㉘) you?
[① do　② don't　③ did　④ didn't　⑤ done]

㉙ これは日本製の時計です。
This is a watch (㉙) in Japan.
[① make　② to make　③ making　④ made　⑤ have made]

㉚ もし明日雨が降ったら，野球の試合は中止にしよう。
If it (㉚) tomorrow, we will cancel the baseball game.
[① is raining　② will be a rain　③ rains　④ rainy　⑤ will rain]

G. ［ ］内の語句を正しい語順に並べ替えたとき，㉛～㉟に入る語（句）を①～⑤から１つずつ選び，番号をマークしなさい。なお，文頭に来る単語も小文字にしてあります。
〔解答番号は㉛，㉜，㉝，㉞，㉟〕

㉛ 彼女にできるだけゆっくり話してくれるよう頼みなさい。
Ask ( )( )(㉛)( )( ).
[① slowly　② to speak　③ as　④ her　⑤ as possible]

㉜ 私はそんなに早起きしないといけないのですか。
( )( )( )(㉜)( ) so early in the morning?
[① I　② have　③ do　④ get up　⑤ to]

㉝ 私は向こうで走っている女性と犬を知っています。
I know the lady and the dog (㉝)( )( )( )( ).
[① are　② over　③ that　④ running　⑤ there]

㉞ この味噌汁はとても熱すぎて私には飲めません。
This miso soup ( )( )( )(㉞)( ) have.
[① for me　② too　③ hot　④ is　⑤ to]

㉟ 吉田さんがどこに住んでいるか知っていますか。
(㉟)( )( )( )( ) lives?
[① Mr. Yoshida　② where　③ you　④ do　⑤ know]

H. 次の各会話について，（㊱）～（㊵）に入るもっとも適切な英文を①～⑤から１つずつ選び，番号をマークしなさい。**〔解答番号は㊱，㊲，㊳，㊴，㊵〕**

㊱ A : Help yourself to the salad.
B : (㊱)
① See you tomorrow.　② Too bad.　③ You're very welcome.
④ Certainly not.　⑤ Thank you.

㊲ A : What are you going to do this afternoon?
B : (㊲)
① OK. I bought a new racket.　② I was playing the piano then.
③ I'm going to play video games.　④ Here you are.
⑤ I'm sorry to hear that.

38 A：Would you like some more tea?
B：(38)
① See you later. ② No. I like sports.
③ Oh, it's dangerous. ④ I'm sorry. I've had enough.
⑤ Nice to meet you.

39 A：What's the matter? You look pale.
B：(39)
① I feel very cold. ② I like this color.
③ You'd better relax. ④ Maybe you need a hand.
⑤ You should go and see a doctor.

40 A：How was your winter vacation?
B：(40)
① I'm just looking. ② It was nice. ③ Yes, of course. ④ I'll try it.
⑤ Never mind.

Ⅰ． 次の会話文を読み，(41)～(45)に入るもっとも適切な英文をあとの①～⑨から１つずつ選び，番号をマークしなさい。〔**解答番号は**41，42，43，44，45〕

On a sunny day Mark and Jane went for a drive.

Jane：Hey, Mark. (41) What is it?
Mark：Hmm, it sounds bad. Let's stop at the next gas station.

< *At the gas station* >

Mark：Excuse me. I can hear strange noises from the engine. Could you check it out?
*Mechanic：(42)

< *After 10 minutes* >

Mechanic：There is a problem with the engine. A part is broken.
Jane：(43)
Mechanic：No, I'm afraid not. You need a new one.
Mark：How much will it *cost?
Mechanic：(44)
Jane：(45)
Mechanic：In an hour.
Mark：Fine. We'll wait here.

*mechanic 機械工 *cost 費用がかかる *fix 修理する

① Could you *fix it?
② What would you like to eat?
③ OK. Just a moment please.

④ When can you finish the work?
⑤ I'm hearing strange noises.
⑥ I'll drive you home.
⑦ $50 for the engine part and $95 for the work.
⑧ I'm sorry I have to go now.
⑨ It takes about 15 minutes.

J．次のお知らせについて，内容に合っている英文を①～⑦から２つ選び，番号をマークしなさい。
〔解答番号は46，47〕

Free *admission!

Japanese TV Drama and *Anime Festival!

Why don't you come to the Brown Community Center?
You can enjoy wonderful Japanese TV dramas and animes.
You can come and go freely.
This kind of *opportunity doesn't happen every day, so please join us!

Date : Sunday, March 5th, 20 × ×
Time : 10:00 am ～ 4:30 pm

Showtime :		
10:00 am ～ 10:45 am	**TORAEMON**	Room A
11:00 am ～ 11:45 am	**MARUTO**	Room A
1:00 pm ～ 2:30 pm	**HANZAWA-NAOTO**「半澤 直人」	Room B
2:45 pm ～ 4:30 pm	**DOCTOR B**	Room B

★ All *participants will be given beautiful Japanese postcards for free!
★ No food and drinks *are allowed in the rooms. You can have lunch at the city cafeteria. Bringing your own food and drinks *is prohibited.

*anime(s)　テレビアニメ　*admission　入場料　*opportunity　機会　*participants　参加者
*are allowed　許可されている　*is prohibited　禁止されている　*fee　料金

① You must watch all Japanese animes in Room B.
② This event was also held last winter.
③ All Japanese dramas and animes are seen in the theater.
④ You can have some food and drinks in the rooms.
⑤ The participants don't have to pay admission *fee.
⑥ Some children should watch these animes with their parents.
⑦ You can get some Japanese postcards when you come to the event.

K．次の英文を読み，あとの問いに答えなさい。〔**解答番号は**48，49，50，51，52，53，54〕

Ayano is a junior high school student. She isn't very good at English, but she likes it. One day, her English teacher said, "What is your favorite food, shop and place in your town? Please make a speech about your own town in the next English class. Please find a lot of good stories about 48 it. I'm looking forward to listening to your speech next week."

Ayano started to look for good stories about her town. First, she used the Internet to get *useful information to make a speech. She thought she could get a lot of good information very quickly. There were some *websites about her town, but she found that *some were *boring and others only had stories she already knew. She wanted to make a speech using unique and more interesting stories.

Next, she went to the library and tried to find useful books. But 49 she was very *disappointed because she was not able to *borrow the books she wanted to read. And there were so many books that she couldn't find what she wanted in the library. When she gave up finding books and tried to go home, an old man spoke to Ayano. "What do you want to know? You were looking for something for a long time. I'd like to help you find it." Ayano told him about her speech. Then he said, "I have lived here for 60 years, and I worked at the town office as a *librarian for many years. I can tell you all the things I know about our town. It is very easy for me to help you!"

She learned many things about her town from him, so she was able to give an interesting speech. Her English teacher was very *satisfied with it.

*useful　役に立つ　*websites　ウェブサイト　*boring　つまらない
*some ~ others…　~なものもあれば…なものもある　*disappointed　がっかりした
*borrow　借りる　*librarian　図書館司書　*satisfied　満足した

問１　下線部48が指すものを本文から読み取り，もっとも適切な語句を①~⑤から１つ選び，番号をマークしなさい。〔**解答番号は**48〕

①a speech　②the town　③a class　④a book　⑤the library

問２　下線部49の理由を読み取り，もっとも適切なものを①~⑤から１つ選び，番号をマークしなさい。〔**解答番号は**49〕

①Because the books which she wanted to read were too expensive.
②Because someone was reading her favorite book.
③Because she couldn't borrow the books she wanted to read.
④Because she couldn't buy any books.
⑤Because some people were waiting for the lending of the book.

問３　次のページの（50）~（53）について，本文の内容と一致するものを，①~④の中から１つずつ選び，番号をマークしなさい。〔**解答番号は**50，51，52，53〕

(50) Ayano had to make { ① a website ② a speech ③ a book ④ a library } about her town.

(51) Ayano got { ① no ② a lot of ③ some ④ good } useful stories from the Internet.

(52) The man knew about the town well because
{ ① he learned many things from the books.
② he was taught by his English teacher.
③ he studied it by using the Internet.
④ he lived in the town and worked there. }

(53) Ayano could make a good speech *thanks to
{ ① her English teacher.
② the Internet.
③ the man in the library.
④ the books in the library. }

*thanks to… …のおかげで

問４　本文の内容を正しく表している英文を①～⑤から１つ選び，番号をマークしなさい。

〔解答番号は54〕

① Ayano gave a speech about her English class in the library.
② The library was so old that Ayano couldn't find it.
③ Ayano was looking for some new books to read on the train.
④ There were many people because they wanted to borrow books from the library.
⑤ An old man helped Ayano by telling her some good stories about her town.

「係りの助詞が表す意味」
① 断定
② 疑問
③ 反語
④ 否定
⑤ 強意

問八 傍線部7「の」の口語訳として、最も適当なものを、次の①～⑤の中から一つ選び、番号をマークしなさい。**解答番号は42**

① で　② に　③ を　④ が　⑤ と

問九 傍線部8「うちかかりたる」について、何が「うちかかる」のか。最も適切なものを、次の①～⑤の中から一つ選び、番号をマークしなさい。**解答番号は43**

① 跳ね上がる泥。　② 飛び跳ねる水しぶき。
③ 踏みしだかれた蓬の香り。　④ 山里を吹く風。
⑤ 草葉が踏まれていく音。

問十 本文は感覚的描写に優れていると言われている章段である。特に印象強く描かれている感覚を組み合わせたものとして、最も適当なものを、次の①～⑤の中から一つ選び、番号をマークしなさい。**解答番号は44**

① 視覚・聴覚・味覚　② 視覚・嗅覚・味覚
③ 視覚・触覚・嗅覚　④ 聴覚・味覚・嗅覚
⑤ 嗅覚・味覚・触覚

問十一 本文の筆者名を、次の①～⑤の中から一つ選び、番号をマークしなさい。**解答番号は45**

① 紫式部　② 和泉式部　③ 清少納言　④ 兼好法師
⑤ 鴨長明

問二　傍線部a「いと」、b「をかし」の語の意味として最も適切なものを、次の①～⑤の中からそれぞれ一つずつ選び、番号をマークしなさい。**解答番号はa＝34、b＝35**

a「いと」
①　きっと　②　少しばかり
③　案外　④　それほど
⑤　とても

b「をかし」
①　ばかばかしい　②　不思議だ
③　かわいらしい　④　おかしい
⑤　趣深い

問三　傍線部1「五月」の読み方として適切なものを、次の①～⑤の中から一つ選び、番号をマークしなさい。**解答番号は36**

①　ごがつ　②　いつき
③　さつき　④　はづき
⑤　ふづき

問四　傍線部2「上はつれなくて草生ひ茂りたるを」と傍線部3「下はえならざりける水の」の口語訳の組み合わせとして、最も適切なものを、次の①～⑤の中から一つ選び、番号をマークしなさい。**解答番号は37**

①　「車の上部に草がまとわりついてしまったが」
「車の下の部分を壊してしまった原因は水で」
②　「位が上の人たちはつまらなそうに草葉を見ているが」
「位が下の人たちは水がかからないように注意をするものの」
③　「上のほうは草葉で相当に覆われているのを」
「下のほうでは浸水のため人が歩けなくて」
④　「表向きはよそよそしい感じの草の生え方なのを」
「裏側ではまだ生えそろっていない草を覆う水が」
⑤　「表面はさりげなく草が生い茂っているところを」
「その草の下は何とも言えないほど美しい水が」

問五　傍線部4「走りあがりたる」の主語を、次の①～⑤の中から一つ選び、番号をマークしなさい。**解答番号は38**

①　草葉　②　人　③　車　④　水　⑤　蓬（よもぎ）

問六　傍線部5「車」は平安時代の乗り物を指す。その乗り物にあてはまるものを、次の①～⑤の中から一つ選び、番号をマークしなさい。**解答番号は39**

①　神輿（みこし）　②　駕籠（かご）　③　馬車（ばしゃ）　④　牛車（ぎっしゃ）　⑤　人力車（じんりきしゃ）

問七　傍線部6「ふと過ぎてはづれたるこそ、いとくちおしけれ」に用いられている「係りの助詞」を、後の①～⑤の中から一つ選び、番号をマークしなさい。また、その「係りの助詞が表す意味」を、後の①～⑤の中から一つ選び、番号をマークしなさい。**解答番号は、「係りの助詞」＝40、「係の助詞が表す意味」＝41**

「係りの助詞」
①　ふと
②　たる
③　こそ
④　いと
⑤　けれ

⑤の中から一つ選び、番号をマークしなさい。**解答番号は30**

① 母親が入院してからいつも安全に病院まで送ってくれたことに対する感謝の気持ち。

② 最後にバスに乗る日に河野さんが運転してくれたことに対する感謝の気持ち。

③ 厳しく接したこともあったが、温かい対応もしてくれたことへの感謝の気持ち。

④ バスに一人で乗れるようになる手助けをしてくれたことへの感謝の気持ち。

⑤ 母親が退院するまで、不機嫌ながらも少年を励ましてくれたことへの感謝の気持ち。

問十一 この物語は、少年のどのような姿を描いているか。最も適当なものを、次の①～⑤の中から一つ選び、番号をマークしなさい。**解答番号は31**

① 苦手としていたバスの運転手に対し、感謝の気持ちを言えるまでに成長した少年の姿を描いている。

② 母親の看病に通い続けることで、バスの運転手も恐れない強い心を持つに至った少年の姿を描いている。

③ お金のことで父親に気を遣いながらも、看病に通い続ける意志の強さを持った少年の姿を描いている。

④ 両親に心配をかけまいとして、わざとおどけた様子で振る舞う寂しさを持つ少年の姿を描いている。

⑤ 母親の看病があったからバスに一人で乗ることができるようになり、親離れを始めた少年の姿を描いている。

第三問 次の文章をよく読んで、後の問いに答えなさい。

[1]五月ばかりなどに山里にありく※、[a]いと[b]をかし。草葉も水もいと青く見えわたりたるに、[2]上はつれなくて草生ひ茂りたるを、長々と縦ざま※に行けば、[3]下はえならざりける水の、深くはあらねど、人などの歩むに、[4]走りあがりたる、いとをかし。

左右にある垣※にある、ものの枝※などの車の[5]屋形※などにさし入るを、急ぎて[A]とらへて折らんとするほどに、[6]ふと過ぎてはづれたるこそ、いとくちをしけれ。[7]蓬の、車に押しひしがれたるが、輪の[B]まはりたるに、近う[8]うちかかりたるもをかし。

（『枕草子』より）

※「ありく」……出かける

※「縦ざまに」……まっすぐに

※「垣」……生垣

※「ものの枝」……何かの木の枝

※「屋形」……「車」の屋根の付いている部分で、人が乗るところ。

問一 傍線部A「とらへて」B「まはりたるに」の現代仮名遣いとして適当なものを、次の①～⑤の中からそれぞれ一つずつ選び、番号をマークしなさい。**解答番号はA＝32、B＝33**

A「とらへて」

① とろうて　② とらうて　③ とらゑて
④ とらえて　⑤ とらおて

B「まはりたるに」

① まありたるに　② まあいたるに
③ まあゐたるに　④ まわりたるに
⑤ まわいたるに

⑤　この質問をすれば、父親がおどけた口調で返してくるのが分かっていたから。

問五　傍線部３「あのひとのバスに乗るのが怖くなった」とあるが、その理由として最も適当なものを、次の①～⑤の中から一つ選び、番号をマークしなさい。**解答番号は25**

①　また怒られるのではないかという恐怖感があったから。
②　いつも不機嫌な表情で見てくる圧迫感があったから。
③　顔をしかめたりムスッとした表情が苦痛に感じたから。
④　定期のほうが安いぞと余計なことを言ってくるから。
⑤　この人の運転が他の人よりも荒い運転であったから。

問六　傍線部４「全然とんちんかんな答え方をしていた」とはどういうことか、最も適当なものを、次の①～⑤の中から一つ選び、番号をマークしなさい。**解答番号は26**

①　分かっていることを言われて悔しくなり適当な答えを言ったということ。
②　運転手の問いをあえて聞かないようにして答えを言ったということ。
③　運転手の問いに対して、わざと反抗的な答えを言ったということ。
④　事情を知らない運転手にやむを得ず事実を言ったということ。
⑤　運転手の問いに対する答えになっていない内容を言ったということ。

問七　傍線部５「炎が燃えたつような色」に使用されている修辞法を、次の①～⑤の中から一つ選び、番号をマークしなさい。**解答番号は27**

①　反復法　②　比喩（ひゆ）法　③　擬人法　④　倒置法
⑤　体言止め

問八　傍線部６「買い足した回数券の三冊目が──もうすぐ終わる」とあるが、三冊買い足してからどのくらいの時間が経っていると思われるか、最も適当なものを、次の①～⑤の中から一つ選び、番号をマークしなさい。**解答番号は28**

①　およそ一週間　②　およそ半月　③　およそ一ヶ月
④　およそ二ヶ月　⑤　およそ三ヶ月

問九　傍線部７「看護師さんから伝言を聞くと、泣き出しそうになってしまった」とあるが、それはなぜか。その理由として最も適当なものを、次の①～⑤の中から一つ選び、番号をマークしなさい。**解答番号は29**

①　看護師さんの話を聞いて、すぐに母親の元を離れて家に帰らなければならなくなったから。
②　回数券を使い切れば、お小遣いのなくなった少年は見舞いに来ることができなくなってしまうから。
③　今日はどうしても父親と帰らなければならなかったのに、それが叶（かな）わなくなってしまったから。
④　回数券を使い切れば、新たな回数券を購入することになり、それは母の退院が遠のくことを意味するから。
⑤　財布を持っていない少年は、帰る手段が完全になくなってしまい、途方に暮れてしまったから。

問十　傍線部８「回数券に書いた『ありがとうございました』」からうかがえる少年の気持ちとして、適当でないものを、次のページの①～

① うれしい　② 悲しい　③ 優しい　④ 寂しい
⑤ 楽しい

問二 傍線部**ア**「釘を刺される」、傍線部**イ**「かぶりを振って」、傍線部**ウ**「きょとんとした顔」の本文中の意味として、最も適当なものを、それぞれ次の①～⑤の中から一つずつ選び、番号をマークしなさい。

解答番号はア＝20、イ＝21、ウ＝22

ア「釘を刺される」
① チクチクと嫌みを言われること。
② 遠慮なく本当のことを言われること。
③ 心配のあまり何度も言われること。
④ 前もって念を押すように言われること。
⑤ 核心を突くように鋭く言われること。

イ「かぶりを振って」
① 大きく頭を揺らしながら納得すること。
② 泣いていることをかたくなに否定すること。
③ 大きくうなずきながら相手を肯定すること。
④ 身振り手振りで違うことを表現すること。
⑤ 頭を振って違うことの意思表示をすること。

ウ「きょとんとした顔」
① 目を大きく開いてあっけにとられている顔。
② ここでそれを言うのが信じられないという顔。
③ 口を大きく開いてひどく驚いているような顔。
④ 眉間（みけん）にしわを寄せて少年の言葉に疑問を抱いた顔。
⑤ 一人でバスで帰ることができるのか不安に思う顔。

問三 傍線部**1**「父は少年から目をそらし」について、なぜこのとき父親は目をそらしたのか、その理由として最も適当なものを、次の①～⑤の中から一つ選び、番号をマークしなさい。**解答番号は23**
① 少年の鋭い視線に思わず動揺し、視線がふらふらするところを見られたくないから。
② 適当なことを言って、少年に変な安心感を持たれるとまずいから。
③ 本当のことを知っているが、少年に言えない後ろめたさがあったから。
④ 少年に鋭い視線で見つめられ、その視線の強さに耐えられなくなったから。
⑤ 父親にとって都合の悪い展開になったので、別な話題を探そうとしたから。

問四 傍線部**2**「ほんとうは訊きたくない質問だった」とあるが、なぜ訊きたくなかったのか、その理由として、最も適当なものを、後の①～⑤の中から一つ選び、番号をマークしなさい。**解答番号は24**
① 回数券を買おうとするたびに、父親からお金をもらうのが申し訳ないから。
② 回数券を買う冊数で、母の退院までのおおよその日数を予測できてしまうから。
③ これまでかなりの冊数を購入したので、家計が苦しくなってきたから。
④ 本当は回数券をまとめて買った方が得なのだが、父親に気を遣ったから。

だったが、その心配は要（い）らなかった。

三日目に病室に入ると、母はベッドに起き上がって、父と笑いながらしゃべっていた。会社を抜けてきたという父は、少年を振り向いてうれしそうに言った。

「お母さん、あさって退院だぞ」

退院の日、母は看護師さんから花束をもらった。車で少年と一緒に迎えに来た父も、「どうせ家に帰るのに」と母に笑われながら、大きな花束をプレゼントした。

帰り道、「ぼく、バスで帰っていい？」と訊くと、両親は（ウ）きょとんとした顔になったが、「病院からバスに乗るのもこれで最後だもんなあ」「よくがんばったよね、寂しかったでしょ？　ありがとう」と笑って許してくれた。

「帰り、ひょっとしたら、ちょっと遅くなるかもしれないけど、いい？いいでしょ？　ね、いいでしょ？」

両手で拝んで頼むと、母は「晩ごはんまでには帰ってきなさいよ」とうなずき、父は「そうだぞ、今夜はお寿司（すし）とるからな、パーティーだぞ」と笑った。

バス停に立って、河野さんの運転するバスが来るのを待った。バスが停まると、降り口のドアに駆け寄って、その場でジャンプしながら運転席の様子を確かめる。

何便もやり過ごして、陽（ひ）が暮れてきて、やっぱりだめかなあ、とあきらめかけた頃――やっと河野さんのバスが来た。間違いない。運転席にいるのは確かに河野さんだ。

車内は混み合っていたので、走っているときに河野さんに近づくことはできなかった。それでもいい。通路を歩くのはバスが停まってから。整理券は丸めてはいけない。

次は本町一丁目、本町一丁目……とアナウンスが聞こえると、降車ボタンを押した。ゆっくりと、人差し指をピンと伸ばして。

バスが停まる。通路を進む。河野さんはいつものように不機嫌な様子で運賃箱を横目で見ていた。

目は合わない。それがちょっと残念で、でも河野さんはいつもこうなんだもんな、と思い直して、整理券と回数券の最後の一枚を入れた。

降りるときには早くしなければいけない。順番を待っているひともいるし、次のバス停で待っているひともいる。

だから、少年はなにも言わない。（8）回数券に書いた「ありがとうございました」にあとで気づいてくれるかな、気づいてくれるといいな、と思いながら、ステップを下りた。

バスが走り去ったあと、空を見上げた。西のほうに陽が残っていた。どこかから聞こえる「ごはんできたよお」のお母さんの声に応えるように、少年は歩き出す。

何歩か進んで振り向くと、車内灯の明かりがついたバスが通りの先に小さく見えた。やがてバスは交差点をゆっくりと曲がって、消えた。

（重松　清『バスに乗って』より）

※　嗚咽……声をつまらせて泣くこと。

問一　空欄□に当てはまる最も適当な語を、次のページの①～⑤の中から一つ選び、番号をマークしなさい。**解答番号は19**

るから」とねばった。母から看護師さんに頼んでもらって、面会時間が過ぎたあとも病室で父を待つ日もあった。

それでも、行きのバスで回数券は一枚ずつ減っていく。最後から二枚目の回数券を——今日、使った。あとは表紙を兼ねた十一枚目の券だけだ。

明日からお小遣いでバスに乗ることにした。毎月のお小遣いは千円だから、あとしばらくはだいじょうぶだろう。

ところが、迎えに来てくれるはずの父から、病院のナースステーションに電話が入った。

「今日はどうしても抜けられない仕事が入っちゃったから、一人でバスで帰って、って」

7 看護師さんから伝言を聞くと、泣き出しそうになってしまった。今日は財布を持って来ていない。回数券を使わなければ、家に帰れない。

母の前では涙をこらえた。病院前のバス停のベンチに座っているときも、必死に唇を噛んで我慢した。でも、バスに乗り込み、最初は混み合っていた車内が少しずつ空いてくると、急に悲しみが胸に込み上げてきた。シートに座る。窓から見えるきれいな真ん丸の月が、じわじわとにじみ、揺れはじめた。座ったままうずくまるような格好で泣いた。バスの重いエンジンの音に紛らせて、うめき声を漏らしながら泣きじゃくった。

『本町一丁目』が近づいてきた。顔を上げると、車内には他の客は誰もいなかった。降車ボタンを押して、手の甲で涙をぬぐいながら席を立ち、ウインドブレーカーのポケットから回数券の最後の一枚を取り出した。

バスが停まる。運賃箱の前まで来ると、運転手が河野さんだと気づいた。それでまた、悲しみがつのった。こんなひとに最後の回数券を渡したくない。

整理券を運賃箱に先に入れ、回数券をつづけて入れようとしたとき、とうとう泣き声が出てしまった。

「どうした？」と河野さんが訊いた。「なんで泣いてるの？」——ぶっきらぼうではない言い方をされたのは初めてだったから、逆に涙が止まらなくなってしまった。

「財布、落としちゃったのか？」

泣きながら イかぶりを振って、回数券を見せた。

じゃあ早く入れなさい——とは、言われなかった。

河野さんは「どうした？」ともう一度訊いた。

その声にすうっと手を引かれるように、少年は※嗚咽交じりに、回数券を使いたくないんだと伝えた。母のこともしゃべった。新しい回数券を買うと、そのぶん、母の退院の日が遠ざかってしまう。ごめんなさい、ごめんなさい、と手の甲で目元を覆った。警察に捕まってもいいから、この回数券、ぼくにください、と言った。

河野さんはなにも言わなかった。かわりに、小銭が運賃箱に落ちる音が聞こえた。目元から手の甲をはずすと、整理券と一緒に百二十円、箱に入っていた。もう前に向き直っていた河野さんは、少年を振り向かずに、「早く降りて」と言った。「次のバス停でお客さんが待ってるんだから、早く」——声はまた、ぶっきらぼうになっていた。

次の日から、少年はお小遣いでバスに乗った。お金がなくなるか「回数券まだあるのか？」と父に訊かれるまでは知らん顔しているつもりか、同じ運転手のバスに乗った。まだ二冊目の回数券を使いはじめたばかりの頃、整理券を指に巻きつけて丸めたまま運賃箱に入れたら、「数字が見えないとだめだよ」と言われた。叱る口調ではなかったが、それ以来、[3]あのひとのバスに乗るのが怖くなった。たとえなにも言われなくても、運賃箱に回数券と整理券を入れてバスを降りるとき、いつもムスッとしているように見える。

嫌だなあ、運が悪いなあ、と思ったが、回数券を買わないわけにはいかない。『大学病院前』でバスを降りるとき、「回数券、ください」と声をかけた。

運転手は「早めに言ってくれないと」と顔をしかめ、足元に置いたカバンから回数券を出した。制服の胸の名札が見えた。「河野」と書いてあった。

「子ども用のでいいの？」

「……はい」

「いくらのやつ？」

「……百二十円の」

河野さんは「だから、そういうのも先に言わないと、後ろつっかえてるだろ」とぶっきらぼうに言って、一冊差し出した。「千二百円と、今日のぶん、運賃箱に入れて」

「あの……すみません、三冊……すみません……」

「三冊も？」

「はい……すみません……」

大きくため息をついた河野さんは、「ちょっと、後ろのお客さん先にするから」と少年に脇にどくよう顎（あご）を振った。

少年は頬（ほお）を赤くして、他の客が全員降りるのを待った。お父さん、お母さん、お父さん、お母さん、と心の中で両親を交互に呼んだ。助けて、助けて、助けて……と訴（うった）えた。

客が降りたあと、河野さんはまたカバンを探り、追加の二冊を少年に差し出した。

代金を運賃箱に入れると、「かよってるの？」とさっきよりさらにぶっきらぼうに訊かれた。「病院、かようんだったら、定期のほうが安いぞ」

わかっている、そんなの、言われなくたって。

「……お見舞い、だから」

かぼそい声で応え、そのまま、逃げるようにステップを下りて外に出た。[4]全然とんちんかんな答え方をしていたことに気づいたのは、バスが走り去ってから、だった。

夕暮れが早くなった。病院に行く途中で橋から眺める街は、[5]炎が燃えたつような色から、もっと暗い赤に変わった。帰りは夜になる。最初の頃は帰りのバスを降りるときに広がっていた星空が、いまはバスの中から眺められる。病院の前で帰りのバスを待つとき、いまはまだかろうじて西の空に夕陽が残っているが、あとしばらくすれば、それも見えなくなってしまうだろう。

[6]買い足した回数券の三冊目が——もうすぐ終わる。

少年は父に「迎えに来て」とねだるようになった。車で通勤している父に、会社帰りに病院に寄ってもらって一緒に帰れば、回数券を使わずにすむ。

「今日は残業で遅くなるんだけどな」と父が言っても、「いい、待って回数券の一冊目を使い切る頃には、バスにもだいぶ慣れてきた。

「毎日行かなくてもいいんだぞ」

父に言われた。「宿題もあるし、友だちとも全然遊んでないだろ？忙しいときや友だちと遊ぶ約束したときには、無理して行かなくてもいいんだからな」――それは病室で少年を迎える母からの伝言でもあった。

母は自分の病気より、少年のことのほうをずっと心配していた。自転車でお見舞いに行きたくても、交通事故が怖いからだめだと言われた。バスで通っていても、病室をひきあげるときには必ず「降りたあと、すぐに道路を渡っちゃだめよ」と[ア]釘(くぎ)を刺されるのだ。

「だいじょうぶだよ、べつに無理していないし」

少年が笑って応(こた)えると、父は少し困ったように「まだ先は長いぞ」とつづけた。

「昼に先生から聞いたんだけど……お母さん、もうちょっとかかりそうだって」

「……もうちょっと、って？」

「もうちょっとは、もうちょっとだよ」

「来月ぐらい？」

「それは……もうちょっと、かな」

「だから、いつ？」

[1]父は少年から目をそらし、「医者じゃないんだから、わからないよ」と言った。

二冊目の回数券が終わった。使いはじめるとあっけない。一往復で二枚ずつ――一週間足らずで終わってしまう。

まだ母が退院できそうな様子はない。

「回数券はバスの中でも買えるんだろ。お金渡すから、自分で買うか？」

「……一冊でいい？」

[2]ほんとうは訊(き)きたくない質問だった。父も答えづらそうに少し間をおいて、「面倒だから二冊ぐらい買っとくか」と妙におどけた口調で言った。

「定期券にしなくていい？」

「なんだ、おまえ、そんなのも知ってるのか」

「そっちのほうが回数券より安いんでしょ？」

定期券は一カ月、三カ月、六カ月の三種類ある。父がどれを選ぶのか、知りたくて、知りたくなくて、「定期って長いほうが得なんだよね」と言った。

「ほんと、よく知ってるんだなあ」父はまたおどけて笑い、「まあ、五年生なんだもんな」とうなずいた。

「……何カ月のにする？」

「お金のことはアレだけど……回数券、買っとけ」

父はそう答えたあと、「やっぱり三冊くらい買っとくか」と付け加えた。

次の日、バスに乗り込んだ少年は前のほうの席を選び、運転席をそっと覗(のぞ)き込んだ。あのひとだ、とわかると、胸がすぼまった。

初めてバスに一人で乗った日に叱(しか)られた運転手だった。その後も何度を理解し、自身の日常生活に生かすこと。

③　けんかをして友人と自分の考えの違いに気づいたが、お互いに理解し合うことで親しさを深め、信頼関係を築くこと。

④　自分の通う学校に気の合う友人が見つからず、ＳＮＳを利用して意見の合う友人を探し、実際に合って話すこと。

⑤　会社で上司と意見が合わないときは、自分の考えを改めて上司の考えに賛成し、発想の転換を大切にすること。

問九　次の一文は文中からの抜き出しです。文中の【Ａ】～【Ｅ】のうち、どこに入るのが最も適当か、次の①～⑤の中から一つ選び、番号をマークしなさい。**解答番号は13**

どういうことかというと、信頼はできるかもしれないけれど、他者なのだから、決して自分のことを丸ごとすべて受け入れてくれるわけではないということを、しっかり理解しておこうということなのです。

①　【Ａ】　②　【Ｂ】　③　【Ｃ】　④　【Ｄ】　⑤　【Ｅ】

問十　次のＡからＥの文について、この文章の内容と合致するものとして、適当であるものには①を、適当でないものには②を、それぞれ選び、マークしなさい。**解答番号はＡ＝14、Ｂ＝15、Ｃ＝16、Ｄ＝17、Ｅ＝18**

Ａ　高校生ぐらいまでは年齢も近く気の合う仲間と付き合うことが多く、全く人間関係に悩むことがない。

Ｂ　社会に出て仕事をするようになると、さまざまな世代や違う価値観を持つ人との関係作りに戸惑うことがある。

Ｃ　若い世代の人が人間関係を作るときに消極的になるのは、内面的に傷つきやすい性質を持っているからである。

Ｄ　自分の価値観をすべて受け入れてくれる人はいないことを理解し、他者に対して不信感を持って付き合うべきである。

Ｅ　「王子様願望」や「優しい母親」の例は、「絶対受容性」について読み手に具体的に理解してもらうための効果がある。

第二問　次の文章をよく読んで、後の問いに答えなさい。

数日後、父からバスの回数券をもらった。「十回分で十一回乗れるから、こっちのほうが得なんだ」——十一枚綴り（つづり）が、二冊。

「だいじょうぶだよ」父はコンビニエンスストアの弁当をレンジに入れながら、少年に笑いかけた。「これを全部使うことはないから」

「ほんと？」

「ああ……まあ、たぶん、だけど」

足し算と割り算をして、カレンダーを思い浮かべた。再来週のうちに使い切る計算になる。

「ほんとに、ほんと？」

低学年の子みたいにしつこく念を押した。父は怒らず、かえって少し申し訳なさそうに「だから、たぶん、だけどな」と言った。

電子レンジが、チン、と音をたてた。

「よーし、ごはんだ、ごはん。食べるぞっ」

父は最近おしゃべりになった。なにをするにもいちいち声をかけてくるし、ひとりごとや鼻歌も増えた。

お父さんも［　　］んだ、と少年は思う。

問三　傍線部１「フィーリング共有性の高い、同世代で自分と同質の小さな集団」の説明として、最も適当なものを、次の①～⑤の中から一つ選び、番号をマークしなさい。**解答番号は 7**

① 直感的に互いの気持ちや意志がよく通じ合い、年齢が近く、自分と同じような考え方や価値観を持った少人数の集まり。

② 趣味などの特定の分野においてお互いに深く共感し、年齢が近く、自分と同じような意見を持った少人数の集まり。

③ お互いに何でも言うことを聞き入れ、年齢が近く、自分と似たような地域や境遇で生まれ育った少人数の集まり。

④ お互いに興味や関心を持つポイントが同じで、年齢も近く、自分と見た目も似ている少人数の集まり。

⑤ 積極的に相手の気持ちを理解しようとし、年齢が近く、学校などの自分と同じ集団に所属している少人数の集まり。

問四　空欄 X に入る言葉として、最も適当なものを、次の①～⑤の中から一つ選び、番号をマークしなさい。**解答番号は 8**

① 同質性　② 関係性　③ 共有性　④ 他者性

⑤ 集団性

問五　空欄 Y に入る言葉として、最も適当なものを、次の①～⑤の中から一つ選び、番号をマークしなさい。**解答番号は 9**

① 致命的な欠陥　② 利己的な性格　③ 日常的な生活

④ 身体的な特徴　⑤ 個別的な人格

問六　傍線部２「そういうもの」の指す内容の説明として、最も適当なものを、次の①～⑤の中から一つ選び、番号をマークしなさい。**解答番号は 10**

① 思春期の若者は他者に自分を理解してもらうことについて恐れをもっていること。

② 思春期の若者は失恋をすることで他者への信頼感を失ってしまうということ。

③ 思春期の若者は他者に「百パーセントわかってもらいたい」と思うこと。

④ 思春期の若者は他者に「自分の本当のところをすべてきちんと伝えたいじゃないか」と思うこと。

⑤ 思春期の若者は「自分というものをすべて受け入れてくれる友だち」が必ず存在すると思っていること。

問七　傍線部３「そうだ」と同じ意味で使われているものを、次の①～⑤の中から一つ選び、番号をマークしなさい。**解答番号は 11**

① 駅前に公園が完成するそうだ。

② 高校生活は楽しいそうだ。

③ 猫はよく眠るそうだ。

④ 電車が一時間遅れるそうだ。

⑤ 校庭の桜がもうすぐ咲きそうだ。

問八　傍線部４「現実世界で〈生のあじわい〉を深めていくためには必要なこと」とあるが、それはどのようなことか。具体的な例として最も適当なものを次の①～⑤から一つ選び、番号をマークしなさい。**解答番号は 12**

① 自分の考えを相手に伝えるときに、相手のことを怖がらずに話しかけ、必ず自分の考えを理解してくれると信じること。

② アニメの舞台となった場所を実際に訪れ、主人公と自分との違い

一に配慮（はいりょ）してくれる存在であることが多い。「自分がこうしたい」と思うことは、いつも先回りしてジュン備してくれる。でも、そういうものを同世代の異性に求めても、「キモイ」の一言で片付けられてしまいそうだ。だから「二次元」の世界に逃げてしまう、ということなのでしょうか。

【　E　】

アニメやゲームのキャラクターであどけない顔で胸のふくよかな女の子のイメージを時折見かける度に、男の子にとっては、幼くて脅（おびや）かしのない、しかも母性的なキャラクターが本当に理想なのだろうなあと思い知らされます。でも残念ながら現実の世界にはそんな女の子は、まずいないものです。

要は、親友にしても、恋人にしても、まるごとすべて受け入れてくれてるわけではないんだけれども、自分のことをしっかり理解しようとしてくれている人と出会う——そういうレベルで、私たちは他者を求め、しっかりと向き合って関係を深めていけることが、現実世界で〈生のあじわい〉を深めていくためには必要なことなのです。

（菅野仁『友だち幻想』より）

問一　傍線部**ア**～**オ**のカタカナ部分と同じ漢字を使うものを、次の①～⑤の中からそれぞれ一つずつ選び、番号をマークしなさい。**解答番号はア＝1、イ＝2、ウ＝3、エ＝4、オ＝5**

ア　カン結
① カン光名所に出かける　② 東京に新カン線で行く
③ 病気がカン治した　④ 時カンを守って行動する
⑤ カン字検定を受ける

イ　閉サ的
① 交サ点を渡る　② 喫サ店で待つ
③ 定期考サを受ける　④ サ糖と塩を間違える
⑤ 出入り口を封サする

ウ　業セキ
① セキ任感の強い人　② セキ雪が多い地方
③ 高校に在セキする　④ 戦セキを報告する
⑤ 優勝校にセキ敗した

エ　キ待
① キ望に燃える　② 運動会が延キになる
③ キ則正しい生活　④ 寒いキ節
⑤ キ録的な大雨

オ　ジュン備
① 水ジュンを上回る成績　② 法律をジュン守する
③ ジュン番を決める　④ ジュン粋な心を持ち続ける
⑤ 警官がジュン回する

問二　空欄［Ⅰ］・［Ⅱ］・［Ⅲ］・［Ⅳ］に当てはまる語として最も適当な組み合わせのものを、次の①～⑤の中から一つずつ選び、番号をマークしなさい。**解答番号は6**

① Ⅰ そして　Ⅱ また　Ⅲ さて　Ⅳ いっぽう
② Ⅰ なぜなら　Ⅱ なお　Ⅲ それゆえ　Ⅳ しかし
③ Ⅰ しかし　Ⅱ でも　Ⅲ むしろ　Ⅳ たとえば
④ Ⅰ つまり　Ⅱ しかも　Ⅲ ところが　Ⅳ なぜなら
⑤ Ⅰ または　Ⅱ そのうえ　Ⅲ つまり　Ⅳ たとえば

【 C 】

さて、この点をもう一度確認しておきましょう。「自分のことを百パーセント丸ごと受け入れてくれる人がこの世の中のどこかにいて、いつかきっと出会えるはずだ」という考えは、はっきり言って幻想です。「自分というものをすべて受け入れてくれる友だち」というのは幻想なんだという、どこか醒(さ)めた意識は必要です。でもそれは他者に対して不信感を持つことと決してイコールではないということは、ここまで読んでくれた皆さんになら、きっと理解していただけるはずですね。

価値観が百パーセント共有できるのだとしたら、それはもはや他者ではありません。自分そのものか、自分の〈分身〉か何かです。思っていることや感じていることが百パーセントぴったり一致(いっち)していると思って向き合っているのは、相手ではなく自分の作った幻想に過ぎないのかもしれません。つまり相手の Y をまったく見ていないことになるのかもしれないのです。

きちんと向き合えていない以上、関係もある程度以上には深まっていかないし、「付き合っていても、何かさびしい」と感じるのも無理もないことです。

過剰(かじょう)なキ待（エ）を持つのはやめて、人はどんなに親しくなっても他者なんだということを意識した上での信頼感のようなものを作っていかなくてはならないのです。

このことと少し関連するのですが、このところ、自分を表現していくことに対して、すごく恐れのある人が多くなっているのではないかと思うのです。

思春期というのは多かれ少なかれそういうもの（2）ですが、それはなぜかというと、「百パーセントわかってもらいたい」とか、あるいは「自分の本当のところをすべてきちんと伝えたいじゃないか」と思ってしまうことが原因なのではないかと思います。それもやはり、「百パーセントの自分を丸ごと理解してくれる人がきっといるはずだ」という幻想を、知らず知らずのうちに前提しているためです。

Ⅲ 「人というものはどうせ他者なのだから、百パーセント自分のことなんか理解してもらえっこない。それが当然なんだ」と思えばずっと楽になるでしょう。だから、そこは絶望の終着点なのではなくて希望の出発点だというぐらい、発想の転換(てんかん)をしてしまえばいいのです。

【 D 】

「百パーセント自分を受け入れてくれる誰かがいるはずだ」という幻想は、恋愛関係においてとりわけ抱きがちになるかもしれません。でも結局そうじゃないんだということを、人は失恋で学んだりするわけです。そして少しずつ大人になっていくのです。

「自分をぜんぶ丸ごと受け入れてくれる」ということを、「絶対受容」という言葉で表現したりしますが、この絶対受容性を、人間はついつい求めがちなのです。

Ⅳ 女の子なら、それは「王子様願望」のような形で現れますよね。自分をすべて受け入れてくれて、どんなわがままでもニコニコ聞いてくれる王子様。でも王子様なんていないわけです。「だったら私は恋愛から降りる」ではなくて、王子様なんていないんだというところから、人を好きになることを始めるのが大切なのです。

男の子だったらやっぱり優しい母親のような存在でしょうか。子どものころのお母さんはやさしく何でも受け入れてくれて、自分のことを第

【国　語】（五〇分）〈満点：一〇〇点〉

第一問　次の文章をよく読んで、後の問いに答えなさい。

高校生ぐらいまでは、〔1〕フィーリング共有性の高い、同世代で自分と同質の小さな集団のなかで自己カン〔ア〕結し、そこで閉サ〔イ〕的な仲間集団を作って生活していることが多いと思います。

［ Ⅰ ］、学校を卒業してやがて社会に出れば、自分たちと同じ属性を帯びる集団以外の、さまざまな世代や違う価値観をもった人たち、違う地方や、場合によっては外国からきた人たちなどと出会い、関係を作っていかなくてはなりません。

気が合うか合わないかというフィーリングの共有というよりは、役割を分担しながら一緒（いっしょ）に仕事をして業セキ〔ウ〕を上げることが第一に重要になる「社会的な関係」にはいると、フィーリングの合う人とだけ付き合うというわけにはいきません。だからそれまでに、自分のなかに異質なものを取（と）り込（こ）めるようなある種の構えというものが、自分の中にどうしても必要になってくるのです。

となると、やはり単に「こいつは俺と同じだ」という同質性だけに頼って友だちをつなげていくような親密な関係の作り方だけをしていると、いきなり社会に出たときにどうしても戸惑いが大きくなります。

【　A　】

異質なものをさまざまに取り込む力がないと、つながりを保てなかったり、異質な他者との交流といううま味も、味わえなかったりします。

やはり、関係の作り方のポイントとして、異質性、あるいは［ X ］というようなものを少しずつ意識して、それを通してある種の親しさみたいなものを味わっていくトレーニングを少しずつ心がけていくことが大切です。最初からというのは無理かもしれないけれど、少しずつ慣れていくのです。

さらにいえば、フィーリング共有性を重視してつながった関係の友だちでも、やはりその中にもフィーリングの違いが出てくることがあると思います。でもそれはそれとして、また違った形でフィーリングのつなぎ方をより深めていくきっかけとしてお互（たが）い認め合うべきです。ちょっとでも違うと、「あ、この人違う」となって、関係を保つ努力を放棄（ほうき）していては、人と関係を作る力もつきません。ある程度辛抱（しんぼう）強さがないと、どのみち人づきあいはうまくいかないものなのです。

【　B　】

人との関係を作っていきたい、つながりたいという積極的な思いが一方であり、でもやっぱり傷つくのはいやだといった消極的な恐（おそ）れ感情もある、それが人間です。私の印象では、若い世代であればあるほど、傷つきやすさというものを内面的に持っている人が増えているのかなあ、という気がしています。「傷つきやすい私」が増えているように思うのです。

「人とつながりたい私」と、［ Ⅱ ］「傷つくのはいやだという私」という一見すると矛盾（むじゅん）した自我のあり方と、自分自身でどう折り合っていけばいいのでしょうか。やはり基本的には、この人は自分にとって「信頼できる他者」だ、と思える人を見つけるということが絶対必要になると思います。

しかしその場合、信頼できる「私と同じ人」を探すというよりは、信頼できる「他者」を見つけるという感覚が大事です。

進学・創志

2022年度

解 答 と 解 説

《2022年度の配点は解答欄に掲載してあります。》

<数学解答>《学校からの正答の発表はありません。》

1 (1) ア 3 イ 8 (2) ウ 2 エ 4 (3) オ 8 (4) カ 1 キ 1
(5) ク 1 ケ 2 (6) コ 5 (7) サ 9 シ 9 (8) ス 5
(9) セ 1 ソ 6 (10) タ 1 チ 8 ツ 0

2 (1) テ 9 ト 8 (2) ナ 7 ニ 2 ヌ 7 ネ 8

3 (1) ノ 1 ハ 2 (2) ヒ 3 フ 6 (3) ヘ 3 ホ 2 マ 5

4 (1) ミ 1 ム 6 (2) メ 1 モ 1 ラ 8 (3) リ 1 ル 6
(4) レ 1 ロ 3

5 (1) あ 2 い 2 (2) う 2 え 2 お 3 (3) か 3 き 2
く 1 け 0

○推定配点○

1 各4点×10 2～5 各5点×12 計100点

<数学解説>

1 (正負の数，式の値，1次方程式，比例，数の性質，因数分解，資料の整理，空間図形，角度)

基本 (1) $18-8\times\left(-\frac{5}{2}\right)=18+20=38$

基本 (2) $2a^3b^2\div(ab)=\frac{2a^3b^2}{ab}=2a^2b=2\times2^2\times(-3)=-24$

基本 (3) $3x+2=2(x-3)$ $3x+2=2x-6$ $x=-8$

基本 (4) $y=ax$に$x=-5$，$y=15$を代入して，$15=a\times(-5)$ $a=-3$ $y=-3x$に$x=\frac{11}{3}$を代入して，$y=-3\times\frac{11}{3}=-11$

基本 (5) $60=1\times60=2\times30=3\times20=4\times15=5\times12=\cdots$より，求める数は12

(6) $n+18=25$，36，49，64，81，100，121，…より，$n=7$，18，31，46，63，82，103，… よって，2桁の自然数nは，18，31，46，63，82の5個。

基本 (7) $x^2-81y^2=(x+9y)(x-9y)$

基本 (8) データ数が最も多いのは，5

基本 (9) 相似比3：2より，体積比は$3^3:2^3=27:8=54:16$ よって，16cm^3

基本 (10) 右の図で，三角形の内角と外角の関係より，$\angle x=\angle a+\angle c$，$\angle y=\angle b+\angle d$ よって，$\angle a+\angle b+\angle c+\angle d+\angle e=\angle x+\angle y+\angle e=180°$

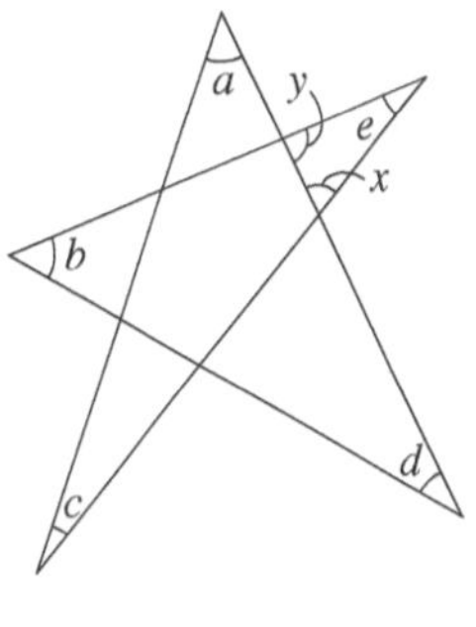

2 (方程式の利用)

(1) 今年度の男子は$x\times\left(1-\frac{10}{100}\right)=\frac{9}{10}x$(人)，女子は$(y+8)$人だから，方程式は，$\frac{9}{10}x+(y+8)=150$

(2) 昨年度について，$x+y=150$…① 今年度について，$\frac{9}{10}x+(y+8)=150$より，$9x+10y=1420$…② ①×10－②より，$x=80$

これを①に代入して，$y=70$　よって，今年度の男子は，$80\times\frac{9}{10}=72$(人)　女子は，$70+8=78$(人)

3 (図形と関数・グラフの融合問題)

基本 (1) B$(-2,\ 2)$は$y=ax^2$上の点だから，$2=a\times(-2)^2$　$a=\frac{1}{2}$

基本 (2) $y=\frac{1}{2}x^2$に$x=-4$を代入して，$y=\frac{1}{2}\times(-4)^2=8$　よって，A$(-4,\ 8)$　C$(2,\ 2)$，D$(4,\ 8)$より，AD$=4-(-4)=8$，BC$=2-(-2)=4$　よって，台形ABCDの面積は，$\frac{1}{2}\times(8+4)\times(8-2)=36$

重要 (3) 求める直線と線分ADとの交点をEとすると，$\triangle$ABE$=\frac{1}{2}\times$AE$\times(8-2)=36\times\frac{1}{2}$　AE$=6$　よって，点Eのx座標は$-4+6=2$となり，E$(2,\ 8)$　直線BEの式を$y=mx+n$とすると，2点B，Eを通るから，$2=-2m+n$，$8=2m+n$　この連立方程式を解いて，$m=\frac{3}{2}$，$n=5$　よって，$y=\frac{3}{2}x+5$

4 (確率)

基本 (1) さいころの目の出方の総数は$6\times6=36$(通り)　このうち，題意を満たすのは，2つのさいころが同じ目を出すときで6通りあるから，求める確率は，$\frac{6}{36}=\frac{1}{6}$

基本 (2) 題意を満たすのは，頂点CとEに別々にあるときで，(大，小)$=(2,\ 4)$，$(4,\ 2)$の2通りだから，求める確率は，$\frac{2}{36}=\frac{1}{18}$

(3) 題意を満たすのは，(大，小)$=(1,\ 4)$，$(2,\ 5)$，$(3,\ 6)$，$(4,\ 1)$，$(5,\ 2)$，$(6,\ 3)$の6通りだから，求める確率は，$\frac{6}{36}=\frac{1}{6}$

(4) 頂点Aを含む直角三角形は，$\triangle$ABD，$\triangle$ABE，$\triangle$ACD，$\triangle$ACF，$\triangle$ADE，$\triangle$ADFの6種類で，Aを除く2つの頂点のどちらがPとQになるかでそれぞれ2通りずつあるから，求める確率は，$\frac{2\times6}{36}=\frac{1}{3}$

5 (平面図形)

基本 (1) DF$=\frac{1}{2}$AD$=2$より，CF$=\sqrt{2^2+2^2}=2\sqrt{2}$(cm)

基本 (2) FD//BCだから，平行線と比の定理より，FH：HC$=$FD：BC$=1：2$　よって，FH$=\frac{1}{1+2}$CF$=\frac{2\sqrt{2}}{3}$(cm)

重要 (3) FD//BCより，BH：HD$=$BC：FD$=2：1$　$\triangle$ABDにおいて，中点連結定理より，EF//BD，EF：BD$=1：2$　よって，EF：HD$=\frac{1}{2}$BD：$\frac{1}{3}$BD$=3：2$　EF//HDより，FG：GH$=$EF：HD$=3：2$　よって，FG：GH：HC$=3：2：(3+2)\times2=3：2：10$

★ワンポイントアドバイス★

出題構成や難易度もほぼ変わらず，取り組みやすい内容の出題である。ミスのないように解いていこう。

＜英語解答＞《学校からの正答の発表はありません》

A　1 ④　2 ③　3 ①　4 ③　5 ③　6 ②　7 ④　8 ②　9 ③
　10 ④
B　11 ②　12 ①　13 ③　14 ①　15 ④
C　16 ②　17 ③　18 ①　19 ③　20 ③　21 ③
D　22 ②　23 ④　24 ①　25 ③　26 ②
E　27 ⑥　28 ④　29 ②　30 ①　31 ⑤　32 ③
F　33 ③　34 ②
G　問1 35 ④　問2 36 ③　問3 37 ③　問4 38 ①　問5 39 ④
H　問1 40 ①　問2 41 ②　問3 42 ④　問4 43 ①　問5 44 ③
　問6 45 ④　問7 46 ④
I　1 47 ③　2 48 ③　3 49 ②　4 50 ④　5 51 ③

○推定配点○
A, B, C　各1点×21　D, E　各2点×11　F, G, H, I　各3点×19　計100点

＜英語解説＞

基本 A (語句補充問題：助動詞，比較，受動態，現在完了，不定詞，動名詞，分詞，関係代名詞)

1 「ユリとマキは姉妹ですか」 一般動詞がないのでbe動詞を使う文にする。主語が「ユリとマキ」と複数なので，Are を使う。

2 「彼らは明日，会議に来ないかもしれません」「明日」と未来のことを言っているので，過去形の①，④，現在形の②は不適切。この場合の may は「～かもしれない」の意味。

3 「彼は机に2枚の紙を置きました」 paper「紙」は数えられない名詞で，「紙～枚」は peace を使って two pieces of paper「紙2枚，2枚の紙」のように表す。paper を複数形にしないことに注意。

4 「私はトムと同じくらいの身長です」 ＜ as ＋形容詞[副詞]の原級＋ as … ＞「…と同じくらい～だ」の文。

5 「英語は世界の多くの地域で話されています」 空所の前に is があること，主語が「英語」で speak「話す」という動詞を使うことから，「英語は話されている」という受動態<be動詞＋過去分詞>の文にする。speak の過去分詞は spoken。②は過去形。

6 「私たちが乗る電車はすでに駅に着いています」 has と arrived があるので現在完了＜ have[has] ＋過去分詞＞の文。already「すでに」を入れると文意が成り立つ。been はbe動詞の過去分詞。still は「まだ，いまだに」，yet は否定文で「まだ(～ない)」，疑問文で「もう[すでに](～しましたか)」という意味。

7 「雪山は私たちが登るにはあまりに危険です」 ＜ too ～ for ＋人＋ to ＋動詞の原形＞「(人)が…するにはあまりに～」の文。

8 「電話をくれてありがとうございます。明日会いましょう」 Thank you for ~ing で「～してくれてありがとう」という意味を表す。

9 「彼女は英語で書かれた本を買いました」 1語で直前の名詞 book を修飾する形を考える。「本」は「書かれる」ものなので，「～される[された]」の意味を表す過去分詞 written を入れる。

10 「私にはオーストラリアに住んでいるおばがいます」 空所の直前の who は主格の関係代名

詞。「おばはオーストラリアに住んでいる」という文を考え，現在形の lives を入れる。who は3人称・単数の aunt ということなので，動詞に s が必要。

B （語句補充問題：語彙）

1 「サラはテレビレポーターです。彼女はある有名な歌手にインタビューをしたので昨日はとてもわくわくしていました」 because 以下はサラがわくわくしていた理由を表しているので，「有名な歌手にインタビューをした」とすると文意が成り立つ。①「答え」，③「注文」，④「例」。

2 「ルーシーは彼女のいとこと同じ日に生まれました。彼女の家族はいつも彼女たち2人のために盛大なパーティーを開きます」 ルーシーとそのいとこのために盛大なパーティーを開くということから，2人の誕生日が同じ日であると考え，be born「生まれる」を用いる。②「grow(育てる)の過去分詞」，③「pay(支払う)の過去形・過去分詞」，④「lend(貸す)の過去形・過去分詞」

3 「この地域では電車があまりに混雑しています。しかし，しばらくすれば慣れるでしょう」 get used to は「慣れる」という意味。電車の混雑に慣れるには時間がかかると考えられるので，after a while「しばらくすると」とすると文意が成り立つ。①「(2つ[2人])の間に」，②「(～の)前に」，④「～に対抗して，～に反して」。

4 「私のイヌはとても賢いです。彼女は自分だけで台所を開けることができます」 イヌの自力で台所を開けることができるという能力を表す語として clever「賢い」が適切。②「よく知っている」，③「欠席している，不在だ」，④「民族の」。

5 「私が山をハイキングしていたとき，私はシカを見ました。それはすばやく逃げ去りました」 人に姿を見られたシカの行動として適切なのは run away「逃げ去る」。過去形 ran を入れる。①「listen(聞く)の過去形・過去分詞」，②「tell(言う)の過去形・過去分詞」，③「change(変える，変わる)の過去形・過去分詞」。

C （語句整序問題：助動詞，不定詞，関係代名詞，現在完了）

1 (Will) you introduce yourself to (us?) 「(人)に自己紹介をする」は introduce oneself to ～ で表す。主語 you に合わせて yourself となっている。

2 (Will I) be able to speak (English someday?) 「～できる」の意味が未来を表す文で用いられている。未来のことを表す助動詞 will のあとに「～することができる」の意味を表す be able to ～ を続ける。will can のように助動詞を2つ続けて使うことはできないことに注意。

3 Which bus should I (take to the station?) 「どちらの～」は< which ＋名詞>で表す。助動詞(should)を使う疑問文なので Which bus の後は<助動詞＋主語＋動詞の原形>の語順。

4 (Mother) told me to take (a shower soon.) 「(人)に～するように言う」は< tell＋人＋to ＋動詞の原形>で表す。

5 (I'll meet the man) that I have wanted (to see for a long time.) 「(私が)会いたかった人」を関係代名詞 that を用いて the man I have wanted to see と表す。have wanted は継続を表す用法の現在完了。

6 This bus will take you (to the museum.) 「このバスはあなたを美術館に連れて行くだろう」と，This bus を主語にして言いかえる。

D （会話文問題：語句・文選択補充）

1 「A：あなたの年賀状には4つの漢字が書かれていますが，それらが何を意味しているのかわかりません。／B：それらは『新年あけましておめでとう！』という意味です」 B が年賀状に書いた漢字の意味を説明していることから，A はその漢字の意味を尋ねたと考えられるので，②

が適切。①「それらを読むことは簡単です」,③「私はだれがそれを私に送ったのかわかりません」,④「私はあなたがいつそれを書いたか知っています」。

2 「A:あなたはとても上手に英語を話しますね。どうやってそれを学んだのですか。/B:私はロンドンに2年間住んでいたのです。/A:本当ですか。私もそこへ行けたらいいと思います」 Bの最後の発言から,Aが上手に英語を話せるのはある場所へ行ったためであることがわかる。したがって,④が適切。①「私は友達と英語で話しました」,②「私は毎日それを2時間勉強しました」,③「私は毎日英語のテレビを見ています」。

3 「A:最寄りのバス停までの道を教えていただけますか。/B:いいですとも。向こうの書店の前にありますよ」 バス停への行き方を尋ねられたBが,空所の後でバス停の位置を教えているので,最初のAの依頼を引き受けることを伝えたと考えられる。相手の依頼などを受け入れる場合などに用いる①が適切。②「心配しないでください」,③「どういたしまして」,④「すみませんが,知りません」。

4 「A:あなたは日本のどこの出身ですか。/B:沖縄の出身です」 出身地を尋ねられているので,出身地を答えている③が適切。①「はい,私は日本の出身です」,②「いいえ,私は日本にいません」,④「沖縄は日本にあります」。

5 「A:私はこのうるさい音楽が好きではありません。/B:ラジオを消してはどうですか。/A:沈黙はもっと嫌いです」 うるさい音楽が好きではないというAは,Bの発言を聞いて沈黙はもっと嫌いだと言っている。音楽を消して静かにしようと言っている②を入れると会話が成り立つ。①「駅を変えてはどうですか」,③「あなたはどのような音楽が好きですか」,④「私はこの音楽が大好きです」。

重要 E (会話文問題:文選択補充)

(全訳) メアリー:あなたは昨日,休日をどのように過ごしたの?

ケン:ぼくは朝早く釣りに行ったんだ。

メアリー:27あなたは1人で釣りに行ったの?

ケン:いいや。父とおじとだよ。

メアリー:28あなたたちはどこで釣りをしたの?

ケン:石巻湾でだよ。

メアリー:石巻湾? 名前は知っているけれど,そこに行ったことはないわ。

ケン:本当? ぼくたちは車でそこへ行くんだ。

メアリー:29だれが車を運転したの? あなたのお父さん?

ケン:いいや。ぼくの父は車の運転のし方をしらないんだ。だから,おじさんが運転したよ。

メアリー:なるほど。ところで,30何時に起きたの?

ケン:朝の2時だよ。

メアリー:早すぎるわ。釣りは楽しかった?

ケン:もちろん! 新鮮な空気も楽しんだよ。31きみは海で釣りをしたことはある?

メアリー:いいえ。川でしたことがあるだけよ。

ケン:やってみたら? 海で釣りをするのはとてもおもしろいよ。

メアリー:32海にはたくさんの魚がいたの?

ケン:うん,いたよ。ぼくたちはそこでたくさんの魚を捕まえたよ。

27 直後でケンがNoで答えた後に「父とおじとだよ」と言っているので,メアリーはケンに1人で釣りに行ったのかどうか尋ねたと考えられる。したがって,⑥が適切。

28 メアリーの発言に,ケンは「石巻湾でだよ」と場所を答えているので,④が適切。

29 「ぼくたちは車でそこへ行くんだ」というケンの発言に対するメアリーの質問が入る。その質問に対してケンは，父は車を運転できず，おじが運転したと説明しているので，だれが運転したのかを尋ねている②が適切。

30 ケンがメアリーの発言に対して「朝の2時だよ」と時間を答えているので，起きた時間を尋ねている①が適切。

31 メアリーがケンの発言に対して No で答えてから川でだけだと言っている。ケンが海で釣りをしたことから，ケンがメアリーに海で釣りをしたことがあるかどうかを尋ねたとすると会話がつながる。したがって，⑤が適切。

32 ケンがメアリーの発言に対して Yes, there were. と There is[are] ~.「~がいる[ある]」の形で答えているので，同じ形の文の疑問文③が適切。

F (短文の読解問題：英問英答)

(全訳) 親の皆様へ重要なお知らせ

ホストファミリーが必要です

日本の高校の生徒たちが3月20日から3月27日までクートニー高校を訪れます。24のホストファミリーが必要です。

ホームステイの日程

3月20日(日)：学校体育館にて歓迎パーティー

3月21日(月)~3月25日(金) 生徒たちはクートニー高校で授業を受ける。

3月26日(土)：観光用の自由な日(生徒たちはホストファミリーと1日を過ごす)。

3月27日(日)：生徒たちはバスでクートニーを出て空港に向かう。

(ホストファミリーは午前8時までにクイーンズパークのバス停に生徒たちを連れて来なくてはなりません)

ホストファミリーになることに興味がおありでしたら，お子様の担任の教師に連絡してください。

問1 「このお知らせはだれに対するものですか」という質問。お知らせのタイトルと本文最初の2文から，クートニー高校に通う生徒たちの親に向けてのお知らせであることがわかる。したがって，③「クートニー高校の生徒たちの親」が適切。①「3月にクートニーを訪れる観光客」，②「日本で1週間を過ごしたいと思っている生徒たち」，④「英語を学びたいと思っている日本の高校生」。

問2 「ホストファミリーは最終日に日本の生徒たちをどこへ連れて行かなくてはなりませんか」という質問。お知らせの3月27日の予定を参照。( )内に「ホストファミリーは午前8時までにクイーンズパークのバス停に生徒たちを連れて来なくてはなりません」とあるので，②「クイーンズパークのバス停へ」が適切。①「体育館での歓迎パーティーへ」，③「クートニーの近くの空港へ」，④「高校の特別クラスへ」。

G (長文読解問題：指示語，内容吟味，語句選択補充)

(全訳) ジェーンはこの前の9月にアメリカから日本に来た生徒です。彼女は1年間，日本に滞在します。今，彼女は大崎の中学校に通っています。学校での初日に，同じクラスのある生徒が英語で彼女に話しかけ，彼女たちは友達になりました。

2日後，ジェーンと幸子は日本の学校生活について話しました。ジェーンは，「なぜ日本の生徒たちは自分たちの教室を掃除するの？ 私には理解できないわ。私の国では，生徒はふつうそれをしないの」と尋ねました。幸子は，「そうねえ，私が2年前に経験したことをあなたに話すわ。私が掃除をするのが嫌だったとき，ある先生が私に2つのことを話してくれたの。まず，学校は私たちにたくさんの学ぶ機会を与えてくれる場所です。次に，掃除は学校が私たちにそうした機会を与えてくれることに感謝する方法の1つです。私はいつも彼女の言葉を思い出すの」と言いました。ジェーンは幸子に，「あなたは掃除が好きなの？」と言いました。幸子は，「ええ。その先生の話を聞いた後，私は掃除の時間中よくうれしく感じるわ。今では，私は生徒が掃除をすることによって学校に感謝することは大切だと思っているわ。だから，私たちはそれを掃除するべきなのよ」と言いました。ジェーンは，「まあ，私はそのことについてそのように考えたことはなかったわ」と言いました。それから，ジェーンは掃除の時間中に，幸子と一緒に熱心に働きました。

11月，幸子のクラスの学校の全生徒が学校の周りのごみを集めていました。幸子は，「もっとごみを集めるために向こうへ行きましょうよ，ジェーン」と言いました。ジェーンは，「もちろん。私はあなたから掃除することについて新しいことを学んだわ。次は，ほかの場所も掃除したいわ」と言いました。幸子は，「それはすばらしいわ」と言いました。

ある金曜日の午後，ジェーンが学校から歩いて家に帰っているとき，彼女は通りに空き缶を見つけました。それから38彼女は立ち止ってそれらの缶を集め始めました。ジェーンを見ていたある高齢の男性が，「そうしてくれてありがとう。あなたはよい生徒ですね」と言いました。ジェーンは，「私はこの町が好きだからそうしているのです」と言いました。その高齢の男性はほほえんで彼女の手伝いをし始めました。ジェーンはうれしく思い，さらに自分の町が好きになりました。

問1　下線部はアメリカでは生徒がふつうしないことを指しているので，この直前の文にある，clean their school「学校を掃除する」ことを指す。①は「彼女の言葉を思い出す」，②は「理解する」，③は「日本の学校生活について話す」という意味。

問2　下線部の最初にSo「だから」とあるので，この直前で幸子が言った「私は生徒が掃除をすることによって学校に感謝することは大切だと思っている」ことが，幸子が生徒は学校を掃除するべきだと考える理由になる。したがって，③が適切。

問3　第3段落後半のジェーンの発言を参照。ジェーンは幸子から掃除について新しいことを学んだと言った後，「次は，ほかの場所も掃除したい」と言っているので，③が適切。

問4　通りに落ちていた空き缶を見たジェーンが，それらの缶をどうしたかを考える。空所を含む文の直後で，ジェーンの様子を見ていた男性がジェーンをほめていることから，ジェーンは空き缶を拾うなどして掃除したと考えられる。したがって，①「彼女は立ち止って～を集め始めた」が適切。②は「彼女は立ち止まって～を与え始めた」，③は「彼女は家に帰って～を見つけ始めた」，④は「彼女は家に帰って～を見始めた」という意味。

問5　①「ジェーンは日本では学校に通っていない生徒だ」(×)　第1段落第3文から，ジェーンは日本の中学校に通っていることがわかるので合わない。　②「ジェーンがもっとごみを集めることについて話したとき，幸子は同意した」(×)　第3段落第2，3文を参照。もっとごみを集めようと言ったのは幸子なので，合わない。　③「ジェーンが金曜日の午後に見つけた空き缶は，彼女の学校内にあった」(×)　第4段落第1文から，ジェーンが見つけた空き缶は学校内ではなく，帰り道の通りにあったものであることがわかるので，合わない。　④「ジェーンを見ていた高齢の男性は，彼女に感謝して彼女を手伝った」(○)　第4段落の高齢の男性の最初の発言に「そうしてくれて(＝空き缶を拾ってくれて)ありがとう」とあり，段落の最後から2文目に男性がジェーンを手伝い始めたことが述べられているので合う。

やや難 **H** (長文読解問題：書き換え，指示語，語句選択補充，内容吟味，要旨把握)

スミスさんはパイロットです。彼は人々をアメリカと世界のほかの国々の間を飛行機で送ります。

ある日，スミスさんは日本にいて，電話でアメリカにいる彼の妻と話していました。彼女は，

「ねえ，明日はマイクの誕生日よ。誕生日のプレゼントは買った？」と言いました。「うん，日本でそれを買ったよ。でも今はそれについて何も言いたくないんだ。明日，マイクを驚かせたいんだよ」とスミスさんは答えました。

翌日の午後，スミスさんは窓から外を見ていました。ちょうどそのとき，スミスさんの車が家の前で止まり，スミスさんは外に出ました。

「彼はどんなプレゼントを持っているのかしら？」とスミス夫人は心の中で思いました。「彼は何も持ち運んでいないわ。でも彼はもうマイクの誕生日であることを知っているわ」

スミスさんが家に入ってくると，彼は「やあ，きみ！　去年私たちが買った鳥かごをみつけて車まで持って来てくれないかな？」と声をかけました。

「何のために鳥かごが必要なの？」とスミス夫人は言いました。「鳥かごを持って来ればわかるよ」とスミスさんは言いました。

スミス夫人は鳥かごを持って彼の後から走って車を出ました。車の後部座席にはかごに入ったオウムがいました。スミスさんはかごからそれを取り出して，鳥かごの中に入れました。

「まあ！」とスミス夫人は言いました。「それはマイクの誕生日のためなの？　それは話すことができるの？」

「うん，マイクはいつも話すことができるオウムを欲しがっていたんだ」とスミスさんは答えました。「彼はよく私に言っていたんだよ。このオウムは少しウ日本語を話すことができるんだ」

ちょうどそのとき，マイクが学校から帰って来ました。「やあ，父さん！」と彼は言いました。

「やあ，マイク」とスミスさんは言いました。「見てごらん！　これはお前へのプレゼント，きれいなオウムだよ。少し日本語を話すことができるんだ。誕生日おめでとう！」

マイクはとても喜びました。「どうもありがとう」と彼は言いました。「いつもオウムを飼いたかったんだよ」

「おはよう，おはよう」とそれは言いました。マイクはとても驚きました。「その鳥はなんて言ったの？」と彼は尋ねました。「その鳥は『おはよう』と言ったんだ。 good morning という意味だよ」と彼の父親はほほえみながら言いました。「お前はその鳥からいくらかオ日本語を学ぶことができると思うよ。お前が同時にそれにカ英語を教えることはおもしろいだろうね」

問1　下線部は「あなたは何のために鳥かごが必要なのですか」という意味で，What ~ for? または For what ~? で「何のために～」という疑問文になる。理由や目的を尋ねる意味なので，why を用いて「あなたはなぜ鳥かごが必要なのですか」と書き換える。

問2　下線部は，スミス夫人がマイクの誕生日のためのものかと尋ねたものなので，車の中のかごの中にいたオウムを指す。

問3　スミスさんが日本でオウムを買ったこと，また，この後マイクが帰って来たときに，スミスさんが「それは日本語を少し話すことができる」と言っていることから，④「日本語」が適切。

問4　マイクは下線部の後で，「いつもオウムを飼いたいと思っていた」と言っているので，オウムをもらえたことがうれしかったと考えられる。オウムはマイクへの誕生日のプレゼントなので，①「彼は父親によってすばらしいプレゼントを与えられた」が適切。②は「マイクの父親がいつもより早く家に帰った」，③は「鳥かごは大きくてきれいだった」，④は「マイクの大好きな色がオウムと同じだった」という意味。

問5　［オ］に入る語は learn「学ぶ」の目的語になる。スミスさんが買ったオウムは日本語を少し話すことができるので，マイクはオウムから「日本語」を学ぶことができる。一方，［カ］は teach「教える」の目的語になるので，マイクが話す「英語」を入れる。

問6　①「スミス夫人はスミスさんにマイクの誕生日にオウムを買うように頼んだ」(×)　第2段落

のスミスさんの発言に着目。マイクへのプレゼントを買ったのはスミスさんで，彼は妻に，マイクへのプレゼントに何を買ったか話していないので，この時点でスミス夫人はオウムのことを知らなかった。　②「スミスさん夫妻はアメリカでマイクのためにオウムを買った」(×)　スミスさんは日本でオウムを買ったので，合わない。　③「マイクはスミス夫人が車まで鳥かごを持って来るように頼まれたとき，家にいた」(×)　スミスさんが妻に車まで鳥かごを持って来てくれるように頼み，スミス夫人にオウムが日本語を少し話せると話したとき，ちょうどマイクが学校から帰って来たのだから，このときマイクは家にいなかったことになる。　④「オウムが話し始めたとき，マイクはその言葉がわからなかった」(○)　オウムが「おはよう」としゃべった後，マイクは驚いて，「おはよう」という言葉の意味を尋ねている。

問7　スミスさんが，ふだんからオウムをほしがっていた息子のマイクの誕生日にオウムをプレゼントして，マイクが大喜びしたというのが物語の大きな流れなので，④「父からのマイクの誕生プレゼント」が適切。①は「飛行機のパイロット，スミスさん」，②は「スミスさんと彼の家族」，③は「オウムとその鳥かご」という意味。

I （長文読解問題：内容吟味）

ロバートはアメリカの科学者だった。彼はロケットは月まで飛べると信じていたので有名である。ロバートが生まれる前，ロケットは花火，あるいは戦争の武器として使われるだけだった。ほとんどの科学者は，ロケットが宇宙へ旅するために使うことができるとは思っていなかった。

ロバートは最初，高校で宇宙旅行のためにロケットを使うことについて考え始めた。彼は1904年に高校を卒業して，大学生のときに最初のロケットを作った。それは飛ばなかったが，彼は挑戦し続けた。

ロバートは一生懸命に勉強してある大学の教師になった。ある日，彼は自分の考えについて記事を書いた。その記事の中で，彼はロケットはいつか月まで行けると言った。しかし，1920年1月13日，彼はニューヨークタイムズ紙に載った話を読んで衝撃を受けた。その話によると，ロバートは間違えており，ロケットは決して宇宙空間に飛んで行くことはできないということだった。それにはまた，高校生でさえロバートよりも科学についてもっとよく知っていると書いてあった。

ロバートは怒ってよりよいロケットを作るためにさらに一生懸命に勉強した。彼は特別な燃料を使う新しい種類のロケットを作りたいと思った。ついに，1926年3月16日に，彼の新しいロケットは12メートルの高さまで飛んだ。

ロバートは決して月まで飛べるロケットを作ることはなかったが，彼は多くのよいアイデアを持っていた。彼は1945年に死んだ。後に，科学者たちはさらに大きくて性能のよいロケットを作るために彼のアイデアを使った。最初の人間たちが1969年に月の上を歩いたとき，ニューヨークタイムズ紙は新聞の中でロバートに謝った。それには彼の考えが正しかったと書かれていた。

1 「ロバートが高校生だったとき，彼は～」という文を完成させる。ロバートが高校生のときのことについては，第3段落第1文に「高校で宇宙旅行のためにロケットを使うことについて考え始めた」とあるので，③「宇宙旅行のためにロケットを使うことについて考えた」が適切。①は「多くの国々へ旅行したいと思った」，②は「しばしば家の近くで花火を見た」，④は「学校新聞のために物語を書き始めた」という意味。

2 「ロバートはいつ最初のロケットを作りましたか」という質問。第3段落第2文から，ロバートが最初のロケットを作ったのは彼が大学生だったときのこととわかるので，③「彼が大学生だったとき」が適切。①は「彼が高校に入る前に」，②は「彼が高校生だったとき」，④は「彼が大学の教師になった後」という意味。

3 「ロバートはなぜニューヨークタイムズ紙を見たときに衝撃を受けたのですか」という質問。第

4段段落第3，4文を参照。ロバートがニューヨークタイムズ紙を見たときに衝撃を受けたことが述べられた後，ロケットは決して宇宙空間に飛んで行くことはできないことが書かれていたことが述べられている。したがって，②「それにはロケットを宇宙へ送り込むことは不可能だと書いてあった」が適切。①は「それにはロバートの大学が閉鎖されると書いてあった」，③は「それには月の写真が載っていた」，④は「それには彼の学生たちの1人についての話が載っていた」という意味。

4 「最初の人間が月の上を歩いた後，何が起こりましたか」という質問。人類が初めて月面を歩いたときのことについては最終段落を参照。最後の2文に，ニューヨークタイムズ紙が新聞の中でロバートに謝ったこと，それには彼の考えが正しかったと書かれていたことが述べられているので，④「ニューヨークタイムズ紙がロバートに謝った」が適切。①は「ある大学がロバートに記事を書いてくれるように頼んだ」，②は「ロバートはある大学で教え始めた」，③は「ロバートはロケットに取り組むのをやめる決心をした」という意味。

5 「この話は何についてのものですか」という質問。早くからロケットが宇宙への旅に使えると信じて研究を続けたロバートについての話が中心。その中で，後のロケット開発の第1歩となったロケットの制作に触れている③「ロケットを作ったあるアメリカ人科学者」が適切。①は「月面を歩いた最初の人物」，②は「花火はどのようにアメリカにもたらされたか」，④は「アメリカ最古の新聞の歴史」という意味。

★ワンポイントアドバイス★

Iはすべて質問と選択肢が英語だが，このような問題では，質問にある表現が本文のどこに書かれているかをおさえることがコツである。正解に当たる内容は必ずその前後にあると言ってよい。

＜国語解答＞《学校からの正答の発表はありません》

第一問 1 ③　2 ③　3 ②　4 ②　5 ④　6 ①　7 ④　8 ③
9 ③　10 ④　11 ③　12 ①

第二問 13 ⑤　14 ④　15 ①　16 ③　17 ④　18 ②　19 ③
20 ③　21 ①　22 ④　23 ②

第三問 24 ④　25 ①　26 ①　27 ③　28 ②　29 ⑤

第四問 30 ④　31 ①　32 ②　33 ③　34 ④　35 ③　36 ②
37 ③　38 ③　39 ④　40 ②　41 ①　42 ②　43 ①　44 ④
45 ①　46 ④

○推定配点○

第一問 8～10　各3点×3　他　各2点×9　**第二問** 19～23　各3点×5　他　各2点×6
第三問 各2点×6　**第四問** 各2点×17　計100点

＜国語解説＞

第一問 (論説文－漢字の読み書き，脱文・脱語補充，指示語，文脈把握，内容吟味，要旨)

問一 「著しい」は，目立ってはっきりしている，という意味。「著」の訓読みはほかに「あらわ(す)」。音読みは「チョ」。熟語は「著名」「顕著」など。

問二 b 「可聴」は，聴くことができる，という意味。「聴」を使った熟語はほかに「視聴」「聴覚」など。 c 「典型」は，同じようなものの中で，いちばんその特徴を表しているもの。「典」を使った熟語はほかに「典拠」「式典」など。 d 「微弱」は，かすかで弱い様子。「微」を使った熟語はほかに「微笑」「微熱」など。音読みはほかに「ミ」。熟語は「微塵」。 e 「特異」は，ほかのものと特に違っていること。「特」を使った熟語はほかに「特殊」「特別」など。 f 「過剰」は，ありあまること。多すぎること。「過」を使った熟語はほかに「過失」「過疎」など。訓読みは「す(ぎる)」「す(ごす)」「あやま(つ)」「あやま(ち)」。

やや難 問三 x 直前の「背景が白地の肖像写真みたいなもの」「きれいだが無表情」にあてはまるものとして，見本，サンプルという意味の「標本」が入る。 y 直前の「聞こえない音」にあてはまるものとして「亡霊」が入る。

やや難 問四 直前の「ふだんわずらわしいとさえ思っていた客の咳や身動きの気配こそが，実は音楽に生命を吹き込んでいたのだと，今になってわかる」という内容を指すので，この内容と合致する③が適切。

問五 直前に「『秘密の倍音』」とあり，その前には「『作曲家は楽譜に書いてある音だけを聴いているのではないのだ』と思うようになった。例えば楽譜にドの音を書き込むとき，彼らはドの音が発生させる唸りや倍音をも聴いているに違いあるまい。これらの倍音のバランスを感じながら，それに導かれるようにして伴奏を書き，次の音への運びを考えていくのではないか」と説明されているので，「密かに仕込んだ音を導き出すことによってはじめて立ち現れる」とある③が適切。

問六 直後に具体例として，「『あの人は他人のいっていることを聞いていないからねえ』とか『あの人は全然現実が見えてないよね』」とあり，「自分に刷り込まれた常識以外の現実はあるはずがないと思い込んでいて，『こうであるはずだ！』とか『こうであるべきだ！』が邪魔になり，聞こえているのに聴かないのである」と説明されている。「事件があることを予想して」とする④は，「思い込み」の例にあてはまらない。

問七 直前の「『頑張ろう節みたいなもの，頑張ろうという物語に安直に手を出してしまう』」について，文章Ⅱには「どこに向かっているのかわからない，物語の筋が見えないが不安定さに耐え続けなきゃいけない」「ほんとうに真摯な態度というのは，明日どうなるかわからないという状態に耐え続けて，きちんと目を開いていること，……」と説明されているので③が適切。

問八 文章Ⅰの最後に「『聞こえない音を感じ取る』能力と深くかかわっているのだと思う」とあり，文章Ⅱの最後には「真実をつぶやかれると困る人が多いので……壁を作るというか，真実を見ないようにするんじゃないかな」とあるので，「現実を見つめ，誠実に向き合っていこうとする姿勢」とする①が適切。

第二問 (小説－品詞・用法，表現技法，語句の意味，情景・心情，文脈把握，大意)

問一 (i)(iii)(vi)の「だ」は，断定の助動詞。(ii)(iv)の「だ」は，完了の助動詞。(v)の「だ」は，形容動詞の終止形の活用語尾なので⑤が適切。

問二 比喩であることを示す語の「ような」が用いられているので，「直喩」が適切。

問三 a 直前の「『わからん……やれるだけのことはやる』」と，きっぱりと言い切る様子なので①が適切。 b 「御する」は，自由に操る，思い通りに動かす，という意味なので，「御しがたい」は,「思うように扱えない」とする③が適切。　c　直前に「お姫様扱い」とあるので,「何から何までしてもらって」とする④が適切,「上げ膳据え膳」は,自分が作ったり手伝ったりしなくても食事ができること。　d　「堰を切る」は,抑えていた行動や物事が,急に激しく起こる,という意味なので②が適切。

問四　直前に「顔は茶碗に隠れて見えなかったが,白いのどぼとけがひくひくふるえているのがわかった」とあることから,母の不安や恐怖心を感じ取っているとわかるので②が適切。

問五　これより前に「『わかってるわ!』突き放すような言い方になった。言ってしまった後,『しまった』と思った。なんで,『頑張りや』とやさしく言ってやれないんだろう」とあり,直後には「それがリュウセイの精いっぱいの励ましの言葉だった」とある。突き放すような言い方をしてしまったことを後悔して言い直しているので,「態度を改めている」とする③が適切。

問六　直前に「『ほんまやねえ。……主婦って,入院でもせん限り休めんもんね』」とあり,後には「『久美ィ……助けて。こわいよお』」「『うちがおるし。……頑張ろな。な,一緒に頑張ろ』」とある。多恵子の不安を察し,さりげない風を装っていることがわかるので,①が適切。

やや難　問七　直後に「おれたちをこんなせまっくるしいところに閉じこめているもの,その正体はなんだ!　おれは,おれは,いつかゼッタイ,ハルの手を取って,あの広い空へと,飛ぶ!」とあるので,「このままでは終わらないぞと宣言するような気持ち」とする④が適切。

問八　直後に「扱いが難しい。パスはまっすぐ飛ばないし,地面にバウンドすれば,あらぬ方向へ行ってしまう,だけどそこが,たまらない魅力だ」とあり,ハルの魅力とは「『リュウセイの泣き虫』突然ハルが,怒ったようにTシャツをしゃくった」「ポコンと頭をはたかれた」というストレートな言動と「でも不思議とそれがイヤではなかった」と感じさせてくれるところなので,「簡潔でストレートな答えがいつもかえってくる」とする②が適切。

第三問　(資料読み取り－脱文補充)

問一　A　資料1を見ると,日本の高校生の「ほぼ毎日見る」は38.2%となっており,他の国と比べて高いので,④が適切。　B　資料2を見ると,日本の高校生が高い興味を示しているのは「エンターテイメント」と「スポーツ」で,「政治」「経済」「文化」などは他国と比べて高いとは言えないので,①が適切。

問二　C　(資料3)を見ると,cの「私個人の力では政府の決定に影響を与えられない」と考える人が83.0%と最も高いので,①が適切。　D　fの「社会問題は自分の生活と関係ないことだと思う」は,17.1%で,他の項目と比べて著しく低いので,③が適切。

問三　I　②の「子ども・若者が社会や政治に対し,自分たちの意見を表現することについて,あなたは良いことだと思いますか」で,日本の高校生の55.6%が「とても思う」,39.6%が「まあそう思う」と答えているので,②が適切。　II　「自分の意見を持ったり述べたりすることを肯定的に考えている」「自分たちの意見を受け止めてもらえたと実感できる社会を築いていく」とあるので,⑤の「職場体験」はあてはまらない。

第四問　(古文－仮名遣い,筆順,語句の意味,助詞の用法,主語,情景・心情,口語訳)

〈口語訳〉　秋もようやく盛りを過ぎるころになったので,みすぼらしい我が家の(あちらの)出入り口,(こちらの)出入り口をきれいに掃除して,収穫した穀物を納める場を作り,晴天を待って,穀物を干すのが忙しそうだ。筵を敷き並べて,所せましと広げると,雀たちがたくさん来て,やかましくさえずり合って(えさを)探し踊る。老女が,落ち着きなく立ったり座ったりして,ゆがんだ声で追い払おうとするけれども,知らん顔である。老女はいらいらし,ひたすら手を打ちたたくと,かろうじて多くの雀たちがはなはだうるさい音を立てて,いっせいに飛び立つ。行方を見つめて,「執念深い小鳥たちの物漁りであるよ。『これこれ』などと呼んでも,振り返りもしないのは不快だ。ああ，この見張りにはうんざりしてしまった。姥らが子どもだったころの雀たちは，子どもがひき鳴らす鳴子でさえたいそうおびえて，跡もなく飛び立ったものだ。今の強情な(雀)は，そのようなことに身じろぎさえしようか(いや，しない)。昔と今ではこのように変わってしまった」と，咳をしつつ繰り言を言いながら，(媼が)門に入って行くと見ると，また筵の上を，暗くなるほど多くの雀が集まってくる。まったく，見張りに難儀するわけである。

問一　ア 「まう」は「もー」と発音し，現代仮名遣いでは「もう」となるので，「もうけ」となる。　イ 「せう」は「しょー」と発音し，現代仮名遣いでは「しょう」となるので，「ところしょう」となる。　ウ 「ゐ」は，現代仮名遣いでは「い」となる。　オ 「づ」は現代仮名遣いでは「ず」となり，「ふ」は「う」に直すので，「わずらう」となる。「らう」は「ロー」と発音し，現代仮名遣いでは「ろう」となるので，「わづらふ」は「わずろう」となる。

問二 「を」のカタカナは「ヲ」で，書き順は〓→〓→ヲとなる。

問三　Ⅰ 「あまた」は，数多く，という意味なので③が適切。　Ⅱ 「まもらふ」は，見つめ続ける，という意味なので②が適切。「うち」は接頭語。　Ⅲ 「いみじ」は，はなはだしい，普通でない，という意味で，良い意味にも悪い意味にも使われる，ここでは，直後の「おびえまどひて」を修飾しているので，③の「ひどく」が適切。

やや難 問四　a 直後に「賤が家の這入り這入り清うかきはらひて」とあるので，順接を表す「ので」とするのが適切。　b 直前の「媼」が主語であることを表す用法で，「媼が」となる。　c 直後に「追ふ」とあるので，「声して」は，「声で」となる。　d 直後に「知らぬ顔なり」とあるので，「すれど」は，「するけれども」という意味になる。

問五　A 前に「雀どものあまた来て」とあるので，主語は「雀」。たくさんの雀が来て，媼が追い払っても知らん顔している，というのである。　B 直前の「『執念き小鳥らの物あさりかな……移ろへること。』」の話者が主語になるので，主語は，雀を追い払っている「媼」。

問六　直前に「媼心苛られし」とあるので，④が適切。筵に広げた穀物をあさりに来る雀をいまいましく思い，いらいらしているのである。

問七　直前に「姥らが幼かりし頃の雀らは，童どもしてひき鳴らす鳴子にだに，いみじうおびえまどひて，跡なう散りぼひ去にしかし。今の心強き，さやうのことに身じろぎだにするものかは」とあるので，「雀が容易には驚かなくなった」とする①が適切。

やや難 問八　直後に「いづこよりかは集まり来ぬる」とある。どこからともなく多くの雀が集まってくる様子なので，④が適切。媼が目を離したすきに，雀が群れを成してやってくるのである。

★ワンポイントアドバイス★

現代文の読解は，心情表現や言い換え表現を的確にとらえて解答しよう！
古文は，注釈を参照して口語訳する力をつけるとともに，文語文法も視野に入れた対策を講じよう！

情報・総合

2022年度

解 答 と 解 説

《2022年度の配点は解答欄に掲載してあります。》

＜数学解答＞《学校からの正答の発表はありません。》

【問1】 (1) ア 0 (2) イ 7 ウ 0 (3) エ 5 (4) オ 6 カ 2
(5) キ 3 ク 1 ケ 3 (6) コ 6 サ 2 (7) シ 1 ス 6
(8) セ 9 ソ 4 タ 7 チ 8

【問2】 (1) ツ 6 (2) テ 4 ト 5 ナ 0

【問3】 (1) ニ 1 ヌ 2 (2) ネ 4 ノ 5 (3) ハ 1 ヒ 2
(4) フ 1 ヘ 4

【問4】 (1) ホ 1 マ 0 ミ 5 (2) ム 5 メ 0 (3) モ 7 ラ 0

【問5】 (1) リ 1 ル 3 (2) レ 5 (3) ロ 1 あ 3
(4) い 9 う 6

【問6】 (1) え 2 お 5 (2) か 8 き 1 く 5 (3) け 1 こ 3
(4) さ 4 し 5

○推定配点○

各4点×25 計100点

＜数学解説＞

基本 【問1】 (正負の数，式の値，1次方程式，因数分解，2次方程式，平方根，比例，単位換算)

(1) $(-3)^2+(-2)^3-(-1)^2=9-8-1=0$

(2) $2a^2-ab=2\times5^2-5\times(-4)=50+20=70$

(3) $\dfrac{x-1}{2}-\dfrac{x-5}{3}=2$ $3(x-1)-2(x-5)=12$ $3x-3-2x+10=12$ $x=5$

(4) 和が4，積が-12となる2数は6と-2だから，$x^2+4x-12=(x+6)(x-2)$

(5) $x^2+3x-1=0$ 解の公式を用いて，$x=\dfrac{-3\pm\sqrt{3^2-4\times1\times(-1)}}{2\times1}=\dfrac{-3\pm\sqrt{13}}{2}$

(6) $\dfrac{4}{\sqrt{2}}+\sqrt{32}=2\sqrt{2}+4\sqrt{2}=6\sqrt{2}$

(7) $y=ax$に$x=8$，$y=-2$を代入して，$-2=8a$ $a=-\dfrac{1}{4}$ $y=-\dfrac{1}{4}x$に$y=4$を代入して，$4=-\dfrac{1}{4}x$ $x=-16$

(8) 2時間37分58秒は，$3600\times2+60\times37+58=9478$(秒)

【問2】 (仕事算，方程式の利用)

(1) 1日の仕事量はAが$\dfrac{1}{10}$，Bが$\dfrac{1}{15}$だから，2人がいっしょにすると，$1\div\left(\dfrac{1}{10}+\dfrac{1}{15}\right)=1\div\dfrac{5}{30}=6$(日)かかる。

(2) 1日の1人あたりの利用料を大人x円，子供y円とすると，$2x+6y=2100$より，$x+3y=1050$…①，$x+2y=850$…② ①－②より，$y=200$ これを②に代入して，$x+2\times200=850$ $x=450$ よって，大人1人の利用料は450円。

【問3】 (図形と関数・グラフの融合問題)

基本 (1) A(2, 2)は$y=ax^2$上の点だから，$2=a\times2^2$　$a=\frac{1}{2}$

基本 (2) $y=\frac{1}{2}x^2$に$x=-4$を代入して，$y=\frac{1}{2}\times(-4)^2=8$　よって，B(−4, 8)　したがって，$OB=\sqrt{(-4-0)^2+(8-0)^2}=\sqrt{80}=4\sqrt{5}$

重要 (3) 底辺OCが共通だから，面積比は高さの比に等しく，△OAC：△OBC＝2：4＝1：2

重要 (4) 求める体積比は，$\left(\frac{1}{3}\times\pi\times2^2\times OC\right):\left(\frac{1}{3}\times\pi\times4^2\times OC\right)=4:16=1:4$

基本 【問4】 (角度，平面図形)

(1) 右の図で，$\angle a=180^\circ-97^\circ-55^\circ=28^\circ$
平行線の錯角は等しいから，$\angle b=\angle a=28^\circ$
三角形の内角と外角の関係より，$\angle x=133^\circ-28^\circ=105^\circ$

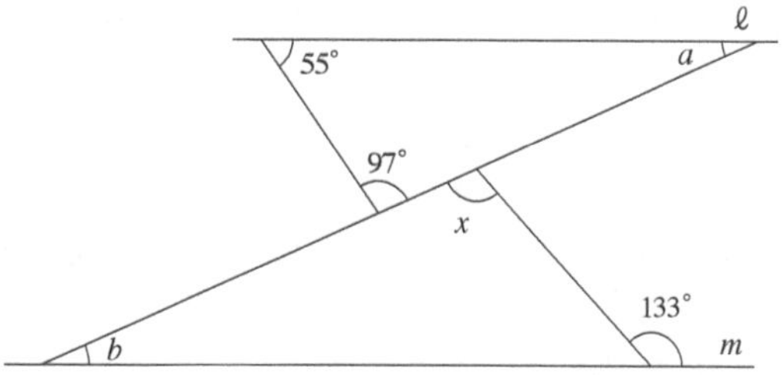

(2) 2点P, Qをそれぞれ通り直線ℓに垂直な直線をひき，斜線部分の半円を移動させると，縦の長さ10，横の長さ5の長方形の面積に等しいから，$10\times5=50$

(3) AC＝ADより，$\angle ADC=(180^\circ-40^\circ)\div2=70^\circ$　$\overset{\frown}{AC}$の円周角だから，$\angle x=\angle ADC=70^\circ$

【問5】 (平面図形)

基本 (1) AD//BCだから，平行線と比の定理より，BF：FD＝BE：AD＝1：(1＋2)＝1：3

基本 (2) $BE=\frac{1}{1+2}AD=\frac{1}{3}\times9=3$　$AE=\sqrt{AB^2+BE^2}=\sqrt{4^2+3^2}=5$

重要 (3) 高さABが共通だから，面積の比は底辺の比に等しく，△ABE：△ADE＝BE：AD＝1：3

重要 (4) AF：FE＝AD：BE＝3：1　△ABF：△ABE＝AF：AE＝3：(3＋1)＝3：4　$\triangle ABE=\frac{4}{3}\triangle ABF=\frac{4}{3}\times12=16$　よって，長方形ABCDの面積は，2△ADE＝2×(16×3)＝96

【問6】 (確率)

基本 (1) 袋Aから1または3の球を取り出す場合だから，求める確率は，$\frac{2}{5}$

(2) 球の取り出し方の総数は，5×3＝15(通り)　このうち，題意を満たすのは，$a+b=2, 3, 5, 7$のときで，$(a, b)=(0, 3), (0, 5), (1, 1), (2, 1), (2, 3), (2, 5), (4, 1), (4, 3)$の8通りだから，求める確率は，$\frac{8}{15}$

(3) $\sqrt{ab+1}>3$より，$ab+1>9$　$ab>8$　これを満たすのは，$(a, b)=(2, 5), (3, 3), (3, 5), (4, 3), (4, 5)$の5通りだから，求める確率は$\frac{5}{15}=\frac{1}{3}$

重要 (4) $a^2+ab\geqq1$より，$a(a+b)\geqq1$　$a(a+b)<1$となるのは，$a=0$のときであるから，その確率は，$\frac{1}{5}$　よって，求める確率は，$1-\frac{1}{5}=\frac{4}{5}$

★ワンポイントアドバイス★

出題構成，難易度とも例年とほぼ変わらない。あらゆる分野の基礎をしっかりと固めておこう。

<英語解答>《学校からの正答の発表はありません》

A	1 ①	2 ③	3 ④	4 ⑤	5 ⑤							
B	6 ①	7 ②	8 ③	9 ①								
C	10 ④	11 ③	12 ②	13 ③	14 ②							
D	15 ①	16 ⑥	17 ②	18 ⑦	19 ⑧							
E	20 ④	21 ②	22 ③	23 ③	24 ②	25 ④						
F	26 ④	27 ③	28 ①	29 ④	30 ③							
G	31 ③	32 ⑤	33 ③	34 ①	35 ④							
H	36 ⑤	37 ③	38 ④	39 ①	40 ②							
I	41 ⑤	42 ③	43 ①	44 ⑦	45 ④							
J	46 ⑤	47 ⑦										

K 問1 48 ② 問2 49 ③ 問3 50 ② 51 ① 52 ④ 53 ③
問4 54 ⑤

○推定配点○

A，B，C，D 各1点×19 E，F，G，H 各2点×21 I，J，K 各3点×13(J完答)
計100点

<英語解説>

A (発音問題)

1 ①は[t]の発音。それ以外は[d]の発音。 talked「talk(話す)の過去形・過去分詞」，opened「open(開ける)の過去形・過去分詞」，tried「try(試す)の過去形・過去分詞」，studied「study(勉強する)の過去形・過去分詞」，played「play(【スポーツを】する，【楽器を】演奏する)の過去形・過去分詞」。

2 ③は[ð]の発音。それ以外は[θ]の発音。 earth「地球」，three「3(の)」，these「これら(の)」，anything「何か」，math「数学」。

3 ④は[ɑːr]の発音。それ以外は[əːr]の発音。 learn「学ぶ」，turn「向きを変える」，person「人物」，March「3月」，heard「hear(聞く，聞こえる)の過去形・過去分詞」。

4 ⑤は[u]の発音。それ以外は[ɑu]の発音。 about「およそ，～について」，our「私たちの」，cloudy「曇っている」，without「～なしで」，should「～すべきだ」。

5 ⑤は[əː]の発音。それ以外は[iː]の発音。 sea「海」，team「チーム」，leaf「葉」，please「どうぞ」，early「早い，早く」。

B (アクセント問題)

6 イの部分をもっとも強く発音する語は①。surprise「驚かせる」，music「音楽」，after「～の後で」，table「テーブル」。

7 イの部分をもっとも強く発音する語は②。ほかはすべてアの部分をもっとも強く発音する。yesterday「昨日」，important「重要な」，animal「動物」，Africa「アフリカ」。

8 イの部分をもっとも強く発音する語は③。member「メンバー，一員」，people「人々」，enjoy「楽しむ」，often「しばしば」。

9 イの部分をもっとも強く発音する語は①。②，③はアの部分を，④はウの部分をもっとも強く発音する。Olympic「オリンピック」，business「事業」，newspaper「新聞」，violin「バイオリン」。

C (強勢問題)

10 「A：あなたはどこの出身ですか。／B：私はカナダの出身です」 A は相手の出身地を尋ねているので，出身地である Canada をもっとも強く読む。

11 「A：あなたは昨夜この本を読みましたか。／B：いいえ，昨夜は雑誌を読みました」 A が「この本」を読んだか尋ねたのに対して，別のものである「雑誌」を読んだと答えているので，A が知らなかった情報である magazines をもっとも強く読む。

12 「A：あなたは昨日，何をしましたか。／B：私は友人たちとテニスをしました」 A が昨日したことを尋ねているので，したことを端的に表す tennis をもっとも強く読む。

13 「A：窓を開けてもらえますか。／B：いいですとも。今日は暑い日ですね！」 窓を開けるように頼まれた B は Sure. と引き受けている。窓を開ける理由となる hot をもっとも強く読む。

14 「A：あなたはリンゴジュースとグレープジュースではどちらが好きですか。／B：リンゴジュースの方が好きです」 A はリンゴジュースとグレープジュースのどちらかの答えを期待しているので，違いがわかるように apple をもっとも強く読む。

D (語彙問題)

15 「木曜日は水曜日の次に来ます」

16 「8月の前の月は7月です」

17 「夏は春と秋の間です」

18 「病院にはたくさんの医者がいます」

19 「カナダではフランス語と英語が話されています」

E (語彙問題)

20 「私には兄弟がいます。彼は私よりも年上です」「私たちは図書館では静かにしなくてはいけません」 上の文の have は「(兄弟などが)いる」の意味の動詞，下の文の have は＜have[has] to ＋動詞の原形＞「～しなくてはならない」の have。play「(スポーツを)する，(楽器を)演奏する」，red「赤い」，take「持って[連れて]行く」，let「～させる」。

21 「私は郵便局で働いています」「この作品はピカソによって描かれました」 上の文の work は「働く」の意味の動詞。下の文の work は「作品」という意味の名詞。have「持っている，食べる[飲む]」，want「ほしい」，like「好む」，write「書く」。

22 「すみませんが，入ってもいいですか」「ジャックは今日，学校に来ていません。彼は病気かもしれません」 上の文の may は「～してもよい」，下の文の may は「～かもしれない」の意味。should「～するべきだ」，do「する(動詞)，否定文・疑問文を作る助動詞」，had「have の過去形・過去分詞」，was「am, is の過去形」。

23 「私は明日，友人たちと公園に行くつもりです」「長い髪をしているこの少女はだれですか」 上の文の with は「～と一緒に」，下の文の with は「(髪・色などを)持っている」の意味。in「～の中で[に]」，as「～のように」，and「そして，～と…」，of「～の」。

24 「私はふつう日曜日の午後にテニスをします」「テーブルの上に2つの帽子があります」 上の文の on は「(日・曜日)に」の意味，下の文の on は「～の上に，～に接して」の意味。to「(場所など)へ」，under「～の下に」，in「～の中に[で]」，with「～と一緒に」。

25 「私はスーパーマーケットでトマト缶を買いました」「私の父はとても上手にピアノを弾くことができます」 上の文の can は「缶」の意味の名詞，下の文の can は「～することができる」の意味の助動詞。will「～だろう」，should「～するべきだ」，may「～してもよい，～かもしれない」，must「～しなくてはならない，～に違いない」。

基本 F (語句選択補充問題：不定詞，受動態，付加疑問，分詞，接続詞)

26 「読むべき」の意味で後ろから books を修飾するのは形容詞的用法の不定詞 < to ＋動詞の原形>。

27 「愛されている」は受け身の表現。「～されている」は<be動詞＋過去分詞>で表す。

28 「～ではないんですよね」と確認したり，念を押したりするときは付加疑問で表す。ここでは一般動詞の否定文なので，一般動詞の肯定の形 do を使い，文末に , do you を置く。

29 「日本製の」を「日本で作られた」と考えて，過去分詞 made を入れる。

30 if「～ならば」, when「～するとき」など,「条件」や「時」を表す接続詞の後では未来の内容でも動詞は現在形を使うので，rains が正しい。

G (語句整序問題：不定詞，助動詞，関係代名詞，間接疑問文)

31 (Ask) her to speak as slowly as possible. < ask ＋人＋ to ＋動詞の原形>で「(人)に～するように頼む」という意味を表す。as ～ as possible で「できる限り～」という意味を表す。

32 Do I have to get up (so early in the morning?) 「～しないといけない」は< have[has]to ＋動詞の原形>で表す。have は一般動詞なので疑問文は主語の前に do を出す。

33 (I know the lady and the dog) that are running over there. that は主格の関係代名詞。主語が<人＋人以外>の場合は who や which ではなく that を使う。

34 (This miso soup) is too hot for me to (have.) 「とても～すぎて(人)には…できない」は< too ～ for ＋人＋ to ＋動詞の原形>で表す。

35 Do you know where Mr. Yoshida (lives?) know などの動詞の後に疑問詞で始まる疑問文の内容を目的語として続ける場合は，<疑問詞＋主語＋動詞>の語順になる。

H (会話文問題：文選択補充)

36 「A：自由にサラダを取ってください。／B：ありがとう」 help oneself to ～ は「(食べ物などを)自由に取る」という意味。サラダを好きに取って食べるよう言われているので，お礼の言葉を入れると会話が成り立つ。 ①「明日会いましょう」, ②「ひどすぎます」, ③「大歓迎です」, ④「間違いなくそうではありません」

37 「A：あなたは今日の午後，何をするつもりですか。／B：テレビゲームをするつもりです」 be going to ～「～するつもりだ」で予定を尋ねられているので，同じ be going to ～ を使って答える。 ①「いいですよ。私は新しいラケットを買いました」, ②「私はそのときピアノを弾いていました」, ④「(物を差し出しながら)さあ，どうぞ」, ⑤「それを聞いて残念です」

38 「A：もっと紅茶をいかがですか。／B：すみません，十分いただきました」 A がさらに紅茶を勧めている状況なので，紅茶をもらうか断るかという反応が入る。選択肢の中で適切なのは，④。 ①「また後で会いましょう」, ②「いいえ。私はスポーツが好きです」, ③「ああ，それは危険です」, ⑤「お会いできてうれしいです」

39 「A：どうしたのですか。顔が青いですよ。／B：私はとても寒く感じます」 What's the matter? は相手が具合悪そうにしていたり，心配そうにしていたりするときに気づかって言う言葉。自分の体の不調を言っている①が適切。 ②「私はこの色が好きです」, ③「くつろいだほうがいいですよ」, ④「あなたには助けが必要かもしれません」, ⑤「あなたは医者に診てもらいに行くべきです」

40 「A：冬休みはどうでしたか。／B：すてきでした」 冬休みがどうだったかを尋ねられているので，感想を述べている②が適切。 ①「見ているだけです」, ③「はい，もちろんです」, ④「試してみます」, ⑤「気にしないでください」

重要 I (会話文問題：文選択補充)

(全訳) ある晴れた日，マークとジェーンがドライブに出かけた。

ジェーン：ねえ，マーク。41変な音が聞こえるわ。それは何かしら？

マーク：うーん，調子が悪そうだね。次のガソリンスタンドに立ち寄ろう。

＜ガソリンスタンドで＞

マーク：すみません。エンジンから変な音が聞こえるんですが。調べてもらえますか。

機械工：42わかりました，少々お待ちください。

＜10分後＞

機械工：エンジンに問題がありますね。部品が壊れています。

ジェーン：43修理してもらえますか。

機械工：いいえ，残念ですができません。新しいものが必要です。

マーク：いくらかかりますか。

機械工：44エンジンの部品に50ドル，作業に95ドルです。

ジェーン：45いつ作業を終えることができますか。

機械工：1時間でできます。

マーク：結構です。ここで待ちます。

41 この後，マークが「調子が悪そうだね。次のガソリンスタンドに立ち寄ろう」と言っていることから，車に何らかの不具合が生じていると考えられるので，車の調子が悪いことがわかる⑤が適切。

42 マークが車を調べてくれるよう依頼したことへの返答で，この後，機械工が車の不具合の原因を突き止めていることから，機械工はマークの依頼を引き受けたと考えられる。したがって，③が適切。

43 この後，機械工が「新しいものが必要です」と言っていることから，壊れた部品は修理ができず，新しいものと交換する必要があることがわかる。機械工が No で答えているので。ジェーンは修理できるかどうか尋ねたと考えられる。したがって，①が適切。

44 直前でマークが修理にかかる費用を尋ねているので，金額を答えている⑦が適切。

45 ジェーンの発言に対して，機械工は「1時間でできます」と時間を答えているので，ジェーンは修理にかかる時間を尋ねたことがわかる。したがって，④が適切

J (短文の読解問題：内容吟味)

(全訳) 日本のテレビドラマとテレビアニメフェスティバル 入場料無料！

ブラウン・コミュニティーセンターへいらっしゃいませんか？

すばらしい日本のテレビドラマとテレビアニメを楽しむことができます。

入退場は自由です。

この種の機会は毎日はありませんから，どうぞご一緒に！

日：20××年，3月5日，日曜日

時間：午前10時～午後4時30分

上演時間：	午前10時～午前10時45分	トラエモン	A室
	午前11時～午前11時45分	マルト	A室
	午後1時～午後2時30分	ハンザワ-ナオト「半澤直人」	B室
	午後2時45分～午後4時30分	ドクターB	B室

★参加者全員に美しい日本の絵ハガキを無料で差し上げます！

★室内での飲食は許可されていません。市の食堂で昼食をとることができます。食べ物と飲み物の持ち込みは禁止されています。

①「B室ですべての日本のテレビアニメを見なくてはならない」(×) お知らせの下の案内の3行目に「入退場は自由」とあるので，すべてを見る必要はない。 ②「このイベントはこの前の冬にも開催された」(×) この前の冬にも開催されたかどうかは，お知らせに書かれていない。 ③「すべての日本のドラマとアニメが劇場で見られる」(×) お知らせに載っているドラマやアニメは4本で，日本のドラマとアニメのすべてを見ることができるわけではない。 ④「部屋では食べ物を食べたり飲み物を飲んだりすることができる」(×) お知らせの下の2つ目の★印に，飲食は食堂での昼食以外は禁止されていると書かれている。 ⑤「参加者は入場料を払う必要がない」(○) お知らせのタイトルの上に Free admission!「入場料無料！」とあるので合っている。 ⑥「何人かの子供は親と一緒にこれらのアニメを見るべきだ」(×) 親と一緒でないと見られない場合についてはお知らせに書かれていない。 ⑦「イベントに来ると，日本の絵ハガキがもらえる」(○) お知らせの下の最初の★印に，イベントへのすべての参加者が日本の絵ハガキをもらえることが書かれているので合っている。

やや難 **K (長文読解問題：指示語，内容吟味)**

(全訳) アヤノは中学生だ。彼女は英語があまり得意ではないが，それが好きだ。ある日，彼女の英語の先生が，「あなたの大好きな食べ物，あなたの町のお店と場所は何ですか。次の英語の授業であなた自身の町についてスピーチをしてください。それについてたくさんのよい話を見つけてください。来週，あなたのスピーチを聞くことを楽しみにしていますよ」と言った。

アヤノは自分の町についてのよい話を探し始めた。まず，彼女はスピーチをするための役に立つ情報を得るためにインターネットを使った。彼女は，すぐにたくさんのよい情報を得られると思っていた。彼女の町についてのウェブサイトがいくつかあったが，つまらないものもあれば彼女がすでに知っている話しかないものもあった。彼女は独特でもっとおもしろい話を使ってスピーチをしたいと思った。

次に，彼女は図書館に行って役に立つ本を見つけようとした。しかし，自分が読みたい本を借りることができなかったので，彼女はがっかりした。それに，とても多くの本があったので，彼女は図書館でほしいものを見つけることができなかった。彼女が本を見つけるのをあきらめて帰宅しようとしたとき，ある高齢の男性がアヤノに話しかけた。「あなたは何を知りたいのですか。あなたは長い時間，何かを探していましたね。喜んでそれを見つけるお手伝いをしますよ」アヤノは彼に彼女のスピーチについて話した。それから彼は，「私はここに60年間住んでいて，何年もの間，図書館司書として町の事務所で働きました。私はあなたに私たちの町について知っていることをすべて教えることができますよ。私があなたのお手伝いをすることはとても簡単です！」と言った。

彼女は彼から自分の町についてたくさんのことを学んだので，おもしろいスピーチをすることができた。彼女の英語の先生はそれにとても満足した。

問1 48 下線部を含む文の直前で，アヤノの先生が彼女に「次の英語の授業であなた自身の町についてスピーチをしてください」と言っているので，a lot of good stories about it「それについてたくさんのよい話」とは，アヤノの町についてのよい話であるとすると前後のつながりが自然になる。

問2 下線部の理由は，直後の because 以下に述べられている。because 以下は「自分が読みたい本を借りることができなかった」という意味なので，これとほぼ同じ内容を表す③「彼女は読みたい本を借りることができなかったので」が適切。①は「彼女が読みたかった本が高価すぎたので」，②は「だれかが彼女のお気に入りの本を読んでいたので」，④は「彼女は本を1冊も買うことができなかったので」，⑤は「何人かの人が本の貸し出しを待っていたので」という意味。

問3　50 「アヤノは自分の町についてスピーチをしなくてはならなかった」という意味。第1段落で，アヤノは英語の先生から「次の英語の授業であなた自身の町についてスピーチをしてください」と言われている。　51 「アヤノはインターネットから役に立つ情報を何も得なかった」という意味。第2段落第3，4文から，インターネットからは役に立つ情報は得られなかったことがわかる。　52 「男性は町に住んでそこで働いていたので町についてよく知っていた」という意味。第3段落の男性の発言「私はここに60年間住んでいて，何年もの間，図書館司書として町の事務所で働きました。私はあなたに私たちの町について知っていることをすべて教えることができますよ」から，④が適切。①は「彼は本からたくさんのことを学んだ」，②は「彼は英語の先生に教わった」，③は「彼はインターネットを使うことでそれを勉強した」という意味。　53 「アヤノは図書館にいた男性のおかげでよいスピーチをすることができた」という意味。最終段落第1文「彼女は彼(＝図書館にいた高齢の男性)から自分の町についてたくさんのことを学んだので，おもしろいスピーチをすることができた」から，③が適切。①は「彼女の英語の先生」，②は「インターネット」，④は「図書館の本」という意味。

問4　①「アヤノは図書館で彼女の英語の授業についてスピーチをした」(×)　第1段落第4文から，アヤノは英語の先生から自分の町について，次の英語の授業で発表するように求められたことがわかるので，合わない。　②「図書館はとても古かったので，アヤノはそれを見つけることができなかった」(×)　図書館が古くてアヤノが図書館を見つけられなかったという記述はないし，アヤノは実際に図書館に行っているので合わない。　③「アヤノは電車で読むための新しい本を何冊か探していた」(×)　アヤノは自分の町についての情報を得るために図書館へ行って本を探したのだから，合わない。　④「図書館から本を借りたいために，多くの人々がいた」(×)　第3段落第3文を参照。アヤノは図書館にたくさんの本があったのでほしい本を見つけることができなかったので，合わない。　⑤「ある高齢の男性は，彼女の町についていくつかのよい話をすることによってアヤノを助けた」　最後の2段落を参照。高齢の男性は長くアヤノの町に住み，自分が町について知っていることをすべてアヤノに話すことができると言っている。また，最終段落第1文から，アヤノが彼の話から多くのことを学んだことがわかるので，合っている。

★ワンポイントアドバイス★

Jの読解問題では，先にお知らせを読んで，どこに何についての情報が書かれているかを押さえよう。それぞれの選択肢を読みながら，その選択肢がどの情報について述べたものかを判断して，お知らせの該当する箇所をチェックする。

＜国語解答＞《学校からの正答の発表はありません》

第一問　1 ③　2 ⑤　3 ④　4 ②　5 ①　6 ③　7 ①　8 ④
9 ⑤　10 ①　11 ⑤　12 ③　13 ③　14 ②　15 ①　16 ①
17 ②　18 ①

第二問　19 ④　20 ④　21 ⑤　22 ①　23 ③　24 ②　25 ①　26 ⑤
27 ②　28 ②　29 ④　30 ④　31 ①

第三問　32 ④　33 ④　34 ⑤　35 ⑤　36 ③　37 ⑤　38 ④　39 ④
40 ③　41 ⑤　42 ①　43 ③　44 ③　45 ③

○推定配点○
第一問　10・12　各3点×2　　他　各2点×16　　**第二問**　23～26・29～31　各3点×7
他　各2点×6　　**第三問**　37　3点　　他　各2点×13　　　計100点

＜国語解説＞

第一問　(論説文－漢字，脱文・脱語補充，接続語，文脈把握，内容吟味，指示語，要旨)

問一　ア　完結　①　観光　②　新幹線　③　完治　④　時間　⑤　漢字
イ　閉鎖的　①　交差点　②　喫茶店　③　定期考査　④　砂糖　⑤　封鎖
ウ　業績　①　責任感　②　積雪　③　在籍　④　戦績　⑤　惜敗
エ　期待　①　希望　②　延期　③　規則　④　季節　⑤　記録的
オ　準備　①　水準　②　遵守　③　順番　④　純粋　⑤　巡回

問二　Ⅰ　直前に「高校生ぐらいまでは……フィーリング共有性の高い，同世代で自分と同質の小さな集団のなかで自己カン結し，……ことが多い」とあるのに対し，直後には「やがて社会に出れば……関係を作っていかなくてはなりません」とあるので，逆接を表す「しかし」が入る。
Ⅱ　直前の「『人とつながりたい自分』」と直後の「『傷つくのはいやだという私』」をつなぐ語としては，逆接を表す「でも」が適切。　Ⅲ　後に「……と思えば，きっと楽になるでしょう」とあるので，どちらかといえば，という意味の「むしろ」が入る。　Ⅳ　直前に「絶対受容性」とあり，直後で「『王子様願望』」と具体例を示しているので，例示を表す「たとえば」が入る。

問三　「フィーリング」は，直感的にとらえる気分，雰囲気，という意味なので，「直観的に互いの気持ちや意志がよく通じ合い」とする①が適切。

問四　直前に選択を意味する「あるいは」とあるので，「異質性」と似た意味の「他者性」が入る。

問五　直前の「向き合っているのは，……自分の作った幻想に過ぎない」を，「つまり……」と言い換えているので，「個別的な人格(をまったく見ていない)」とするのが適切。

問六　直前の「自分を表現していくことに対して，すごく恐れのある人が多くなっている」という内容を指すので，「自分を理解してもらうことについて恐れを持っている」とする①が適切。

問七　「片付けられてしまいそうだ」の「そうだ」は，そういう様子だ，という意味を表す，「様態」の用法。①②③④は，他人から聞いた，という意味を表す「伝聞」の用法。⑤は「様態」の用法。

問八　「〈生のあじわい〉」とは，現実的な，実感の伴う感覚のことで，直前には「まるごとすべて受け入れてくれるわけではないんだけれども，自分のことをしっかり理解しようとしてくれている人と出会う」と説明されているので，「けんかをして友人と自分の考えの違いを理解」とある③が適切。

問九　【C】の直前に「信頼できる『他者』を見つけるという感覚」とあり，脱落文の「信頼はできるかもしれないけれど，他者なのだから，決して自分のことを丸ごとすべて受け入れてくれるわけではない」という説明とつながるので，Cに補うのが適切。

問十　A「全く人間関係に悩むことがない」という部分が合致しないので適切でない。　B　社会に出てからの人間関係について，「となると……」で始まる段落に述べられている内容と合致するので適切。　C「人との関係を……」で始める段落に述べられている内容と合致するので適切。　D「他者に対して不信感を持って付き合うべきである」という部分が合致しないので，適切でない。　E「『絶対受容』」について，「女の子なら，それは『王子様願望』のような形で現れますよね」「男の子だったらやっぱり優しい母親のような存在でしょうか」として，わかりやすい例を挙げて論を進めているので適切。

第二問　(小説－脱文・脱語補充，語句の意味，慣用句，情景・心情，文脈把握，表現技法，大意)

問一　直前に「父は最近おしゃべりになった。なにをするにも……ひとりごとや鼻歌もふえた」とある。ことさらに明るく振る舞ったり，自分を励ますかのように声を発したりする様子が描かれていることから，寂しさを紛らわそうとしていることが読み取れるので，「寂しい」が適切。

問二　ア　「釘を刺す」は，相手に念を押す，という意味なので④が適切。　イ　「かぶりを振る」は，頭を左右に振って，不承知・拒否を示すことなので，⑤が適切。　ウ　「きょとん」は，驚いたり相手の言うことが分からなかったりして目を大きくあけてぼんやりしている様子なので①が適切。

やや難　問三　直前の会話は，「『……お母さん，もうちょっとかかりそうだって』」「『……もうちょっと，って？』」「『来月ぐらい？』」「『それは……もうちょっと，かな』」「『だから，いつ？』」というもので，お母さんの入院期間が長くなることを少年に伝えている場面である。少年に対して，母の退院が延期されたことを伝えるのを辛く感じる様子が読み取れるので③が適切。

問四　直前に「『……一冊でいい？』」とあることから，病院に母のお見舞いに行くための回数券の質問だとわかる。「往復で二枚ずつ」「一週間で終わってしまう」とあることから，回数券の冊数を訊くことは，母の入院期間を確かめることになるので②が適切。

問五　直前に「あのひとだ，とわかると，胸がすぼまった」「初めてバスに一人で乗った日に叱られた運転手だった」とあるので①が適切。

問六　「とんちんかん」は，見当違いなこと，という意味。ここでは，「『病院，かようんだったら，定期のほうが安いぞ』」という「河野さん」の言葉に対して，「『お見舞いだから』」と見当違いな答えをしてしまったことを指すので⑤が適切。

問七　夕焼けの色を「炎が燃え立つような」激しい色にたとえているので，「比喩法」が適切。

問八　一冊は11枚なので，三冊では33枚になる。往復で2枚使うので，33枚は16日分で，「およそ半月分」になる。

問九　直後に「回数券を使わなければ，家に帰れない」とあり，前には「行きのバスで回数券は一枚ずつ減っていく。最後から二枚目の回数券を——今日，使った。あとは表紙を兼ねた十一枚目の券だけだ」とある。今日，回数券を使えば回数券を使い切ることになるので，少年は「泣きだしそうになった」のである。回数券を使い切って次の一冊を買うことは，母の退院日がその分だけ遠くなることを意味するような気がして悲しくなったと考えられるので④が適切。

問十　「回数券の……」で始まる段落に「回数券の一冊目を使い切る頃には，バスにもだいぶ慣れてきた」とあることから，運転手の「河野さん」とのやりとりが始まる前から少年は，一人でバスに乗ることができていたとわかるので④はあてはまらない。

やや難　問十一　「次の日……」で始まる段落に「あのひとだ，とわかると，胸がすぼまった」とあり，「初めてバスに一人で乗った日に叱られた運転手だった」「叱る口調ではなかったが，それ以来，あのひとのバスに乗るのが怖くなった」とあるが，本文の最後には「回数券に書いた『ありがとうございました』に気づいてくれるかな，気づいてくれるといいな」とある。最初は怖いと思っていたバスの運転手に感謝の気持ちを伝えられるまでに成長した少年の様子が描かれているので①が適切。少年は病院に母を見舞っていたので，「看病」とある②③⑤は適切でない。④の「わざとおどけた様子で振る舞う」は，少年ではなく父のことなのであてはまらない。

第三問　(古文－仮名遣い，語句の意味，旧暦，口語訳，主語，品詞・用法，文脈把握，表現，文学史)

〈口語訳〉　五月のころなどに，山里を(牛車で)出かけるのは，とても趣深い。草も葉も水もずっと一面に青々と見えているが，表面はさりげないようすで草が生い茂っているところを，そのままどこまでもまっすぐに行くと，下はなんともいえない清らかな水が，深くはないが，従者などが歩むにつれて，しぶきとなって飛び上がるのが，とても趣がある。

道の左右にある生垣にある何かの木の枝などが，(牛舎の)屋形などに入り込むのを，(車の中から)急いでつかまえて折ろうとするときに，ふっと車が通り過ぎて，(手から)はずれてしまうのは，たいそう残念である。

蓬で，車輪に踏みしだかれたのが，車輪が回るにつれて，顔の近くまで香ってくるのもいい。

問一　A　語頭以外の「はひふへほ」は，現代仮名遣いでは「わいうえお」となるので，「へ」を「え」に直して，「とらえて」となる。　B 「は」は「わ」に直して「まわりたるに」となる。

問二　a 「いと」は，非常に，たいそう，と強意を示す語なので⑤が適切。　b 「をかし」には，趣がある，風情がある，興味がひかれる，おもしろい，などの意味がある。ここでは，山里に出かけた時の感慨を意味するので，⑤が適切。

問三　旧暦の読み方は，一月は「睦月(むつき)」，二月は「如月(きさらぎ)」，三月は「弥生(やよい)」，四月は「卯月(うづき)」，五月は「五月(さつき)」，六月は「水無月(みなづき)」，七月は「文月(ふづき・ふみづき)」，八月は「葉月(はづき)」，九月は「長月(ながつき)」，十月は「神無月(かんなづき)」，十一月は「霜月(しもつき)」，十二月は「師走(しわす)」。

やや難 問四 「つれなし」には，そしらぬ風をする，さりげない，という意味がある。「えならざりける」の「え」は，下に打消しの語を伴って，可能でない，できない，という意味になる。「えならず」は，一通りでない，表現することができない，という意味なので，「さりげなく草が生い茂っている」「何とも言えないほど美しい」とする⑤が適切。

問五　前の「えならざりける水の」が，「走りあがりたる」に係るので，「水」が入る。水が(しぶきとなって)飛び上がる，という意味である。

問六　平安時代の貴族が出歩く時の乗り物は「牛車」。

問七　係助詞は「こそ」で，強意を表す。係り結びの法則により，係助詞「こそ」は，文末が已然形で結ばれる。ここでは，係助詞「こそ」の後，「くちおしけれ」と已然形になっている。たいそうくやしいことだ，という意味を強めている。

やや難 問八 「蓬の，車に押しひしがれたるが」は，車に押しひしがれた蓬が」という意味になり，「蓬」と「車に押しひしがれたる」は同格となるので，同格を示す「で」が適切。

やや難 問九　直前に「蓬の，車に押しひしがれたるが，輪のまはりたるに」とあるので，車輪に押しつぶされた(蓬の香り)」が，車輪が回るにつれて顔にうちかかる，となる。

問十　本文には，「いと青く」「草生ひ茂りたる」と視覚に訴える描写，「(水が)走りあがりたる」と，水が人に触れたときの感覚の描写，車輪に押しつぶされた蓬の香りの描写が見られるので，視覚・触覚・嗅覚を挙げている③が適切。

問十一　『枕草子』は，平安時代中期に成立した清少納言による随筆。紫式部は『源氏物語』，和泉式部は『和泉式部日記』，兼好法師は『徒然草』，鴨長明は『方丈記』の作者。

★ワンポイントアドバイス★

現代文は，心情表現や言い換え表現に着目して，解答の根拠をしっかりとらえて正答を導き出そう！　古文は，深い知識が求められることをふまえ，重要古語だけでなく，文語文法も含めた対策を！

2021年度

★★★★★★★★★★★★★★★★★★★★★★★★

入　試　問　題

2021年度

古川学園高等学校入試問題（普通科進学・創志コース）

【数　学】（50分）　＜満点：100点＞

1から5までの □ のア～きに入る適当な数を１つずつ解答用紙にマークしなさい。

1 次の問いに答えなさい。

(1) $\frac{9}{2}\div\frac{3}{8}-(-2)^2=$ ア である。

(2) $11a^3b\times 9ab\div(3a^2b)^2=$ イウ である。

(3) $3<\sqrt{a}<4$ をみたす自然数 a の個数は エ 個である。

(4) y が x に反比例し，$x=-5$ のとき，$y=15$である。
$x=3$ のとき，y の値は，$-$ オカ である。

(5) 連続した３つの自然数がある。このうち，最も小さい数の２乗が他の２数の和と等しいとき，最も小さい数は，キ である。

(6) $(x+1)^2+(x+1)-6$ を因数分解すると，$(x+$ ク $)(x-$ ケ $)$ である。

(7) ２次方程式 $(x-3)^2=5$ を解くと，$x=$ コ $\pm\sqrt{\text{サ}}$ である。

(8) 下の表は，生徒100人の通学時間を度数分布表に表したものである。
中央値が含まれる階級の相対度数は0.シ である。

通学時間

階級（分）	度数（人）
0以上　10未満	6
10 ～ 20	18
20 ～ 30	20
30 ～ 40	10
40 ～ 50	30
50 ～ 60	16
計	100

(9) 右の図は，円すいの展開図である。この展開図を組み立てたとき，側面となるおうぎ形は，半径が32cm，中心角が135°である。底辺となる円の半径は スセ cm である。

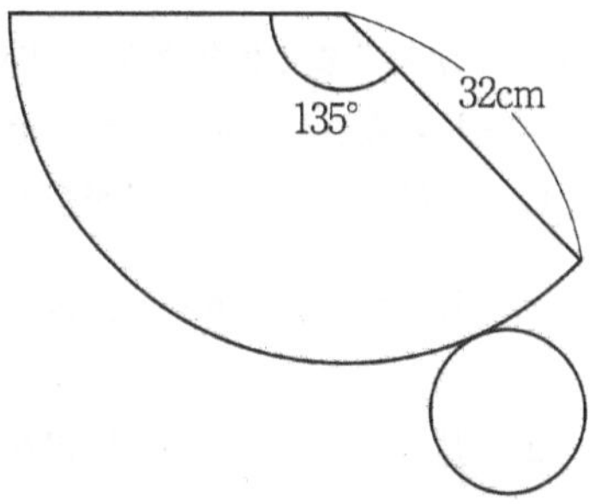

⑽　△ABCの３つの角の比が∠BAC：∠ABC：∠BCA＝２：３：１となるとき，∠BAC＝［ソ］［タ］°である。

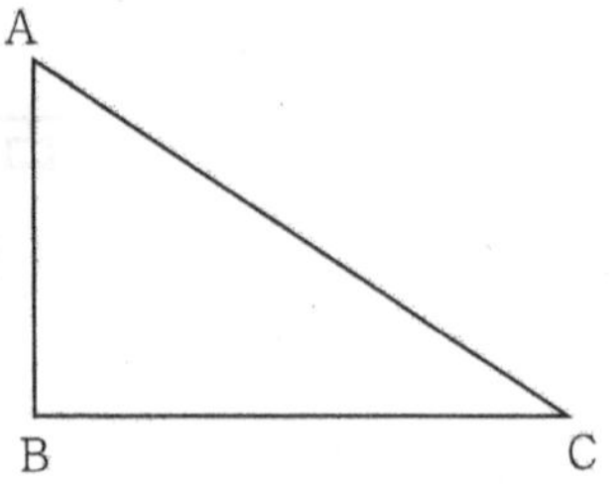

［2］　下の図のように，ある中学生の自宅からＡ店を通って学校に行く道があり，自宅から学校まで２㎞離れている。ある日，自宅からＡ店まで分速80ｍで歩き，Ａ店に到着してから10分後にＡ店から学校に分速200ｍで走ったところ，自宅から学校まで23分かかった。このとき，次の問いに答えなさい。

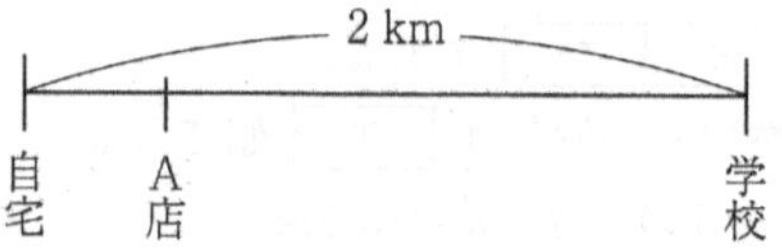

⑴　自宅からＡ店までの道のりを x ｍとすると，Ａ店から学校まで走るのにかかった時間は

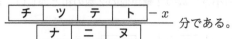

$$\frac{［チ］［ツ］［テ］［ト］ - x}{［ナ］［ニ］［ヌ］}$$ 分である。

⑵　自宅からＡ店までの道のりは［ネ］［ノ］［ハ］ｍである。

［3］　右の図のように，関数 $y = ax^2 (a > 0)$ のグラフ上に２点Ａ，Ｂがあり，点Ａ，Ｂの x 座標は2，3である。また，点Ｃは y 軸上の点である。このとき，次の問いに答えなさい。

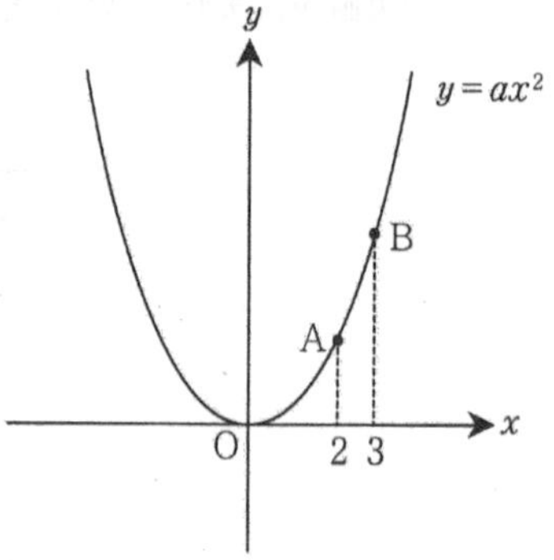

⑴　$a = 2$ のとき，点Ａの座標は（［ヒ］，［フ］）である。

⑵　$a = 2$，点Ｃの y 座標が12のとき，直線ＢＣの式は $y =$［ヘ］$x +$［ホ］［マ］である。

⑶　ＡＣ＋ＢＣの長さが最短になる点Ｃの y 座標が６である。このとき，a の値は［ミ］である。

［4］　１から５までの数字が１つずつ書かれた［1］，［2］，［3］，［4］，［5］の５枚のカードがある。この５枚のカードを裏返してよく混ぜ，そこから同時に２枚のカードを引く。このとき，次の問いに答えなさい。ただし，どのカードが引かれることも同様に確からしいとする。

⑴　引いた２枚のカードに書かれた数の積が偶数となる確率は $\frac{［ム］}{［メ］［モ］}$ である。

⑵　引いた２枚のカードに書かれた数の差が素数となる確率は $\frac{［ラ］}{［リ］}$ である。

(3) 引いた2枚のカードに書かれた数の和をA，積をBとする。

このとき，AとBの差が2となる確率は $\dfrac{\boxed{ル}}{\boxed{レ}\boxed{ロ}}$ である。

5 下の図のような，AB＝3㎝，AD＝9㎝の長方形ABCDとその辺上を動く2点P，Qがある。

Pは秒速1㎝でAからBを通りCに向かって動き，Qは秒速3㎝でAからD，Cを通りBに向かって動き，2点P，Qは重なったところで止まるものとする。2点P，QがAから同時に動き始めるとき，動き始めてから x 秒後の△APQの面積を y ㎝^{2}とする。

このとき，次の問いに答えなさい。

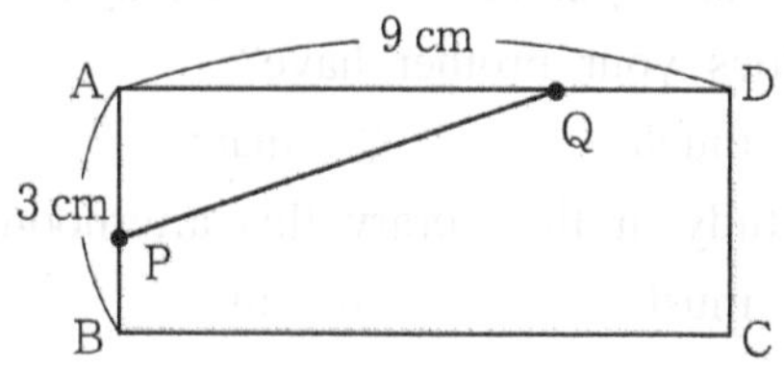

(1) $x=2$ のとき，y の値は，$\boxed{あ}$ である。

(2) $x=4$ のとき，y の値は，$\boxed{い}\boxed{う}$ である。

(3) $y=3$ となる x の値は，$\sqrt{\boxed{え}}$ と $\dfrac{\boxed{お}\boxed{か}}{\boxed{き}}$ である。

【英　語】（50分）　＜満点：100点＞

A． 次の英文の（　）に入れるのに最も適切なものを①～④から１つずつ選び，番号をマークしなさい。〔**解答番号は**1～10〕

1 （ 1 ）you Ken?
① Can　② Do　③ Did　④ Are

2 I am（ 2 ）in Japanese history.
① interested　② worried　③ interesting　④ surprised

3 Yumi and Jim（ 3 ）tennis at that time.
① were playing　② have played　③ was playing　④ play

4 How（ 4 ）CDs does your brother have?
① long　② much　③ many　④ lots of

5 I（ 5 ）going to study at the library this afternoon.
① will　② must　③ am　④ have

6 He（ 6 ）speak Japanese soon.
① is going　② has been　③ will be able to　④ was studying

7 I like this movie because it（ 7 ）me happy.
① helps　② causes　③ makes　④ gives

8 It is dangerous（ 8 ）to swim in this lake.
① to you　② for you　③ of you　④ that you

9 Ken is the tallest（ 9 ）all the students in class.
① in　② to　③ for　④ of

10 I（ 10 ）in Furukawa since I was ten years old.
① was living　② lived　③ have lived　④ live

B． 次の英文の（　）に入れるのに最も適切なものを①～④から１つずつ選び，番号をマークしなさい。〔**解答番号は**11～15〕

1 Steven's father makes very good pizzas. He is a（ 11 ）at an Italian restaurant.
① guide　② florist　③ chef　④ hairdresser

2 Janet was trying to go to the city zoo yesterday, but she（ 12 ）her way. Two hours later, she finally found it.
① lost　② slept　③ lent　④ kept

3 Yesterday, we decided to have lunch outside. We ate in the park（ 13 ）our house.
① between　② up　③ behind　④ down

4 Jenny usually eats only one（ 14 ）of toast for breakfast.
① pair　② slice　③ page　④ sheet

5 The rock group was very popular, so the concert hall was（ 15 ）of people.
① thick　② full　③ deep　④ high

C．次の日本語の意味を表す英文となるように与えられた語（句）を並べ加えたとき，(16)～(21)に入る語（句）を１つずつ選び，番号をマークしなさい。ただし，文頭に来る語も小文字になっている。〔解答番号は16～21〕

1　彼女は冬休みの間，自由な時間がありませんでした。
She (　　) (　　) (　　) (16) her winter vacation.
① free time　② no　③ during　④ had

2　田中さんがどこに住んでいるか知っていますか。
Do you (　　) (　　) (17) (　　)?
① lives　② know　③ Mr. Tanaka　④ where

3　空港へはどのバスに乗ればいいですか。
(　　) (18) (　　) (　　) take to the airport?
① bus　② I　③ should　④ which

4　私はカレンの両親に紹介されました。
I (　　) (19) (　　) (　　) parents.
① was　② Karen's　③ introduced　④ to

5　あなたが昨日バドミントンの試合に勝ってうれしいです。
I'm (　　) (20) (　　) (　　) the badminton match yesterday.
① you　② that　③ won　④ glad

6　友人たちと話すのは，私を幸せな気分にします。
(　　) with (　　) (　　) (21) happy.
① my friends　② makes　③ talking　④ me

D．次の対話文の（　）に入れるのに最も適当なものを①～④から一つずつ選び，番号をマークしなさい。〔解答番号は22～26〕

1　**Woman**　: Where were you?　The movie starts in two minutes.
Man　: I'm sorry.　I (22) the train.　So I had to wait for the next one.
① took　② found　③ ran　④ missed

2　**Girl 1**　: Can your sister come to the beach tomorrow?
Girl 2　: I'll (23) her tonight.　If she can come, maybe she can drive us.
① lend　② help　③ ask　④ think

3　**Husband**　: This cake looks good, but it's too big for us.
Wife　: (24)
① I like my present.　② There are no drinks.
③ I agree.　④ Nice talking to you.

4　**Son**　: Have you seen my baseball glove, Mom?
Mother　: (25) I saw it there yesterday.
① The game starts at three.　② I have a baseball bat.
③ In just a few minutes.　④ Look by the front door.

5 **Girl** : Hi, Steve. You don't look well. (26)
Boy : I'm feeling better, thanks.
① Where's your school? ② How did you go?
③ Do you still have a cold? ④ When's your vacation?

E. 次の会話文の（　）に入れるのに最も適当なものを，下の①～⑥の中から１つずつ選び，番号をマークしなさい。〔**解答番号は**27～32〕

Shota : Let's go outside, Ralf. We have a lot of snow!
Ralf : (27)
Shota : We'll have a *snowball fight.
Ralf : Is it OK? Can we do that here?
Shota : Of course we can. (28) I'm just talking about playing in the snow.
Ralf : In my school in *Germany, students cannot have snowball fights.
Shota : Really? What is the problem?
Ralf : It is dangerous.
Shota : (29)
Ralf : Snowballs sometimes hurt people or damage things.
Shota : I don't think so.
Ralf : (30)
Shota : Oh, I understand. It is very cold in Germany in winter, so there is always a lot of ice.
Ralf : That's right.
Shota : OK. (31) If you hold one, you'll know Japanese snowball fights are not dangerous.
Ralf : I see. Your snowballs usually don't have ice because it isn't so cold here, right?
Shota : Yes. (32)

*snowball fight　雪合戦　*Germany　ドイツ

① I'll make you some snowballs. ② I don't think it is so dangerous.
③ Snowballs sometimes have ice in them. ④ What are we going to do?
⑤ Let's go outside! ⑥ Why do you ask that?

F. 次の英文は，生徒の発表の一部である。これを読み，あとの問に答えなさい。〔**解答番号は**33～34〕

There are some Japanese *engineers working in *Southeast Asia. Today I'll talk about them. Please look at this newspaper.

Japanese Water *Filters Save People in Southeast Asia
People in Southeast Asia have had water troubles for a long time.
Water from some rivers is not good to drink. Some Japanese engineers

knew about the troubles and brought water filters made in Japan. Many people in Southeast Asia now use them to make river water clean. *Thanks to the Japanese engineers, they are easily able to get clean water to drink from rivers.

After reading this in the newspaper, I looked into the story on the Internet and learned about the Japanese engineers and their filters. At first the engineers had many problems. Their filters didn't work well. They tried hard and finally found ways to make them better. These filters are now used by many people in Southeast Asia.

*engineer 技術者　*Southeast Asia 東南アジア　*filter ろ過器　*thanks to~ ～のおかげで

問　本文の内容に一致するものを，①～④から１つずつ選び，番号をマークしなさい。

１）〔解答番号は33〕

① In Japan, people have had troubles giving water to plants.
② In Southeast Asia, people have had troubles giving water to plants.
③ In Japan, drinking river water has been a problem for the people.
④ In Southeast Asia, drinking river water has been a problem for the people.

２）〔解答番号は34〕

① The Japanese engineers didn't work to make their filters.
② It was very difficult for the Japanese engineers to make good water filters at first.
③ The Japanese engineers tried hard to make money.
④ People in Southeast Asia cannot use water filters now.

G．日本に住む外国人についての２つのストーリーを読み，設問に答えなさい。

No. 1

この英文は，日本に留学生として滞在中のジム（Jim）が経験したことである。次の英文を読み，問１～問４に答えなさい。〔解答番号は35～39〕

Last week I went shopping to get a **Yukata* for my sister's birthday present. She always wants me to send something Japanese.

I went to some *kimono* shops, but I could not find any *Yukata*. At the last shop, I asked a *clerk about them. "We are very sorry, but we do not have any *Yukata* because it is October now. A *Yukata* is (　A　) summer." It was news to me. Then, she showed me many different things in the shop. But I didn't want them. So I asked her, "Please give me an idea about a popular birthday present for your friend in Japan." Ⓑ< me, she, some, gave, ideas >.

When I was leaving the shop, the clerk called me. I looked at her and she had something in her hands. She said, "I bought this *Yukata* for my mother, but I want to give this to you for your sister." I was very surprised and said, "Thank you, but it is too much for me." The clerk said, "When I was a high school student, I stayed in Australia. The people there were very kind to me. So, I want to help you now. I hope you will help someone *in return. Please do not stop this *chain of kindness." "Thank you very much for the wonderful present and your kind words." I left the shop and asked myself, "How can I show kindness to the people around me?"

*_Yukata_ ゆかた　*clerk 店員　*in return お返しに　*chain of kindness 親切のつながり

問1　本文の内容について，以下の質問に対する最も適切な答えを，①～④の中から１つずつ選び，番号をマークしなさい。

(1) Why did Jim go shopping? 〔**解答番号は35**〕

① He wanted to buy something for his family.
② He wanted to buy something for his friend.
③ He was looking for a Japanese dictionary.
④ He wanted to buy something for his Japanese friend.

(2) What did Jim ask the clerk for? 〔**解答番号は36**〕

① He asked the clerk the way to another Kimono shop.
② He asked the clerk to give him some advice.
③ He asked the clerk to show him another _Yukata_.
④ He asked the clerk how to find something Japanese.

問2　（A）に入れるのに最も適当な語を①～⑤の中から１つ選び，番号をマークしなさい。
〔**解答番号は37**〕

① to　② for　③ in　④ of　⑤ with

問3　Ⓑの語を意味が通るように並べかえたとき，3番目に来る語を選び，番号をマークしなさい。ただし，文頭に来る語も小文字になっている。〔**解答番号は38**〕

① me　② she　③ some　④ gave　⑤ ideas

問4　本文の内容に**合わないもの**を１つ選び，番号をマークしなさい。〔**解答番号は39**〕

① The clerk said to Jim that she would give a _Yukata_ to Jim.
② The clerk advised Jim where to get a _Yukata_ in Japan.
③ The clerk asked Jim to be kind to other people.
④ The clerk lived abroad when she was a high school student.

No. 2

次の英文は，日本に住む外国人のニック（Nick）が書いたエッセイの一部である。これを読み，問1～問7に答えなさい。〔**解答番号は40～46**〕

I have lived here in Japan for three years as an ALT, and I have been surprised at many things. Today I am going to tell you about them.

One day, I went to a convenience store to buy a notebook. In the store many people were reading books. One of them finished reading a book and left the store without buying it. I thought, "What was he doing? Is ㋐ that all right?" In my country, Canada, people never do such a thing. I asked ㋑a Japanese teacher about this. She said to me, "I understand what you mean, Nick. Of course, it is not [ウ] in Japan. The books in the stores are for selling. If you read a book in a convenience store, you have to buy it. But some people read a book without buying it, as you said. *Storekeepers worry about it and try to stop it. In some stores books *are kept closed. People can't read them in the stores. But some storekeepers think people reading books without buying them has [エ] points, too. ㋔They say that you may think a store is very popular if you see many people in it."

I was very surprised at something else, too. On the first day at my school, a teacher said to me at the front door, "Welcome to our school. Please leave your shoes here." [カ] I came to Japan, I knew Japanese people didn't wear shoes in the home. Next, she said to me, "Please wear these *slippers." I was very surprised to hear that. The slippers were not new. I thought, "These slippers were used by someone. Why do I have to wear them?" I didn' t want to share such things with other people. I couldn't imagine that [キ] people wear [ク] slippers.

*storekeeper 店主・店長　*be kept closed 閉じたままにされる　*slipper スリッパ

問１ 下線部㋐が示すものを最も適切に表しているものを①～④から選び，番号をマークしなさい。〔解答番号は40〕

① 店で本を読んでから買うこと。　② 店を出てから本を買うこと。
③ 店で本を貸し出すこと。　④ 店で本を読んで買わないこと。

問２ 下線部㋑の人物の考えとして最も適切に表しているものを①～④から選び，番号をマークしなさい。〔解答番号は41〕

① Japanese convenience stores are always popular.
② If people read a book in a convenience store, they should buy it.
③ The books in a convenience store are for reading there, not for selling.
④ It is always good to read a book in a convenience store without buying it.

問３ ［ウ］と［エ］に共通して入れるのに最も適切なものを①～④から選び，番号をマークしなさい。〔解答番号は42〕

① tired　② happy　③ lucky　④ good

問４ 下線部㋔が示すものを最も適切に表しているものを①～④から選び，番号をマークしなさい。〔解答番号は43〕

① books　② some storekeepers
③ people in Canada　④ people in a convenience store

問５ ［カ］に入れるのに最も適切なものを①～④から選び，番号をマークしなさい。〔解答番号は44〕

① That　② Before　③ So　④ Though

問６ ［キ］と［ク］に入る語（句）の組み合わせとして最も適切なものを①～④から選び，番号

をマークしなさい。〔**解答番号は45**〕

① キ the same　ク the same　② キ the same　ク different

③ キ different　ク the same　④ キ different　ク different

問７ 本文の内容に合うものを①～④から選び，番号をマークしなさい。〔**解答番号は46**〕

① Nick went into a convenience store because there were many people in it.

② Nick read a book in the convenience store and left without buying it.

③ Nick didn't know that Japanese people don't wear shoes at home.

④ Nick doesn't like wearing the old slippers.

H. 次の英文を読み，本文の内容と一致するものを①～④の中から一つずつ選び，番号をマークしなさい。〔**解答番号は47～51**〕

Long ago a *king lived m a small country ana ne was becoming old. One day he thought that he needed to find the next king. He wanted to find the best person for his country.

The king called all the young people in the country to the palace. He said, "I will choose the next king from you." The people there were surprised. He said, "I am going to give a *seed to every one of you today. I want you to *plant it, give water to it and come back here six months from today with the plant. Then, I will look at the plants and choose the next king."

It was exciting for the young people. Joe was one of them. He went home and planted the seed in a *pot very carefully. Every day he gave water to it and watched it. After about two weeks, some of the young people began to talk about their plants. Joe was sad to hear that. He thought he needed more time and waited.

Six months passed and the day came. Joe said to his mother, "I am not going to take my pot to the palace. People say the king will be angry and *punish me when he looks at it." "What's wrong? I know you did your best. You must go and show it."

When Joe got to the palace, everyone brought the beautiful plant and he was surprised to see that. When they saw his pot, they laughed at him.

Then the king came. He walked around the room and said, "I'm very glad to see your plants. They show what kind of person you are." Then, he saw Joe, and his pot had no plants. The king told him to come to the front. Everyone worried about him.

The king said to the people. "Listen to me. Six months ago, I gave everyone here a seed. But the seeds were boiled and I knew no plants would come from them. All of you *except this boy have beautiful plants now. That means you did something bad to get them. Look at his pot carefully. Can you see the plant in his pot? You can't! But I have wanted this plant from the next king."

*king　王様　*seed　種　*plant　～を植える　*pot　鉢　*punish~　～を罰する
*except~　～以外の

1 〔解答番号は47〕
Long ago
① a king was old and his son was going to be the next king.
② a king was looking for the next king.
③ a king was so tired that he wanted to retire.
④ a king was looking for his new wife.

2 〔解答番号は48〕
The young people in the country were surprised because
① the king told them to make the country better.
② the king was too old to be a king anymore.
③ they had a chance to be the king of the country.
④ they had to make the better food.

3 〔解答番号は49〕
Joe was unhappy because
① he lost his seed.
② he got nothing from his pot.
③ he didn't know how to grow a plant.
④ his mother told him not to go to the king's palace.

4 〔解答番号は50〕
When Joe got to the palace,
① everyone laughed at him.
② the king punished him.
③ everyone didn't get anything from the seed.
④ the king got angry at everyone.

5 〔解答番号は51〕
This story tells us that
① we should listen to our parents.
② we should work hard every day.
③ we should be honest.
④ we should be careful.

④ 召使いが、歌詠みであると言った以上何を詠もうかと緊張し、まだ見ぬ大臣の歌の才能に恐れ入っている。

⑤ 大臣が、格子を代わりに閉めてくれたので、改まって何か召使いにとってのよい話題を探している。

問五 古文中の傍線部C「笑ひ出だしたりければ」について、女房たちがそのようにした理由の説明として最も適当なものを、次の①～⑤のうちから選び、番号をマークしなさい。**解答番号は** 34

① 大臣が召使いに歌を詠ませるという趣向自体がおもしろかったから。

② 召使いが名札のはしがきに詠歌が得意だと書いたのをばかにしていたから。

③ 召使いの詠みはじめの表現が、季節外れでその場にふさわしくないと思ったから。

④ 柳の細い枝で織物を織ろうなどと詠むのは、到底無理で現実的ではないと思ったから。

⑤ 召使いが的外れな歌を詠むかどうか、女房たちはかけをしていて、多くの人の思惑が当たりそうだったから。

問六 古文中の傍線部D「萩織りたる御直垂」が、どのような意味を持つかの説明として最も適当なものを、次の①～⑤のうちから選び、番号をマークしなさい。**解答番号は** 35

① 格子を下ろした御礼　② 歌を詠んだ褒美

③ 召使いの着替え　④ 大臣の洗濯物

⑤ 召使いの昇進の約束

問七 古文中の傍線部E「五文字」の指す内容として最も適当なものを、次の①～⑤のうちから選び、番号をマークしなさい。**解答番号は** 36

① 青柳の　② 春霞　③ くりおきて　④ かりがねは

⑤ 能は歌詠み

問八 古文中の傍線部F「右方の人」とはどのような立場の人であるかの説明として最も適当なものを、次の①～⑤のうちから選び、番号をマークしなさい。**解答番号は 37**

① 友則の右側にいる人

② 友則の左側にいる人

③ 歌合わせでの友則の味方側の人々

④ 歌合わせでの友則の対戦相手側の人々

⑤ 歌合わせの審判

問九 古文中の傍線部G「同じことにや」について、どのようなことが同じであるかの説明として適当なものを、次の①～⑤のうちから**二つ**選び、番号をマークしなさい。**解答番号は 38、39**

① 召使いも友則のどちらも、季節外れの歌を詠もうとしていると周囲の人たちに早合点されたということ。

② 召使いも友則のどちらも、和歌の出だしが斬新でその才能を人々に恐れられたということ。

③ 召使いも友則のどちらも、出だしの五字を詠んだだけで、どんな内容の歌か人に当てられてしまったということ。

④ 召使いも友則のどちらも、たいへんすぐれた歌を詠んで、人々からたくさん賞品をもらったということ。

⑤ 召使いも友則のどちらも、季節が移ろい、秋がめぐってきたときの歌を詠んでいるということ。

「はやく《その先を》詠んでみせよ」とおっしゃった［Y］、

　春の青く芽をふいた柳の細い枝の糸をく繰ってとっておいて、夏が過ぎて秋になった今、機を織るという名の機織虫が鳴くことよ。

と詠んだところ、大臣は感心なさって、萩の模様を織り出した御直垂を《御簾の下から》さし出して下された。

寛平の歌合において、「はつ雁」《という題》を、友則が、

　春霞が立ちこめる中を、その霞にまぎれて霞むようにして北の国に帰ってしまった雁は、今や《再び、渡ってきて、その姿は見せないが》秋霧の上で鳴いているように聞こえてくる。

と詠んだ、《この、友則は》左方であったが、五文字を詠んだ時に、右方の人は、みんなが声を出して笑った。そうして次の句で、「かすみていにし」と言ったので、みんなが静まり返ってしまった。《これも前の話と》同じことであろうか。

※注1　侍…高貴な家の召使い。武士ではない。
※注2　名簿…新しく仕える主人に差し出す名札。
※注3　下格子…格子戸を下ろすこと。
※注4　蔵人…高貴な人の家政をつかさどり、次の宮仕えの機会を待つ人。
※注5　女房…宮中に仕える女官。
※注6　直垂…上・中流階級の男性の私服。
※注7　寛平…宇多天皇の時代の年号。
※注8　歌合…左右に分かれ、定められた題で和歌を詠み合い優劣を競う文学的遊戯。
※注9　友則…紀友則。『古今和歌集』の撰者の一人。

問一　古文中の二重傍線部X「笑ふやうやある」をすべてひらがなの現代仮名遣いに改めたものとして最も適当なものを、次の①～⑤のうちから選び、番号をマークしなさい。**解答番号は30**

①　わらうよふやある
②　わらふえうやある
③　わらうようやある
④　はらうようやある
⑤　わらうえふやある

問二　古文中の二重傍線部Y「ありければ」の現代語訳を考えたとき、現代語訳中の空欄［Y］に入れるのに最も適当なものを、次の①～⑤のうちから選び、番号をマークしなさい。**解答番号は31**

①　のに　②　としたら　③　のであれば　④　のは　⑤　ので

問三　古文中の傍線部A「はたおり」を指すものとして最も適当なものを、次の①～⑤のうちから選び、番号をマークしなさい。**解答番号は32**

①　雁　②　大臣　③　侍　④　きりぎりす　⑤　青柳

問四　古文中の傍線部B「かしこまりて」について、誰がなぜ、どのようにしているかの説明として最も適当なものを、次の①～⑤のうちから選び、番号をマークしなさい。**解答番号は33**

①　召使いが、自分の名札のはしがきを覚えていてくれた主人に恐れ入って、格子を下ろす手を止めている。
②　召使いが、主人から何を聞かれるか楽しみに待ちながら、改まった姿勢で居住まいを正している。
③　大臣が、召使いの歌が自分の歌より上手であると予感して、自身をなくし恐れ入っている。

① 小学校と中学校では人数の増減のしかたが大きく異なるので、「中学校も同様の傾向が見られる」という部分が誤りである。

② 昭和三十年と令和元年で比較をする場合、時代背景を考慮に入れる必要があるので、人数の増減は読み取ることができない。

③ 表で示されているのは人数の増減のみなので、「少子化が進んでいる」という指摘は根拠がないものである。

④ 大学生数の増加が少子化の解決につながるとは言えないので、「少子化を問題視しなくてよい」というまとめは導けない。

第四問　次の古文と現代語訳をよく読んで、あとの問いに答えなさい。

[古文]

花園の左大臣の家に、初めて参りたりける※注1侍の、※注2名簿のはしがきに、「能は歌詠み」と書きたりけり。

大臣、秋の初めに南殿に出でて、Aはたおりの鳴くを愛しておはしましけるに、暮れければ、※注3「下格子に人参れ」と仰せられけるに、※注4「蔵人の五位たがひて、人も候はぬ」と申して、この侍参りたるに、「ただ、さらば、汝下ろせ」と仰せられければ、参りたるに、「汝は歌詠みな」とありければ、Bかしこまりて御格子下ろしさして候ふに、「このはたおりをば聞くや。一首つかうまつれ」と仰せられければ、「青柳の」と、初めの句を申し出だしたるを、候ひける※注5女房たち、折に合わずと思ひたりげにて、C笑ひ出だしたりければ、「ものを聞き果てずしてX笑ふやうやある」と仰せられて、「とくつかうまつれ」Yとありければ、

　青柳のみどりの糸をくりおきて
　　夏へて秋ははたおりぞ鳴く

と詠みたりければ、大臣感じたまひて、D萩織りたる※注6御直垂を押し出だして賜はせけり。

※注7寛平の※注8歌合に、「はつ雁」を、※注9友則、

　春霞かすみていにしかりがねは
　　今ぞ鳴くなる秋霧の上に

と詠める、左方にてありけるに、E五文字を詠みたりける時、F右方の人、声々に笑ひけり。さて次の句に、「かすみていにし」と言ひけるにこそ、音もせずなりにけれ。G同じことにや。

（『古今著聞集』による）

[現代語訳]

花園の左大臣家に、はじめてお仕えした召使いが、名札のはしがきに、「得意とする才能は歌を詠むこと」と書いた。

大臣は秋のはじめに南殿に出て、きりぎりすの鳴く声を賞美していらっしゃるうちに、日が暮れたので、「格子を下ろしにだれか来い」とおっしゃったところ、「蔵人の五位は居合わせないで、どなたもおりません」と申して、この召使いが参上した。すると《大臣が》「それでは、かまわないから、お前が下ろせ」とおっしゃったので、御格子を下ろし申しあげたところ、《大臣が》「お前は歌詠みだと言っていたな」とおっしゃったので、恐縮して《「さようでございます」と答えて》御格子を下ろすのを途中でやめて控えていると、「このきりぎりすの鳴くのを聞いているか。《これを題にして》一首詠んでみせよ」とおっしゃったので、《この召使いは》「青柳の」と第一句をお詠み申しあげはじめたところ、お前に仕えていた女房たちは、《「青柳」では》季節はずれの詠みようだと思っている様子で笑い出した。すると《大臣は》、「ものを終わりまで聞かないで、笑うということがあるか」とおっしゃって、《この召使いに》

イ　①　約二十分の一に減って
　　②　約半分に減って
　　③　約二倍に増えて
　　④　約二十倍に増えて

ウ　①　約二倍
　　②　五倍以上
　　③　十倍近く
　　④　およそ二十倍

エ　①　大学に進学する人が増えた
　　②　少子化の影響がほとんどない
　　③　日本が経済的に豊かになった
　　④　大学は義務教育ではない

問二　ミチコさんがクラスの生徒に提示した「**オ**」のデータはどれだと考えられますか。最も適当なものを、次の①～④のうちから選び、番号をマークしなさい。**解答番号は28**

①

（2013年）単位　%

	大学進学率
オーストラリア	91
アイスランド	80
スロベニア	79
ニュージーランド	74
ポーランド	73
デンマーク	71
エストニア	70
ベルギー	69
ギリシャ	66
チェコ	64
オランダ	60
スイス	60
アイルランド	59
イギリス	58
チリ	58
イスラエル	57
スロバキア	56
韓国	55
フィンランド	55
ポルトガル	52
日本	48
OECD平均	57

②

単位　%

	女子大学生の割合	私立大学の割合
昭和30年（'55）	12.4	59.7
昭和40年（'65）	16.2	70.5
昭和50年（'75）	21.2	76.4
昭和60年（'85）	23.5	72.7
平成 7年（'95）	32.3	73.2
平成17年（'05）	39.3	73.7
平成27年（'15）	43.1	73.4
令和元年（'19）	44.3	73.8

③

単位　%

	大学進学率
昭和30年（'55）	7.9
昭和40年（'65）	12.8
昭和50年（'75）	17.1
昭和60年（'85）	26.5
平成7年（'95）	32.1
平成17年（'05）	44.2
平成27年（'15）	51.5

④

単位　%

	私立大学定員割れ大学の割合
平成24年（'12）	46
平成25年（'13）	40
平成26年（'14）	46
平成27年（'15）	43
平成28年（'16）	45
平成29年（'17）	39
平成30年（'18）	36
令和元年（'19）	33

問三　ミチコさんの原稿には明らかな誤りがあります。それを指摘したものとして最も適当なものを、次のページの①～④のうちから選び、番号をマークしなさい。**解答番号は29**

② レールの上を走る列車は人生を左右する神秘的な力を表現しており、「私」とカツノリくんの対照的な人生の神秘性を詳細に表わしている。

③ 列車が停止したり動き出したりするという断続性を盛り込むことで、人生というのは、感情のように不安定な何ものかによって支配されているということを示している。

④ カツノリくんに関する二つの事件の時間を異（こと）にさせることで、事件そのものがいっそう鮮明化され、人の運命のままならないありようが象徴的に語られている。

第三問　ミチコさんは、下の表の内容についてクラスで発表することになりました。表とミチコさんの原稿をよく読んで、あとの問いに答えなさい。

（ミチコさんの原稿）

まず、小学校の児童数を見てみると、令和元年は（　ア　）です。昭和三十年と比べると、（　イ　）います。それだけ少子化が進んだということだと思います。また、中学校も同様の傾向が見られます。高等学校の生徒数は、昭和三十年より令和元年の方が多くなっています。また、大学に目を向け、昭和三十年と令和元年を比較すると、学生数は（　ウ　）になっています。これは、高等学校や大学は義務教育ではないためです。大学生の数が増えたのは、（　エ　）からだと考えられます。それを裏付けるデータがこちらです（クラスの生徒に「　オ　」のデータを提示する）。大学の学生数に注目することで、少子化についてあまり問題視しなくてもよいということがわかります。

（表）日本の児童・生徒・学生数の推移　　　単位（万人）

	小学校	中学校	高等学校	大学
昭和30年（'55）	1226.7	588.4	259.2	52.3
昭和40年（'65）	977.6	595.7	507.3	93.7
昭和50年（'75）	1036.5	476.2	433.3	173.4
昭和60年（'85）	1109.5	599.0	517.8	184.9
平成 7年（'95）	837.0	457.0	472.4	254.7
平成17年（'05）	719.7	362.6	360.5	286.5
平成27年（'15）	654.3	346.5	331.9	286.0
令和元年（'19）	636.9	321.8	316.8	291.9

令和２年度文部科学統計要覧より

問一　空欄（ア）～（エ）に入るものとして最も適当なものを、次の①～④のうちからそれぞれ選び、番号をマークしなさい。

解答番号はア＝24、イ＝25、ウ＝26、エ＝27

ア
① 六千三百六十九人
② 六万三千六百九十人
③ 六十三万六千九百人
④ 六百三十六万九千人

② カツノリくんの葬儀に参列してくれた関係者の少なさに世の中の冷たさを感じ、人間の薄情さに怒りを感じている。

③ カツノリくんの突然の事故死の真相が明らかでないために、悲しいというよりも好奇心がまさった気持ちをいだいている。

④ カツノリくんを失ったお祖父さんの心中を想像すると、どういう言葉をかけてよいかわからず、その場にいたたまれない気持ちをいだいている。

問六　傍線部**ウ**「診察室の中は、昔と少しも変っていなかった。木製の茶色いカルテ入れも、診察台の位置も、壁に掛けてあるレンブラントの絵も、そっくりそのままであった」とありますが、この表現はどのような効果を持っていますか。その説明として最も適当なものを、次の①～④のうちから選び、番号をマークしなさい。**解答番号は21**

① 昔と少しも変わっていない診察室の描写が、地域に根ざした医療を提供するお祖父さんの、医師としての信念をほのめかすことに成功している。

② 時の経過を感じさせない診察室の描写によって、長年わだかまりをいだいていた「私」が、お祖父さんと自然に昔話に入ってゆく状況をつくることに成功している。

③ 昔と少しも変わっていない診療室の描写が、昔から続いている医家の裕福さとお祖父さんが地元の名士であることを暗示している。

④ 昔と少しも変わっていない診療室の描写が、かえって逆に、カツノリくんの早すぎる死とそれによる空虚（くうきょ）感を強調する効果をもたらしている。

問七　傍線部**エ**「私は身づくろいを整え、洗面所へ行き、あっちに揺られ、こっちに揺られして、胸やズボンをびしょぬれにさせながら、歯を磨き顔を洗った」とありますが、ここにいたるまでの「私」の内面についての説明として最も適当なものを、次の①～④のうちから選び、番号をマークしなさい。**解答番号は22**

① 途中から乗ってきた老人の泣き声が気になって眠れなかったことによる寝不足から、なじめない仕事はどうしてもできないという後ろ向きな気持ちが生まれてしまい、これからの人生への不安を抑えきれないでいる。

② 老人の泣き声をきっかけに、カツノリくんとお祖父さんの人生を思い出してしまったが、朝日を浴びたことで我に返ることができ、たとえなじめない仕事でもがんばろうという前向きの気持ちがわき起こった。

③ 老人の泣き声をきっかけに思い出したくなかった過去を思い出し、人生にはうまくいかないことばかりなのを強く感じ、それでもなお、生きていくほかないという諦（あきら）めの気持ちが生まれた。

④ 老人の泣き声をきっかけに、カツノリくんとお祖父さんの人生を思い出したことによって、自分自身のことを落ち着いて考えることができるようになり、これからも生じるであろう困難を受け入れていけそうな気持になっている。

問八　この小説の表現や構成の特徴の説明として最も適当なものを、次の①～④のうちから選び、番号をマークしなさい。**解答番号は23**

① カツノリくんのお祖父さんと寝台列車で隣り合った老人とには、深い悲しみとそれを抑制（よくせい）する姿が共通しており、「私」とカツノリくんとの関わりが語られるという構成を支えている。

y 「ない」

① この件に関してはかかわり**ない**です。
② 申し訳**ない**ことをいたしました。
③ 新年の初出勤を欠勤するなんて考えられ**ない**。
④ この世には神も仏も**ない**のか。

問三 傍線部**a**～**d**の、本文中における意味として最も適当なものを、次の各群の①～⑤のうちからそれぞれ選び、番号をマークしなさい。
解答番号はa＝15、b＝16、c＝17、d＝18

a あいにく
① おもしろいことに
② 不思議なことに
③ 憎らしいことに
④ じれったいことに
⑤ 間の悪いことに

b 怪訝な
① 疑わしそうな
② 恐怖におびえているような
③ 頭が真っ白になったような
④ 理由がわからず不思議そうな
⑤ 苦々しそうな

c 疎遠になり
① どうでもよいと思うようになり
② 絶交してしまい
③ 仲が険悪になり
④ うとましく思うようになり
⑤ 付き合いが途絶えてしまい

d かくしゃくと
① 注意深く丁寧（ていねい）に
② 無我夢中に
③ 昔からのやり方を頑固（がんこ）に守り
④ 老年になっても健康的で元気に
⑤ ベテランらしくてきぱきと

問四 傍線部**ア**「小舟がカツノリくんの傍に近づくまでの時間は、随分長く感じられた」とありますが、このように感じられたのはどうしてですか。その説明として最も適当なものを、次の①～④のうちから選び、番号をマークしなさい。**解答番号は19**

① そばでうるさく騒ぐ母を落ち着かせることのほうへ注意がそれてしまい、救出される様子をよく見ていなかったから。
② カツノリくんが助け出されるのをまだかまだかと見ていたために、舟をこぐ男の動作が実際以上にゆっくりしているように感じたから。
③ 我が家の過失でカツノリくんを危険な目にあわせた驚きのせいで、パニック状態に陥（おちい）っていたから。
④ 川の流れが急だったので、救出に向かう男の体力の消耗が激しかったこともあり、物理的になかなか舟が進まなかったから。

問五 傍線部**イ**「私たちは焼香をすますと、そそくさとその場を辞した」とありますが、このときの「私」の心情はどのようなものですか。その説明として最も適当なものを、次の①～④のうちから選び、番号をマークしなさい。**解答番号は20**

① 両親を早く失った孫の死にも取り乱すことなく冷静なお祖父さんの姿に、精神的な強さすら感じて感動している。

「赤フンドシの」

「ええ、そうです」

「あの人は、今は渡辺橋の近くで保険の代理店をやってる筈や。あの頃は、中央市場で働いとったんや。……死にぞこないは長生きするいう話やけど、あいつはそうやなかったなァ」

そう言って白い診察着を脱ぐと、ゆっくり膝の上でたたんだ。それから誰に言うともなく呟いた。

「父親の味も、母親の味も知らんと、可哀そうやった。あのとき死んでてもよかったなァ」

私は黙っていた。どんな言葉も浮かんでこなかった。あのとき、土佐堀川にぷかぷか浮いて、奇跡的に命びろいしたカツノリくんの、そこから中央本線の列車に乗り込む十数年は、いったい彼にとって何だったのだろうと、私はぼんやり考えていた。

お祖父さんは、月が変るとすぐ病院を閉めてしまった。出身地である山口県に帰ったという噂を耳にしたが、本当かどうか私には判らずじまいである。

ごとんと大きな音がして、列車は停まった。信号待ちをしているらしく、しばらく動き出さなかった。老人の泣き声はいつのまにかやんでいた。私はカーテンの方に背を向け、何も考えまいと努めた。再び列車が動きだし、不規則な律動に身をまかせていった。老人の泣き声の終ったことでひとつのきりがついたように、私を取り囲んでいたあらゆる物音は消えていった。不思議な安心感があった。少し眠ったような気がした。ほんの短い間だったような気がしたが、目をあけると早朝の眩い光が、ガラス窓を通って車内に満ち溢れていた。

私はカーテンをあけ、首を左右に振ってみた。寝不足の朦朧とした感覚は、しばらく醒めなかった。老人のベッドは空で、よれよれになったシーツの上に、毛布がきちんとたたまれて重ねられていた。どこか夜更けの駅に降りたらしく、通路にもその端整な姿はなかった。エ私は身づくろいを整え、洗面所へ行き、あっちに揺られ、こっちに揺られして、胸やズボンをびしょぬれにさせながら、歯を磨き顔を洗った。不自然な姿勢での就寝で体の節々が痛かった。

（宮本　輝「寝台車」による）

問一　二重傍線部「を」のカタカナの筆順として最も適当なものを、次の①～④のうちから選び、番号をマークしなさい。**解答番号は 12**

① フ→ヲ

② 一→二→ヲ

③ 一→ナ→オ

④ 亅→ナ→オ

問二　波線部x「の」・y「ない」と文法的に同じものを、次の各群の①～④のうちから一つずつ選び、番号をマークしなさい。**解答番号は** x＝13、y＝14

x「の」

① 白い犬のかわいいのを飼っている。

② 冷たいのを食べたい。

③ 自動車の窓を開けた。

④ 私の描いた絵を友人にあげた。

で、山岳部に属していたから、私はカツノリくんの死を知って、てっきり山で遭難（そうなん）したものと思ったが、彼は山岳部の仲間と冬の穂高（ほたか）へ向かう中央本線の列車から転落したのであった。どこでどうやって転落したのか、同行していた仲間の誰も気づかなかったということだった。なぜそんな事故が起こったのか、原因は結局あいまいなままになったが、そのカツノリくんの葬儀（そうぎ）に、私は二、三人の友人とつれだって参列した。まだ現役の医者として、ア かくしゃくと患者の診察にあたっていたお祖父さんは、その日も決して取り乱すことなく無表情に座っていた。イ 私たちは焼香（しょうこう）をすますと、そそくさとその場を辞（じ）した。

　それから何日かたった土曜日、私は風邪をひいて熱を出した。いつもは玉川町にある病院に行くのだが、そこは午後からは休診だった。カツノリくんのお祖父さんが、昔から土曜日の午後も診察していたことを思い出し、私は何となく気のひけるものを感じながら、病院の玄関をくぐった。

　土曜日の午後も診察してくれるのは、近辺ではそこだけだったので、思いのほか患者も多く、私は長い間、順番を待たなければならなかった。以前は確か看護婦がいた筈（はず）だったが、姿は見えなかった。患者の名前を呼ぶ、聞きおぼえのあるお祖父さんの声が、がらんとした待合室に響いてきた。

　お祖父さんは、私の顔を見ると、

「このあいだは、忙しいところを、わざわざ来てもろて、ありがとうございました」

　そう言って丁寧に腰を折った。

「いえ、ほんまに何て言ったらいいのか……」

感冒（かんぼう）だから、暖かくしてゆっくり休むようにと、お祖父さんは言った。私のあとには、もう待っている患者はいなかった。

「もうきょうは、これで終りや」

　本日休診の札を玄関のところに吊（つ）ってから、お祖父さんは、服を着ている私のところに戻って来た。

「いつまでもお元気そうですねェ」

「いや、もう歳や。患者の多い日は、疲れがひどいんや」

　そして、来月からは午前中だけ診察するつもりだとつけたした。ウ 診察室の中は、昔と少しも変っていなかった。木製の茶色いカルテ入れも、診察台の位置も、壁に掛けてあるレンブラントの絵も、そっくりそのままであった。

「お幾（いく）つになられましたか」

「うん……もう七十八になってねェ」

　カツノリくんと良く似た細長い目が笑っていた。

「生前は、いろいろお世話になったなァ」

「いえ、小学生の頃は、ほんまに毎日一緒に遊んでましたけど……」

　それで、私はあの事件以来、二人の間柄が疎遠になってしまったことを話した。

「ああ、確かにそんなことがあったなァ」

　お祖父さんは瞳（ひとみ）をどこか遠くに向けて、じっと思い起こしていた。

「そうや、あんたの家で遊んでて、川に落ちたんやったなァ」

「なんで、あのとき沈んでしまえへんかったんか、ときどき思い出して、ぞっとすることがあるんです。うまい具合に、近くに小舟に乗ってる人がいて」

ても手に入りそうにない高価なおもちゃを、次から次へと持ち出してきて、私をうらやましがらせるのだった。

　私たちの遊んでいた物置きは川に面していた。板壁の一角に観音開きの扉があった。何のための扉だったのか忘れてしまったが、下はすぐ川なので、危険防止のため、針金で取手をくくりつけてあった。ところが、その日に限って針金が外されていたのである。あとになって、父が空気を入れ換えるためにあけはなち、そのまま針金をくくり忘れたことが判った。ところが、私たちはそんなこととは知らなかったのである。カツノリくんはいつもと同じように、観音開きの扉に背をもたせかけ、そのまますとんと川に落ちたのだった。ふいに扉のむこうに消えてしまったカツノリくんを捜して、私は川を覗き込んだ。カツノリくんは、あおむけになって土佐堀川の水面に浮いていた。人形のように、身動きひとつせず、ぷかぷかと浮いているのだった。そして、そのまま私の顔を見ていた。私は大声で母を呼び、ついで河畔を見やった。あいにく、ポンポン船は通っていなかったが、赤フンドシひとつで小舟をあやつっている見知らぬ男の姿があった。

「おっちゃん、助けてェ。あの子が川に落ちたァ」

　私は悲痛な声をあげて、真下の川面を指差した。その声で、男は怪訝な面持ちで指差す地点を窺い、やっとそこに浮かんでいる子供の姿を認めた。彼は慌てて舟の向きを変え、巧みに櫓を漕ぎながら、カツノリくんに近づいて行った。走り込んで来た母は、窓から顔を突き出し、蒼白になってカツノリくんを見ていた。そして、叫んだ。

「動いたらあかんでェ。そのまま、じっとしてるんやでェ」

　小舟がカツノリくんの傍に近づくまでの時間は、随分長く感じられた。だが不思議なことに、彼は沈まなかった。カツノリくんの浮かんでいる地点だけが、まるで水ではないように思われた。川の水が目に入るのか、ときおり顔を左右に振ったが、体だけは棒のようにして動かさなかった。

　やっとたどりついた赤フンドシの男は、片手でカツノリくんの腕をつかみ、小舟に引き上げた。カツノリくんはうっすら目をあけていたが、殆ど意識はなく、私たちの呼びかける声にも反応を示さなかった。水もまったく飲んでいなかったし、息も脈もしっかりしていたが、青ざめた死人のような顔には、いつまでも血の色が返ってこなかった。しらせを受けて、お祖父さんが駆けつけて来た。大きなタオルにくるんで、とにかく自分の病院につれ帰り、応急処置を施した。カツノリくんが正気を取り戻したのは、夕刻であった。彼は川に落ちたとき、驚愕と恐怖で、一種の失神状態におちいったのである。それが、彼には幸いしたのだった。もし、少しでも、あばれたりもがいたりしていたら、カツノリくんはたちまち川に沈んでしまったに違いなかった。死んだようになってしまったことで、彼は自分の命を救ったのだった。

　あきらかに、事故は我家の過失だった。父と母は何度もカツノリくんのお祖父さんに詫びた。しかし、それきりカツノリくんは、私の家に遊びに来なかった。学校で逢っても、気まずそうな素振りを見せて、口をきかなかった。だから私たちは、そのまま疎遠になり、中学校も高校も同じ学校に進みながら、決して交わらぬ間柄のまま、時をすごしたのだった。

　カツノリくんが、疾走している列車から落ちて死んだのは、それから十数年たった昭和四十年のことであった。当時、彼は医科大学の三回生

③ ネットの中の友人と、自分たちと接する時の友人と、どちらが本当の姿なのか、やはりよくわからない

④ ネットの中の友人と、自分たちと接する時の友人と、どちらが本当の姿なのか考えること自体が不毛だ

第二問 次の文章をよく読んで、あとの問いに答えなさい。なお、問題文は、技術職から営業職へ配置替えされ、なかなかその仕事になじめない「私」が、大阪から寝台列車に乗って東京へ出張に向かっているとき、その途中駅で、ひとりの老人が向かい側の寝台に乗り込んできたところに続く場面です。

列車は、ときおり激しい軋(きし)み音をたてて、横たわっている私の体を‖揺(ゆ)すった。そのたびに私は目をあけ、寝返りをうって体勢を整えてみた。車内の暖房はますます暑くなり、断続的な強い横揺れと重なって、とても寝るどころではないように思えた。踏切の多い地点を通過しているらしく、警笛(けいてき)の音が何度も近づいてきて遠去(とおざ)かって行くのだった。誰かの通路を歩いて行く足音が耳ざわりで、私はカーテンをあけ起きあがると、ベッドに腰を降ろし、煙草(たばこ)を吸った。そのとき、泣き声が聞こえた。

それは確かに泣き声であった。閉ざされたカーテンの向こうで、老人が泣いているのである。私は驚いて、じっとき耳をたててみた。列車の振動や、どこかから流れてくるかすかな人声にまじって、老人**の**(x)忍び泣くような声はいつまでもつづいた。痛切な、どうにもこらえることの出来(でき)**ない**(y)哀しみを感じさせる、低い長い泣き声であった。

列車が停(と)まった。私は枕元のカーテンをずらして駅名を見た。豊橋(とよはし)であった。時計を見ると三時半を少し廻(まわ)ったところだった。真夜中でも、やはり列車に乗り込む人はいるようで、二、三人の通路を歩いて行く足音が響き、すぐに列車は走り出した。たとえ少しでも、眠っておかなければならない。私はもう一度ベッドにあおむけになり、すっぽりと毛布をかぶって目をつぶったが、何となく隣りの老人のことが気にかかって仕方なかった。寝ようとする心のどこかに、老人の様子を探ろうとする余計な神経が働き、ますます頭が冴(さ)え渡っていくのである。

一旦(いったん)、途絶えたかに思えた泣き声が、しばらくするとまたカーテンの向こうから洩(も)れてきた。老人は、ただひたすら泣いていた。私は声をかけることもはばかられて、そのまま耳を傾けていた。

二十数年前、当時小学校の三年生だった私は、大阪中之島(なかのしま)の西端にある舟津橋(ふなつばし)に住んでいた。家はちょうど土佐堀川(とさぼりがわ)の川筋にあり、裏窓の下は直接深い川になっていた。私には同じクラスの、カツノリくんという友だちがいて、家も近くだったから、よくお互い行き来して遊んだ。

ある夏の正午近く、カツノリくんは私の家にやって来て、お祖父(じい)さんに買ってもらった模型の船を一緒に組み立てようと誘った。カツノリくんには両親がなかった。死に別れたのか、それとも、もっと他の事情からなのか、私たちは誰もその理由を知らなかった。お祖父さんが、カツノリくんを自分の子として育てていた。

私たちは物置きに使われている畳敷(たたみじ)きの部屋に入り、錐(きり)や針金やナイフなどを道具箱から捜し出し、船の組み立てにかかった。カツノリくんのお祖父さんは、開業医であった。私の家から歩いて二、三分のところで、内科の病院を営んでいた。裕福な家のいわば一人息子だったから、欲しいものは何でも買ってもらえるらしく、私などがどう両親にねだっ

かは、かつてはまったく知る機会がなかったからである。その場に私が立ち会ってしまえば、また私向けの顔が覗（のぞ）くだろう。

では、どうして、ネットの中の彼が「本当」の姿と見えたのだろうか？

そこで前提となっていたのは、やはり、「本当の自分／ウソの自分」というモデルである。

「ウソの自分」とは、他人に同調して、表面的に演じ分けている姿、というイメージだ。従って、誰もいない部屋の中で、一人孤独に書いているブログの文章こそが、彼の本音であり、本当の姿なんだろうというのが、この時の推察だった。

逆に、「あれはキャラを作っている」という友人もいた。自分たちが普段接しているアイツこそが「本当」の姿で、あのブログはネットのノリに合わせて書いているだけなのだと。

※注1　ブログ…日記などを時系列に公開できるウェブサイトの一種。

※注2　ミクシィ・※注3　ツイッター…ともに、ソーシャルネットワーキングサービス（SNS）の一つ。

ケイコ：私にも似たような経験があります。以前友達に、「ケイコは相手によって接する態度が全然違う。どっちが本当のケイコなの？」と言われて、どちらが本当の自分なのだろうとずっと悩んでいました。

サトシ：友人関係だけでなくて、家族や学校の先生、親戚…。僕も同じです。そのたびに、「今の自分は本当の自分ではない」と考えていました。

メグミ：そのような考え方の元になっているのが、傍線部の「『本当の自分／ウソの自分』というモデル」なのではないでしょうか。

サトシ：傍線部の「『本当の自分／ウソの自分』というモデル」とは、どういうことでしょうか。

ケイコ：ここでは、「　X　」という考え方のことだと思います。

教　師：そうですね。では、著者は、この友人についてどのように考えているでしょう。

メグミ：Ⅰの文章の内容によれば、「　Y　」と考えていると思います。

ケイコ：そのように考えることで、従来と異なる視点で「個人」とは何かを考えることができるのではないでしょうか。

問六　会話文中の空欄「X」に入るべきものとして最も適当なものを、次の①～④のうちから選び、番号をマークしなさい。**解答番号は10**

①　「ウソの自分」は、「本当の自分」が演じる「キャラ」のようなものであり、「本当の自分」の一部である

②　人前に出ることで他人の目に触れるのは「ウソの自分」であり、一人の時にのみ「本当の自分」でいられる

③　人には、ただ一つの「本当の自分」と、それを偽った「ウソの自分」という、別々の自分が存在する

④　人は、「本当の自分」と「ウソの自分」を持っており、両者のせめぎあいの中で生きている

問七　会話文中の空欄「Y」に入るべきものとして最も適当なものを、次の①～④のうちから選び、番号をマークしなさい。**解答番号は11**

①　自分たちと接する時の友人が本当の姿であり、ネットの中の友人はキャラを演じているだけである

②　ネットの中の友人が本当の姿であり、自分たちと接する時の友人は、仮の人格をまとっている

マークしなさい。**解答番号は 8**

① 「個人」という概念が日本に持ち込まれた明治時代当時、多くの日本人にとっては理解しがたいものであった。

② 「個人」という概念は、一人の主人に仕えるのはただ一つの本当の自分であるという、キリスト教信仰に基づいたものである。

③ 「個人」という概念が日本で一般的に受け入れられるためには、日本が近代化を進めていく必要があった。

④ 「個人」という概念は、全ての物事を最小の単位まで分けて分析するという、論理学の考え方に基づいたものである。

問五　傍線部**イ**「この矛盾」について説明したものとして最も適当なものを、次の①～④のうちから選び、番号をマークしなさい。**解答番号は 9**

① 我々は、相手が誰であるかによって複数の人格を使い分けており、その人格のそれぞれで本音を語ったり、相手の言動に心を動かされたり、考え込んだり、人生を変える決断を下したりしているということ。

② 我々は、相手が誰であろうと、「これがありのままの私、本当の私だ」と主張すれば、相手にウンザリされることがわかっているのに、「本当の自分」がどこかに存在するはずだと理解しようとしているということ。

③ 我々は、現実の生活において、一なる「個人」として扱われており、自我や「本当の自分」という固定観念も染みついているため、複数の人格は表面的な「キャラ」や「仮面」に過ぎないと考えているということ。

④ 我々は、他者との間に調和を見いだすために相手に合わせて生じさせている複数の人格が、全て「本当の自分」であるにもかかわらず、それとは別に、唯一の「本当の自分」が存在すると考えているということ。

Ⅱ

（文章Ⅰについて、生徒と教師が話し合っています）

教　師：ちなみに、著者はこの著作の他の箇所で、このように書いています。皆さんも読んでみてください。

インターネットが本格的に広がり始めた二〇〇〇年代初頭のこと、私は、友人が書いているブログ[※注1]を読んで、驚いたことがある。

ふだんは穏（おだ）やかで、どちらかと言うと口数の少ない彼は、ブログではやたらと饒舌（じょうぜつ）で、聴いた音楽や読んだ本の批評など、かなり辛辣（しんらつ）だった。端々に書かれている事柄から、間違いなく、私の友人だったが、話題の選択といい、語り口といい、私の知っている彼とはまったく別人のようだった。ビックリしたのは私だけでなく、共通の友人たちも、「アイツ、本当はああいうヤツだったんだなあ」と、呆（あき）れたような顔で言っていた。

ネットが更に普及するにつれて、その後も何度かこういうことがあった。ミクシィ[※注2]の日記でも、ツイッター[※注3]でも、現実に私が知っている姿と、ネットの中の姿とは必ずしも合致しない。

そのうちに、まったく驚かなくなった。

人には色々な顔がある。――それは、ネットが登場する以前から、多くの人が知っていた。しかし、それが可視化されたインパクトは、決して小さくなかった。私と接していない場所で、その人がどんな様子なのザリされることは目に見えている。私たちは、極自然に、相手の個性との間に調和を見出そうとし、コミュニケーション可能な人格をその都度生じさせ、その人格を現に生きている。それは**d**ゲンゼンたる事実だ。なぜなら、コミュニケーションが成立すると、単純にうれしいからである。

その複数の人格のそれぞれで、本音を語り合い、相手の言動に心を動かされ、考え込んだり、人生を変える決断を下したりしている。つまり、それら複数の人格は、すべて「本当の自分」である。

にも拘（かかわ）らず、選挙の投票（一人一票）だとか、教室での出席番号（まさしく「分けられない」整数）だとか、私たちの生活には、一なる「個人」として扱われる**e**キョクメンが依然として存在している。そして、自我だとか、「本当の自分」といった固定観念も染（し）みついている。そこで、日常生きている複数の人格とは別に、どこかに中心となる「自我」が存在しているかのように考える。［4］、結局、それらの複数の人格は表面的な「キャラ」や「仮面」に過ぎず、「本当の自分」は、その奥に存在しているのだと理解しようとする。

イこの矛盾のために、私たちは思い悩み、苦しんできた。

（平野 啓一郎『私とは何か「個人」から「分人」へ』による）

問一 傍線部a～eのカタカナを漢字に直した時の表記として正しいものを、それぞれ①～④のうちから一つずつ選び、番号をマークしなさい。**解答番号はa＝1、b＝2、c＝3、d＝4、e＝5**

a ユニュウ　①論入　②愉入　③輸入　④輪入

b タイチ　①対地　②対置　③大地　④代置

c シュビ　①首尾　②主比　③殊美　④取備

d ゲンゼン　①源然　②現前　③厳然　④眼前

e キョクメン　①克面　②極面　③曲面　④局面

問二 本文中の空欄［1］～［4］に入るべき語の組み合わせとして最も適当なものを、次の①～⑤のうちから選び、番号をマークしなさい。**解答番号は6**

	1	2	3	4
①	つまり	ところが	とりわけ	あるいは
②	ところが	だから	つまり	とりわけ
③	とりわけ	つまり	あるいは	だから
④	だから	とりわけ	つまり	ところが

問三 本文中の空欄［x］、［y］に入るべき語の組み合わせとして最も適当なものを、次の①～④のうちから選び、番号をマークしなさい。**解答番号は7**

① x＝一時的　y＝永続的

② x＝抽象的　y＝具体的

③ x＝絶対的　y＝相対的

④ x＝能動的　y＝受動的

問四 傍線部**ア**「この概念」とありますが、これについて説明したものとして**適当でないもの**を、次の①～④のうちから一つ選び、番号を

【国　語】（五〇分）〈満点：一〇〇点〉

第一問　次の文章をよく読んで、あとの問いに答えなさい。

I

今でこそ、当たり前になっているが、明治になって日本に<u>ユニュウ</u>[a]された様々な概念の中でも、「個人 individual」というのは、最初、特によくわからないものだった。その理由は、日本が近代化に遅れていたから、というより、<u>この概念</u>[ア]の発想自体が、西洋文化に独特のものだったからである。非常に込み入った話なので、詳細は巻末の「補記」に回したが、ここでは二つのことだけを押さえておいてもらいたい。

一つは、一神教であるキリスト教の信仰である。「誰も、二人の主人に仕えることは出来ない」というのがイエスの教えだった。人間には、幾つもの顔があってはならない。常にただ一つの「本当の自分」で、一なる神を信仰していなければならない。だからこそ、元々は「分けられない」という意味しかなかった individual という言葉に、「個人」という意味が生じることとなる。

もう一つは、論理学である。椅子（いす）と机があるのを思い浮かべてもらいたい。それらは、それぞれ椅子と机とに分けられる。しかし、机は机で、もうそれ以上は分けられず、椅子は椅子で分けられない。［1］、この分けられない最小単位こそが「個体」だというのが、分析好きな西洋人の基本的な考え方である。

動物というカテゴリーが、更に小さく哺乳類に分けられ、ヒトに分けられ、人種に分けられ、男女に分けられ、一人一人にまで分けられる。もうこれ以上は分けようがない、一個の肉体を備えた存在が、「個体」としての人間、つまりは「個人」だ。国家があり、都市があり、何丁目何番地の家族があり、親があり、子があり、もうそれ以上細かくは分けようがないのが、あなたという「個人」である。

逆に考えるなら、個人というものを束ねていった先に、組織があり、社会がある。こうした思考方法に、日本人は結局、どれくらい馴染（なじ）んだのだろうか？

「個人」という概念は、何か大きな存在との関係を、<u>タイチ</u>[b]して大掴（おおづか）みに捉える際には、確かに有意義だった。――社会に対して個人、つまり、国家と国民、会社と一社員、クラスと一生徒、……といった具合に。

［2］、私たちの日常の対人関係を緻密に見るならば、この「分けられない」、<u>シュビ</u>[c]一貫した「本当の自分」という概念は、あまりに大雑把で、硬直的で、実感から乖離（かいり）している。

信仰の有無は別としても、私たちが、日常生活で向き合っているのは、一なる神ではなく、多種多様な人々である。

また、社会と個人との関係を、どれほど頭の中で［x］に描いてみても、朝起きて寝るまでに現実に接するのは、会社の上司や同僚、恋人やコンビニの店員など、やはり［y］な、多種多様な人々である。

［3］、ネット時代となり、狭い均質な共同体の範囲（はんい）を超えて、背景を異にする色々な人との交流が盛んになると、彼らを十把一絡（じっぱひとから）げに「社会」と括（くく）ってみてもほとんど意味がない。

私たちは、自分の個性が尊重されたいのと同じように、他者の個性も尊重しなければならない。繰り返しになるが、相手が誰であろうと、「これがありのままの私、本当の私だから！」とゴリ押ししようとすれば、ウン

2021年度

古川学園高等学校入試問題
（情報ビジネス科・普通科総合コース）

【数　学】（50分）　＜満点：100点＞

問１から問６までの □ のア～うに入る適当な数字を，一つずつ解答用紙にマークしなさい。

【問１】 次の問いに答えなさい。

(1) $7\times(2-5)+54\div(-3)^2$ を計算すると，－［アイ］になる。

(2) $\frac{1}{8}+\left(-\frac{1}{2}\right)^2\div\frac{2}{7}$ を計算すると，［ウ］になる。

(3) $a=3$，$b=-5$ のとき，$3ab+2b^2$ の値は，［エ］である。

(4) １次方程式 $3x=5(8-x)$ の解は，$x=$［オ］である。

(5) 連立方程式 $\begin{cases} x-2y=1 \\ 2x+y=7 \end{cases}$ の解は，$x=$［カ］，$y=$［キ］である。

(6) $x^2+2x-15$ を因数分解すると，$(x+$［ク］$)(x-$［ケ］$)$ になる。

(7) ２次方程式 $x^2-7x+11=0$ の解は，$x=\dfrac{［コ］\pm\sqrt{［サ］}}{［シ］}$ である。

(8) $\sqrt{2}\left(\sqrt{24}-\frac{\sqrt{6}}{2}\right)$ を計算すると，［ス］$\sqrt{［セ］}$ になる。

(9) y は x に反比例し，$x=4$ のとき $y=-1$ である。$x=-2$ のときは，$y=$［ソ］である。

【問２】 ９人の生徒があるテストをしたところ下のような得点となった。このとき，次の問いに答えなさい。

72点　46点　31点　55点　88点　65点　92点　53点　74点

(1) この９人の得点の中央値は，［タチ］点である。

(2) この９人の得点の平均値は，［ツテ］点である。

【問３】 次のページの図のように，放物線 $y=2x^2$ のグラフ上に点A，Bがあり，線分ABは x 軸に並行である。点C，Dは，x 軸上の点であり，線分AD，BCはそれぞれ x 軸に垂直である。このとき，次の問いに答えなさい。ただし，円周率は π とする。

(1) 点Aの x 座標が２のとき，点Bの y 座標は，［ト］である。

(2) 点Aの x 座標を a とすると，

AB＝［ナ］a，AD＝［ニ］$a^{［ヌ］}$ である。

(3) 四角形ABCDが正方形になるとき，点Aの x 座標は，［ネ］である。

(4) (3)のとき，△AODについて，x 軸を軸として1回転させてできる立体の体積は，

$\dfrac{\boxed{ノ}}{\boxed{ハ}}\pi$ である。

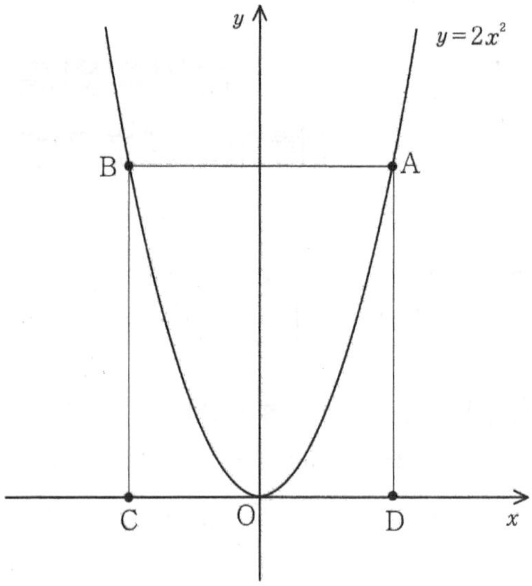

【問４】 次の問いに答えなさい。ただし，円周率は π とする。

(1) 図１において，$\ell \parallel m$ である。このとき，$\angle x$ の大きさは，$\boxed{ヒ}\boxed{フ}$°である。

(2) 図２において，弧BCと弧CDの長さが等しい。このとき，$\angle x$ の大きさは，$\boxed{ヘ}\boxed{ホ}$°である。

(3) 図３の円柱の体積は，$\boxed{マ}\boxed{ミ}\pi$ である。

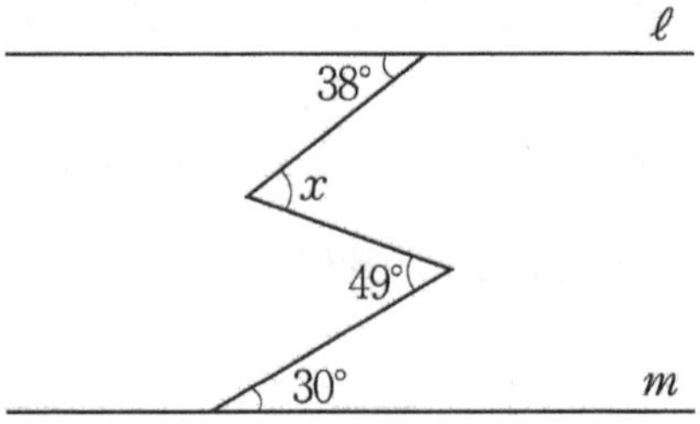

図1

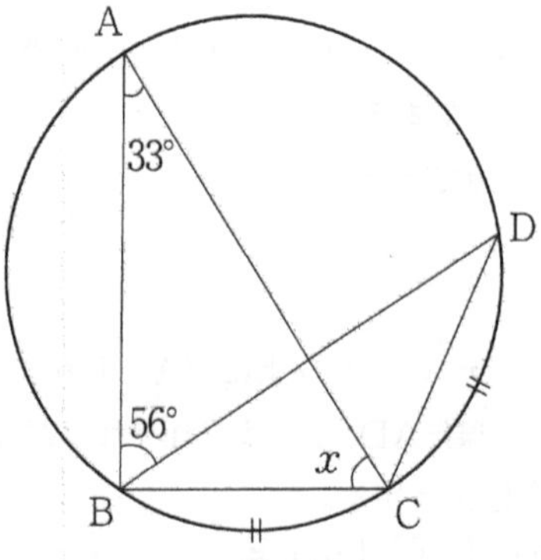

図2

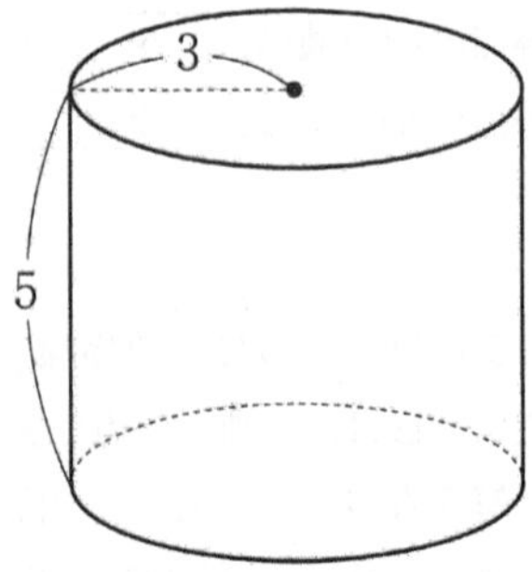

図3

【問５】 右図のように，長方形ABCDにおいて，頂点Cが辺AB上にくるように折る。頂点Cが移る点がFで，点Eは辺BC上にあり，DEは折り目である。

下は右図の△AFDと△BEFが相似であることを証明している。空欄の ム ～ ラ に当てはまるものをそれぞれの語群より選びなさい。

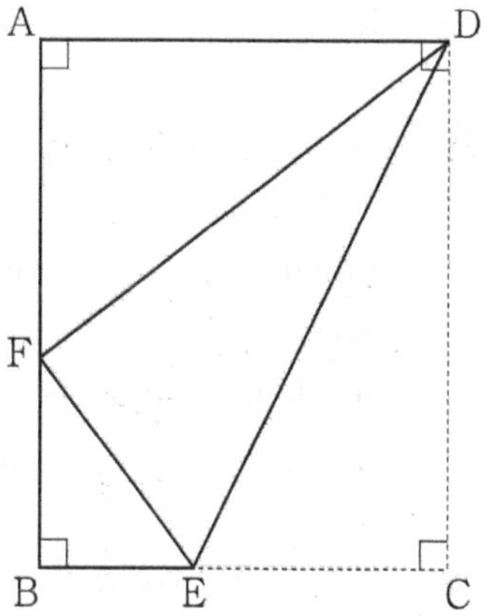

∠DAFと∠FBEはともに直角により

∠DAF＝∠FBEである。……①

△AFDの内角に注目すると，90°＋∠AFD＋ ム ＝ メ である。……②

点Fの角に注目すると，∠AFD＋90°＋ モ ＝ メ である。……………③

②と③をまとめて整理すると， ム ＝ モ となる。………………………④

①と④により， ラ ので，△AFDと△BEFは相似である。

ム の語群

① ∠ADE　② ∠ADF　③ ∠CDE　④ ∠BED　⑤ ∠FEC

メ の語群

① 120°　② 135°　③ 150°　④ 180°　⑤ 360°

モ の語群

① ∠EDF　② ∠DFE　③ ∠DEF　④ ∠BFE　⑤ ∠BFD

ラ の語群

① ３組の辺の比が等しい　② ２組の辺の比が等しく，その間の角が等しい

③ ２組の角がそれぞれ等しい

【問６】 白と赤の２つのサイコロを同時に投げるとき，次の問いに答えなさい。

(1) 白いサイコロの目の数が３以上になる確率は，$\frac{リ}{ル}$ である

(2) ２つのサイコロの目が同じ数になる確率は，$\frac{レ}{ロ}$ である

(3) 白のサイコロの目の数が赤のサイコロの目の数より大きくなる確率は，

$\frac{あ}{いう}$ である。

【英　語】（50分）　＜満点：100点＞

A. 次の①～⑥の各組から，下線部の発音が同じ組を3つ選び，番号をマークしなさい。**〔解答番号は**1，2，3**〕**

① down / now
② written / sit
③ great / breakfast
④ laugh / August
⑤ introduce / suddenly
⑥ good / could

B. 次の4～8の各組から，下線部の発音が他と異なる語を1つずつ選び，番号をマークしなさい。
〔解答番号は4，5，6，7，8**〕**

	①	②	③	④	⑤
4	worked	stopped	hoped	cleaned	laughed
5	school	chair	child	lunch	catch
6	nurse	birthday	heard	learn	heart
7	cold	know	open	call	boat
8	other	those	either	together	mouth

C. 次の①～⑦の各組から，2語ともイの部分をもっとも強く発音するものを3組選び，番号をマークしなさい。**〔解答番号は**9，10，11**〕**

① en-(ア) joy(イ) / in-(ア) vite(イ)
② mu-(ア) sic(イ) / sur-(ア) prise(イ)
③ po-(ア) lice-(イ) man(ウ) / to-(ア) geth-(イ) er(ウ)
④ an-(ア) oth-(イ) er(ウ) / in-(ア) tro-(イ) duce(ウ)
⑤ an-(ア) i-(イ) mal(ウ) / De-(ア) cem-(イ) ber(ウ)
⑥ to-(ア) mor-(イ) row(ウ) / mu-(ア) se-(イ) um(ウ)
⑦ in-(ア) ter-(イ) est-(ウ) ing(エ) / Aus-(ア) tral-(イ) ia(ウ)

D. 次の12～15の対話文で，Bの発言のうち普通もっとも強く読まれる語を①～⑤から1つずつ選び，番号をマークしなさい。**〔解答番号は**12，13，14，15**〕**

12 A：Did you bring these books?
B：No, I didn't. Suzan(①) brought(②) them(③) for(④) us(⑤).

13 A：Where did you find the key? Was it on the table?
B：No, it(①) was(②) under(③) the(④) table(⑤).

14 A：Is this your first trip to Germany?
B：No. It(①) is(②) my(③) third(④) trip(⑤).

15 A：How many hours do you study every day?
B：I study(①) for(②) about(③) two(④) hours(⑤).

E．次の16～20の英文を読み，空欄に入るもっとも適切な語を①～⑨から１つずつ選び，番号をマークしなさい。〔**解答番号は**16，17，18，19，20〕

16 April comes after (16).

17 The day before Wednesday is (17).

18 A room for cooking is (18).

19 (19) is between summer and winter.

20 Ten plus five equals (20).

① Thursday　② fifty　③ Spring　④ Tuesday　⑤ May
⑥ March　⑦ kitchen　⑧ fifteen　⑨ Autumn

F．各組の英文の（　）に共通して入るもっとも適切な語を，①～⑤から１つずつ選び，番号をマークしなさい。〔**解答番号は**21，22，23，24，25〕

21 { What (21) of movie do you see?
My sister is (21) to older people.

[① interesting　② kind　③ know　④ like　⑤ find]

22 { Would you (22) some coffee?
I want to be a nurse (22) my mother.

[① have　② life　③ kind　④ love　⑤ like]

23 { How many colors does the rainbow (23)?
He will (23) to study hard to be a pilot.

[① get　② take　③ have　④ begin　⑤ give]

24 { Kate can (24) the violin very well.
After school I often (24) volleyball with my friends.

[① play　② like　③ have　④ get　⑤ do]

25 { That shirt is nice. I'll (25) it.
It'll (25) more than two hours.

[① buy　② take　③ have　④ give　⑤ tell]

G．次の26～30の英文が完成するように（　）に入るもっとも適切な語（句）を，①～⑤から１つずつ選び，番号をマークしなさい。〔**解答番号は**26，27，28，29，30〕

26 Kumi (26) her homework before dinner every day.

[① is　② was　③ do　④ does　⑤ did]

27 (27) do you like better, tea or coffee?

[① What　② Why　③ Where　④ How　⑤ Which]

28 This question is (28) than that one.

[① difficult　② more difficult　③ the most difficult　④ difficulter
⑤ as difficult]

29 I'm interested in (29) to classical music.

[① listen　② listening　③ listened　④ listener　⑤ listens]

30 My mother (30) busy since this morning.
[① has been ② has being ③ have been ④ is being
⑤ has doing]

H. [ ] 内の語句を正しい順番に並べ加えたとき，31～35に入る語（句）を①～⑦から１つずつ選び，番号をマークしなさい。〔解答番号は31，32，33，34，35〕

31 私たちがリサイクルについて考えることは重要だ。
It ( )( )( )(31)( )( )( ).
[① for ② is ③ recycle ④ think about ⑤ to ⑥ us
⑦ important]

32 ドアのそばに立っている少女は私の妹だ。
The ( )( )( )(32)( )( )( ).
[① standing ② girl ③ by ④ sister ⑤ the door ⑥ my
⑦ is]

33 昨日は具合が悪かったので，学校に行かなかった。
I ( )( )( )(33)( )( )( ) yesterday.
[① was ② school ③ I ④ because ⑤ didn't ⑥ go to
⑦ sick]

34 彼は日本でいちばん有名な歌手の一人だ。
He is ( )( )( )(34)( )( )( ).
[① famous ② of ③ one ④ Japan ⑤ singers ⑥ in
⑦ the most]

35 そのホテルに到着したら，私に電話をしてください。
I ( )( )( )(35)( )( )( ) the hotel.
[① when ② me ③ you ④ want ⑤ call ⑥ get to
⑦ you to]

I. 次の各会話について，(36) ～ (40) に入るもっとも適切な英文をそれぞれ①～⑤から１つずつ選び，番号をマークしなさい。〔解答番号は36，37，38，39，40〕

36 A：May I help you?
B：(36)
① No, thanks. I'm just looking. ② No. Do you have a jacket?
③ Yes, I can do it. ④ Oh, that building is over there.
⑤ Very well, thanks.

37 A：I'm going to Jim's birthday party this evening.
B：(37)
① I'm very happy to be here. ② Thank you very much.
③ You're welcome. ④ Well, I hope you'll enjoy it.
⑤ See you tomorrow.

38 A：Excuse me. What time is it now?
B：(38)
① I'll see you tomorrow. ② It's too late.
③ About half an hour. ④ It's eight o'clock.
⑤ I'll be there at five.

39 A：How do you come to school every day?
B：(39)
① I like the school very much. ② I study English very hard.
③ I'll go there tomorrow. ④ I came here by bicycle.
⑤ I walk to school.

40 A：Could you pass me the sugar?
B：OK. (40)
① Here you are. ② Pardon me? ③ My pleasure. ④ What is it?
⑤ Here we are.

J. 次の英文と会話文を読み，41～46に入るもっとも適切な英文を，下の①～⑧から１つずつ選び，番号をマークしなさい。〔**解答番号は**41，42，43，44，45，46〕

Jane is an exchange student from America. Today is her first day at Sakura Junior High School.

Mr. Tanaka：Nice to meet you. I'm Ken Tanaka, your homeroom teacher.
Jane：Nice to meet you, too, Mr. Tanaka.
Mr. Tanaka：Before we go to the classroom, I will show you the teachers' room.
Jane：(41)
Mr. Tanaka：This is the teachers' room. When you need to see me, come to this room.
Jane：What a big room! (42)
Mr. Tanaka：About thirty teachers.
Jane：(43)
Mr. Tanaka：English classroom? We don't have any English classrooms. The students study most subjects in their regular classroom.
Jane：Really?
Mr. Tanaka：(44)
Jane：We have to go to the classroom to learn each subject.
Mr. Tanaka：That's interesting. Here, this is your classroom. You have four lessons in the morning and then school lunch.
Jane：School lunch? (45)
Mr. Tanaka：In your classroom. The students *serve each other lunch and you all have the same food. Where do you have lunch at school in your country?

Jane : We eat in the school cafeteria. We can bring our lunch from home or we can buy something there.

Mr. Tanaka : I see. After school, the students also clean their classrooms and other places in the school.

Jane : That's a big difference! (46)

① How about in your country?
② Who is my English teacher?
③ When do you start English lesson?
④ I'm looking forward to having new *experiences at this school.
⑤ Thank you very much.
⑥ Where do we eat it?
⑦ How many teachers are there in this school?
⑧ Where is your English classroom?

*serve 給仕する　　*experiences 経験

K. 次の英文を読み，後の問いに答えなさい。

第一段落

Tofu originally came from China. 47 It then *spread to Japan, Korea, Myanmar and Indonesia. As time went by, tofu became a *traditional food in those Asian countries. Do you know how tofu was introduced to Japan?

第二段落

It is said that tofu came to Japan between the 8th and 11th centuries. At that time, Japanese *monks went to China and Korea. 48 They studied *Buddhism there and some of them brought tofu back to Japan. They *were not allowed to eat meat or fish, so tofu was a good food choice for them.

第三段落

What is tofu? Tofu is made by *soaking soybeans in water and crushing them. Then the crushed soybean *mixture is boiled. The *liquid *is strained and then finally it *is solidified by the use of *a bitter water solution.

第四段落

In Japan, tofu has long been popular and is used as an *ingredient in a wide variety of dishes because 49 its light taste matches many other ingredients. There are several ways of eating tofu. The most *common ways are *hiyayakko* and *yudofu*. *Yudofu* is tofu cooked in *broth made from a type of *seaweed. *Hiyayakko* means cold tofu with soy sauce and *condiments. Tofu can also *be served in miso soup.

*spread 広まった	*traditional 伝統てきな	*monks お坊さん	*Buddhism 仏教	
*were not allowed to~ ～することを許されなかった	*soaking ひたすこと			
*mixture 混ぜたもの	*liquid 液体	*is strained 濾(こ)される	*is solidified 固められる	
*a bitter water solution にがり	*ingredient 材料	*common 一般的な	*broth だし	
*seaweed 海藻	*condiments 薬味	*be served 出される		

第五段落

There are two different *processes for making tofu, one producing *momen-dofu* *containing less water, and smooth *kinugoshi-dofu* containing more water. There is also tofu called *yaki-dofu*. It *is grilled and it is often used for sukiyaki because it does not *crumble easily even if 50 it is cooked for a long time. There are several processed food made from tofu. *The varieties of fried tofu include *abura-age* (*usu-age*), *atsu-age*, and *ganmodoki*. Frozen and dried tofu is called *koya-dofu*. *Okara*, *leftover sediment from the strained soy bean liquid, is very cheap and contains dietary fiber. It is good for a diet. *Okara* should be used as an ingredient in everyday dishes.

第六段落

Tofu is now eaten by a lot of people because it is healthy. It is high in *protein and *vitamins. It is thought not to have *lifestyle-related diseases as it is low in fat and *calories, but high in *vegetable fiber and *calcium. Because of 55 this, tofu has become a popular food in many parts of the world. It can be used in many types of *recipes. In America and Europe, it is sometimes grilled or used in sweets. In Germany, it is sold in different *flavors and is eaten in salads and with steak. Tofu is now an international food.

*processes 過程	*containing ～を含んでいる	*is grilled 焼かれる	*crumble くずれる
*The varieties of～ さまざまな～	*leftover sediment 残りかす	*protein たんぱく質	
*vitamins ビタミン	*lifestyle-related diseases 生活習慣病	*calories カロリー	
*vegetable fiber 食物せんい	*calcium カルシウム	*recipes 調理法	*flavors 風味

問１　**第一段落～第五段落**をよく読み，下線部47～50の語について，その語がそれぞれ具体的に何を示しているか，①～⑧から１つずつ選び，番号をマークしなさい。ただし，同じ番号は二度使用できません。なお，文頭に来る単語も小文字で表記しています。〔**解答番号は**47，48，49，50〕

① tofu's　② Japanese monks　③ China　④ soybeans　⑤ ingredients
⑥ *yaki-dofu*　⑦ tofu　⑧ countries

問２　**第二段落**をよく読み，次のページの質問の答えとしてもっとも正しいものを①～⑤から１つ選び，その番号をマークしなさい。

質問：Why did Japanese monks eat tofu? 〔解答番号は51〕

① Because tofu was popular in China.

② Because tofu was high in minerals.

③ Because they were not allowed to eat meat or fish.

④ Because they ate tofu in different flavors.

⑤ Because tofu was a traditional food all over the world.

問3 **第三段落**をよく読み，次の質問の答えとしてもっとも正しいものを①～⑤から１つ選び，その番号をマークしなさい。

質問：Which of the following sentenses is true about how to make tofu?
〔解答番号は52〕

① crush them → boil them → soak soybeans in water → strain them → solidify them

② strain them → solidify them → boil them → soak soybeans in water → crush them

③ boil them → strain them → crush them → solidify them → soak soybeans in water

④ soak soybeans in water → crush them → boil them → strain them → solidify them

⑤ solidify them → crush them → soak soybeans in water → boil them → strain them

問4 **第四段落**をよく読み，次の質問の答えとしてもっとも正しいものを①～⑤から１つ選び，その番号をマークしなさい。

質問：Why has tofu long been popular in Japan? 〔解答番号は53〕

① Because it has a light taste and matches many other ingredients.

② Because we can share it in a variety of dishes.

③ Because it can be served only in miso soup.

④ Because there is only one way of eating and cooking it.

⑤ Because it is cooked without soy sauce or any condiments.

問5 **第五段落**をよく読み，次の質問の答えとしてもっとも正しいものを①～⑤から１つ選び，その番号をマークしなさい。

質問：Which of the following sentenses is true about *kinugoshi-dofu*?
〔解答番号は54〕

① It contains less water itself.

② It is frozen, especially deep fried, and completely dried.

③ It has more water itself.

④ It is leftover sediment from the strained soy bean liquid.

⑤ It does not crumble easily when cooked for a long time.

問6 **第六段落**をよく読み，下線部55 this の内容としてもっとも正しいものを①～⑤から１つ選び，その番号をマークしなさい。〔解答番号は55〕

① Tofu is now eaten by many people.

② Tofu is healthy, high in protein and vitamins.

③ Tofu is thought to be bad for our health.

④ Tofu is low fat and high calories in itself.

⑤ Tofu has become popular food in many parts of the world.

問７　**第六段落**をよく読み，次の質問の答えとしてもっとも正しいものを①～⑤から１つ選び，その番号をマークしなさい。

質問 : How do they eat tofu in America and Europe?　〔**解答番号は56**〕

① They eat it as it is.

② They eat it with soy sauce.

③ They grill it or use it in sweets.

④ They eat it instead of steak.

⑤ They eat it only with salt.

一つ選び、番号をマークしなさい。**解答番号は46**

① しだのなにがし　② 人数多　③ 神官　④ 聖海上人
⑤ 筆者

問四 ――線部3「据（す）ゑなほして」とあるが、何を「据ゑなほし」たのか。最も適当なものを、次の①～⑤の中から一つ選び、番号をマークしなさい。**解答番号は47**

① 出雲
② 大社
③ 獅子と狛犬
④ 神官と童
⑤ 都

問五 ――線部4「上人の感涙いたづらになりにけり」とあるが、感激の涙がむだになった理由として、最も適当なものを、次の①～⑤の中から一つ選び、番号をマークしなさい。**解答番号は48**

① 具しもて行きたる
② 誠に他にことなりけり
③ 都のつとに語らん
④ おとなしく物知りぬべき
⑤ さがなき童どもの仕りける

問六 この作品の筆者を、次の①～⑤の中から一つ選び、番号をマークしなさい。**解答番号は49**

① 鴨長明（かものちょうめい）
② 松尾芭蕉（まつおばしょう）
③ 紫式部（むらさきしきぶ）
④ 兼好法師（けんこうほうし）
⑤ 清少納言（せいしょうなごん）

※「丹波」…京都府亀岡市。
※「聖海上人」…伝未詳。
※「獅子・狛犬」…石または木で造った獅子、狛犬。悪霊を避ける力があると考えられた。

〈現代語訳〉

丹波に、出雲という所がある。出雲大社を※勧請してお移しし、りっぱに造ってある。※しだの某とかいう人の領している所なので、秋のころ、聖海上人やそのほかにも、多くの人々をさそって、「さあ、おいでなさい、出雲神社の参拝に。ぼた餅をごちそうしましょう」と言って、いっしょに連れて出雲まで行ったところ、一同は参拝して、深く信心をおこした。神殿の御前にある獅子と狛犬とが互いに背中を向けて、後ろ向きに立っていたので、上人がたいそう感動して、「ああ、結構なことだ。この獅子の立ちかたは、たいそう珍しい。深いわけがあるだろう」と涙ぐんで、「なんと、おのおの方、このすばらしいことをばご覧になって、不審にお思いになりませんか。情けないことです」と言ったので、誰もかれも不思議がって、「本当に他の獅子・狛犬とちがっていますなあ。都へのみやげ話にしましょう」などと言うので、上人は、いっそう知りたがって、年輩の、ものを心得ているにちがいないような顔をした神官を呼んで、「このお社の獅子のお立てになりようは、きっと、いわれがあることでございましょう。少々承りたいものです」と言われたところ、「そのことでございます。いたずらな子供たちがいたしましたことで、けしからぬことでございます」と言って、立ち寄って、もとのように置きなおして、行ってしまったので、上人の感激の涙は、むだになってしまった。

※「勧請」…神様を新たにお迎えすること。
※「しだの某」…しだ（「志太」かというが未詳）の某。「某」は名前がはっきりしないときに使うことば。

問一 ――線部a「いふ」――線部b「さそひ」――線部c「給へ」の現代仮名遣いとして、最も適当なものを、次の①～⑤の中からそれぞれ一つずつ選び、番号をマークしなさい。**解答番号はa＝42、b＝43、c＝44**

a「いふ」
① いえ　② いる　③ いむ　④ いけ　⑤ いう

b「さそひ」
① さそい　② さそう　③ さそへ　④ さそえ
⑤ さそに

c「給へ」
① 給う　② 給い　③ 給ゐ　④ 給し　⑤ 給え

問二 ――線部1『深き故あらん』と涙ぐみて』とあるが、感動した理由として、最も適当なものを、次の①～⑤の中から一つ選び、番号をマークしなさい。**解答番号は45**

① しだのなにがしとかやしる所なれ
② 各拝みて、ゆゆしく信おこしたり
③ 獅子・狛犬、背きて、後さまに立ちたりけれ
④ 言へば、各怪しみて
⑤ おとなしく物知りぬべき顔したる

問三 ――線部2「この御社の獅子の立てられやう、定めて習ひあることに侍らん。ちと承らばや」と言ったのは誰か。次の①～⑤の中から

⑤ 田中さんは私に、「何でも気軽に質問してください」と言いました。

問三 ――線部**ウ**「図書館司書？」の質問の内容を明確にするために書き改めた文として、最も適当なものを、次の①～⑤の中から一つ選び、番号をマークしなさい。**解答番号は39**

① 「図書館司書の仕事である、本の貸し出し準備について教えてください。」
② 「図書館司書を続けていて良かったことは、どんなことですか。」
③ 「図書館司書とは、どのような仕事をする職業のことですか。」
④ 「図書館司書の仕事は、だいたい何人ぐらいで行うものですか。」
⑤ 「図書館司書になるには、どのような資格が必要ですか。」

問四 ――線部**エ**「私の思ったことは、田中さんの仕事はなくてはならないものだと思いました」は不適切な表現になっている。どういった点で不適切なのかを説明した文として、最も適当なものを、次の①～⑤の中から一つ選び、番号をマークしなさい。**解答番号は40**

① 「ら」を抜いて書く「ら抜き言葉」が見られる点。
② 語句が重複して用いられているので読みにくい点。
③ 身内に対して尊敬語が使われている点。
④ 修飾語と被修飾語の関係が整っていない点。
⑤ 副詞を使っているが呼応が適当ではない点。

問五 【花子さんが作成したスピーチ原稿】を評価した文として、最も適当なものを、次の①～⑤の中から一つ選び、番号をマークしなさい。
解答番号は41

① 自分が手伝った図書館司書の仕事内容の説明が具体的で、職場体験学習の臨場感が伝わる。
② 図書館司書が、出勤してから退勤するまでの一日の様子が、手に取るようによくわかる。
③ 聞き手に、田中さんの人柄が伝わるように、田中さんの言葉は話されたとおりに伝えている。
④ 手書きの資料を準備し、聞き手が、わかりにくいと思われるところの説明に使っている。
⑤ 誰にでもわかるような内容でも、意味を添えながら、丁寧に説明している。

第四問 次の文章をよく読んで、後の問いに答えなさい。

※丹波(たんば)に出雲(いずも)と[a]いふ所あり。大社(おほやしろ)を移して、めでたく造れり。しだのなにがしとかやしる所なれば、秋の比(ころ)、※聖海上人(しやうかいしやうにん)、その外(ほか)も、人数多(あまた)[b]さそひて、「いざ[c]給へ、出雲拝(をが)みに。かいもちひ召(め)させん」とて、具(ぐ)しもて行きたるに、各(おのおの)拝みて、ゆゆしく信おこしたり。御前(おまへ)なる※獅子(しし)・狛犬(こまいぬ)、背(そむ)きて、後(うしろ)さまに立ちたりければ、上人(しやうにん)いみじく感じて、「あなめでたや。この獅子の立ちやう、いとめづらし。[1]深き故(ゆゑ)あらん」と涙ぐみて、「いかに殿原(とのばら)、殊勝(しゆしよう)の事は御覧じとがめずや。無下(むげ)なり」と言へば、各(おのおの)怪(あや)しみて、「誠(まこと)に他(た)にことなりけり。都のつとに語らん」など言ふに、上人なほゆかしがりて、おとなしく物知りぬべき顔したる神官(じんぐわん)を呼びて、[2]「この御社(みやしろ)の獅子の立てられやう、定めて習(なら)ひあることに侍(はべ)らん。ちと承(うけたまは)らばや」と言はれければ、「その事に候(さうら)ふ。さがなき童(わらはべ)どもの仕(つかまつ)りける、奇怪(きくわい)に候ふことなり」とて、さし寄りて、[3]据(す)ゑなほして往(い)にければ、[4]上人の感涙いたづらになりにけり。

（『徒然草』より）

り、図書館の仕事に興味を持つようになったというのが、図書館司書という仕事に就くことになったきっかけですね。」
と笑顔で言いました。
田中さんは「図書館司書」という仕事をしています。
「図書館司書？」
と質問すると、田中さんは、
「図書館司書というのはね、本の貸し出し、返却、受付、整理、利用者の方々の調べもののお手伝いなどが主な仕事なんですよ。その仕事の一つにね、本を貸し出すための準備というものがあるの。毎日、たくさん新しい本が図書館に入ってくるのね。その本、一冊一冊にブックカバーをかけて、番号を書いたシールを貼ります。それから、パソコンに、本の題名や作者名を入力するのね。時間もかかるんだけど、図書館を訪れた方の手元に少しでも早く新しい本をお届けしたいと思ってね、なるべく手際よく仕事をするように心がけているの。」
と教えてくださいました。
（本番のスピーチでは、本に貼るシールやシールが貼られた本などを、実際に見せることを予定している。）
田中さんの仕事を、少しお手伝いさせてもらいましたが、いろいろ大変でした。
とにかく、いそがしかったです。私の思ったことは、田中さんの仕事はなくてはならないものだと思いました。
以上で、私の発表を終わります。

問一 花子さんは、――線部**ア**「会いました」、――線部**イ**「言いました」を敬語表現に改めることにした。正しい敬語表現を、次の①～⑤の中からそれぞれ一つずつ選び、番号をマークしなさい。**解答番号はア＝36、イ＝37**

ア 会いました
① 拝見いたしました
② ご覧になりました
③ お会いしました
④ お会いなさいました
⑤ お会いしていただきました

イ 言いました
① 申しました
② 申されました
③ おっしゃいました
④ おっしゃいになられました
⑤ お言いました

問二 花子さんは、空欄 □ に一文を補うことにした。補うべき一文として、最も適当なものを、次の①～⑤の中から一つ選び、番号をマークしなさい。**解答番号は38**
① 私は田中さんに、小さかったころの御自身の様子をお聞きしました。
② 私は田中さんに、図書館で働くことになったきっかけをおうかがいしました。
③ 私は田中さんに、図書館に対する思いをお尋ねしました。
④ 田中さんは私に、職場体験学習とはどういうものかを質問しました。

刺激したり破損させたりしないように慎重に扱おうという気持ち。

④　箱は、この間食べた紅白饅頭の入っていた箱であり、それは薄く模様の入った和紙で出来た箱なので丁寧に扱おうという気持ち。

⑤　箱の中身は「へその緒」であると確信していて、学校で見たゴムのような「へその緒」とは違うものであってほしいと切実に願う気持ち。

問八　――線部6「うそなのか本当なのかまだ九歳の僕はわからなくなった」のはなぜか。その理由として、最も適当なものを、次の①～⑤の中から一つ選び、番号をマークしなさい。**解答番号は 34**

①　「卵で子どもを産む」という、普通では考えられないような発言をする母親に対して、不信感が募ったから。

②　「育生は卵で産んだの」と母親が明らかなうそをついたことに動揺し、物事の判断が出来なくなったから。

③　「育生は卵で産んだの」と母親からまじめに言われたので、本当なのかうそなのか、判断が出来なかったから。

④　いつもうそばかり言う母親が、今回はまじめに言ってきたので、本当なのかうそなのか、判断が出来なかったから。

⑤　哺乳類はお母さんのおなかから生まれてくるはずだが、それが本当なのかうそなのか、判断が出来なかったから。

問九　――線部7「それで十分でしょ?」という母親の言葉にはどのような思いが込められているか。その内容として、最も適当なものを、次の①～⑤の中から一つ選び、番号をマークしなさい。**解答番号は 35**

①　そこに気持ちがあろうがなかろうが、抱きしめてもらえるだけで「親子の証し」になるという思い。

②　今は「親子の証し」はないが、育生が成長したら自分で作ることができるから問題ないという思い。

③　お互いに愛情があるかどうかは分からないが、一緒に暮らしていることが「親子の証し」であるという思い。

④　大切なのは「形がある」ことではなく、「相手を思う気持ち」が「親子の証し」であるという思い。

⑤　「親子の証し」は確かに大切なものであるが、それが分かるのは母親だけで十分であるという思い。

第三問

花子さんの学校では、先日、職場体験学習がありました。花子さんは、そのときに学んだことをクラスで発表することになり、原稿を作成しました。【花子さんが作成したスピーチ原稿】をよく読んで、後の問いに答えなさい。

【花子さんが作成したスピーチ原稿】

みなさん、こんにちは。
これから職場体験学習で学んだことを発表します。
私は、市立図書館で職場体験学習を行いました。
そのとき、図書館で働いている田中さんに会いました。（ア）

（空欄）

田中さんは
「小さいころから絵本が好きで、よく、図書館に行ったわね。小学生になっても学校の帰りや休みの日に、必ずと言っていいほど図書館に通ったなあ。毎日通い続けるうちに、図書館の方とも仲良くなずるのを防ぐため。

③ 人前で恥ずかしげもなくガラガラとうがいすることを、母親にやめさせるため。

④ しつけに厳しい母親から、言葉は常にはっきり話すように言われているため。

⑤ いつまでたっても自分の話をきちんと聞こうとしない母親に、腹が立ったため。

問四 ――線部3「僕は一刻も早くへその緒を見たかったけど、母さんに従うことにした」とあるが、この時の育生の気持ちとして、最も適当なものを、次の①～⑤の中から一つ選び、番号をマークしなさい。

解答番号は30

① 母さんは意地悪だし絶対にへその緒を見せてくれないから、言うことを聞いてご機嫌を取っておこう。

② 母さんは一度言い出したら自分の意思を絶対に曲げないから、今日のところはあきらめよう。

③ おなかが減っていては落ち着いてへその緒を見ることができないから、まずはご飯を食べよう。

④ 今すぐにでも真実を知りたいところだが、まずは我慢して母親の言うことを聞いて機会を待とう。

⑤ 本当のところ真実を知るのが怖いから、時間稼ぎのためにまずはご飯を食べて落ち着こう。

問五 空欄［　］に当てはまる最も適当な語を、次の①～⑤の中から一つ選び、番号をマークしなさい。**解答番号は31**

① 自信満々　② 投げやり　③ 的確　④ しどろもどろ

⑤ 悲しげ

問六 ――線部4「僕ははっとした」とあるが、僕は何に「はっとした」のか。その内容として、最も適当なものを、次の①～⑤の中から一つ選び、番号をマークしなさい。**解答番号は32**

① 母親から聞かされた「サイダーを飲み過ぎると祖父のように入れ歯になる」という話。

② 「これ以上、へその緒の話について追及されたくない」という母親の切ない思い。

③ 本来の目的を忘れるほど、クイズというものに夢中になれるのだという自分の特徴。

④ 母親にうまく話題をすり替えられ、本来の目的を忘れてしまいそうになっていたこと。

⑤ ご飯が終わったらすぐに、母親から「へその緒」を見せてもらえるようになったこと。

問七 ――線部5「僕はそっと箱の蓋(ふた)をつかむと、ゆっくりゆっくり開けた」から、そのときの僕のどのような気持ちがうかがえるか。その内容として、最も適当なものを、次の①～⑤の中から一つ選び、番号をマークしなさい。**解答番号は33**

① 箱の中身について、おおよその見当は付いていたが、せっかく箱を探し出してくれた母親に、自分の喜ぶ姿を見せたいという気持ち。

② 箱を開ければ、ついに真実が明らかになるので、嬉しさと怖さが混ざり合い、なかなか蓋を開ける決心がつかないという気持ち。

③ 箱の中からは、どんなものが飛び出してくるのか分らないので、

僕は頷(うなず)いた。捨て子疑惑はまるで晴れなかったけど、これ以上考えて毛が抜けたら困るから。この母さんなら卵で僕を産むこともありえるだろう。それに、とにかく母さんは僕をかなり好きなのだ。それでいいことにした。禿げないためにもそう思い込むことにした。

（瀬尾　まいこ『卵の緒』より）

問一　――線部**ア**「済ました口調」、――線部**イ**「けろりとした顔」、――線部**ウ**「鵜呑(うの)みにして」の本文中での意味として、最も適当なものを、それぞれ次の①～⑤の中から一つずつ選び、番号をマークしなさい。**解答番号はア＝25、イ＝26、ウ＝27**

ア「済ました口調」
①　落ち着きはらっていて、とても穏(おだ)やかな話し方。
②　表面上は何事もないようだが、喜びが伝わる話し方。
③　これで話は終わりと言わんばかりの、きつい話し方。
④　興味や関心を示さない、そっけなく冷淡な話し方。
⑤　何事もないかのように、感情の見えない話し方。

イ「けろりとした顔」
①　相手を困らせ、面白がっている表情。
②　相手に真意を悟らせない、硬い表情。
③　物事にこだわらず、平然とした表情。
④　無愛想で、不機嫌そうに見える表情。
⑤　今にも笑いだしそうな、明るい表情。

ウ「鵜呑みにして」
①　かまずに丸飲みにして
②　それとなく疑って
③　表面上は信じて
④　何の疑いもなく信じて
⑤　半分信じて半分疑って

問二　――線部1「母さんはしかめっ面のままきょとんとした」とはどういうことか。その説明として、最も適当なものを、次の①～⑤の中から一つ選び、番号をマークしなさい。**解答番号は28**
①　母親は、帰宅後「お帰り」ではなく「へその緒見せて」と言う息子に腹を立てたが、それを悟られないよう平静を装った。
②　母親は、帰宅直後に息子が「へその緒見せて」と言ったことが不快であった上に、息子の発言の意図も理解できなかった。
③　母親は、今まで話題として避けてきた「へその緒」のことを息子に尋ねられ困惑し、驚きと不安の表情を隠せなかった。
④　母親は、息子から「へその緒見せて」と言われたことに怒りの感情が込み上げ、息子のことを鋭い目つきでにらんだ。
⑤　母親は、突然息子から「へその緒見せて」と言われたことに戸惑い、頭の中が真っ白になり自分を見失ってしまった。

問三　――線部2「僕は声を張り上げた」のはなぜか。その理由として、最も適当なものを、次の①～⑤の中から一つ選び、番号をマークしなさい。**解答番号は29**
①　今まで言えなかったことを母親に話すことになるので、自分に気合を入れるため。
②　母親に大事なことを話すことによる緊張感から、声が不自然に上(うわ)

　母さんがまじめな顔で言うから、6うそなのか本当なのかまだ九歳の僕はわからなくなった。
「でも……、でも、へその緒が親子の証しだって。先生が言ってた」
「教師の言うことをウ鵜呑みにしていては、賢くなれないぞ。へその緒なんてちょっと大きいスーパーに行けば、百円前後で売ってるわよ。あんなゴムチューブが証しだなんてそれこそびっくりだわ。よく見てよ。へその緒よりずっといかしてるでしょ？」
　母さんは僕の手ごと箱を掴むと少し傾けて、僕にもう一度中身を見せた。確かに学校で見たゴムのようなへその緒より、箱の中に入った卵の殻のほうがきれいだけれども。
「じゃあ、卵の殻が僕の家の親子の証しなの？」
　僕が言うと、母さんは笑った。
「まさか」
「じゃあ、証しはどこ？」
「本当バカね。証しって物質じゃないから目に見えないのよ」
　僕はへその緒も無いうえに母さんにバカだと笑われてショックで泣きそうになった。
「結局僕が捨て子だからでしょ？」
　僕がヒステリックに言うと母さんはやれやれという顔をした。
「仕方ないわねえ。今日は特別育生に本当の親子の証しを見せてやるとするか。すごく体力が消耗するからあんまりやりたくないんだけどなあ」
　母さんはそう言いながら僕の前にしゃがみこんだ。そして、腕まくりをして、僕を思いっきり抱きしめた。母さんが力任せに僕を抱きしめたから、僕は一瞬息ができなくなってしまった。
「ね。今見えたでしょう。証し」
　母さんは僕を解放すると、嬉しそうに訊いた。
「見えないよ。痛かっただけだ」
　僕は本当のことを答えた。
「見えないって？　修行がまだまだ足りないねえ。こういうことが見えなくてはだめよ、育生。育生ももう少し大きくなったら、ちゃんと見えるようになるわ。証しとかがさ」
　母さんは無責任にそう言い放つと、声を潜めて話し出した。
「それより、最近少し気になってるんだけど、育生の髪の毛、薄くなってない？　昨日、あんたが入った後お風呂に髪の毛がいっぱい抜けてたわ。へその緒とか証しとか、そういう理屈っぽいことばっかり言ってると、禿げるわよ。このままいけば、そのうち商店街の金物屋のおっちゃんみたいになるわね」
　僕はぎょっとした。母さんの言うとおりだ。今日髪の毛を梳かしたときも、何本か毛が抜けた。金物屋のおっちゃんみたいにつるっ禿げになったら、かつらを買わなくてはいけない。入れ歯の上にかつらなんて、学校に行けないや。僕はとても不安になってきた。
「まだ大丈夫よ。なんでも早期発見が大事だから。今のうちならなんとかなるわ」
　母さんはそう言ってけらけら笑うと、僕の目を覗き込んだ。
「母さんは、誰よりも育生が好き。それはそれはすごい勢いで、あなたを愛しているの。今までもこれからもずっと変わらずによ。ねえ。他に何がいる？　アそれで十分でしょ？」

「あのシャワシャワの？」

蛸のどこにもサイダーの味がしなかったから僕は驚いた。

「そう、あのシャワシャワにはものを柔らかくする力があるのだよ。だから、サイダーばっか飲んでると、育生の歯もこの蛸みたいになっちゃうぞ」

「うわあ」

そりゃ、大変だ。この蛸みたいな歯になっちゃったら、じいちゃんみたいに入れ歯にしなくちゃいけなくなる。僕は密(ひそ)かに、サイダーを飲むのは止めようと誓った。

「ふふふ。クイズに必死になって、これで育生もへその緒のことを忘れたかなあ」

母さんのでかい独り言を聞いて[4]僕ははっとした。まんまと騙(だま)されるところだった。

「だめだよ。ちゃんと覚えているんだから。ご飯終わったらすぐに見せてよね」

僕がへその緒を見ることと交換条件の食器洗いをやっている間、母さんは「育生が出てきたのって十年近く前でしょう？　どっかやっちゃってるかもしれないわ」とぶつぶつ言いながら、へその緒を探し始めた。

「これでいいのかしら」

奥の部屋でごそごそしていた母さんが小さな箱を持ってやってきた。薄く模様の入った和紙で出来た箱。どこかで見たことがある。そう、この間食べた紅白饅頭(まんじゅう)の入っていた箱だ。

「この中に入っているの？」

僕は母さんから饅頭の箱を受け取った。

「まあ、一応へその緒ってことになるわね」

「開けていい？」

「どうぞ」

[5]僕はそっと箱の蓋(ふた)をつかむと、ゆっくりゆっくり開けた。

「え？　これ？」

中には白くて小さな欠片(かけら)がいくつか入っていた。青田先生が見せてくれたへその緒とはまるで違うものだ。それはもっと黒かったしこんなに薄っぺらじゃなかった。

「これって……」

その欠片を手に取った僕は、それが何なのかすぐわかった。

「へその緒じゃないじゃない。これって卵の殻でしょう？」

「そうよ」

すっかりへその緒が入っているものと思い込んでいた僕は、あまりの中身の違いにパニックになってしまった。

「どういうこと？　なんて卵の殻が入っているの？」

「母さん、育生は卵で産んだの。だから、へその緒じゃなくて、卵の殻を置いているの」

母さんは[イ]けろりとした顔でそう言った。

「そんなわけないじゃない。人間は卵では生まれないんだよ」

そうだ。哺乳類(ほにゅうるい)はお母さんのおなかから生まれてくるのだ。僕はまだ九歳だけど、それくらいのことはちゃんと知っている。

「育生。世は二十一世紀よ。人間が月へ飛んでいくのよ。ロボットが工場で働くのよ。コンピューターでなんでもできるこの世の中。卵で子どもを産むくらいなんでもないわよ」

た。

「あるの無いの？」

ガラガラと音を立ててうがいをする母さんに向かって2僕は声を張り上げた。

「あるんじゃないの。どこの家にもあるんだったら」

母さんは口をタオルで乱暴に拭(ふ)いた。

「その前に夕飯夕飯。母さんが何ゆえに働くか。それは食べるため。人生の楽しみの半分は食にあるんだから、愛する育生のためとてそれは譲れないわ」

3僕は一刻も早くへその緒を見たかったけど、母さんに従うことにした。

母さんはふわふわのオムレツとほうれん草とベーコンのサラダを作って食卓に並べた。僕はばあちゃん家(ち)でもらってきた蛸(たこ)と大根の煮物をレンジで温めて、ご飯を茶碗(ちゃわん)に盛った。夕飯の準備をする僕と母さんの息はぴったりだと思う。

「ほう、蛸が柔らかくておいしいわ」

母さんはそう言うと、向かいの席から僕の椅子(いす)を蹴(け)っ飛ばした。

「育生、そわそわすんの止(や)めてよ。食事の時は目の前のご飯のことと、一緒にテーブルにいる人のこと以外考えちゃダメなのよ。学校で習わなかった？　まったく青田先生は、肝心なことが抜けているのよねえ」

「違うよ。青田先生は悪くないって」

僕は慌(あわ)てて否定した。僕の落ち着きのないことまで青田先生のせいにされちゃかわいそうだ。

「わかったわかった。じゃあ、ジャンピングクイズね。青田先生のためにも、育生君がんばってください」

母さんはいつでもどこでも突然クイズを始める。そして、そのクイズはなぜかいつでもジャンピングクイズなのだ。

「さて、今、育生君も食べているその蛸ですが、柔らかく煮るためには育生君も大好きなあるものを入れます。さあ、何でしょう」

「そんなのわかんないよ」

見当もつかなかったから、僕は［　　］に言った。

「真剣に考えてください。第一のヒントを差し上げましょう。それは飲み物です」

母さんはア済ました口調で言った。

「飲み物……？」

僕は蛸を口に入れてゆっくり噛(か)んでみた。醤油(しょうゆ)と砂糖とだしの味しかわからなかったけど、僕はとりあえず答えを出した。

「オレンジジュース？」

「違います」

母さんは首を振ると、チッチッチと時間をカウントし始めた。

「じゃあ、牛乳」

「まっさかあ」

「だったら、フルーツ牛乳だ」

「牛乳じゃないって言っているのに」

母さんはけらけら笑った。

「これ以上育生の味音痴(おんち)ぶりを聞くのは母親としましてもつらいので、答えを発表いたします。じゃーん。なんと、この煮物に入っている飲み物とは、あの、サイダーでした」

くため、大伯皇女に対して読者は反感や不信感を持つようになる。

④　弟の不遇に対する悲哀の表現が、手を変え品を変え巧みに延々と続いていき、読者は大伯皇女の心情を多角的に推測しやすくなる。

⑤　弟の不遇に対する悲哀の表現が、息つく暇もなく綿々（めんめん）と綴られていくことになり、読者は大伯皇女の悲しみに同情しやすくなる。

問十二　次のAからEの文について、筆者の意見には①を、筆者の意見ではないものには②を、それぞれ選び、番号をマークしなさい。

A　十三歳からずっと伊勢斎宮として神に仕えていた大伯皇女の弟への思いは「愛」としかいいようのないものだ。**解答番号は 20**

B　斎宮の任を解かれ大和に帰ってきた大伯皇女であったが、大津皇子はすでに処刑されていた。**解答番号は 21**

C　「神風の……」と「見まく欲り……」の歌には、大伯皇女の、もう何をどうしても仕方がないというなげやりな気分が見られる。**解答番号は 22**

D　大伯皇女の歌六首には、ほとんど技巧が使われていないが、悲しみの深さをより感情的に伝えるには、ある程度の修辞が必要であった。**解答番号は 23**

E　自分の思いを定型のリズムにのせることにより、言葉は本来持っている以上の力を読者に呈（てい）していくのである。**解答番号は 24**

第二問　次の文章をよく読んで、後の問いに答えなさい。

父親がいない家庭環境から、自分は「捨て子」ではないかと疑っている育生は、担任の先生から親子の証（あかし）である「へその緒」の話を聞く。さっそく育生は仕事から帰ってきた母親に、「へその緒」があるのかどうかを確認する。

僕は母さんが仕事から帰ってくるのをどきどきして待ちわびた。あまりにどきどきしすぎて炊飯器のスイッチを入れ忘れそうになったくらいだ。小学校一年生の時から、ご飯を炊（た）くのは僕の役目になっている。

六時少し前に母さんの足音が聞こえた。僕の家はマンションの五階にあって、エレベーターを使わないのは母さんだけだから母さんの帰りはすぐにわかる。

「ねえ、へその緒見せて」

母さんがドアを開けたのと同時に、玄関に飛んでいった僕がそう言うと、母さんはしかめっ面（つら）をした。

「なんなのそれ。まずは、母さんお帰り。今日もお仕事ご苦労様。でしょう」

「母さんお帰り。ねえ、へその緒っていうのを出して」

「へその緒？」

1 <u>母さんはしかめっ面のままきょとんとした。</u>

「ほら、母さんのおなかと子どもを繋（つな）げているやつ」

「ほう。日本にはそんな便利な代物（しろもの）があるのか」

母さんは、大人のくせにへその緒の存在をまるで知らなかったかのようにとぼけた声を出した。

「どこの家にもあるんじゃないの？　見せてよ」

「またおかしな知識を身につけてきたのね。まったく学校ってのはろくなこと教えないねえ」

母さんは他人事（ひとごと）のように言いながら、洗面所に向かっていってしまっ

③ 大伯皇女の斎宮に対する思い。
④ 大津皇子の大伯皇女に対する思い。
⑤ 大津皇子の天皇に対する思い。

問八 ——線部2「その背中が四つ角に吸いこまれる」に見られる修辞（しゅうじ）法として、適当なものを、次の①～⑤の中から一つ選び、番号をマークしなさい。**解答番号は16**

① 直喩（ちょくゆ）
② 隠喩（いんゆ）
③ 倒置法（とうち）
④ 反復法（はんぷく）
⑤ 体言止め（たいげんど）

問九 ——線部3「いわんや大伯皇女をや」の解釈として、最も適当なものを、次の①～⑤の中から一つ選び、番号をマークしなさい。**解答番号は17**

① 試験に出かける弟を見送るのでさえ、姉としてあれこれと気をもんでしまうのだから、大伯皇女の状況ならなおさらのことだ。
② 試験に出かける弟に対し、筆者の場合は姉としてあれこれと気をもんでしまったが、さすがに大伯皇女は動揺などしない。
③ 試験に出かける弟を見送る朝、筆者自身は気丈に振る舞っていたのだが、大伯皇女はあれこれと気をもんでいたらしい。
④ 言うまでもなく、試験に出かける弟を見送るとき、姉としてあれこれと気をもんでしまう気持ちは、今も昔も変わらない。
⑤ 言うまでもなく、試験に出かける弟を見送るとき、姉であるならば誰でもがあれこれと気をもんでしまうのは当然だ。

問十 ——線部4「あのとき」とはいつのことか。説明として、最も適当なものを、次の①～⑤の中から一つ選び、番号をマークしなさい。**解答番号は18**

① 大学受験のために上京した弟を、試験当日の朝に見送ったときのこと。
② 大学受験のために上京した弟が、私のところに滞在していたときのこと。
③ 大学受験の日の朝、昼食用のサンドイッチを弟に手渡したときのこと。
④ 受験制度を呪ってみたり、あらゆる神さまに祈ってみたりしたときのこと。
⑤ 弟の大学受験後しばらくしてから、大伯皇女の和歌を改めて読んだときのこと。

問十一 ——線部5「大伯皇女が日記に書いたとしたらどうだろう」とあるが、その場合どうなると言うのか。説明として、最も適当なものを、次の①～⑤の中から一つ選び、番号をマークしなさい。**解答番号は19**

① 弟の不遇に対する悲哀の表現が、途切れることなく並べたてられていくが、大伯皇女の悲しみの心情は読者に響きにくいものとなる。
② 弟の不遇に対する悲哀の表現が、たくさんの言葉を用いて綴（つづ）られていくので、大伯皇女の悲しみの深さがより読者に伝わりやすくなる。
③ 弟の不遇に対する悲哀の表現が、立て続けに長々と述べられてい

C　たたみかける
① 相手にすきを与えないように、立て続けに働きかけること。
② 相手の心情を、自分の心の中に深くしまい込むこと。
③ 細かいことにこだわらず、状況を理解し判断しようとすること。
④ いい機会をねらって、勢いよく行動を繰り返すこと。
⑤ 自分の思いを、何度も何度も心の中でかみしめること。

問三 ——線部**あ**「それとも」、——線部**い**「つまり」の前後の文は、どのような関係になっているか。最も適当なものを、次の①～⑤の中からそれぞれ一つずつ選び、番号をマークしなさい。**解答番号はあ＝9・い＝10**

① 前の文の内容が原因で、後の文は理由になっている。
② 前の文の内容を、後の文で言い換えている。
③ 前の文の内容から転じて、別の内容を後の文で述べている。
④ 前の文の内容に対して、後の文で逆の内容を示している。
⑤ 前の文の内容と、後の文の内容を対比させている。

問四 空欄（　）にあてはまる語句を、次の①～⑤の中から一つ選び、番号をマークしなさい。**解答番号は11**

① 五七五七七　② 短い詩　③ 一人称　④ 二人称
⑤ 三人称

問五 空欄 A と空欄 B に当てはまる文を、次の①～⑤の中からそれぞれ一つずつ選び、番号をマークしなさい。**解答番号はA＝12、B＝13**

A
① 本当は弟と二人で秋山の道を越えたいという思いがある
② 自分の主張を明確にはっきりと読者に伝えようとしている
③ 自分を外側から見る目で捉えられている
④ 心の内側を他者に気付いてもらえるように描いている
⑤ 心の内側を整理できないままに悲しみを綴っている

B
① 弟が一人で秋山の道を越えることに対する不安の思いがある
② 自分の主張を示さず、弟の心情を中心に述べている
③ 自分を外側から客観的かつ冷静に捉えている
④ 心の内側を他者に知られないように描いている
⑤ 心の内側がそのまま描きだされている

問六 空欄 C 、 D 、 E に入る語の組み合わせとして、最も適当なものを、次の①～⑤の中から一つ選び、番号をマークしなさい。**解答番号は14**

① C 主観　D 客観　E 主観
② C 主観　D 主観　E 客観
③ C 主観　D 客観　E 客観
④ C 客観　D 主観　E 主観
⑤ C 客観　D 客観　E 主観

問七 ——線部1「それ」の指す内容として、最も適当なものを、次の①～⑤の中から一つ選び、番号をマークしなさい。**解答番号は15**

① 大伯皇女の大津皇子に対する思い。
② 大伯皇女の異性に対する思い。

※「詞書」…和歌の前書きとして書く短い説明文
※「薨り」…皇族が亡くなること
※「大来皇女」…「大伯皇女」と同じ
※「言いさす」…途中まで言いかけてやめる
※「馬酔木」…ツツジ科の常緑低木

問一 ――線部**ア**～**オ**のカタカナ部分と同じ漢字を使うものを、次の①～⑤の中からそれぞれ一つずつ選び、番号をマークしなさい。**解答番号は、ア＝1、イ＝2、ウ＝3、エ＝4、オ＝5**

ア セマって
① 自分の部屋はセマい。
② 食べ物が歯にハサまる。
③ ツイ突事故が発生した。
④ ハク真の演技を見せる。
⑤ 多大なソン失を被る。

イ 増フク
① ハバの広い道。
② 地下に潜プクする。
③ マスクで口をオオう。
④ 熱は鉄をボウ張させる。
⑤ 鉄道のフッ旧。

ウ 特イ
① 兄弟でも性格はコトなる。
② 風邪（かぜ）をウツされた。
③ 緑にカコまれた町。
④ 心がナえる。
⑤ 会社のエラい人。

エ 自タイ
① 卒業生がタイ場する。
② パーティーに招タイする。
③ 鼓笛タイに参加する。
④ いつまでもタイ度を改めない。
⑤ 明日はタイ育の授業がある。

オ 普ヘン
① 気温の急激なヘン化。
② ヘン食の原因を探る。
③ ヘン信の手紙を出す。
④ 雑誌のヘン集をする。
⑤ 諸国をヘン歴する。

問二 ――線部a「凛々（りり）しく」、b「いたずらに」、c「たたみかける」の意味として、最も適当なものを、次の①～⑤の中からそれぞれ一つずつ選び、番号をマークしなさい。**解答番号はa＝6、b＝7、c＝8**

a 凛々しく
① 周りを気にせず、すずしげな感じ。
② 滅入（めい）ってしまって、弱気な感じ。
③ きりっとして、勇ましい様子。
④ 苦しみを、我慢している様子。
⑤ 自分のペースを、くずさない様子。

b いたずらに
① 無駄（むだ）に
② ふざけて
③ わざと
④ 多少
⑤ 無意識に

磯（いそ）の上に生ふるあしびを手折（たを）らめど見すべき君がありといはなくに

（巻二・一六六）

この世の人である私は、明日からは、弟の葬（ほうむ）られている二上山を、弟として見続けましょう……。

「うつそみの人なる吾や」は強烈だ。生きているかぎり誰だって、この世の人であるわけだが、「ああ、私はこの世の人なんだ」という認識は、かなり特ウイなものだろう。まるで、心はあの世にいってしまい、その心が、この世に残された肉体を眺めているような表現である。

実際、彼女のこれからの人生は、弟のことを思い続けることだというのだから、心はあの世にいっていると考えてもおかしくはないかもしれない。「わが見む」と、この歌だけが強い意志で結ばれている。

最後の歌は、さきほどの一、二首目に通じる歌だが、さらにはっきりと弟の死を悲しむ心が感じられる。

岩のほとりに生えている※馬酔木（あしび）を手折ろうと思ってみても、その花を見せたい君がこの世にいるとは、誰も言ってくれません……。

この歌ではたまたま馬酔木が素材になっているが、つまり、何を見ても、何をしようとしても、すべては弟への思いへとつながってしまうということだろう。

もう一度、大伯皇女の六首を読みかえしてみると、ほとんど何の技巧も使われていないことに気づく。悲しみに突き動かされるようにして生まれてきた歌たちには、修辞など必要なかったのだろう。

これほどの悲しみを、短歌というかたちにすること自エタイ、非常に大変なことだったと思われる。が、逆に、五七五七七というかたちがあったからこそ、大伯皇女は悲しみを表現できたのではないか、とも思う。

五七五七七に言葉を集めるという「とっかかり」がなかったら、とてもまとめきれない思いが、彼女の胸のうちには溢（あふ）れていたことだろう。それが、結晶のように言葉としてあらわれる過程において、定型の果たした役割は大きかったと思う。もし、このときの心境を、5大伯皇女が日記に書いたとしたらどうだろう。次から次へと悲しみの言葉が連なり、収拾のつかないものになっていたのではないだろうか。読むほうとしても、気の毒だとは思うけれど、たぶん共感するのはむずかしい。

短歌にするということは、非常に［C］的な感情を、一度［D］の網にくぐらせるということである。主人公の自分を見つめるもう一人の自分がいなくては、定型にしあげることはできないだろう。「うつそみの人なる吾や」という表現など、外側から自分を見つめる目がなくては、とうてい生まれてこない。そしてそういう過程があるからこそ、［E］的な感情が、普オヘン性を持ち、今でも私たちの心に届くのではないかと思う。

また「いかにか来けむ」の繰り返しなどは、定型のリズムにのることによって、本来の言葉以上の力を発揮している。「ああ、何で来ちゃったんだろう」と、溜（た）め息とともに消費されていた言葉が、歌のなかに定着するとき、思いがけない輝きを見せるのである。

（俵 万智『短歌をよむ』より）

※「謀叛」…家来が主君にそむくこと

※「瀕死」…死にかけていること

※「剽窃」…他人の文章・作品・学説などを盗用し、自分のものとして発表すること

※「正字体」…常用漢字などの新字体に対し、そのもとになった漢字

が、唯一(ゆいいつ)の異性への感情だったわけで、それは分類のしようも比較のしようもない「愛」としかいいようのないものだったと思われる。

大伯皇女の場合に比べれば、スケールは小さいものの、私も心配と不安いっぱいの心で弟を見送ったことがある。

大学受験のため上京し、しばらく私のところに滞在していた弟が、いよいよ試験の朝を迎えたときのことだ。

「東京のラッシュはすごいんだから。気をつけてね」——昼食用に作ったサンドイッチを手渡しながら、私は弟以上に自分が緊張していることに気づいた。

「うん、じゃあ」と言葉少なく出かける弟。[2]その背中が四つ角に吸いこまれるまで、三階のベランダから見送っていた。「暁露にわが立ちぬれし」にはかなわないけれど、しばらくその場にぼーっと立ち尽くしていた。

全国から来る受験生に混ざって戦わねばならない弟が、やけに[a]凜々(りり)しく感じられたり、逆に心細く思われたり、受験制度を呪(のろ)ってみたり、あらゆる神さまに祈ってみたり……。

試験に出かける弟を見送るのでさえ、こうである。[3]いわんや大伯皇女をや。[4]あのとき以来、彼女のこの歌を読むと、いっそう心にしみるようになった。千年以上前に詠まれた歌であるけれど、彼女の悲しみは、今も生き続けているのである。

悲しみといえば、その後、大伯皇女は斎宮の任を解かれ、大和に帰ってくるのだが、すでに大津皇子は処刑されていてこの世の人ではなかった。弟のいない大和で詠んだ歌が四首、残っている。まず、はじめの二首を見てみよう。

大津皇子※薨(かむあが)りましし後、※大来皇女(おおくのひめみこ)、伊勢の斎宮より京に上りましし時、作りませる御歌二首

神風(かむかぜ)の伊勢の国にもあらましをいかにか来けむ君もあらなくに

（巻二・一六三）

見まく欲(ほ)りわがする君もあらなくにいかにか来けむ馬疲るるに

（巻二・一六四）

伊勢の国にいたほうがまだよかったものを、なぜ私は都へ来たのでしょうか。愛しい君はもういないのに……。

会いたいと願う君はいないのに、なぜ私は来たのでしょうか。[b]いたずらに馬を疲れさせるだけなのに……。

この二首は、同じテーマで詠まれた変奏曲と言っていいだろう。二首に共通する言葉「いかにか来けむ」「君もあらなくに」が主題の旋律になっている。[c]たたみかけるように繰り返されることによって、悲しみは増[イ]フクされ、私たちに伝わってくる。

また、二首とも「あらなくに」「疲るるに」と、※言いさしの表現である点も見逃せない。大津皇子亡き今は、もう何をどうしても仕方がない、というなげやりな気分があるのだろう。

その気分がさらに深まると、自分が今生きていることさえ、何の意味もないような、まるで不思議なことのような、気がしてくる。残りの二首は、次のような歌である。

大津皇子の屍(かばね)を葛城(かづらき)の二上山(ふたかみやま)に移し葬(はぶ)りし時、大来皇女哀傷(かなし)みて作りませる御歌二首

うつそみの人なる吾(われ)や明日よりは二上山を兄弟(いろせ)とわが見む

（巻二・一六五）

【国語】（五〇分）〈満点：一〇〇点〉

第一問　次の文章をよく読んで、後の問いに答えなさい。

短歌は、（　　）の文学と言われる。なにも書いていなければ、主語は「我」だ。短歌を読むことは、「我」を主人公とする「人生」という物語を読むことでもある。運命のドラマを背景に持つような作品の場合は、特にそうだ。もちろん短歌は、身の上話ではない。作品を通して知る人生は、作家個人を越えて、私たちにセマ（ア）ってくるものでなくてはならないだろう。その過程で、短歌という小さな形式に、実に大きくて深いものが込められているのだなあ、ということにも気づく。

運命のドラマというと、まっさきに思い出されるのは、『万葉集』にある大伯皇女の歌だ。彼女の弟である大津皇子は、政敵から※謀叛のいいがかりをつけられ、殺されてしまう。その事件の前に、伊勢神宮で斎宮をしている姉のところへ、大津皇子は現れた。自らの運命を予感して、別れを告げにきたのだろうか（あ）。それとも、何か相談ごとがあったのだろうか。

伊勢斎宮は、神に仕える清い身。たとえ弟であっても、気安く会えたりはしない。しかも都では、天皇が※瀕死の床に伏しており、政情は非常に不安定。そんな中、こっそり都を抜け出して、姉に会いにきた大津皇子だった。翌日には、また都へと慌ただしく出発する弟。その後姿を見送って、大伯皇女は二首の歌を詠んだ。

大津皇子竊かに伊勢神宮に下りて上り来ましし時、
大伯皇女の作りませる御歌二首

わが背子を大和へ遣るとさ夜ふけて暁露にわが立ちぬれし
（巻二・一〇五）

二人行けど行き過ぎがたき秋山をいかにか君がひとり越ゆらむ
（巻二・一〇六）

「竊かに」の「竊」は窃盗や※剽窃の「窃」の正字体であるから、こっそりと人目を忍ぶ感じが、この一字で強く印象づけられる。

「背子」は女性が親しい男性を呼ぶときの言葉で、夫や兄弟に使われた。

我が弟の大和への出発を見送り、無事を祈るうちに、夜も更け、私は暁の露に濡れるまで立ち尽くしていました……。

二人で行ったとしても困難な秋山の道を、君は一人でどのように越えていることでしょうか……。

一首目が、[A]のに対し、二首目は、[B]。映画でたとえるなら、明け方まで立ち尽くし、露に濡れている大伯皇女の姿が映しだされ（一首目）、そのあと「いかにか君が……」のモノローグが流れる（二首目）、といった感じだろう。二首が相互に作用して、心配と不安でいっぱいの彼女の心を、立体的に見せてくれる。

もちろん一首ずつでも、充分に哀切な、いい歌だ。※詞書をはずしてしまったら、たぶん誰もが、恋人を見送る女の歌だと思うだろう。それほど愛情のこもった歌である。

あまりの心のこもりように、ここに姉・弟を越えた恋愛感情を読みとる人もいる。が、結局のところ、それ（1）は本人にもよくわからなかったのではないだろうか。

彼女の場合、十三歳からずっと伊勢斎宮として神に仕えており、夫や恋人を持つことは固く禁じられていた。つまり（い）、弟への思いというの

進学・創志

2021年度

解答と解説

《2021年度の配点は解答欄に掲載してあります。》

<数学解答>《学校からの正答の発表はありません。》

1 (1) ア 8 (2) イ 1 ウ 1 (3) エ 6 (4) オ 2 カ 5
(5) キ 3 (6) ク 4 ケ 1 (7) コ 3 サ 5 (8) シ 1
(9) ス 1 セ 2 (10) ソ 6 タ 0

2 (1) チ 2 ツ 0 テ 0 ト 0 ナ 2 ニ 0 ヌ 0
(2) ネ 4 ノ 0 ハ 0

3 (1) ヒ 2 フ 8 (2) ヘ 2 ホ 1 マ 2 (3) ミ 1

4 (1) ム 7 メ 1 モ 0 (2) ラ 1 リ 2 (3) ル 1 レ 1
ロ 0

5 (1) あ 6 (2) い 1 う 2 (3) え 2 お 1 か 1 き 2

○推定配点○

1 各4点×10 2~5 各5点×12 計100点

<数学解説>

1 (正負の数，単項式の乗除，数の性質，反比例，方程式の利用，因数分解，2次方程式，資料の整理，空間図形，角度)

基本 (1) $\frac{9}{2}\div\frac{3}{8}-(-2)^2=\frac{9}{2}\times\frac{8}{3}-4=12-4=8$

基本 (2) $11a^3b\times9ab\div(3a^2b)^2=\frac{11a^3b\times9ab}{9a^4b^2}=11$

基本 (3) $3<\sqrt{a}<4$　$9<a<16$　これをみたす自然数aは，10，11，…，15の6個。

基本 (4) $y=\frac{a}{x}$に$x=-5$，$y=15$を代入して，$15=\frac{a}{-5}$　$a=-75$　$y=-\frac{75}{x}$に$x=3$を代入して，$y=-\frac{75}{3}=-25$

(5) 最も小さい数をxとすると，$x^2=(x+1)+(x+2)$　$x^2-2x-3=0$　$(x-3)(x+1)=0$
xは自然数であるから，$x=3$

基本 (6) $(x+1)^2+(x+1)-6=\{(x+1)+3\}\{(x+1)-2\}=(x+4)(x-1)$

基本 (7) $(x-3)^2=5$　$x-3=\pm\sqrt{5}$　$x=3\pm\sqrt{5}$

基本 (8) 通学時間の短いほうから50番目と51番目は，$6+18+20=44$，$44+10=54$より，30分以上40分未満の階級に入るから，その相対度数は，$\frac{10}{100}=0.1$

(9) 円の半径を$r$cmとすると，$2\pi r=2\pi\times32\times\frac{135}{360}$　$r=12$(cm)

(10) $\angle\mathrm{BAC}=\frac{2}{2+3+1}\times180^\circ=\frac{1}{3}\times180^\circ=60^\circ$

2 (方程式の利用)

基本 (1) 2km＝2000mより，求める時間は，$\frac{2000-x}{200}$(分)

(2) 時間について，$\frac{x}{80}+10+\frac{2000-x}{200}=23$　両辺に400をかけて，$5x+4000+2(2000-x)=9200$　$3x=1200$　$x=400$(m)

3 (図形と関数・グラフの融合問題)

基本 (1) $y=2x^2$に$x=2$を代入して，$y=2\times2^2=8$　よって，A(2, 8)

基本 (2) $y=2x^2$に$x=3$を代入して，$y=2\times3^2=18$　よって，B(3, 18)　直線BCの式を$y=bx+12$とすると，点Bを通るから，$18=3b+12$　$3b=6$　$b=2$　よって，$y=2x+12$

重要 (3) $y=ax^2$に$x=2$, 3を代入して，$y=4a$, $9a$　よって，A(2, $4a$)，B(3, $9a$)　A′(−2, $4a$)とすると，AC+BC=A′C+CB≧A′Bより，直線A′Bとy軸との交点がCのとき，題意を満たす。直線A′Bの式を$y=mx+n$とすると，2点A′，Bを通るから，$4a=-2m+n$，$9a=3m+n$　この連立方程式を解いて，$m=a$，$n=6a$　よって，$y=ax+6a$　したがって，$6a=6$より，$a=1$

4 (確率)

基本 (1) 引くカードの数の組み合わせは，(1, 2)，(1, 3)，(1, 4)，(1, 5)，(2, 3)，(2, 4)，(2, 5)，(3, 4)，(3, 5)，(4, 5)の10通り。このうち，題意を満たすのは，下線の7通りだから，求める確率は，$\frac{7}{10}$

基本 (2) 題意を満たすのは，(1, 3)，(1, 4)，(2, 4)，(2, 5)，(3, 5)の5通りだから，求める確率は，$\frac{5}{10}=\frac{1}{2}$

(3) (A, B)=(3, 2)，(4, 3)，(5, 4)，(6, 5)，(5, 6)，(6, 8)，(7, 10)，(7, 12)，(8, 15)，(9, 20)より，題意を満たすのは，下線の1通りだから，求める確率は，$\frac{1}{10}$

5 (点の移動と面積)

基本 (1) $x=2$のとき，AP=1×2=2，AQ=3×2=6より，$y=\frac{1}{2}\times2\times6=6$

基本 (2) $x=4$のとき，1×4−3=1より，点Pは辺BC上の頂点Bから1cmのところにいる。3×4−9=3より，点Qは頂点Cにいる。よって，$y=\frac{1}{2}\times(9-1)\times3=12$

重要 (3) $0<x\leqq3$のとき，AP=x，AQ=$3x$より，$y=\frac{1}{2}\times x\times3x=\frac{3}{2}x^2$　$\frac{3}{2}x^2=3$　$x^2=2$　$0<x\leqq3$より，$x=\sqrt{2}$　2点P，Qが重なるのは，2×(3+9)÷(1+3)=6(秒後)だから，$4<x<6$のとき，BP=$x-3$，QC=$3x-12$より，PQ=$9-(x-3)-(3x-12)=24-4x$　$y=\frac{1}{2}\times(24-4x)\times3=36-6x$　$36-6x=3$　$-6x=-33$　$x=\frac{11}{2}$　これは適する。

★ワンポイントアドバイス★

1の独立小問を手早く処理し，後半の大問を時間配分を考えて，できるところから確実に解いていこう。

<英語解答>《学校からの正答の発表はありません。》

A　1 ④　2 ①　3 ①　4 ③　5 ③　6 ③　7 ③　8 ②　9 ④　10 ③

B　11 ③　12 ①　13 ③　14 ②　15 ②

C 16 ③ 17 ③ 18 ① 19 ③ 20 ② 21 ④
D 22 ④ 23 ③ 24 ③ 25 ④ 26 ③
E 27 ④ 28 ⑥ 29 ② 30 ③ 31 ① 32 ⑤
F 33 ④ 34 ②
G No. 1 問1 (1) 35 ① (2) 36 ② 問2 37 ② 問3 38 ①
問4 39 ② No. 2 問1 40 ④ 問2 41 ② 問3 42 ④ 問4 43 ②
問5 44 ② 問6 45 ③ 問7 46 ④
H 1 47 ② 2 48 ③ 3 49 ② 4 50 ① 5 51 ③

○推定配点○
A~C 各1点×21 D・E 各2点×11 F~H 各3点×19 計100点

<英語解説>

基本 A (語句補充問題:受動態、進行形、助動詞、不定詞、比較、現在完了)

1 「あなたはケンですか」「あなたは~ですか」という文。動詞はbe動詞を使って表す。

2 「私は日本の歴史に興味があります」 be interested in ~「(人が)~に興味がある」。②「心配している」,③「(物事が)おもしろい,興味深い」,④「驚いている」。

3 「ユミとジムはそのときテニスをしていました」 at that time「そのとき」とあるので,過去の時点で進行中だった動作を表す過去進行形<was[were]+~ing形>が適切。主語が Yumi and Jim で複数なのでbe動詞は were を用いる。

4 「あなたのお兄[弟]さんは何枚のCDを持っていますか」 空所の直後に名詞の複数形 CDsがあるので,<How many +名詞の複数形>「いくつの~」と数を尋ねる疑問文にする。How long は物や時間の長さ,How much は量や金額を尋ねるときに用いる。

5 「私は今日の午後,図書館で勉強する予定です」 <be going to +動詞の原形>「~する予定[つもり]だ」の文。be動詞 am を入れる。

6 「彼はすぐに日本語を話せるようになるでしょう」 直後に動詞の原形がある。直後に動詞の原形が続くのは be able to ~「~することができる」。ここでは前に will があるのでbe動詞が原形になっている。

7 「この映画は私を幸せにしてくれるので,私はそれが好きです」 <make+人+形容詞>「(人)を~にする」の文。

8 「この湖で泳ぐことはあなたにとって危険です」 <It is ~ for +人+ to +動詞の原形>「…することは(人)にとって~だ」の文。

9 「ケンはクラスのすべての生徒の中でいちばん背が高いです」 最上級を使った文。「(複数の同じ種類の人[もの])の中で」は of で表す。

10 「私は10歳のときから古川に住んでいます」 文の後半に since I was ten years old「10歳のときから」とあるので,そのときからずっと続いていることを表すように現在完了<have[has] +過去分詞>の文にする。

B (語句補充問題:語い)

1 「スティーブンの父はとてもおいしいピザを作ります。彼はイタリアン・レストランのシェフです」 ピザを作るのが上手だという1文目の内容に合うのは③の「シェフ」。①「ガイド,案内人」,②「生花店の主人」,④「美容師」。

2 「ジャネットは昨日,市の動物園に行こうとしましたが,道に迷いました。2時間後にようやくそれを見つけました」 2時間たってようやく動物園を見つけたという2文目の内容に合うように①を入れる。lose one's way で「道に迷う」という意味を表す。lost は lose の過去形。② sleep「眠る」の過去形・過去分詞，③ lend「貸す」の過去形・過去分詞，④ keep「保つ」の過去形・過去分詞。

3 「昨日，私たちは外で昼食をとることにしました。私たちは家の裏にある公園で食べました」 家と公園の位置関係を表す語として適切なのは③の behind「～の背後に」。①「(2つ[2人])の間に」，②「(～の)上に」，④「(～の)下に」。

4 「ジェニーはふだん，朝食にトースト1枚しか食べません」「1切れ[枚]の(パンなど)」はa slice of ～ で表す。① a pair of ～ で「1組の」，③「ページ」，④ a sheet of ～ で「1枚の(紙・布など)」。

5 「そのロック・グループはとても人気があるので，コンサートホールは人でいっぱいでした」「人気がある」→「ホールは人でいっぱいだった」というつながりになるように②の full を入れる。be full of ～ で「～でいっぱいだ」という意味を表す。①「濃い」，③「深い」，④「高い」。

C (語句整序問題：前置詞，間接疑問文，受動態，接続詞，動名詞)

1 (She) had no free time during (her winter vacation.) 「時間がない」は have no timeで表す。during は「(特定の期間)の間に」の意味の前置詞。名詞句 her winter vacation の前に置く。

2 (Do you)know where Mr. Tanaka lives? 動詞(know)の目的語として疑問詞で始まる文の内容がくる間接疑問。＜疑問詞＋主語＋動詞＞の語順で表す。

3 Which bus should I (take to the airport?) 「どちらの～」は＜which ＋名詞＞で表す。助動詞(should)を使う疑問文なので Which bus の後は＜助動詞＋主語＋動詞の原形＞の語順。

4 (I) was introduced to Karen's (parents.) 「～された」という受動態＜be動詞＋過去分詞＞の文。introduce ～ to …「～を…に紹介する」の「～」に当たる「私」が文の主語。

5 (I'm) glad that you won (the badminton match yesterday.) be glad that ～ で「～でうれしい」という意味を表す。

6 Talking (with) my friends makes me (happy.) 「友人たちと話すこと」を動名詞を使って Talking with my friends と表す。make A B で「AをB(の状態)にする」という意味。

D (会話文問題：語句・文選択補充)

1 「女性：あなたはどこにいたの？ あと2分で映画が始まるわよ。／男性：ごめん。電車に乗り遅れたんだよ。次の電車を待たなくてはならなかったんだ」 男性が待ち合わせに遅れたという状況。遅れた理由を表すように missed(miss「乗り遅れる」の過去形)を入れる。① take「連れて[持って]行く，取る」の過去形，② find「見つける，わかる」の過去形・過去分詞，③ run「走る」の過去形。

2 「少女1：あなたのお姉[妹]さんは明日浜辺に来ることができるの？／少女2：今夜，聞いてみるわ。来られれば，たぶん私たちを車で乗せて行ってくれるわ」 少女2の最後の発言から，少女2の姉[妹]が浜辺に行くかどうかはわかっていない，あるいは姉[妹]は浜辺に行く計画について知らないと考えられる。この状況に合うのは③の「尋ねる」。①「貸す」，②「手伝う」，④「思う，考える」。

3 「夫：このケーキはおいしそうだけど，ぼくたちには大きすぎるな。／妻：賛成だわ」 夫の発言に対する応答として会話が成り立つのは③「賛成だ，同意する」。①「私のプレゼントが気に入っているわ」，②「飲み物がないわ」，④「お話しできてよかったです」では会話が成り立たない。

4 「息子：ぼくの野球のグローブを見かけた，お母さん？／母親：玄関のドアのわきを見てみて。昨日そこで見たわよ」 見当たらないグローブを知らないかと尋ねる息子に対して，母親は「昨日そこで見た」と言っているので，具体的な場所を答えている④が適切。①「試合は3時に始まるわ」，②「私は野球のバットを持っているわ」，③「ちょっと待ってね」。

5 「少女：こんにちは，スティーブ。具合がよくなさそうね。まだ風邪をひいているの？／少年：よくなってきているよ，ありがとう」 空所の直前の少女の発言と，空所の発言に対する少年の応答から，③を入れると会話が成り立つ。①「あなたの学校はどこにあるの？」，②「あなたはどうやって行ったの？」，④「あなたの休みはいつ？」。

重要 **E (会話文問題：文選択補充)**

(全訳) ショウタ：外へ出よう，ラルフ。雪がたくさんあるよ。

ラルフ　：27何をするの？

ショウタ：雪合戦をするんだよ。

ラルフ　：大丈夫？　ここでできるの？

ショウタ：もちろんできるよ。28どうしてそんなことを聞くの？　雪の中で遊ぼうって言っているだけだよ。

ラルフ　：ドイツのぼくの学校では，生徒たちは雪合戦をしてはいけないんだ。

ショウタ：本当？　何が問題なの？

ラルフ　：危ないんだよ。

ショウタ：29そんなに危なくないと思うよ。

ラルフ　：雪の玉が人にけがをさせたり物を壊したりするんだ。

ショウタ：そうは思わないな。

ラルフ　：30雪の玉の中に氷が入っていることがあるんだよ。

ショウタ：ああ，わかった。ドイツでは冬はとても寒いから，いつも氷がたくさんあるんだ。

ラルフ　：その通り。

ショウタ：わかった。31ぼくが雪の玉をいくつか作ってあげるよ。1つ握れば日本の雪合戦は危なくないことがわかるよ。

ラルフ　：わかった。ここはあまり寒くないから，きみたちの雪の玉には普通氷が入っていないんだね？

ショウタ：そう。32外に出よう！

27 直後でショウタが「雪合戦をするんだよ」とこれから外でしようとしていることを答えていることから，④が適切。

28 ラルフが雪合戦をすることについて「大丈夫？　ここでできるの？」と尋ねたのに対して，ショウタは空所の後で「雪の中で遊ぼうって言っているだけだよ」と言って，ラルフの質問を不思議に思っている様子である。このことから，⑥を入れると自然な会話になる。

29 直前でラルフが雪合戦は危険だと言ったことに対するショウタの反応が入る。直後でラルフが「雪の玉が人にけがをさせたり物を壊したりするんだ」と言ったことに対して，ショウタは「そうは思わないな」と言っていることから，ショウタは雪合戦は危険ではないと考えていることがわかる。したがって，②が適切。

30 空所の直前で，ラルフが雪合戦は人にけがをさせたり物を壊すことがあるから危険だと言ったのに対して，そうは思わないと言っている。また，空所の直後でショウタが「ああ，わかった」と納得していることから，ラルフは雪合戦が危険である理由を述べたと考えられる。したがって，③が適切。

31　空所の直後の発言から，ショウタは日本の雪合戦が危険ではないことを示そうとしていることがわかる。①を入れて，自分が実際に雪の玉を作ってラルフに示そうとしているとすると発言内容のつじつまが合う。

32　日本の雪合戦が危険ではないことを互いに納得した後なので，あらためて「外に出よう！」と言っている。

F　(短文の読解問題：内容吟味)

(全訳)　東南アジアで働いている日本人の技術者が何人かいます。今日は彼らについて話します。この新聞を見てください。

日本の紙のろ過器が東南アジアの人々を救う

東南アジアの人々は長い間水の問題を抱えている。

いくつかの川の水は飲むのに適していない。何人かの日本人技術者がその問題について知り，日本製の紙のろ過器を持ち込んだ。今では，東南アジアの多くの人々が川の水をきれいにするためにそれらを使っている。日本人技術者のおかげで，彼らは川からのきれいな飲み水を簡単に手に入れることができる。

新聞でこれを読んだ後，私はインターネットでその話を調べて，その日本人技術者たちとそのろ過器について学びました。最初，技術者たちは多くの問題を抱えていました。ろ過器がうまく機能しなかったのです。彼らは懸命に努力して，ついにそれらを改良する方法を見つけました。今，これらのろ過器は東南アジアの多くの人々に使われています。

1)　①「日本では，人々が施設へ水を与えるのに問題を抱えている」(×)　日本で水を供給するうえでの問題については本文で述べられていない。　②「東南アジアでは，人々が施設へ水を与えるのに問題を抱えている」(×)　新聞記事の本文第2文から，水に関して東南アジアで問題になっていることは，川の水が飲むのに適していないことであることがわかる。　③「日本では，川の水を飲むことが人々にとって問題となっている」(×)　日本の川の水の問題について本文で述べられていない。　④「東南アジアでは，川の水を飲むことが人々にとって問題となっている」(○)　新聞記事の本文第2文の内容と一致している。

2)　①「日本人技術者たちは自分たちのろ過器を作るために働かなかった」(×)　最後から2文目などから，日本人技術者たちがろ過器のことで努力したことがわかる。　②「最初，よい水のろ過器を作ることは日本人技術者たちにとってとても難しかった」(○)　最後から3，4文目を参照。最初はろ過器がうまく機能せずに日本人技術者が苦労したことがわかるので，一致する。

③「日本人技術者たちはお金を稼ぐために懸命に働いた」(×)　日本人技術者たちがお金のために働いたという記述は本文にない。　④「今，東南アジアの人々は水のろ過器を使うことができない」(×)　最終文に，東南アジアでは今，水のろ過器が使われていることが述べられている。

G　No. 1　(短文の読解問題：英問英答，語句選択補充，語句整序，内容吟味)

(全訳)　先週，私は妹の誕生プレゼント用にゆかたを買いに出かけました。彼女はいつも私に日本のものを送ってほしがるのです。

私はいくつかの着物店に行きましたが，ゆかたを見つけることができませんでした。最後の店で，私は店員にゆかたについて尋ねました。「たいへん申し訳ございませんが，今は10月なのでゆかたは置いていないのです。ゆかたは夏$_{(A)}$<u>用の</u>ものです」それは私にとって初耳でした。それから彼女は店でいろいろな物を見せてくれました。でも私はそれらがほしくありませんでした。そこで私は彼女に,「あなたの日本の友達への人気の誕生プレゼントについて考えを教えてください」と尋ねました。B彼女は私にいくつか考えを教えてくれました。

私が店を出ようとしていたとき,その店員が私に声をかけました。彼女を見ると,彼女は両手に何かを持っていました。彼女は,「私はこのゆかたを母のために買ったのですが,あなたの妹さんのためにこれをあなたにあげたいと思います」と言いました。私はとても驚いて,「ありがとうございます,でも私にはもったいないです」と言いました。店員は,「私は高校生のときにオーストラリアに滞在しました。そこの人たちは私にとても親切にしてくれました。だから今度は私があなたのお手伝いをしたいのです。あなたがお返しに誰かのお手伝いをしてくれればと思います。この親切のつながりを止めないでください」と言いました。「すばらしいプレゼントと親切な言葉をありがとうございます」私は店を出て,自分自身に「どうしたら周りの人たちに親切を示すことができるかな」と問いかけました。

問1 (1) 質問は,「なぜジムは買い物に行ったのですか」という意味。第1文から,彼が買い物に行ったのは妹の誕生プレゼントにゆかたを買うためであることがわかる。したがって,①「彼は家族のために何かを買いたかった」が適切。②は「彼は友達のために何かを買いたかった」,③は「彼は日本語の辞書を探していた」,④は「彼は日本の友達のために何かを買いたかった」という意味。 (2) 質問は,「ジムは店員に何を求めましたか」という意味。第1段落最後から2文目から,彼は店員に友達にあげる誕生プレゼントについて考えを教えてくれるように頼んだことがわかるので,②「彼は店員に助言をくれるように頼んだ」が適切。①は「彼は店員に別の着物店への行き方を尋ねた」,③は「彼は店員に別のゆかたを見せてくれるように頼んだ」,④は「彼は店員に日本のものを見つける方法を尋ねた」という意味。

問2 「ゆかたは夏(　　)です」という文。for を入れると「夏のための,夏用の」となり文意が成り立つ。

問3 She gave me some ideas. 「(人)に(もの・こと)を～与える」という文。<give ＋人＋もの・こと>または<give ＋もの・こと＋ to ＋人>の語順で表す。

問4 ①「店員はジムにゆかたをあげると言った」(○) 第2段落第3文の内容に合う。 ②「店員はジムに日本でゆかたをどこで手に入れるか助言した」(×) 店員はゆかたを手に入れられる場所について何も言っていないので,合わない。 ③「店員はジムに他の人々に親切にするよう頼んだ」(○) 第2段落第8文で,店員はジムに「あなたがお返しに誰かのお手伝いをしてくれればと思います」と言っているので合っている。 ④「店員は高校生のときに外国に住んでいた」(○) 第2段落第5文の内容に合う。

No. 2 (短文の読解問題:指示語,内容吟味,語句選択補充)

(全訳) 私は ALT として日本のこの場所に3年間住んでいて,多くのことに驚いています。今日はそれらについてお話しします。

ある日,私はノートを買いにコンビニエンスストアへ行きました。その店では多くの人たちが本を読んでいました。彼らのうちの1人は本を読み終えて,それを買わずに店を出て行きました。私は,「彼は何をしていたんだろう? そんなことをしても大丈夫なんだろうか」と思いました。私の国,カナダでは人々は決してそのようなことはしません。私はある日本人の先生にこのことについて尋ねました。彼女は私に,「あなたが言いたいことはわかりますよ,ニック。もちろん,日本でもそれは[ウ]よいことではありません。店の本は売り物です。もしコンビニエンスストアで本を読んだらそれを買わなくてはいけません。でも中には,あなたが言ったようにそれを買わずに本を読む人もいます。店主はそのことを心配してそれをやめさせようとしています。本が閉じたままにされている店もあります。それらの店では本を読むことができません。でも，買わずに本を読む人々には[エ]よい点があると考える店主もいます。彼らは，店に人がたくさんいれば，その店は人気があると思われるかもしれないと言います」と言いました。

私は他のことにもとても驚きました。学校での初日にある先生が玄関で私に「私たちの学校へようこそ。ここで靴を脱いでください」と言いました。私は日本に来る前に，日本の人たちは家の中では靴をはかないことを知っていました。次に，彼女は私に「このスリッパをはいてください」と言いました。私はそれを聞いてとても驚きました。そのスリッパは新しくなかったのです。私は，「このスリッパは誰かが使ったものだ。どうしてそれをはかなくてはならないのだろう？」と思いました。私は他人とそのようなものを共有したくありませんでした。私は[キ]違う人々が[ク]同じスリッパをはくことなど想像できませんでした。

問1　ニックが，コンビニエンスストアで本を読んで買わずに出て行った人について述べている部分。この後でニックはカナダではそのようなことをする人はいないと言っていることから，店で本を読んで買わないことについて all right「大丈夫」なのだろうかと思っているとするとニックの考えに合う。

問2　ニックの問いに答えた日本人の先生は，発言の第4文で「もしコンビニエンスストアで本を読んだらそれを買わなくてはいけません」と言っているので，②「コンビニエンスストアで本を読んだらそれを買うべきだ」が適切。①は「日本のコンビニエンスストアはいつでも人気である」，③は「コンビニエンスストアの本はそこで読むためのもので，売り物ではない」，④は「買わずにコンビニエンスストアで本を読むことはいつでもよいことだ」という意味。

問3　全訳を参照。2箇所とも good「よい」を入れると文脈に合う。

問4　下線部は，本を読んで買わない人についてよい点もあると考えている人のことなので，直前の文の some storekeepers を指す。

問5　空所を含む文の後半「日本の人たちは家の中では靴をはかないことを知っていました」とつないで意味が通るのは Before「～する前に」。

問6　空所を含む文の直前で，ニックは「私は他人とそのようなもの(＝他人が使ったスリッパ)を共有したくありませんでした」と言っている。[キ]に different「違う」，[ク]にthe same「同じ」を入れるとこの内容に合う。

問7　①「ニックはたくさんの人が店内にいたのでコンビニエンスストアに入った」(×)　第2段落第1文に「ノートを買いにコンビニエンスストアへ行きました」とあるので合わない。　②「ニックはコンビニエンスストアで本を読んでそれを買わずに出て行った」(×)　第2段落第2，3文から，本を読んでそれを買わずに出て行ったのは，ニックがコンビニエンスストアに入ったときに本を読んでいた人のうちの1人であることがわかるので，合わない。　③「ニックは日本の人々は家では靴をはかないことを知らなかった」(×)　第3段落第5文から，ニックは日本の人々は家では靴をはかないことを知っていたことがわかるので，合わない。　④「ニックは古いスリッパをはくことが好きではない」(○)　第3段落最後の5文の内容に合う。

やや難 H　(長文読解問題：内容吟味)

昔，ある王様が小さな国に住んでいて，彼は高齢になってきていた。ある日，彼は次の王様を見つける必要があると思った。彼は自分の国にとって最適な人物を見つけたかった。

その王様は，国のすべての若者を宮殿に呼んだ。彼は，「私はきみたちの中から次の王を選ぶつもりだ」と言った。そこにいた人々は驚いた。彼は，「今日，きみたち一人ひとりに種を1つ与える。きみたちにはそれを植え，水をやり，今日から6か月後にその種を持ってここに戻って来てほしい。そのとき，私はそれらの種を見て次の王を選ぶつもりだ」と言った。

それは若者たちにとってわくわくすることだった。ジョーはその中の1人だった。彼は家に帰ってとても注意深くその種を鉢に植えた。毎日彼はそれに水をやり，見守った。およそ2週間後，若者たちの何人かは自分たちの植物について話し始めた。ジョーはそれを聞いて悲しく思った。彼はもっと時間が必要だと思って待った。

6か月が過ぎてその日が来た。ジョーは母親に,「ぼくは宮殿に鉢を持って行かないよ。人々は王様がそれを見たら怒ってぼくを罰するだろうと言っているんだ」と言った。「何がいけないの？ あなたが全力を尽くしたことはわかっているわ。あなたはそれを見せに行かなくてはいけないわ」

ジョーが宮殿に着くと，みな美しい植物を持って来ていて，彼はそれを見て驚いた。彼らは彼の鉢を見て彼のことを笑った。

それから王様が来た。彼は部屋を歩き回って,「きみたちの植物を見てうれしく思う。それらはきみたちがどんな人物であるかを示している」と言った。それから，彼はジョーと彼の鉢に植物がないのを見た。王様は彼に前に来るように言った。みな彼のことを心配した。

王様は人々に言った。「私の話を聞いてくれ。6か月前，私はここで全員に種を与えた。しかし，種はゆでてあって，私は植物が出て来ないことを知っていたのだ。この少年以外のきみたち全員が美しい植物を持っている。彼の鉢を注意深く見るのだ。彼の鉢の中に植物が見えるかね？ 見えないだろう！ しかし私は次の王からこの植物がほしかったのだ」

1 「昔，ある王様が次の王を探していた」 第1段落の内容から，②が適切。①「ある王様が高齢で彼の息子が次の王になる予定だった」，③「ある王様がとても疲れていたので，引退したがっていた」，④「ある王様が新しい妻を探していた」。

2 「国の若者たちは，国の王になれる機会があるので驚いた」 第2段落第2，3文から，③が適切。①「王様が彼らに国をもっとよくするようにと言った」，②「王様はあまりに高齢でもう王でいることができなかった」，④「彼らはもっとよい食べ物を作らなくてはならなかった」。

3 「ジョーは自分の鉢から何も得られなかったのでうれしくなかった」 第3段落最後の3文，第4段落，第6段落最後から3文目から，ジョーの鉢からは植物が出てきておらず，ジョーは気持ちが沈んでいたことが読み取れるので，②が適切。①「彼は種をなくした」，③「彼は植物の育て方を知らなかった」，④「彼の母親が彼に王様の宮殿に行ってはいけないと言った」。

4 「ジョーが宮殿に行ったとき，誰もが彼のことを笑った」 第5段落第2文から，①が適切。②「王様が彼を罰した」，③「誰も種から何も得ていなかった」，④「王様はみなに対して怒った」。

5 「この話は私たちに，私たちは正直であるべきであることを伝えている」 ジョー以外の若者たちは，種から何も出てこないことを知らずに偽って別の植物を育てていて，王になることができなかった。このことに合うのは③。①「私たちは親の言うことを聞くべきだ」，②「私たちは毎日一生懸命に働くべきだ」，④「私たちは注意深くするべきだ」。

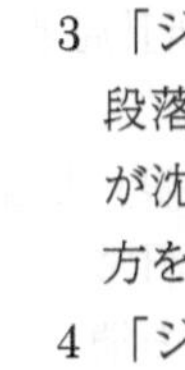

★ワンポイントアドバイス★

Eのような会話文中の脱文補充問題では，1箇所でも迷う空所があれば他の個所を先に選ぼう。空所が減れば選ぶ文も減って，迷っていた個所に入る文も選びやすくなる。

＜国語解答＞《学校からの正答の発表はありません。》

第一問 1 ③　2 ②　3 ①　4 ③　5 ④　6 ①　7 ③　8 ③
9 ④　10 ③　11 ④
第二問 12 ②　13 ④　14 ③　15 ⑤　16 ④　17 ⑤　18 ④
19 ②　20 ④　21 ④　22 ④　23 ①
第三問 24 ④　25 ②　26 ②　27 ①　28 ③　29 ④
第四問 30 ③　31 ⑤　32 ④　33 ②　34 ③　35 ⑤　36 ②
37 ④　38 ①　39 ⑤

○推定配点○
第一問　1～5　各2点×5　他　各3点×6　第二問　12～18　各2点×7　他　各3点×5
第三問　28・29　各3点×2　他　各2点×4　第四問　30　2点　他　各3点×9
計100点

＜国語解説＞

第一問 (論説文－漢字，脱文・脱語補充，接続語，指示語，文脈把握，内容吟味，要旨)

問一　a「輸」を使った熟語はほかに「輸出」「輸送」など。　b「対置」は，二つの物や事柄を対照的な位置に置くこと。「対」を使った熟語はほかに「対談」「対比」など。音読みはほかに「ツイ」。随供御は「対句」「一対」など。　c「首尾」は，始めと終わり，物事のなりゆき，結果，という意味。「首」を使った熟語はほかに「首位」「首謀」など。訓読みは「くび」「こうべ」。d「厳」を使った熟語はほかに「厳重」「厳禁」など。音読みはほかに「ゴン」。熟語は「荘厳」など。訓読みは「おごそ(か)」「きび(しい)」。　e「局」を使った熟語はほかに「局所」「局地」など。訓読みは「つぼね」。

問二　1　直前に「もうそれ以上は分けられず……」とあり，直後で「分けられない最小限」と言い換えているので，言い換え・説明を表す「つまり」が入る。　2　直後で「私たちの日常の対人関係を見るならば……あまりにも大雑把で，硬直的で，実感から乖離している」と打ち消しているので，逆接を表す「ところが」が入る。　3　直後の「ネット時代となり，……色々な人との交流が盛んになる」という内容を修飾する語としては，特に，という意味の「とりわけ」が適切。　4　直前の「どこかに中心となる『自我』が存在しているかのように考える」と，直後の「『本当の自分』は，その奥に存在しているだと理解する」は，二つの事柄を対比しているので，対比・選択を表す「あるいは」が入る。

問三　前の「私たちが，日常生活の中で向き合っているのは，一なる神ではなく，多種多様な人々である」という内容を言い換えているので，xには，「一なる神」にあてはまる「絶対的」，yには，「向き合っている」「多種多様な人々」にあてはまる「相対的」が入る。

問四　直前の「『個人individual』」という概念を指し，「最初，特によくわからないものだった。その理由は，日本が近代化に遅れていたから，というより……発想自体が，西洋文化に独特のものだったからである」とあるので，①は合致するが，「近代化を進めていく必要があった」とする③は合致しない。②は，「一つは，一神教であるキリスト教の信仰である。『誰も，二人の主人に仕えることができない』……常にただ一つの『本当の自分』で，一なる神に進行していなければならない」とあることと合致する。④は，「もう一つは，倫理学である。……この分けられない最小単位こそが『個体』だというのが，分析好きな西洋人の基本的な考え方である」とあることと合致する。

やや難 問五　直前の「その複数の人格のそれぞれで，……。つまり，それら複数の人格は，すべて『本当の自分』である」「……そこで，日常生きている複数の人格とは別に，どこかで中心となる『自我』が存在しているかのように考える」を指して「矛盾」としているので④が適切。①・③は「複数の人格」，②は「本当の自分」の説明なので，「矛盾」にはあてはまらない。

問六　本文には「『ウソの自分』とは，他人に同調して，表面的に演じ分けている姿，というイメージだ。従って，誰もいない部屋の中で，一人孤独に書いてブログの文章こそが，彼の本音であり，本当の姿なんだろう」と説明されているので③が適切。

問七　筆者の考えは，「その複数の人格それぞれで，本音を語り合い……決断を下したりしている。つまり，それら複数の人格は，すべてが『本当の自分』である」というものなので，④が適切。どちらも「本当の自分」である，というのが筆者の主張である。

第二問　(小説－筆順，品詞・用法，語句の意味，情景・心情，表現，文脈把握，文章構成，大意)

問一　「を」のカタカナ表記は「ヲ」。筆順は，￣→〓→ヲ。

問二　x 「老人の忍び泣くような」の「の」は，その文節が主語であることを示し，「が」に置き換えることができる用法。①は，「～であって」と置き換える用法。②は，「もの」と言い換えることができる用法。③は，その文節が連体修飾語であることを示す用法。④は，「が」に置き換えることができる用法。　y 「出来ない」の「ない」は，動詞「出来る」の未然形に接続する，打ち消しの助動詞。①・②・④は，「無い」という意味の形容詞。③は，助動詞「られ」の未然形に接続する打消しの助動詞。

問三　a　直後の「ポンポン船は通っていなかった」という様子なので，⑤が適切。「あいにく」は，何かしようとしたときに，たまたまそれができない状態になって具合が悪い，という意味。b 「怪訝」は，理由やわけがわからず，いぶかる様子，という意味なので④が適切。　c 「疎遠」は，行き来が途絶え，親しみが薄れる，という意味なので，⑤が適切。　d 「かくしゃく」は，年老いても健康で元気がいい様子，という意味なので，④が適切。現役の医者として診察にあたる「カツノリくん」のお祖父さんの様子である。

問四　直前に「私は悲痛な声をあげて，真下の川面を指差した。……彼は慌てて舟の向きを変え，巧みに櫓を漕ぎながら，カツノリくんに近づいて行った。……そして叫んだ」とある。川に落ちた「カツモリくん」を早く助けてほしいという気持ちから，助け出されるまでの時間が長く感じられたとわかるので，②が適切。

問五　直前に「まだ現役の医者として，かくしゃくと患者の診察にあたっていたお祖父さんは，その日も決して取り乱すことなく無表情に座っていた」とある。孫の「カツノリくん」を，列車からの転落で亡くし，つらい状況でも取り乱すことなく座っているお祖父さんに声をかけるのもはばかられ，いたたまれない気持ちで「そそくさとその場を辞した」という様子にあてはまるものとしては④が適切。①の「感動」，②の「怒り」，③の「好奇心」は，「そそくさとその場を辞した」という様子にはあてはまらない。

やや難 問六　後に「お祖父さんは瞳をどこか遠くに向けて，じっと思い起こしていた」とある。診察室の中が昔と少しも変わらないことによって，「カツノリくん」の不在，寂しさを強く印象づけているといえるので，「カツノリくんの早すぎる死とそれによる空虚感を強調する効果」とする④が適切。カツノリくんの死がもたらしたものを感じさせる場面なので，①の「医師としての信念」，②の「昔話」，③の「裕福さ」は適切でない。

問七　直前の段落に「老人の泣き声の終わったことでひとつのきりがついたような気がしたが，私を取り囲んでいたあらゆる音は消えていった。不思議な安心感があった。……目をあけると早朝の眩い光が，ガラス窓を通って車内に満ち溢れていた」とある。本文の初めには，「老人は，ただひたすら泣いていた。……そのまま耳を傾けていた」とあり，その泣き声が発端となり「二十数年前……」と回想シーンに続いている。「カツノリくん」とお祖父さんのことに思いをめぐらせ，「私」は「不思議な安心感」にたどり着くのである。「眩い光」とあることからは前向きな気持ちも感じられるので，「困難を受け入れていけそうな気持ちになっている」とする④が適切。①の「不安」，②の「我に返ることができ」，③の「諦めの気持ち」は，本文の内容と合致しない。

やや難 問八　冒頭に登場する老人の嗚き声によって，カツノリくんのお祖父さんを思い出し，不慮の事故で若くして亡くなってしまったカツノリくんと，カツノリくんを亡くしたお祖父さんの深い悲しみを思う，という構成なので，①が適切。②の「レールの上を走る列車」，③の「列車が停止したり……という断続性」，④の「時間を異にさせる」は適切でない。

第三問 (資料読み取り)

問一　ア　令和元年の児童数は6,369,000人なので④が適切。　イ　昭和三十年の児童数は12,267,000人で，令和元年の6,369,000人の約2倍なので，令和元年は昭和三十年の「半分に減って」とする②が適切。　ウ　大学生の数は，昭和三十年が523,000人，令和元年が2,919,000人なので，「五倍以上」とする②が適切。　エ　直前の「大学生の数が増えたのは」につながる内容としては，「大学に進学する人が増えた」とする①が適切。

問二　「大学に進学する人が増えた」という事実を裏付ける資料としては③が適切。

問三　本文最後に「大学の学生数に注目」「少子化についてあまり問題視しなくてもよい」とあるが，大学進学率が高くなることと少子化問題の解決は関連性がないので，④が適切。

第四問 (古文・和歌－仮名遣い，口語訳，語句の意味，文脈把握，内容吟味，大意)

問一　語頭以外の「はひふへほ」は，現代仮名遣いでは「わいうえお」となり，「やう」は「よー」と発音し，現代仮名遣いでは「よう」となるので，「ふ」は「う」，「やう」は「よう」に直して。「わらうようやある」となる。

問二　直前に「『はやく《その先》を詠んでみせよ』」とあり，直後で歌を詠んでいるので，順接を示す「ので」が適切。

問三　現代語訳を参照すると，「はたおりの鳴くを」は「きりぎりすの鳴く声を」となっている。

問四　直前に「『汝は歌詠みな』とありければ」とある。「召し使い」は，自分が得意とする歌のことで大臣から声を掛けられ，恐縮しているので，②が適切。

問五　直前に「『青柳の』と，初めの句を申し出したるを」とある。大臣は「きりぎりす」を題にして歌を詠めとおっしゃったのに，「青柳」という，「きりぎりす」とは無縁と思われるものを詠み込んだことによって笑われているので③が適切。

やや難 問六　「直垂」については，注釈に「上・中流階級以上の男性の私服」とある。大臣は「召し使い」に，優れた歌を詠んだ褒美として，上・中流階級以上の男性が着る衣服を授けているので，「昇進」とする⑤が適切。

問七　直前に示されている歌の最初の五文字なので，「春霞(はるがすみ)」があてはまる。

問八　直前に「友則」の歌があり，「左方にて」とあるので，「右方」は，友則の対戦相手側。

やや難 問九　「同じ」は，「召し使い」と「友則」の詠んだ歌のこと。「召し使い」は，「きりぎりす」を題として示されたときに「青柳の」と歌い始めて笑われたが，下の句で「夏へて秋ははたおりぞ鳴く」として，大臣から褒美を授かった。「友則」は，「はつ雁」という題を出されて「春霞」と歌いだして笑われたが，下の句で「今ぞ鳴くなる秋霧の上に」として，笑った人たちを黙らせたので，①と⑤があてはまる。

★ワンポイントアドバイス★

現代文は，本文を精読し，全体を貫くテーマを的確に把握する練習をしよう！
問題数が多めなので，時間配分を考えてスピーディーに解答する練習をしておこう！

情報・総合

2021年度

解 答 と 解 説

《2021年度の配点は解答欄に掲載してあります。》

<数学解答>《学校からの正答の発表はありません。》

【問1】 (1) ア 1 イ 5 (2) ウ 1 (3) エ 5 (4) オ 5 (5) カ 3 キ 1 (6) ク 5 ケ 3 (7) コ 7 サ 5 シ 2 (8) ス 3 セ 3 (9) ソ 2

【問2】 (1) タ 6 チ 5 (2) ツ 6 テ 4

【問3】 (1) ト 8 (2) ナ 2 ニ 2 ヌ 2 (3) ネ 1 (4) ノ 4 ハ 3

【問4】 (1) ヒ 5 フ 7 (2) ヘ 5 ホ 8 (3) マ 4 ミ 5

【問5】 ム 2 メ 4 モ 4 ラ 3

【問6】 (1) リ 2 ル 3 (2) レ 1 ロ 6 (3) あ 5 い 1 う 2

○推定配点○

【問1】 各4点×9 【問2】 各5点×2 【問3】 各4点×4 【問4】 各5点×3 【問5】 各2点×4 【問6】 各5点×3 計100点

<数学解説>

基本 【問1】 (正負の数, 式の値, 一次方程式, 連立方程式, 因数分解, 二次方程式, 平方根, 反比例)

(1) $7\times(2-5)+54\div(-3)^2=7\times(-3)+54\div9=-21+6=-15$

(2) $\frac{1}{8}+\left(-\frac{1}{2}\right)^2\div\frac{2}{7}=\frac{1}{8}+\frac{1}{4}\times\frac{7}{2}=\frac{1}{8}+\frac{7}{8}=1$

(3) $3ab+2b^2=3\times3\times(-5)+2\times(-5)^2=-45+2\times25=-45+50=5$

(4) $3x=5(8-x)$ $3x=40-5x$ $8x=40$ $x=5$

(5) $x-2y=1$…①, $2x+y=7$…② ①+②×2より, $5x=15$ $x=3$ これを②に代入して, $6+y=7$ $y=1$

(6) 和が2, 積が−15となる2数は5と−3だから, $x^2+2x-15=(x+5)(x-3)$

(7) $x^2-7x+11=0$ 解の公式を用いて, $x=\frac{-(-7)\pm\sqrt{(-7)^2-4\times1\times11}}{2\times1}=\frac{7\pm\sqrt{5}}{2}$

(8) $\sqrt{2}\left(\sqrt{24}-\frac{\sqrt{6}}{2}\right)=\sqrt{2\times8\times3}-\frac{2\sqrt{3}}{2}=4\sqrt{3}-\sqrt{3}=3\sqrt{3}$

(9) $y=\frac{a}{x}$に$x=4$, $y=-1$を代入して, $-1=\frac{a}{4}$ $a=-4$ $y=-\frac{4}{x}$に$x=-2$を代入して, $y=-\frac{4}{-2}=2$

基本 【問2】 (資料の整理)

(1) 得点の低い順に並べると, 31, 46, 53, 55, 65, 72, 74, 88, 92 よって, 中央値は, 5番目の65点

(2) 平均値は, $(31+46+53+55+65+72+74+88+92)\div9=\frac{576}{9}=64$(点)

基本【問3】 **(図形と関数・グラフの融合問題)**

(1) 点Bのx座標は-2だから，$y=2x^2$に$x=-2$を代入して，$y=2\times(-2)^2=8$

(2) 点Bのx座標は$-a$だから，$AB=a-(-a)=2a$ また，$y=2x^2$に$x=a$を代入して，$y=2\times a^2=2a^2$ よって，$AD=2a^2$

(3) $AD=AB$より，$2a^2=2a$ $a(a-1)=0$ $a\neq0$より，$a=1$

(4) $OD=1$，$AD=2\times1^2=2$より，求める立体の体積は，$\frac{1}{3}\times\pi\times2^2\times1=\frac{4}{3}\pi$

基本【問4】 **(角度，空間図形の計量)**

(1) $\angle x$，49°の角のそれぞれの頂点を通り，直線ℓに平行な直線をひくと，平行線の錯角は等しいから，$\angle x=38^\circ+(49^\circ-30^\circ)=57^\circ$

(2) $\overset{\frown}{BC}=\overset{\frown}{CD}$より，$\angle BAC=\angle CBD=33^\circ$ △ABCの内角の和は180°だから，$\angle x=180^\circ-33^\circ-(56^\circ+33^\circ)=58^\circ$

(3) $\pi\times3^2\times5=45\pi$

基本【問5】 **(平面図形の証明)**

△AFDと△BEFにおいて，長方形の角だから，∠DAF=∠FBE…① △AFDの内角の和は180°だから，90°+∠AFD+∠ADF=180°…② 折り返したから，∠DFE=∠DCE=90° よって，点Fの角に注目すると，∠AFD+90°+∠BFE=180°…③ ②，③より，∠ADF=∠BFE…④ ①，④より，2組の角がそれぞれ等しいので，△AFD∽△BEF

基本【問6】 **(確率)**

(1) サイコロの目の出方の総数は，6×6=36(通り) このうち，題意を満たすのは，白いサイコロの目の数が3，4，5，6であれば，赤いサイコロの目の数は1～6のどれでもよいので，求める確率は，$\frac{4\times6}{36}=\frac{2}{3}$

(2) 題意を満たすのは，(白，赤)=(1，1)，(2，2)，(3，3)，(4，4)，(5，5)，(6，6)の6通りだから，求める確率は，$\frac{6}{36}=\frac{1}{6}$

(3) 題意を満たすのは，(白，赤)=(2，1)，(3，1)，(3，2)，(4，1)，(4，2)，(4，3)，(5，1)，(5，2)，(5，3)，(5，4)，(6，1)，(6，2)，(6，3)，(6，4)，(6，5)の15通りだから，求める確率は，$\frac{15}{36}=\frac{5}{12}$

★ワンポイントアドバイス★

あらゆる分野から標準レベルの問題が出題されている。基礎をしっかりと固めて，弱点分野をなくしておこう。

＜英語解答＞《学校からの正答の発表はありません。》

A 1 ① 2 ② 3 ⑥

B 4 ④ 5 ① 6 ⑤ 7 ④ 8 ⑤

C 9 ① 10 ③ 11 ⑥

D 12 ① 13 ③ 14 ④ 15 ④

E 16 ⑥ 17 ④ 18 ⑦ 19 ⑨ 20 ⑧

F	21 ②	22 ⑤	23 ③	24 ①	25 ②							
G	26 ④	27 ⑤	28 ②	29 ②	30 ①							
H	31 ⑥	32 ⑤	33 ④	34 ⑤	35 ②							
I	36 ①	37 ④	38 ④	39 ⑤	40 ①							
J	41 ⑤	42 ⑦	43 ⑧	44 ①	45 ⑥	46 ④						

K 問1 47 ⑦　48 ②　49 ①　50 ⑥　問2 51 ③　問3 52 ④
問4 53 ①　問5 54 ③　問6 55 ②　問7 56 ③

○推定配点○
A~G 各1点×30　H・I 各2点×10　J 各3点×6
K 問1 各2点×4　他 各4点×6　計100点

<英語解説>

A (発音問題)

下線部の発音が同じものは①, ②, ⑥。 ①は[au]の発音。down「下に」, now「今」。 ②は[i]の発音。written「write(書く)の過去分詞」, sit「座る」。 ⑥は[u]の発音。good「よい」, could「can(~することができる)の過去形」 ③ great「偉大な」の下線部は[ei], breakfast「朝食」の下線部は[e]の発音。 ④ laugh「笑う」の下線部は[æ], August「8月」の下線部は[ɔː]の発音。 ⑤ introduce「紹介する」の下線部は[juː], suddenly「急に」の下線部は[ʌ]の発音。

B (発音問題)

4 [t]の発音。④のみ[d]の発音。 ①「work(働く)の過去形, 過去分詞」, ②「stop(やめる。立ち止まる)の過去形, 過去分詞」, ③「hope(望む)の過去形, 過去分詞」, ④「clean(掃除する, きれいな)の過去形, 過去分詞」, ⑤「laugh(笑う)の過去形, 過去分詞」。

5 [tʃ]の発音。①のみ[k]の発音。 ①「学校」, ②「いす」, ③「子供」, ④「昼食」, ⑤「捕まえる」。

6 [əːr]の発音。⑤のみ[ɑːr]の発音。 ①「看護師」, ②「誕生日」, ③「hear(聞こえる)の過去形, 過去分詞」, ④「学ぶ」, ⑤「心, 心臓」。

7 [ou]の発音。④のみ[ɔː]の発音。 ①「寒い, 冷たい」, ②「知る, 知っている」, ③「開ける」, ④「呼ぶ」, ⑤「船, ボート」。

8 [ð]の発音。⑤のみ[θ]の発音。 ①「他の」, ②「あれら(の)」, ③「どちらか(の)」, ④「一緒に」, ⑤「口」。

C (アクセント問題)

2語ともイの部分をもっとも強く発音するものは①, ③, ⑥。 ① enjoy「楽しむ」, invite「招待する」, ③ policeman「警官」, together「一緒に」, ⑥ tomorrow「明日」, museum「博物館, 美術館」。 ② music「音楽」は第1音節, surprise「驚かせる」は第2音節をもっとも強く発音する。 ④ another「別の」は第2音節, introduce「紹介する」は第3音節をもっとも強く発音する。 ⑤ animal「動物」は第1音節, December「12月」は第2音節をもっとも強く発音する。 ⑦ interesting「おもしろい」は第1音節, Australia「オーストラリア」は第2音節をもっとも強く発音する。

D (強勢問題)

12 「A:あなたがこれらの本を持って来たのですか。/B:いいえ。スーザンが私たちのためにそれらを持って来ました」 A は自分が本を持って来たのかと問われてNoで答え，自分ではない人物(Suzan)が持って来たと伝えている。相手は誰が本を持って来たのかを知りたかったので，その人物である Suzan をもっとも強く読む。

13 「A：あなたはどこでカギを見つけたのですか。それはテーブルの上にあったのですか。／B：いいえ，それはテーブルの下にありました」 Aがカギはテーブルの上にあったのかと尋ねたのに対して BはNoで答え，「テーブルの上」と答えている。テーブルのどこにあったかが重要な内容なので，もっとも重要な内容は「下に」である。

14 「A：今回がドイツへの初めての旅行ですか。／B：いいえ。3回目の旅行です」 Aが最初の旅行かどうかを尋ねたのに対してBはNoで答え，「3回目の旅行」と答えている。旅行で来た回数が会話の中心なので，Aに伝えるべき最も重要な内容は third「3回目の」である。

15 「A：あなたは毎日何時間勉強しますか。／B：私はおよそ2時間勉強します」 AはBの勉強時間を尋ねているので，Bが伝えるべき最も重要なので時間数である two。

E (語彙問題)

16 「4月は<u>3月</u>の次に来ます」

17 「水曜日の前の曜日は<u>火曜日</u>です」

18 「料理をするための部屋は<u>台所</u>です」

19 「<u>秋</u>は夏と冬の間です」

20 「10たす5は<u>15</u>です」

F (語彙問題)

21 「あなたはどのような種類の映画を見ますか」「私の姉[妹]は高齢の人々に親切です」 上の文の kind は「種類」の意味の名詞，下の文の kind は「親切な」の意味の形容詞。interesting「おもしろい」，know「知る，知っている」，like「好む」，find「見つける」。

22 「コーヒーをいかがですか」「私は母のような看護師になりたいです」 上の文の like は「好む」の意味の動詞。Would you like ～? で「～はいかがですか」と物を勧める表現。下の文の like は「～のような」の意味の前置詞。have「持っている，食べる[飲む]」，life「命，人生，生活」，kind「種類，親切な」，love「愛する」。

23 「虹には何色ありますか」「彼はパイロットになるために一生懸命に勉強しなくてはならないでしょう」 上の文の have は「持っている，ある」の意味の動詞，下の文の have は<have to +動詞の原形>「～しなくてはならない」の have。get「得る」，take「持って[連れて]行く，とる」，begin「始める，始まる」，give「与える」。

24 「ケイトはとても上手にバイオリンを弾くことができます」「放課後，私はよく友人たちとバレーボールをします」 上の文の play は「(楽器を)演奏する」，下の文の play は「(スポーツを)する」の意味の動詞。like「好む」，have「持っている，食べる[飲む]」，get「得る」，do「する」。

25 「あのシャツはすてきですね。それを買います」「2時間よりも多くかかります」 上の文の take は「買う」の意味，下の文の take は「(時間が)かかる」の意味の動詞。上の文の I'll take it. は買う物を決めたときに店員に言う表現。下の文の It takes ～. は「(時間が)～かかる」という意味。buy「買う」，have「持っている，食べる[飲む]」，give「与える」，tell「言う，伝える」。

基本 G (語句選択補充問題：比較，動名詞，現在完了)

26 「クミは毎日夕食の前に宿題をします」 do one's homework で「宿題をする」という意味。主語が3人称単数で現在の文なので does が適切。

27 「あなたは紅茶とコーヒーのどちらが好きですか」 紅茶とコーヒーのいずれかを選ぶよう求めるので Which「どちら」が適切。

28 「この質問はあの質問よりも難しいです」 後に than があるので比較級を使った文。difficult の比較級は more difficult。

29 「私はクラシック音楽を聞くことに興味があります」 in は前置詞。前置詞の後に動詞を続けるときは「～すること」の意味を表す動名詞(動詞の～ing形)にする。

30 「私の母は今朝からずっと忙しいです」 後にsince「～以来」があるので，現在完了を用いて「今朝からずっと忙しい」という文にする。現在完了は<have[has]＋過去分詞>の形。

H (語句整序問題：不定詞，分詞，接続詞，比較)

31 (It) is important for us to think about recycle. <It is ～ for ＋人＋ to ＋動詞の原形>で「～することは(人)にとって…だ」という意味を表す。

32 (The) girl standing by the door is my sister.. 「ドアのそばに立っている少女」は The girl の後に standing by the door「ドアのそばに立っている」を続けて表す。現在分詞(動詞の～ing形)は「～している」の意味で名詞を修飾する働きをする。

33 (I) didn't go to school because I was sick. 「私は学校へ行かなかった」という文と「私は具合が悪かった」という文を接続詞 because でつなぐ。because の後に理由を表す文が続く。

34 (He is) one of the most famous singers in Japan. 「最も～なうちの1人[1つ]」は<one of the ＋形容詞の最上級＋名詞の複数形>で表す。

35 (I) want you to call me when you get to (the hotel.) 「私に電話をください」という文と「あなたがホテルに到着したら」を接続詞 when でつなぐ。ここでは「私に電話をください」という内容を<want ＋人＋ to ＋動詞の原形>「(人)に～してほしい」を用いて，「私はあなたに電話をしてほしい」と表現している。

I (会話文問題：語句・文選択補充)

36 「A：何かお探しでしょうか。／B：いいえ，結構です。見ているだけです」 May I help you? 「お手伝いしましょうか」は，店員が客に対して使う表現としても用いられる。ここでは，店員がよく使う「何かお探しですか」といった表現に当たる。②「いいえ。ジャケットはありますか」，③「はい，私はそれをすることができます」，④「ああ，あの建物はあそこにあります」，⑤「とても元気です，ありがとう」

37 「A：私は今晩ジムの誕生パーティーに行く予定です。／B：うん，あなたが楽しんでくれたらいいですね」 誕生パーティーに行くと聞いた B の応答として適切なのは，相手が楽しく過ごせることを望んでいるという内容の④。①「私はここにいることができてとてもうれしいです」，②「どうもありがとう」，③「どういたしました」，⑤「明日会いましょう」

38 「A：すみません。今，何時ですか。／B：8時です」 A が時間を尋ねているので，時刻を答えている④が適切。①「明日お目にかかります」，②「もう遅すぎます」，③「およそ30分です」，⑤「私は5時にそこへ行きます」

39 「A：あなたは毎日どうやって学校に来ているのですか。／B：私は歩いて学校に来ます」 A は通学方法を尋ねているので，⑤が適切。walk to ～ で「歩いて～へ行く[来る]」という意味。④も交通手段を表しているが，「毎日」のことを尋ねているのに対して④は過去のことを述べているので不適切。①「私は学校が大好きです」，②「私はとても一生懸命に英語を勉強します」，③「私は明日，そこへ行くつもりです」，④「私は自転車で来ました」

40 「A：砂糖を渡してくれますか。／B：わかりました。さあ，どうぞ」 相手に物を差し出しながら言う①「さあ，どうぞ」を入れると会話が成り立つ。②「もう一度おっしゃってください」，③「どういたしまして」，④「それは何ですか」，⑤「さあ(私たちは)着きました」

重要 J (会話文問題：文選択補充)

(全訳) ジェーンはアメリカからの交換留学生である。今日は彼女のサクラ中学校での初めての日である。

タナカ先生：初めまして。私はあなたの担任の教師のタナカ・ケンです。

ジェーン：初めまして，タナカ先生。

タナカ先生：教室に行く前に，職員室を見せましょう。

ジェーン：41ありがとうございます。

タナカ先生：ここが職員室です。私に会う必要があるときはこの部屋に来なさい。

ジェーン：なんて広い部屋でしょう！ 42この学校には何人の先生がいるのですか。

タナカ先生：およそ30人です。

ジェーン：43あなたの英語の教室はどこにあるのですか。

タナカ先生：英語の教室ですか。英語の教室はありません。生徒たちはほとんどの教科を自分たちのいつもの教室で勉強するのです。

ジェーン：本当ですか。

タナカ先生：44あなたの国ではどうですか。

ジェーン：私たちはそれぞれの教科を学ぶために教室へ行きます。

タナカ先生：それは興味深いですね。さあ，ここがあなたの教室ですよ。あなたは午前中に4つの授業があって，それから給食があります。

ジェーン：給食？ 45私たちはどこでそれを食べるのですか。

タナカ先生：あなたの教室でです。生徒たちは互いに昼食を給仕してみんな同じ食べ物を食べます。あなたの国では学校のどこで昼食を食べるのですか。

ジェーン：私たちは学校の食堂で食べます。私たちは家から昼食を持ってきてもよいし，そこで何かを食べてもよいのです。

タナカ先生：なるほど。放課後，生徒たちは教室と校内の他の場所の掃除もします。

ジェーン：それは大きな違いですね！ 46この学校で新しい経験をすることを楽しみにしています。

41 タナカ先生が職員室を案内すると言ったことへの返答が入る。ジェーンの発言に対してタナカ先生は特に何かを答えてはいないので，案内してもらうことに対してお礼を述べたと考えられる。したがって，⑤が適切。

42 直後でタナカ先生が数を答えているので，学校の先生の数を尋ねている⑦が適切。

43 直後でタナカ先生が「英語の教室ですか」と言っていることから，⑧を入れる。ジェーンが英語の授業用の教室がどこにあるのかを尋ねたところ，タナカ先生は不思議に思って聞き返している。

44 タナカ先生が，日本の学校では生徒たちがふだん使う教室で授業を行うことを説明したところ，ジェーンは「本当ですか」と驚いている様子である。そこでタナカ先生は，ジェーンの国ではどうなのかと尋ねたと考え，①を入れる。次のジェーンの発言内容にも合う。

45 ジェーンの発言に対して，タナカ先生は「あなたの教室で」と場所を答えているので，ジェーンは給食を食べる場所を尋ねたと考えられる。したがって，⑥が適切。

46 ジェーンはタナカ先生から学校のことをいろいろ教えてもらったところで，「それは大きな違いですね！」と驚いている。自分の国の学校生活と大きく違う生活を送ることになることから，

④を入れると適切な発言になる。

やや難 K (長文読解問題：指示語，英問英答，内容吟味)

(全訳)　第一段落

豆腐は元は中国原産である。それからそれは，日本，韓国，ミャンマー，そしてインドネシアに広まった。時が経つにつれて，豆腐はそれらアジア諸国の伝統的な食べ物となった。豆腐がどのようにして日本にもたらされたかご存知だろうか。

第二段落

豆腐は8世紀から11世紀の間に日本に来たと言われている。当時，日本のお坊さんたちは中国や韓国へ行った。彼らはそこで仏教を勉強して中には日本へ豆腐を持ち帰る者もいた。彼らは肉も魚も食べることを許されていなかったので，豆腐は彼らにとって都合のよい食べ物の選択肢だった。

第三段落

豆腐とは何であろうか。豆腐は大豆を水にひたしてそれらを粉々にすることで作られる。それから粉々になった大豆をまぜたものをゆでる。液体が濾されて最後ににがりを使って固められるのだ。

第四段落

日本では，豆腐は長い間人気があり，その軽い味は他の多くの材料と合うために，様々な料理の材料として使われる。豆腐の食べ方はいくつかある。最も一般的な方法は冷奴と湯豆腐だ。湯豆腐は海草の一種から作られるだしで調理される。冷奴はしょう油と薬味がついた冷えた豆腐のことだ。豆腐はみそ汁に入れて出されることもある。

第五段落

豆腐を作るには2つの異なる過程があり，水分の少ない木綿豆腐を作るものと，水分の多いなめらかな絹ごし豆腐を作るものだ。また，焼き豆腐と呼ばれる豆腐もある。それは焼かれて，長時間調理しても簡単にはくずれないので，しばしばすき焼きに使われる。豆腐から作られる加工食品がいくつかある。さまざまな揚げ豆腐には油揚げ(薄味)，厚揚げ，そしてがんもどきがある。凍らせて乾燥させた豆腐は高野豆腐と呼ばれる。おからは濾された大豆の液体の残りかすで，とても安くて食物せんいを含んでいる。それは食事療法に有効だ。おからは日常の料理の材料として使われるべきである。

第六段落

豆腐は健康によいので，今多くの人々に食べられている。それはたんぱく質とビタミンが豊富だ。それは脂肪とカロリーが少ないが食物せんいとカルシウムが豊富なので，生活習慣病にならないと考えられている。このため，豆腐は世界の多くの地域で人気の食べ物となっている。それは多くの調理法で使われる。アメリカやヨーロッパでは，焼かれたりお菓子の中に使われたりすることがある。ドイツでは，さまざまな風味で売られ，サラダに入れたりステーキとともに食べられている。今では，豆腐は国際的な食べ物である。

問1　47　日本，韓国などに広まったもので単数を指すものなので，前文の tofu を指す。　48　下線部を含む文の there は前文の中国や韓国を指す。そこで仏教を勉強した人々のことなので全文の Japanese monks を指す。　49　its は所有格の代名詞で，人以外のものを指す。前文の tofu を指して「豆腐の(= tofu's)軽い味」と考えると文脈に合う。　50　長時間調理ができるもので，くずれにくく，すき焼きによく使われるものなので，前文の *yaki-dofu* を指す。

問2　質問は，「日本のお坊さんたちはなぜ豆腐を食べたのですか」という意味。第二段落最終文「彼らは肉や魚を食べることを許されていなかったので，豆腐は彼らにとって都合のよい食べ物の選択肢だった」から，③「彼らは肉も魚も食べることを許されていなかったから」が適切。

①は「豆腐は中国で人気があったから」，②は「豆腐はミネラルが豊富だから」，④は「彼らは異なる風味の豆腐を食べたから」，⑤は「豆腐は世界中で伝統的な食べ物だったから」という意味。

問3　質問は，「豆腐の作り方について次のどの文が正しいですか」という意味。第三段落第2～3文を参照。順に，「豆腐は大豆を水にひたしてそれらを粉々にすることで作られる」→「粉々になった大豆をまぜたものをゆでる」→「液体が濾されて最後ににがりを使って固められる」と豆腐を作る過程が説明されている。この順番に合うのは④「大豆を水にひたす↑それらを粉々にする→それらをゆでる→それらを濾す→それらを固める」。

問4　質問は，「豆腐はなぜ日本で長い間人気があるのですか」という意味。第四段落第1文に「その軽い味は他の多くの材料と合うために，様々な料理の材料として使われる」とあるので，①「それは軽い味で他の多くの材料と合う」が適切。②は「それを様々な料理と共有できるから」，③は「それはみそ汁に入れてしか出されないから」，④は「その食べ方と調理法が1つしかないから」，⑤は「それはしょう油や他の薬味なしで調理されるから」という意味。

問5　質問は，「次の文のうち，絹ごし豆腐について正しいものはどれですか」という意味。第五段落第1文に豆腐を作るには2つの異なる過程があると述べたうえで，その1つについて「水分の多いなめらかな絹ごし豆腐を作るもの」とあるので，③「それ自体，多くの水分を含んでいる」が適切。①は「それ自体，含む水分が少ない」，②は「それは凍っていて，特に強く揚げられていて完全に乾燥している」，④は「それは濾された大豆の液体の残りかすである」，⑤は「それは長い間調理されても簡単にはくずれない」という意味。①は木綿豆腐，②は高野豆腐，⑤は焼き豆腐の説明に当たる。

問6　下線部を含む文は，「このため，豆腐は世界の多くの地域で人気の食べ物となっている」という意味。豆腐が世界の多くの地域で人気となっている理由を考える。直前で，「豆腐は健康によいので，今多くの人々に食べられている。それはたんぱく質とビタミンが豊富だ」と述べられているので，②「豆腐は健康によく，たんぱく質とビタミンが豊富だ」が適切。①は「今では豆腐は多くの人々によって食べられている」，③は「豆腐は私たちの健康に悪いと考えられている」，④は「豆腐はそれ自体，脂肪が少なくてカロリーが高い」，⑤は「豆腐は世界の多くの地域で人気の食べ物となっている」という意味。

問7　質問は，「アメリカやヨーロッパではどのようにして豆腐を食べますか」という意味。第六段落第6文に「アメリカやヨーロッパでは，焼かれたりお菓子の中に使われたりすることがある」とあるので，③「焼いたりお菓子の中に使う」が適切。①は「そのまま食べる」，②は「しょう油とともに食べる」，④は「ステーキの代わりに食べる」，⑤は「塩だけと食べる」という意味。

★ワンポイントアドバイス★

Jの会話文問題では，迷った空所は後回しにして，自信のある空所からうめていこう。迷った空所に入る選択肢が少なくなってより確実に正解にたどりつくことができる。

＜国語解答＞《学校からの正答の発表はありません。》

第一問　1 ④　2 ①　3 ①　4 ⑤　5 ⑤　6 ③　7 ①　8 ①
9 ⑤　10 ②　11 ③　12 ③　13 ⑤　14 ①　15 ①

16 ②　17 ①　18 ①　19 ①　20 ①　21 ②　22 ①
23 ②　24 ①

第二問 25 ⑤　26 ③　27 ④　28 ②　29 ⑤　30 ④　31 ②
32 ④　33 ②　34 ③　35 ④

第三問 36 ③　37 ③　38 ②　39 ③　40 ②　41 ③

第四問 42 ⑤　43 ①　44 ⑤　45 ③　46 ④　47 ③　48 ⑤
49 ④

○推定配点○

第一問　1～8　各1点×8　8～16　各2点×8　17～24　各3点×8
第二問　25～27　各1点×3　28～35　各3点×8　第三問　各2点×6
第四問　42～44　各1点×3　45～49　各2点×5　計100点

＜国語解説＞

第一問　(論説文・短歌－漢字，文章構成，脱文・脱語補充，指示語，表現技法，歌意，要旨)

問一　ア　追って　①　狭い　②　挟まる　③　追突　④　追真　⑤　損失
　　　イ　増幅　①　幅　②　潜伏　③　覆う　④　膨張　⑤　復旧
　　　ウ　特異　①　異なる　②　移された　③　囲まれた　④　萎える　⑤　偉い
　　　エ　自体　①　退場　②　招待　③　鼓笛隊　④　態度　⑤　体育
　　　オ　普遍　①　変化　②　偏食　③　返信　④　編集　⑤　遍歴

問二　a 「凛々しい」は，容姿や態度がひきしまっていて雄々しいこと。　b 直後に「～させるだけ」とあるので①が適切。　c 「たたみかける」は，続けざまにものを言ったりしたりすること，という意味なので①が適切。

問三　あ 「それとも」は，二つの物や事柄を対比させる働きをする接続詞。ここでは，「別れを告げに来たのだろうか」「何か相談ごとがあったのだろうか」という二つの推測を対比させている。い 「つまり」は，言い換えや説明を表す接続詞。直前に「十三歳からずっと伊勢斎宮として神に仕えており，夫や恋人を持つことは固く禁じられていた」とあり，直後で「弟への思いというのが唯一の異性への感情だった」と言い換えて説明している。

問四　直後に「なにも書いていなければ，主語は『我』だ」とあるので，「一人称」が適切。

問五　直後に「映画でたとえるなら，明け方まで立ち尽くし，霧に濡れている大伯皇女の姿が映し出され(一首目)，そのあと『いかにか君が……』のモノローグが流れる(二首目)といった感じだろう」と説明されている。Aは，「大伯皇女の姿が映し出され」にあてはまるものとして③が入る。Bは，「モノローグ(独白)」にあてはまるのもとして⑤が入る。

問六　C 直後に「感情」とあるので「主観」が適切。　D 直後に「主人公を見つめるもう一人の自分」とあるので「客観」が適切。　E 直後に「感情」とあるので「主観」が適切。

問七　直前に「あまりの心のこもりように，ここに姉・弟を超えた恋愛感情を読みとる人もいる」とあり，直後には「本人にもよくわからなかったのではないだろうか」とあるので，①が適切。

問八　四つ角で後姿が見えなくなることを「背中が四つ角に吸い込まれる」と，「まるで」「ように」といった語を用いずに喩えているので「隠喩」。「直喩」は，比喩であることを表す語を用いて喩える修辞法。「倒置法」は，語句の順を入れ替えてある語を強調する修辞法。「反復法」は，同じ表現を繰り返す修辞法。「体言止め」は，文末を名詞にする修辞法。

問九　直前に「試験に出かける弟を見送るのでさえ」とあるので，「大伯皇女の状況ならなおさら」

とする①が適切。「いわんや～をや」は，まして～は言うまでもない，という意味。

問十　前に「試験に出かける弟を見送る」とあるので①が適切。試験に出かける弟を見送ったことで，大津皇子を見送って詠んだ歌がいっそう心にしみるようになったというのである。

問十一　直後に「次から次へと悲しみの言葉が連なり，収拾のつかないものになっていたのではないだろうか。読むほうとしても，気の毒だとは思うけれど，たぶん共感するのはむずかしい」とあるので①が適切。「読者に伝わりやすくなる」とする②，「同情しやすくなる」とする⑤は，「共感するのはむずかしい」とあることと合致しない。「不信感を持つ」とある③は，「気の毒だとは思うけれど」とあることと合致しない。「心情を多角的に推測しやすくなる」とする④は，「収拾のつかないものになっていたのではないだろうか」とあることと合致しない。

やや難　問十二　Aは「彼女の場合……」で始まる段落に「十三歳からずっと伊勢斎宮として神に仕えており，……それは分類のしようも比較のしようもなく『愛』としかいいようのないものだったと思われる」と述べられていることと合致するので①。Bは，「悲しみといえば……」で始まる段落に「その後，大伯皇女は斎宮の任を解かれ，大和に帰ってくるのだが，すでに大津皇子は処刑されてこの世の人ではなかった」とあり，これは筆者の意見ではなく「事実」なので②。Cは，二首の歌の後に「大津皇子亡き今は，もう何をどうしても仕方ない，というなげやりな気分があるのだろう」とあることと合致するので①。Dは，「もう一度……」で始まる段落に「大伯皇女の六首を読みかえしてみると，ほとんど何の技巧も使われていないことに気づく。悲しみに突き動かされるようにして生まれてきた歌たちには，修辞など必要なかったのだろう」とあるので②。直後に「が，逆に五七五七七というかたちがあったからこそ，大伯皇女は悲しみを表現できたのではないか，とも思う」とあるが，Dは「悲しみをより感情的に伝えるには」という部分が筆者の意見と合致しない。本文には「外側から自分を見つめる目がなくては，とうてい生まれてこない。そういう過程があるからこそ……感情が，普遍性を持ち，今でも私たちの心に届くのではないか」と述べられている。Eは，最終段落に「また，『いかにか来にけむ』の繰り返しなどは，定型のリズムにのることによって，本来の言葉以上の力を発揮している」とあることと合致するので①。

第二問　(小説－語句の意味，文脈把握，内容吟味，情景・心情，脱語補充，大意)

問一　ア　直前の「『真剣に考えてください。……それは飲み物です』」と，かしこまって言う様子なので，「何事もないかのように」とする⑤が適切。「済まして」には，気取って，まじめそうな顔をして，などの意味がある。　イ　直前の「『母さん，育生は卵で産んだの……』」と言う様子なので，「平然とした」とする③が適切。「けろりと」は，何事もなかったかのように平然とした様子のこと。　ウ　「鵜呑みにする」は，物事をよく理解しないで，そのまま受け入れること，という意味なので④が適切。

やや難　問二　「しかめっ面」は，不快な感情を表し，「きょとんと」は，驚いたり，相手の言うことが分からなかったりして目を大きく開けてぼんやりする様子なので，②が適切。

問三　直前に「母さんは他人事のように言いながら，洗面所に向かっていってしまった」とあり，そんな様子に腹を立てて，「『あるの無いの？』」と大きな声で言っているので⑤が適切。どきどきしながら思い切って聞いたのにはぐらかされ，腹を立てているのである。

問四　直前に「『その前に夕飯夕飯。……愛する育生のためとてそれは譲れないわ』」とある。母の言い分ももっともなので，まずは夕飯を食べてからにしよう，と思ったのである。ひとまず母親の言うことに従おう，という様子が読み取れるので④が適切。①の「母さんは意地悪」，②の「あきらめよう」，③の「おなかが減っていては」，⑤の「真実を知るのが怖いから」は，本文にないので合致しない。

問五　直前の「『そんなのわかんないよ』」と言う様子なので，無責任な態度を意味する「投げやり」が適切。

問六　直前に「『ふふふ。……これで育生もへその緒のことを忘れたかなあ』」とあり，直後には「まんまと騙されるところだった」とあるので④が適切。

やや難　問七　見せてほしいと願っていた「へその緒」を，いよいよ見ることができるという期待が大きいので，恐る恐る開けているのである。期待感や緊張感が読み取れるので，「ついに真実が明らかになるので，嬉しさと怖さが混ざり合い」とある②が適切。①の「自分の喜ぶ姿を見せたい」，③の「どんなものが飛び出してくるのか分からない」，④の「薄く模様の入った和紙で出来た箱なので」，⑤の「違うものであってほしい」は適切でない。

問八　直前に「母さんがまじめな顔で言うから」とあるので③が適切。「『育生。世は二十一世紀よ。……卵で子どもを産むくらいなんでもないわよ』」と言われ，混乱しているのである。

問九　直前に「『母さんは，誰よりも育生が好き。……今までもこれからもずっと変わらずによ。ねえ。他に何がいる？』」とあるので④が適切。

第三問　(スピーチ原稿－敬語，脱文補充，表現，内容吟味)

問一　ア　主語は「私は」になるので，謙譲表現の「お会いしました」とするのが適切。　イ　主語は「田中さん」なので，尊敬表現の「おっしゃいました」とするのが適切。「言う」の尊敬表現は「おっしゃる」，謙譲表現は「申す」。

問二　直後に「『小さいころから絵本が好きで，……図書館司書という仕事に就くきっかけですね』」とあるので，「図書館で働くことになったきっかけ」とある②が適切。

問三　質問の直後で「『図書館司書というのはね，本の貸し出し，……』」と，図書館司書の仕事について説明しているので，「どのような仕事をする職業ですか」とある③が適切。

問四　「私の思ったことは，……思いました」と，「思いました」が重複しているので②が適切。

問五　花子さんのスピーチ原稿では，図書館司書の「田中さん」の言葉が，「『必ずと言っていいほど図書館に通ったなあ』」「『図書館司書というのはね，……』」「『なるべく手際よく仕事をするように心がけているの。』」と話し言葉がそのまま表現されていることが特徴といえるので③が適切。

第四問　(古文－仮名遣い，文脈把握，内容気味，大意，文学史)

問一　語頭以外の「はひふへほ」は，現代仮名遣いでは「わいうえお」となるので，aの「ふ」は「う」に直して「いう」となる。bの「ひ」は「い」に直して「さそい」となる。cの「へ」は「え」に直して「給え」となる。

問二　直前に「御前なる獅子・狛犬背きて，後さまに立ちたりければ，上人いみじく感じて」と理由が示されているので③が適切。通常は向き合っている獅子と狛犬が背を向けているのは，きっと深いわけがあるのだろう，と感じ入って涙を流したのである。

問三　直前に「上人，なほゆかしがりて，おとなしく物知りぬべき顔したる神官を呼びて」とあるので，話者は「聖海上人」。背を向け合っている獅子と狛犬について尋ねたのである。

問四　直前に「さがなき童どもの仕りける」とある。獅子・狛犬が背中を向けて後ろ向きで立っている理由を尋ねているので，据え直しているのは背中を向け合っている「獅子と狛犬」。

問五　直前に「『さがなき童どもの仕りける……』」とあるので⑤が適切。深い理由があるのだろうと感じ入って涙まで流したが，子どものいたずらだとわかり，がっかりしたのである。

問六　『徒然草』は鎌倉時代末期に成立した兼好法師による随筆。①の鴨長明は『方丈記』，②の松尾芭蕉は『奥の細道』，③の紫式部は『源氏物語』，⑤の清少納言は『枕草子』の作者。

★ワンポイントアドバイス★

問題数が多めなので，時間配分を考えて，てきぱきと解答する練習をしておこう！
現代文の読解は，本文全体を貫くテーマをとらえた上で文脈を丁寧に追う練習をしよう！

MEMO

大切なことはメモしておこうネ！

2020年度

★★★★★★★★★★★★★★★★★★★★★★★★

入 試 問 題

2020年度

古川学園高等学校入試問題（普通科進学・創志コース）

【数　学】（50分）　＜満点：100点＞

1から5までの [　] のア～すに入る適当な数を１つずつ解答用紙にマークしなさい。

1　次の問いに答えなさい。

(1)　$-3^2-\left(-\frac{3}{5}\right)\div\frac{1}{10}=-$ [ア]

(2)　$3\sqrt{8}+\sqrt{32}-\frac{10}{\sqrt{2}}=$ [イ] $\sqrt{\text{[ウ]}}$

(3)　$\sqrt{30}$の整数部分は [エ] である。

(4)　方程式 $x+2y=5x-3y=13$ を解くと，$x=$ [オ]，$y=$ [カ] である。

(5)　比例式 $(x-2):5=3:x$ で x の値を求めると，$x=$ [キ]，$-$ [ク] である。

(6)　504を自然数 n で割って，ある自然数の２乗になるようにしたい。このとき，もっとも小さい n の値は [ケ][コ] である。

(7)　２次方程式 $3x^2-6x-8=0$ を解くと，$x=\frac{\text{[サ]}\pm\sqrt{\text{[シ][ス]}}}{\text{[セ]}}$ である。

(8)　ある品物をＡさんは定価の15％引きで，Ｂさんは定価の300円引きで買ったところ，ＡさんはＢさんより120円安く買うことができた。この品物の定価は [ソ][タ][チ][ツ] 円である。

(9)　下のデータは，生徒10人がある数学の小テストを行ったときの点数を示したものである。中央値を求めると，[テ] 点である。

5，8，5，2，7，9，3，2，7，8（点）

(10)　下の図で四角形ABCDが平行四辺形であるとき，$\angle x=$ [ト][ナ]° である。

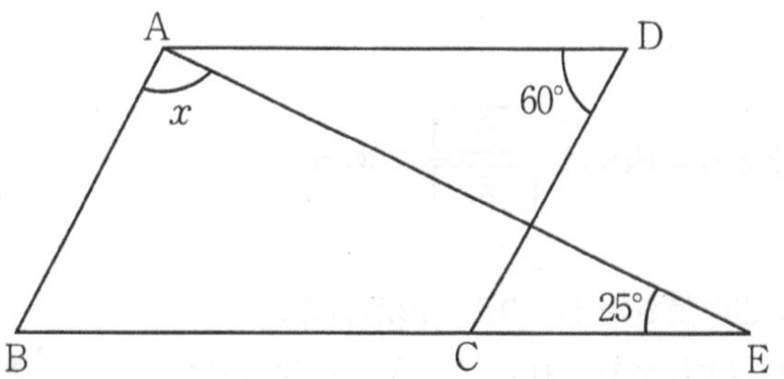

2　ある高校の全生徒数は750人であり，そのうち，男子の２％と女子の７％が吹奏楽部に入っていて，その人数は男女合わせて35人であった。

この高校の男子生徒数を x 人，女子生徒数を y 人としたとき，次の問いに答えなさい。

(1)　女子生徒のうち吹奏楽部の部員数を，y を用いて表すと $\frac{\text{[ニ]}}{100}y$ 人である。

(2)　この高校の男子生徒は [ヌ][ネ][ノ] 人，女子生徒は [ハ][ヒ][フ] 人である。

3　右の図で，点Oは原点であり，放物線①は関数 $y=2x^2$ のグラフで，直線②は関数 $y=2x+4$ のグラフである。2点A，Bは放物線①と直線②との交点で，点Aの x 座標は2である。2点P，Qは放物線①上の点で，点Pの x 座標は2より大きい数であり，線分PQは x 軸に平行である。また，点Pを通り y 軸に平行な直線と，直線②との交点をRとする。

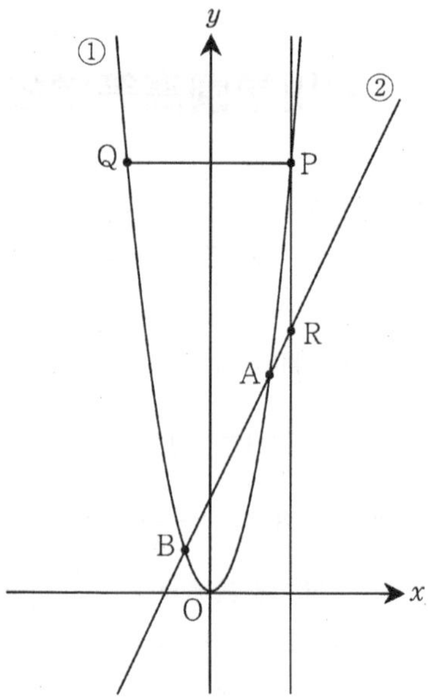

このとき，次の問いに答えなさい。

(1) 点Bの座標は（$-$ ［ヘ］，［ホ］）である。

(2) 点Pの x 座標を t とするとき，線分PRの長さは ［マ］t^2-［ミ］$t-$［ム］ である。

(3) 線分PQの長さと線分PRの長さが等しくなるとき，点Pの x 座標は ［メ］$+\sqrt{［モ］}$ である。

4　2つのさいころA，Bを同時に1回投げ，Aの出た目の数を x，Bの出た目の数を y とする。右の図のように，2点P（2，2），Q（4，4）をとり，点Rを（x，y）で表すとき，次の問いに答えよ。

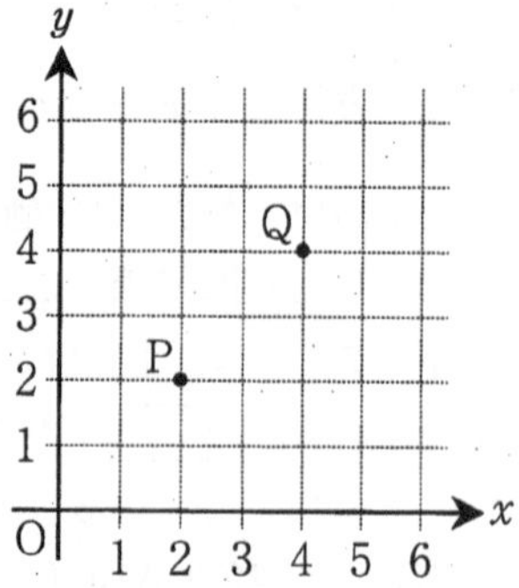

(1) 点Rが（3，3）にある確率は $\dfrac{［ラ］}{［リ］［ル］}$ である。

(2) 点Rが直線PQ上にある確率は $\dfrac{［レ］}{［ロ］}$ である。

(3) △PQRが PR＝QR の二等辺三角形となる確率は $\dfrac{［あ］}{［い］}$ である。

(4) △PQRの面積が2となる確率は $\dfrac{［う］}{［え］}$ である。

5　右の図のような，1辺の長さが4cmの正方形がある。この正方形の辺BC，CD上にそれぞれ BP＝QD となるように点P，Qをとると，△APQが正三角形となった。CP＝x cm とするとき，次の問いに答えなさい。

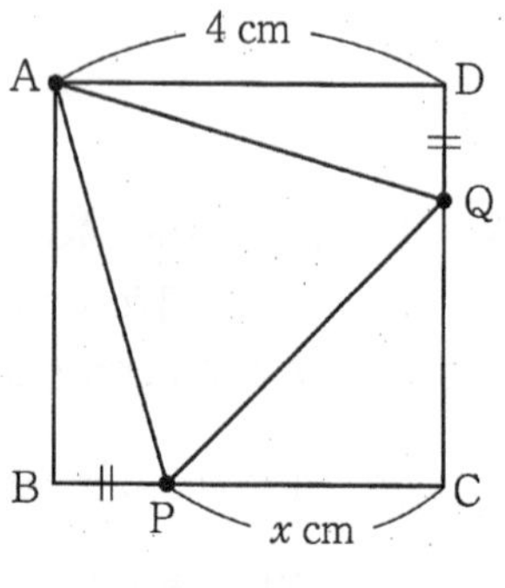

(1) PQの長さを x を用いて表すと，PQ＝$\sqrt{［お］}\,x$ cmである。

(2) x の値は $-$［か］$+$［き］$\sqrt{［く］}$ である。

(3) 四角形APCQの面積は ［け］［こ］$\sqrt{［さ］}-$［し］［す］ cm^2 である。

【英　語】（50分）　＜満点：100点＞

A． 次の英文の（　）に入れるのに最も適切なものを①～④から１つずつ選び，番号をマークしなさい。〔解答番号は[1]～[10]〕

1 （ [1] ） you study last night?
① Would　② Do　③ Did　④ Shall

2 I was （ [2] ） at the news.
① sharing　② covered　③ making　④ surprised

3 Ken （ [3] ） soccer at that time.
① is playing　② has played　③ was playing　④ plays

4 How （ [4] ） does it take to Furukawa station on foot?
① long　② much　③ old　④ far

5 Yumi and I （ [5] ） going to study at the library this afternoon.
① am　② will　③ is　④ are

6 It's seven now. I （ [6] ） go to school.
① must　② have　③ am　④ was

7 I've watched this movie many times because it （ [7] ） me happy.
① helps　② gives　③ makes　④ has

8 It is really difficult （ [8] ） to solve this problem.
① to me　② than I　③ for me　④ of me

9 Ken can swim the best （ [9] ） all the students in his school.
① in　② to　③ for　④ of

10 I live in the house （ [10] ） is near the station.
① which　② who　③ whose　④ how

B． 次の英文の（　）に入れるのに最も適切なものを①～④から１つずつ選び，番号をマークしなさい。〔解答番号は[11]～[15]〕

1 Jack saved a child from a burning house! He was so （ [11] ）!
① careful　② dangerous　③ brave　④ funny

2 Jane is （ [12] ）. She talks with a lot of people.
① sociable　② angry　③ faithful　④ nervous

3 （ [13] ） receive medical care at hospital.
① Customers　② Patients　③ Passengers　④ Performers

4 Those students （ [14] ） school uniforms when I met them in front of the station.
① born　② drew　③ drove　④ wore

5 （ [15] ） is finishing school, college, or university education.
① Graduation　② Harvest　③ Congratulation　④ Cooperation

C． 次の英文が日本文の意味とほぼ同じ意味になるように，語（句）を並べかえたとき，(⑯)～(㉑)に入る語句を選び，番号をマークしなさい。ただし，文頭にくる語も小文字になっている。〔**解答番号は⑯～㉑**〕

1　私は英語を上手に話せません。
I (　　)(⑯)(　　) well.
① speak　② English　③ can't

2　あなたはどんなスポーツが好きですか。
(　　)(　　)(　　)(⑰)(　　)(　　)(　　)?
① kind　② sport　③ what　④ do　⑤ like　⑥ of　⑦ you

3　いま，それをやらなくてはなりません。
You (　　)(　　)(⑱)(　　) now.
① it　② do　③ to　④ have

4　駅への道を教えていただけませんか。
Could (　　)(　　)(⑲)(　　)(　　) the station?
① tell　② the way　③ you　④ to　⑤ me

5　ケンはクラスの他のどの生徒よりも身長が高いです。
Ken (　　)(　　)(⑳)(　　)(　　) student in his class.
① other　② any　③ taller　④ is　⑤ than

6　私の父が他界して3年がたちました。
Three years (㉑)(　　)(　　)(　　) died.
① since　② passed　③ my father　④ have

D． 次の対話文中の（　）に入るのに最も適切なものを①～④から1つずつ選び，番号をマークしなさい。〔**解答番号は㉒～㉖**〕

1 **Dun**　: My dad is taking me to the baseball game today.　Do you want to come with us?
Mike　: Sorry, I have plans.　But thank you for (㉒).
① asking　② playing　③ making　④ watching

2 **Son**　: This problem is too hard!
Father : Don't give up so easily.　I will (㉓) you.
① get　② help　③ have　④ give

3 **Son**　: Mom, (㉔) Maybe I should stay home this morning.
Mother : OK.　I'll take you to the doctor later.
① I'm going to leave.　② I'll go by bike.
③ I don't feel well.　④ I don't understand.

4 **Staff**　: May I see your ticket?
Man　: Here it is.　Where is my seat?
Staff　: (㉕)
① I'll be in the front seat.　② I'll show you the way.

③ Tickets are ＄30.　　④ You can buy them.

5 **Tom**　: Have you ever been to the Italian restaurant near the station?
Pam　: Yes.（ 26 ）I think their pizza is the best in town.
① I'm making one now.　　② I go there often.
③ Take care of yourself.　　④ It's your turn.

E． 次の会話文中の（　）に入るのに最も適切なものを，下の①～⑥の中から１つずつ選び，番号をマークしなさい。なお，同じ番号を２度以上用いてはいけません。〔**解答番号は**27～32〕

Mike　: Why didn't you come to Jane's birthday party yesterday?
John　:（ 27 ）
Mike　: How strange! I thought she liked you.
John　: She used to*, but not anymore.
Mike　:（ 28 ）
John　: Well, I asked her out to dinner a month ago.
Mike　:（ 29 ）
John　: She said, "yes" right away. We went to that new restaurant on Elm Street. The dinner was so nice and everything was all right.
Mike　: Then what happened?（ 30 ）
John　: I forgot to take any money with me. So I called home and asked my brother to bring some money to the restaurant.（ 31 ）
Mike　: Why did it take him so long?
John　: I don't know.（ 32 ）
Mike　: He taught you not to forget your wallet when you go out.

*used to～　以前は～したものだ

① Why not?　　② Didn't she want to go?
③ She didn't ask me.　　④ But it took him an hour to get there.
⑤ What went wrong?　　⑥ I think he wanted to teach me a lesson.

F． 次の英文を読み，以下の問に答えなさい。〔**解答番号は**33，34〕

Ken and Takashi are both 20 years old. They really love soccer and practice hard every day. One day, their team had a big game at the city field and they won the first prize. After the game, there was a big party at a restaurant near their university. Many people came to see them there. Their team was given many presents and some prize money by the city. Some members wanted to buy new balls for the team with the money, but Ken and Takashi wanted to use it to help the poor children in the city. Soon, their team decided to spend all of the money for the children. Many people at the party were happy to hear that.

問　本文の内容に一致するものを，それぞれ次のページの①～④から１つずつ選び，番号をマークしなさい。

1）〔解答番号は33〕

① Ken and Takashi play soccer on Sundays.

② Ken and Takashi are on the same high school soccer team.

③ Ken and Takashi's soccer team won the championship on a big game.

④ Ken and Takashi's soccer team got some money from the university.

2）〔解答番号は34〕

① After the soccer game, there was a big party at their university.

② Ken and Takashi's soccer team decided to buy some soccer balls.

③ Ken and Takashi wanted to help the poor children.

④ Nobody was glad to hear Ken and Takashi's idea.

G． 次の英文を読み，以下の問に答えなさい。〔解答番号は35～39〕

Australia is a large land, and Europeans began to live there about 200 years ago. They met not only strange animals like koalas and kangaroos, but also Aborigines. Aborigines are the native Australians who have lived there for 40,000 years. Some Australian Aborigines still live in the wild desert area. They have a tradition called "walkabout." This is a survival test given to a young boy of thirteen or fourteen.

Every Aboriginal boy must go on a journey alone in the desert and live there [A] a long time. <B>[① very ② hot ③ it ④ during ⑤ gets] the day and very cold at night. He must learn how to make a fire, how to cook, and how to find a water hole so that he can <C>[① some ② to ③ water ④ drink ⑤ get]. He may get ill, but he must get over* it. In this journey, he has to show that he is truly strong. He has to walk and walk for seven to eight months until he meets his family again.

After he finishes his "walkabout," he will be an adult member of Aborigines. Then he can marry and have his own children.

* get over：～を克服する

問１ 本文の内容について，以下の質問に対する最も適切な答えを①～④の中から選び，番号をマークしなさい。

(1) What did Europeans meet when they first began to live in Australia?
〔解答番号は35〕

① They met a lot of European people in Australia.

② They met both strange animals and native people.

③ They met a boy who was given a survival test.

④ They met koalas and kangaroos that lived in a desert area.

(2) What do Aboriginal boys show through their survival journey?
〔解答番号は36〕

① They show how to make a fire.

② They show how to find animals.

③ They show that they have a wife and children.

④ They show that they are strong.

問２　[A] に入れるのに最も適当な語を①～⑤から選び，番号をマークしなさい。〔**解答番号は37**〕

① to　② for　③ in　④ of　⑤ with

問３　<B>と<C>の語（句）を意味が通るように並べかえたとき，３番目に来る語を選び，番号をマークしなさい。なお，文頭に来る語も小文字になっている。

<B>〔**解答番号は38**〕

① very　② hot　③ it　④ during　⑤ gets

<C>〔**解答番号は39**〕

① some　② to　③ water　④ drink　⑤ get

H. 次の英文を読み，本文と一致する内容の英文になるように，それぞれ①～④の中から１つずつ選び，番号をマークしなさい。〔**解答番号は40～44**〕

Mark Twain is one of the greatest writers that the United States of America has ever produced. He was born in the state of Missouri in 1835. When he was four years old, he moved to a town along the Mississippi River. There he spent his boyhood*. But he lost his father at the early age of twelve.

As his family became very poor, he worked as a servant* boy in a printing house or a newspaper office. In 1857 he became a pilot* on the Mississippi River and kept working for about four years. Then he lost his job because the Civil War* began. So he joined the war as a soldier. But soon he left the army. Later he went to San Francisco and started to write short stories. They were full of humor. They became more and more popular among the readers.

In 1870 he married a daughter of a very rich man and went to live in the state of Connecticut. There he began his life as a writer. He wrote many novels and could get much money. At the same time he invested* his money in business. But he failed in it and made a lot of debts*. So he had to work hard to pay the debts.

In his later days he was respected by all the people of the country as a national writer. He lived a long happy life and died in 1910. His name is well known all over the world.

*boyhood　少年時代　*servant　召使い　*pilot　水先案内人　*Civil War　南北戦争

*invest　投資する　*debt　借金

問１　〔**解答番号は40**〕

Mark Twain

① lost his father in the state of Missouri in 1835.

② moved to Missouri in 1835 in his boyhood.

③ was four years old when his father died.

④ is a great writer in the history of America.

問2 〔解答番号は41〕

Mark Twain had to work as a servant boy

① because he became a newspaper writer.

② because his family did not have much money.

③ because he wanted to become a pilot on the Mississippi River.

④ because the Civil War began.

問3 〔解答番号は42〕

After he left the army,

① Mark Twain joined the Civil War.

② Mark Twain wanted to become a soldier.

③ Mark Twain lived in San Francisco and made short stories.

④ Mark Twain invested his money in business and got a lot of money.

問4 〔解答番号は43〕

Mark Twain married a daugher

① who went to live in Connecticut. ② who was very rich.

③ who wrote novels. ④ who failed in business.

問5 〔解答番号は44〕

In his later days

① he became a national writer in 1910.

② he worked hard to pay the debts.

③ he respected all the people of the country.

④ he became famous all over the world.

Ⅰ. 次の英文を読み，以下の問に答えなさい。〔解答番号は45～53〕

When Peter Hall left university, he began working in a big bank. [1]It was in London, and he and his young wife Peggy lived in a village a long way away. He got up very early every morning, took his car out of his garage, drove to the station, went from there to London in the train, and came home in the same way in the evening.

He was always very [2] when he came home, and his wife sometimes said, "Let's buy a house in London, Peter. Houses in London are nearer your bank and then you're not always going to be [3] when you come home."

But Peter always answered, "Houses in London are very [4], Peggy, and we haven't got a lot of money." But Peter worked hard and well, and he got more and more money from his bank, and one day his wife said to him, "I met a young woman at the shops yesterday. Her husband works in London too, and [5]they are going to buy a house [6]there next month. She is going to come to our house this evening, and she is going to talk to us about [7]it.

"Good," Peter answered.

The young woman came to the house at six o'clock, and Peter arrived a few minutes after [8]that, and they all sat down and drank some beer.

Then Peter said to the young woman, "[9] many bedrooms does your new house in London have?"

"Only one," she answered, "but we haven't got any [10]."

"And has it got a bathroom with a nice bath in it?"

"No, it hasn't. The bathroom's got a [11]."

"And has it got a [12]?"

"Oh, yes, it's got a very big garage. It's the [13]!"

問1 下線部[1]が示すものを最も適切に表しているものを①～④から選び，番号をマークしなさい。〔解答番号は45〕

① Peter ② London ③ his bank ④ his village

問2 [2]と[3]に共通して入れるのに最も適切な語を①～④から選び，番号をマークしなさい。〔解答番号は46〕

① tired ② happy ③ lucky ④ excited

問3 [4]に入れるのに最も適切な語を①～④から選び，番号をマークしなさい。〔解答番号は47〕

① high ② cheap ③ hard ④ expensive

問4 下線部[5]が示すものを①～④から選び，番号をマークしなさい。〔解答番号は48〕

① Peter and Peggy ② A young woman and his husband

③ Peter and a young woman ④ Peggy and her friend

問5 下線部[6]が示すものを①～④から選び，番号をマークしなさい。〔解答番号は49〕

① Peter's house ② Peter's bank ③ London ④ Peggy's house

問6 下線部[7]が示すものを①～④から選び，番号をマークしなさい。〔解答番号は50〕

①ピーターの家に来る予定の若い女性。 ②ピーターが勤めている銀行。

③ピーターがロンドンに買う予定の家。 ④若い女性たちがロンドンに買う予定の家。

問7 下線部[8]が示すものを①～④から選び，番号をマークしなさい。〔解答番号は51〕

①座ってビールを飲んだこと。

②ロンドンに家を買ったこと。

③若い女性がピーターの家に到着したこと。

④ピーターが帰宅したこと。

問8 [9]に入れるのに最も適切なものを①～④から選び，番号をマークしなさい。〔解答番号は52〕

① Which ② When ③ What ④ How

問9 以下の選択肢から選び，[10]～[13]のそれぞれに文脈上適切な語を入れたとき，[13]に入るものを①～④から選び，番号をマークしなさい。〔解答番号は53〕

① shower ② street ③ garage ④ children

⑤　帰国後に連絡もせず我が子も引き取ろうとしない夫への憎らしさ。

問七　傍線部**イ**「希有の事なりと、悦びける」とありますが、母が喜んだのはなぜですか。その説明として最も適当なものを、次の①～⑤のうちから一つ選んで番号をマークしなさい。**解答番号は36**

①　連絡を寄こさなかった夫から手紙が届き、自分のことをまだ愛していると分かったから。

②　我が子を投げ捨てた方角がきちんと日本に向いていたと判明し、自身の行動の正しさが証明されたから。

③　我が子への教育がうまくいき、両親の願い通り文字を上手に書けるように成長したから。

④　我が子が日本に流れ着いたという情報を、偶然にも遣唐使を通じて知ることができたから。

⑤　死んだと思っていた我が子が、海を渡った夫のもとで、大切に育てられていると知ったから。

問八　本文の内容の説明として適当でないものを、次の①～⑤のうちから一つ選んで番号をマークしなさい。**解答番号は37**

①　「父」は、遣唐使として唐土に渡り現地の女性と子を成したが、その後母子を残し帰国した。

②　「父」は、帰国したのち、我が子を見つけるまでは唐土に残してきた妻に連絡を取ることは一切なかった。

③　「父」は、難波の海岸近くを馬に乗っていたところ、沖に鳥が浮かんでいるような白いものを見つけた。

④　「母」は、子が海を渡り夫のもとへたどり着いたと聞き、夫と再び生活するために日本へ渡った。

⑤　「子」は、文字を大変上手に書くことができたため、書いたものが七大寺に飾られることとなった。

※注7　あへておともなし――少しの連絡もない。
※注8　それがしが子――だれそれの子。
※注9　すくせあらば――前世からのつながりがあれば。
※注10　難波の浦の辺――現在の大阪周辺の海岸。
※注11　よし――事情。　※注12　はかなき物に――死んだものと。
※注13　手――筆跡。　※注14　七大寺――奈良にある七つの大寺。

問一　二重傍線部「おほきに」を現代かなづかいに改めたものとして最も適当なものを、次の①～⑤のうちから一つ選んで番号をマークしなさい。**解答番号は28**

①　おうきに　②　おおきい　③　おをきに
④　をおきに　⑤　おおきに

問二　傍線部x～zの意味として最も適当なものを、それぞれ①～⑤のうちから一つずつ選んで番号をマークしなさい。**解答番号はx＝29、y＝30、z＝31**

x　あやしければ
①　心外だったので
②　情けなかったので
③　うれしかったので
④　不思議だったので
⑤　気にかかったので

y　あはれに
①　どうしようもなくかわいそうに
②　しみじみと心打たれて
③　大変気味が悪く
④　奇妙なほどわざとらしく
⑤　つらく嘆かわしく

z　いみじく
①　たいそう
②　あまり
③　ほどほどに
④　悲しく
⑤　予想外に

問三　空欄 X に入るべき語として適当なものを、次の①～⑤のうちから一つ選んで番号をマークしなさい。**解答番号は32**

①　ぞ　②　こそ　③　なむ　④　は　⑤　や

問四　空欄 Y に入るべき語として最も適当なものを、次の①～⑤のうちから一つ選んで番号をマークしなさい。**解答番号は33**

①　波　②　魚　③　馬　④　船　⑤　鳥

問五　傍線部a～dの「遣唐使」の中で、「父」と異なるものの組み合わせとして正しいものを、次の①～⑤のうちから一つ選んで番号をマークしなさい。**解答番号は34**

①　aのみ　②　cのみ　③　b・d
④　b・c・d　⑤　a・b・c

問六　傍線部ア「海に投げ入れて帰りぬ。」とありますが、その時の母の心情を説明したものとして最も適当なものを、次の①～⑤のうちから一つ選んで番号をマークしなさい。**解答番号は35**

①　夫のもとへ何としてでも我が子を送り届けねばならないという使命感。
②　夫とのつらい思い出を呼び起こさせる我が子への怒り。
③　貧しさから我が子を海へ捨てざるを得ないことへの申し訳なさ。
④　自身と夫は離れ離れになる運命であったというあきらめ。

⑤　明史への思いを断ち切った棗の冷酷な姿と、棗をあきらめきれない明史の孤独な姿とが、写実的に描かれている。

第三問

次の文章をよく読んで、後の問に答えなさい。（なお、読みやすさを考慮して、漢字表記に改めた箇所がある。）

今は昔（むかし）、a遣唐使（けんたうし）の、※注1唐土（もろこし）にある間に※注2妻をまうけて、子を生（う）ませつ。その子いまだ※注3いとけなきほどに、日本に帰る。妻に契（ちぎ）りていはく、「異（こと）b遣唐使※注4いかんにつけて、※注5消息（せうそこ）やるべし。又此（またこ）の子、乳母（めのと）離れんほどには、迎へとるべし」と契（ちぎ）りて、※注6帰朝しぬ。母、c遣唐使の来るごとに、「消息［X］ある」と尋ぬれど、※注7あへておともなし。母おほきに恨（うら）みて、この児（ちご）をいだきて、日本へ向きて、児の首に、「遣唐使※注8それがしが子」といふ簡（ふだ）を書きて、結ひつけて、「※注9すくせあらば、親子の中は行き逢（ゆあ）ひなん」といひて、ア海に投げ入（い）れて帰りぬ。

父、ある時※注10難波（なには）の浦の辺を行（ゆ）くに、沖の方（かた）に、鳥の浮かびたるやうにて白き物見ゆ。近くなるままに見れば、童（わらは）にみなしつ。xあやしければ、馬をひかへて見れば、いと近く寄りくるに、四（よつ）ばかりなる児の、白くをかしげなる、波につきて寄りきたり。馬をうち寄せてみれば、大（おほ）きなる［Y］の背中にのれり。従者（ずさ）をもちて、抱きとらせてみければ、首にふだあり。「遣唐使それがしが子」と書けり。「さは、我（わ）が子にこそ有（あ）りけれ。唐土にていひ契（ちぎ）りし児を問はずとて、母が腹たちて、海に投げ入（い）れてけるが、しかるべき縁ありて、かく［Y］に乗りてきたるなめり」と、yあはれにおぼえて、zいみじくかなしくてやしなふ。d遣唐使の行きけるに付（つ）けて、この※注11よしを書きやりたりければ、母も、今は※注12はかなき物に思ひけるに、かくと聞きてなむ、イ希有（けう）の事なりと、悦（よろこ）びける。

さてこの子、おとなになるままに、※注13手をめでたく書きけり。魚に助けられたりければ、名をば魚養（うをかひ）とぞ付（つ）けたりける。※注14七大寺の額（がく）共（ども）は、これが書きたるなりけり。

（『宇治拾遺物語』による）

※注1　唐土（もろこし）――昔の日本での中国の呼び名。
※注2　妻をまうけて――妻をつくって。
※注3　いとけなき――幼い。
※注4　いかんにつけて――（唐土に）来る時に。
※注5　消息――手紙。
※注6　帰朝しぬ――日本に戻った。

反撃できなくて恥ずかしさと敗北感を覚えている。

④　年長者としての包容力のある小堀の態度に優しさを感じ、小堀への嫉妬が幼稚で愚かしいものであることを自覚している。

問五　傍線部Ｅ「唾にまみれた歯切れの悪い呟き」とありますが、この「呟き」にこもる明史の気持ちを端的に整理するとどうなりますか。最も適当なものを、次の①～⑤のうちから一つ選んで番号をマークしなさい。解答番号は23

①　怒りともどかしさ　　②　後悔と恨みがましさ
③　憎悪と悲しみ　　④　嫉妬と焦燥
⑤　悲哀といとおしみ

問六　傍線部Ｆ「霧に似た薄い膜」とは、どのような表情ですか。最も適当なものを、次の①～④のうちから一つ選んで番号をマークしなさい。解答番号は24

①　感情が顔に出ないように抑制した表情。
②　相手を冷笑しているような表情。
③　相手の気持ちを優しく包み込む表情。
④　涙を懸命にこらえようとしている表情。

問七　傍線部Ｇ「厄介な傾斜」の意味として最も適当なものを、次の①～④のうちから一つ選んで番号をマークしなさい。解答番号は25

①　仲直りしたい気持ちも失せ、二人の関係が破綻していくほかない危険性。
②　あと一つ何かあったら、愛情が憎しみへと傾きかねない危険性。
③　小堀への憎悪で自暴自棄になってしまいそうな危険のある心の変化。
④　二人の関係を修復する手立てが見つからないまま、悪い方向へところがりかねない心理的な動き。

問八　傍線部Ｈ「おかしいわよ。」と棗が言ったのはどうしてですか。最も適当なものを、次の①～④のうちから一つ選んで番号をマークしなさい。解答番号は26

①　なんでもないことで嫉妬し、それにいつまでもこだわっている明史に対して腹が立ってきたから。
②　小堀と二人で歩いていたことを邪推して、恨みがましいことをしつこく言う明史がめめしいから。
③　小堀と二人で歩いていたことですねている明史に、もっと焼きもちを焼かせたいと思ったから。
④　同じことを何度もくどく言ってくる明史に対して、ここでがつんと厳しく言う必要があると思ったから。

問九　最後の段落「明史の耳にバスの音が……」以降の部分について、その内容と表現とに対する批評として最も適当なものを、次の①～⑤のうちから一つ選んで番号をマークしなさい。解答番号は27

①　棗に慕われる小堀の余裕と、一人取り残されて茫然とする明史の子供っぽさとが、対照的に描かれている。
②　明史と棗との淡い恋心など、ちょっとしたきっかけですぐさま崩壊するもろさを、幻想的に描いている。
③　棗と小堀の残酷な行動を写実的に描写することによって、恋に破れた明史の悲惨さがより強調して描かれている。
④　棗に置き去りにされて動揺しながらも、棗への思いを募らせる明史の姿が、切迫した情景の中で躍動感をもって描かれている。

と共に鋼鉄製の車体が走り抜けた。バスに突き飛ばされるようにして彼は全力で疾走しはじめた。惰性のついたバスの速度ははやかった。降りる客はほとんどなく、停留所に並んでいる人々の短い列がたちまち黄色い車体に吸いこまれる。消える直前に捩じ向けられた棗の顔が小さく見えた。排気ガスと埃に車は霞(かす)み、重いエンジン音を残してバスは走り出していた。力を弛めずに彼はなおも追い続けた。せめて窓から棗がこちらを見守っていてくれることを願った。

（黒井千次『春の道標』による）

問一　傍線部A「を」のカタカナの筆順として最も適当なものを、次の①～④のうちから一つ選んで番号をマークしなさい。**解答番号は18**

① フ→ヲ
② 一→＝→ヲ
③ 一→ナ→オ
④ 亅→ナ→オ

問二　傍線部x「の」・y「なかっ」（「ない」の連用形）について、文法的に同じものを、それぞれ①～④のうちから一つずつ選んで番号をマークしなさい。**解答番号はX＝19、Y＝20**

x「の」
① 私の言うことをよく聞いてください。
② 駅から図書館までの道は長かった。
③ 白い鳥の、足とくちばしとが赤いのが見える。
④ ぼくと話をしてくれないのを変だと思っていた。

y「なかっ」
① 昔、そこはあぶなかった場所でした。
② この映画はあまりこわくなかった。
③ そんなことをするはずがなかった。
④ 私には、彼女の気持ちがわからなかった。

問三　傍線部B「小堀を無視して棗に声をかけた。」・D「明史は歩みを遅くしてその距りを強引に拡げようとした。」とありますが、明史のこれらの行動から、明史のどういう気持ちがうかがわれますか。最も適当なものを、次の①～④のうちから一つ選んで番号をマークしなさい。**解答番号は21**

① 棗との関係を、小堀にあれこれ勘(かん)ぐられたくないという気持ち。
② 棗と小堀との関係を壊して、どうにかして棗を手に入れたいという気持ち。
③ 小堀に聞こえないように、小堀といっしょに歩いていた棗をとがめたいという気持ち。
④ 小堀を遠ざけ、棗と二人きりになりたいという気持ち。

問四　傍線部C「なんと答えればよいかわからずに明史は口ごもった。」から、明史の小堀に対するどういう気持ちがわかりますか。最も適当なものを、次の①～④のうちから一つ選んで番号をマークしなさい。**解答番号は22**

① 保護者のような口をきく小堀の態度にあてつけがましさを感じ、反感と屈辱を覚えている。
② 年長者ぶった小堀の態度に押し付けがましさを感じ、当意即妙に対応ができなくて戸惑いと不快感を覚えている。
③ 同性の年下を見くだすような小堀の慇懃(いんぎん)無礼(ぶれい)な態度に、すぐさま

引に拡げようとした。

「こっちへなんか曲るんじゃなかった……。」

E唾にまみれた歯切れの悪い呟きを彼は足許に落した。

「それ、どういう意味?」

棗の声が変っている。相手の顔にF霧に似た薄い膜がかかっているのを彼は見た。それが怒っている時の表情であるのを彼は知っていたが、言葉は止らなかった。

「ひとりで来ると思ったんだ、君が……。」

「それは仕方がないじゃない。」

「仕方がないよ。でもそう思ったんだ。」

棗を迎えに行くことを思いつき、バス通りから小道へと足を踏み入れた時のあの弾みあがる気持ちだけはわかってほしい、と彼は願った。棗は答えない。重く粘り出した沈黙の中から明史は先を行く小堀に眼をあげた。灰色のオーバーの背中が微かに左に傾き、靴を引きずるようにして上向き加減に大股に歩いていく。後ろの二人には全く無関心のようにも、また大きな背中いっぱいになにかを耐えているようにも見える。

「そういう貴方、好きじゃないわ。」

切り捨てるように棗が言った。明史のオーバーの襟からごみを取ってくれる時に感じられた、どこか言訳するのに似た匂いはすっかり消えている。恨みがましい自分の言葉が彼女をそんな場所に追い込んだのを悔いながら、しかし彼はすぐには引返すことの出来ぬG厄介な傾斜に身が乗り出しているのも意識しないわけにはいかなかった。君が小堀さんなんかを連れて来なければこうなりはしなかったのに、と口をついて出そうになるのを彼は懸命に堪えた。

「Hおかしいわよ。」

彼女はもう一度追い打ちをかけて来た。彼は大きく息を吸って彼女の怒りをやり過ごそうとした。

「今日は、帰りは遅い?」

息を整えてから明史は努めて明るい声を装って質ねた。

「わからない。」

「あの丘に行って、ゆっくり話がしたいよ。」

あそこに登って二人だけの場所に身を浸せば、こんな縺れやこだわりはすぐにとけてしまうのだ、と彼は思いたかった。歪んだまま流れることも出来ずに渦を巻きはじめているものを彼女の身体に力いっぱいぶつけたかった。小道の終りが来るまで、遂に彼女は口を開こうとはしなかった。

「バスよ。」

広い通りに出ると、左手の畑の中を埃を捲き上げて走って来るバスが意外に近く迫っていた。棗は明史を促す素振りを小さく見せてから駆け出した。前を向いたまま同じ歩調で歩いていた小堀に彼女が追いつくと、後ろも見ずに小堀も駆け足になった。明史はまだのろのろと歩いていた。棗が呼んでくれたら俺も走ることが出来るだろう。そうして追いつけば、激しい運動の後の踊る息と共に今までのわだかまりが消しとんであるいは一緒に笑うことが出来るかもしれない——。

明史の耳にバスの音が伝わってくる。小堀の大きな背中の横で棗の長い髪が右に左に揺れた。駆けながら首を捩って棗が後ろを見た。バスを見ているのか、明史を確かめたのかはわからない。明史はまだ迷っていた。間に合うか、もう間に合わぬか、と息を詰める彼の横を激しい振動不要になることに驚いた。私は、創造力を発揮して、新しい仕事を生み出せる存在になろうと思う。

3　ＡＩに仕事を奪われるわけではないと知って安心しました。人間にしかできないことがあるので、専門的なものを極め、社会に貢献できる人材になろうと思いました。

4　人間は学び続けなければならない。そうしないと豊かな発想ができないからだ。身につけた知識を用いて創造力を働かせ、自分の価値を高める生き方をしようと思う。

第二問　次の文章をよく読んで、後の問いに答えなさい。なお、明史（あけし）は高校二年生、棗（なつめ）は、明史の近所に住んでいる中学三年生で、明史と同じ高校に合格しました。小堀は大学院の学生で、棗の家庭教師をしています。（なお、適宜読みがなを補った部分があります。）

棗の合格発表のあった翌朝、明史は少し早目に家<u>A</u>を出た。起き出す時刻からはじまって、すべてが自然に繰り上ってしまったのだ。これからはもういくらでも会えるのだから急ぐ必要はない、と思うのについ足が速くなる。

案の定、いつもの道にまだ人影はなかった。途中まで迎えに行って驚かしてやろう、という悪戯（いたずら）じみた考えがふと明史の頭をよぎった。通学の際、男女が途中で会って一緒に来る<u>x</u>のはいいだろう、という教頭の注意が思い出されて彼は笑いを噛（か）んだ。

気が弛（ゆる）んで寝坊でもしたか、小道に折れて歩き出せば白い柵（さく）のあたりにすぐ見えてくる筈（はず）の棗の姿は容易に現われ<u>y</u>なかった。柵の近くまで来てしまい、右手が櫟林（くぬぎばやし）にかかった頃（ころ）、その固い幹の間に公営住宅からの道を歩いてくる茶色いオーバーがちらと見えた。走り出そうとした彼の足は突然その場に竦（すく）んだ。茶のオーバーの横にもう一つの長い人影があったからだ。咄嗟（とっさ）に彼は身を隠す場所を捜した。悪いことをしている現場を見つかったかのようだった。櫟林はあまりに見透（みとお）しがききすぎた。一本道には横にはずれる畑の道もなかった。隠れるのには遅すぎた。

明史は小道の真中に立って棗と小堀が林の角を曲って来るのを待った。こんなことになるならバス通りから折れるのではなかった、と悔まれた。先刻までの弾んだ心が滑稽（こっけい）で愚かに思われた。

革鞄（かわかばん）を身体の前に抱えた棗は、小道の上に明史を認めると一瞬驚いたように眼（め）を大きくした。しかし二、三歩小走りに近づいて軽く頭を傾けた時、その顔は既にいつもと変らぬ、どうしたのという表情を浮かべている。

「少し早かったものだから、曲ってみたんだ。」

殊更（ことさら）、<u>B小堀を無視して棗に声をかけた</u>。

「どうしたのかと思ったわ。」

彼女はつと手を伸ばして明史のオーバーの襟（えり）についていたごみを取った。その仕種（しぐさ）が少しわざとらしいのを明史は感じた。

「棗君、よかったよね。君の後輩になるわけね。よろしく頼みます。」

彼女の肩越しに小堀が言った。<u>Cなんと答えればよいかわからずに明史は口ごもった</u>。最後の、よろしく頼む、が所有物について語るようで不快だった。曖昧（あいまい）に頭を動かしただけで口を開かない明史と並んで少しの間黙って歩いていた小堀は、そのまま二人を残して足を速めた。前を行く人との間に開きが生れると、<u>D明史は歩みを遅くしてその距（へだた）りを強</u>

④ 〈働く〉ことは経済効率や生産性では測れないから。

⑤ 国の経済の指標が発展著しい社会に追いついていないから。

問四 空欄 **A** に補うのに最も適当なものを、次の①～⑤のうちから一つ選んで番号をマークしなさい。**解答番号は11**

① 本来の人間のあるべき姿だと思う

② 本来の人間のあるべき姿だとは思えない

③ 全ての人間が望むことであると思う

④ 全ての人間が望むことであるとは思えない

⑤ 全ての人間が望むかどうかはわからない

問五 傍線部**ウ**「ミーニング・オブ・ライフ（人生の意味）」について、**文章X**の筆者の意見として最も適当なものを、次の①～⑤のうちから一つ選んで番号をマークしなさい。**解答番号は12**

① 働くことの意義が変化している現代において、生きる意味を教えてくれるものは存在しないため、自分自身で人生の価値を高めるために考えなければならない。

② 戦後の日本にあった明確な生きる目的は現代社会で通用するものではないため、新たな社会の目的を考え、人々に広めなければならない。

③ ＡＩが人間に取ってかわろうとする現代において、何のために生きているのかわからないため、経済的に豊かになれるように働かなければならない。

④ 経済的価値を重視して生きるのはもはや時代遅れであるため、人々はＡＩと共存して、ＡＩに仕事を奪われない働き方を考えていかなければならない。

⑤ 人間の生きる意味が変化している現代において、お金を得るためには何が大切かに目を向け、人材としての価値を高めていけるように思考しなければならない。

問六 傍線部**エ**「スロースタディ」について、**文章Y**の筆者が考える「スロースタディ」の具体例として最も適当なものを、次の①～⑤のうちから一つ選んで番号をマークしなさい。**解答番号は13**

① 人口減少を早急に解決するため、様々な事例を調べ、議論の末行きついた有効な手立てを提言する。

② 人を説得するには豊かな表現が必要なので、役に立ちそうな文例を頑張って覚えている。

③ 現代は既存の知識は役に立たないため、人類の持続可能な発展について、常識にとらわれずに話し合っている。

④ 国家同士が友好的に発展できる答えは歴史にあると考え、図書館で様々な事例を調べている。

⑤ 世界的な異常気象の原因を多方面から学び、人間はどのように自然と共存していくべきか考え続けている。

問七 次の選択肢1～4は、**文章X・Y**の文章を読んだ人の感想文です。**文章X・Y**の文章の両方の主張を踏まえたものとして、適切なものには①を、誤っているものには②を、それぞれマークしなさい。**解答番号は1＝14、2＝15、3＝16、4＝17**

1 これからの時代はＡＩが担う仕事が出てくるので、何のために働くのか考えることが大切になると感じました。そのためには、知識を身につけながら思考を重ねていくことが重要だと思います。

2 これからは答えはＡＩが出してくれる時代になり、人間は知識が見方を変えると、これは答えだけを求める詰め込み式勉強の結果だと言うこともできます。答えだけを求める習慣が、答えだけを求める社会を生み出した。必然的にそれは答えを導き出す速度を競う社会の**e**トウライを意味したのです。

そう考えると、ＡＩはその極致（きょくち）と言っていいのかもしれません。ＡＩは膨大な時間がかかることを、瞬時にやってのけます。そして答えを出してくれる。もはや人間は考える必要がない。そのぶん創造に時間が回せるのですが、これまで答えだけ求めてきた人たちが、急に創造できるはずがありません。

だからこそ、これからは答えを求めるのではなく、思考することを重視すべきなのです。創造に時間を回せるようになるために。

（小川仁志『ＡＩに勝てるのは哲学だけだ――最強の勉強法12＋思考法10』による）

※注1　ＭＩＴ――マサチューセッツ工科大学。
※注2　トラフィック――ネットワーク上で送受信される信号やデータ量。
※注3　インフルエンサー――世間に与える影響力が大きい行動を行う人物。
※注4　ＵＢＩ――ユニバーサル・ベーシック・インカム。全ての国民に対して政府が生活費として一定額を支給する制度。

問一　傍線部**a**～**e**のカタカナを漢字に直した時の表記として正しいものを、それぞれ①～④のうちから一つずつ選んで番号をマークしなさい。**解答番号はa＝1、b＝2、c＝3、d＝4、e＝5**

a　サイバイ　①　裁倍　②　栽倍　③　裁培　④　栽培

b　チクセキ　①　蓄積　②　畜積　③　蓄責　④　畜責

c　ジュウジ　①　従時　②　従事　③　縦時　④　縦事

d　シュトク　①　修特　②　取特　③　修得　④　取得

e　トウライ　①　倒来　②　到来　③　倒頼　④　到頼

問二　傍線部**ア**「〈働く〉とは、お金をもらって何かをするということなのでしょうか？」とありますが、**文章X**の筆者の意見として、正しいものには①を、正しくないものには②を、それぞれマークしなさい。

解答番号は1＝6、2＝7、3＝8、4＝9

1　〈働く〉とは、お金をもらって何かをすることだけを指す。
2　給料の出ない自給自足は働いているとは言えない。
3　お金をもらって勉強している学生は、働いていると言ってよい。
4　〈働く〉ことをお金で定義づけるのは難しい。

問三　傍線部**イ**「ＡＩに人間の仕事が奪われたら、どうすれば良いでしょうか」とありますが、**文章X**の筆者は、人々が「ＡＩが仕事を奪うと〈働く〉ことがなくなる」と考えてしまう理由をどのように述べていますか。最も適当なものを、次の①～⑤のうちから一つ選んで番号をマークしなさい。**解答番号は10**

①　人間はお金のためだけに〈働く〉存在ではないから。
②　ＡＩが仕事を奪うのは幻想でしかないから。
③　〈働く〉ことを全てお金中心に考えてしまうから。

きる意味って何だろう？」と考えられるのが人間です。

戦後の日本は、「とにかく経済を立て直して生産性を上げるために突き進むんだ」という目的が明確で、誰にとってもわかりやすい「ミーニング・オブ・ライフ」が日本社会全体として与えられていたのです。その意味で、いまの子どもたちのほうが、よっぽど何のために生きているのかを真剣に考えているのではないかと感じました。

「経済的価値を重視して生きることが幸せである」という従来型の資本主義に対して、「自分の生き方の価値を高めるためにどう働けばいいのか」という、新しい〈センシビリティ（Sensibility）〉を考えるには、とても面白い時期だと思います。

（伊藤穰一　アンドレー・ウール『教養としてのテクノロジー　AI、仮想通貨、ブロックチェーン』による）

【文章Y】

では、これからの時代はいったいどんな人材が求められるのでしょうか？

ここまで論じてきたことからまちがいなく言えるのは、きちんと思考ができる人です。そして、そのために勉強し続けることができる人です。後者については意外に思われるかもしれません。でも、思考をするためには、インプットし続ける必要があります。

それは時代の変化に合わせて知識を入れるという意味もありますが、思考し続けるという意味でもあります。これまでは、一度大学を出れば、基本的にはもう勉強する必要はありませんでした。なぜなら、社会において求められる知がそれほど変化しなかったからです。

ところが、これからの時代は、そうはいきません。だから自己啓発のためのビジネス書が売れ、ビジネススクールをはじめとする社会人のリカレント教育が盛んに叫ばれるのです。しかも人生１００年時代ともなると、大学を出て、10年後に一度リカレント教育を受けて終わりではありません。リカレントとは繰り返しという意味ですが、文字通り何度も繰り返し、10年ごとに学び直しをする必要があるのです。

私自身、10年ごとに学び直しをしています。20代で大学の法学部を出ると商社に勤めました。その後、30代で市役所に転職。市役所に勤務しながら大学院に通い、哲学の博士号をｄシュトクしました。高専で哲学を教えていた40代にはアメリカの大学で1年間学び、帰国後に国立大学の職を得ました。そして2年後の50代には、また新たな学び直しを計画しています。

おもしろいのは、その都度違うことを学んでいる点です。そして学び直すごとに、結果的にステップアップしています。

これから求められるのは、勉強し続けることのできる人材です。だからといって、受験勉強のような詰め込みを生涯続けましょうという話ではありません。私がすすめるのは、エ「スロースタディ」です。ゆっくりと着実に学び、思考する。そう、勉強はあくまで思考のための前提なのです。

社会はこれまで、もっと速く、もっと速くとスピードを求めてきました。これはインターネットの速度がアップするのに比例しています。なぜ速くなければならないのか？　それは、誰よりも先に答えを手に入れるためです。グーグルで検索すると、何秒かかったか出てきます。たいてい1秒もかかっていないのですが。

の経済発展には、とても役立ってきたと思いますが、情報技術などあらゆるテクノロジーが社会を抜本的に変えつつある現在、どこまでそうした指標が重要かについては議論が必要でしょう。

さもなければお金に換算できないボランティアや遊び、家事や子育てといった活動が軽視されやすい社会になってしまいます。ノーベル経済学賞も受賞しているジョゼフ・E・スティグリッツも提唱しているように、いまほど経済効率や生産性だけではないGDPの測り方が必要とされているタイミングはありません。

（中略）

読者の皆さんも企業に勤めている人が多いでしょう。働いているときには仲間もいますし、人生の存在意義も見出せるものです。※注4 UBIのお金をもらえたとしても、会社には皆が行くのではないでしょうか。何もせずにお給料がもらえるとしたら、人間は何をするのだろうと、僕も友達と議論したことがあります。もちろん、寝いす（カウチ）でくつろいでポテトチップをかじりながらテレビを見て過ごすような自堕落なライフスタイル、いわゆるカウチポテトになって、何もしない人が出てくるかもしれません。仕事に何の意義も見出せず単純な労働にｃジュウジしている人は、すぐにでも〈働く〉ことをやめたいかもしれません。でも、皆が〈働く〉ことをやめることになるとは思えません。お金のため、生活のためだけに〈働く〉ことが、［　A　］からです。

もともとお金のために〈働く〉わけではない、アカデミック分野で研究を続ける僕たちのような人間はこのまま働き続けるでしょう。メディアラボの研究者に「明日から来なくていい」と言っても、彼らはまた次の〈働く〉場所を探すと思います。

UBIは1つの考え方ですが、〈働く〉ことの意味を大きく変えるような動きはこれからも加速していくでしょう。そうすれば、お金のような経済的な価値のためだけに〈働く〉ことに疑問を持つ人はこれからもっと増えることになります。つまり、お金のためだけに〈働く〉のではない。「ウミーニング・オブ・ライフ（人生の意味）」が重要になってくるのです。

以前、通信教育サービスを提供する「Z会」が主催するイベントで、日本の中学生と対話する機会がありました。そのときのことです。

僕が環境問題の話をしようと呼びかけたら、一人の男子から「人間を含めた環境の話ですか、それとも人間ナシの話ですか？」と、返ってきました。「それはすごくいい質問だね」と言って、「我々は人間だから人間がいる前提で考えよう」と答えたら「わかりました」と前提が決まったところで、女子中学生から今度はこんな質問がきました。「でも、人生の意味って何ですか？　それを先に考えなければいけないのではないでしょうか？」と言うのです。

いまの中学生がこうした思考を持っていることを、僕はすごくうれしく、また頼もしく思いました。中学生のほうが、よほど僕たち大人よりも「ミーニング・オブ・ライフ」について柔軟な発想を持っているのかもしれません。

生活のためのお金を稼ぐため、経済効率のためという、いままで社会を動かしていたようなロジック（論理）は自己目的化しやすいものです。AIは課題を与えれば解決に向かって動き出すものではありますが、「ミーニング・オブ・ライフ」を与えてくれるものではありません。「生

【国　語】（五〇分）〈満点：一〇〇点〉

第一問　次の文章X・Yを読んで、後の問いに答えなさい。

【文章X】

ア〈働く〉とは、お金をもらって何かをするということなのでしょうか？　例えば、「子育て」は誰からもお金をもらっていませんから、〈働く〉ではないと考えるのが一般的です。あるいは、庭の畑で自家aサイバイして食べることは〈働く〉なのでしょうか？　給料の出ない自給自足は〈働く〉と呼んでいいものか、線引きが曖昧（あいまい）です。僕が所属する※注1MITメディアラボは、企業や世界各国の政府系機関などがスポンサーとしてお金を供出して、学生はそこから給付金をもらって勉強しています。私から見れば、学生は働いていると思いますし、彼らも〈働く〉という意識を持っているのだと思います。果たして彼らは勉強しているのでしょうか。それとも働いているのでしょうか？

このように、少し考えるだけでも〈働く〉という定義は難しいものです。経済効率だけでは測れない職業もたくさんあります。例えば政治家は、一義的には〈働く〉でしょう。しかし、皆さんもご存じだと思いますが、英語では「ワーク」ではなく「サービス」という言葉を使います。軍人もサービスです。彼らは給料としてのお金はもらいますが、一生懸命働いたほうがお金をもらえるという意味のサービスではありません。本来、政治家も軍人も「お金のために〈働く〉ものではない」と考えられているからです。

〈働く〉ことがイコールお金ではないように、世の中にはお金ではないが価値のあるものや、お金では決して買えないものも存在します。

お金ではないが価値のあるものとして、「アテンション・エコノミー（関心経済）」という概念があります。この言葉は、1997年にアメリカの社会学者であるマイケル・ゴールドハーパーが提唱したものです。情報過多の社会では、人々の「アテンション（注目や関心）」が情報量に対して希少になることで価値が生まれるというものです。※注2トラフィックが多いウェブサイトは、いつでもトラフィックに広告を入れることでお金に換金できます。SNSでフォロワーの多い※注3インフルエンサーも同じです。アテンションがお金ではない1つの価値のbチクセキとして機能しているのです。

一方で、お金では決して買えないものがあります。身近なところでいえば、大学の「学位」です。学位はアテンションのようにお金に換えることはできませんが、学術の世界では価値があります。そのため、学者はアカデミズムでの評判や地位を上げるため一生懸命に〈働く〉のです。お金のない学者もいれば、またお坊さんや牧師さんもお金のために〈働く〉とは言えないでしょう。作家のような文化人も同じです。結果的にベストセラー作家になったとしても、最初からお金のために〈働く〉作家が多いとは思えません。

AIが人間の仕事を奪ったとしても、人間が〈働く〉ことがなくなるというわけではありません。僕もよく人に「イAIに人間の仕事が奪われたら、どうすれば良いでしょうか」と聞かれますが、それは大きな誤りです。人間はお金のためだけに〈働く〉わけではないからです。

こうした勘違いが生まれやすい背景には、人間が〈働く〉ことをすべてお金の価値に還元して、例えばGDPのように、経済の指標として国家の運営に役立てようという発想があるように思います。産業革命以降

MEMO

大切なことはメモしておこうネ！

進学・創志

2020年度

解 答 と 解 説

《2020年度の配点は解答欄に掲載してあります。》

<数学解答>《学校からの正答の発表はありません。》

1 (1) ア 3 (2) イ 5 ウ 2 (3) エ 5 (4) オ 5 カ 4
(5) キ 5 ク 3 (6) ケ 1 コ 4 (7) サ 3 シ 3 ス 3
セ 3 (8) ソ 2 タ 8 チ 0 ツ 0 (9) テ 6 (10) ト 9
ナ 5

2 (1) ニ 7 (2) ヌ 3 ネ 5 ノ 0 ハ 4 ヒ 0 フ 0

3 (1) ヘ 1 ホ 2 (2) マ 2 ミ 2 ム 4 (3) メ 1 モ 3

4 (1) ラ 1 リ 3 ル 6 (2) レ 1 ロ 6 (3) あ 1 い 9
(4) う 2 え 9

5 (1) お 2 (2) か 4 き 4 く 3 (3) け 1 こ 6 さ 3
し 1 す 6

○推定配点○

1 各4点×10 2~5 各5点×12 計100点

<数学解説>

基本 1 (正負の数,平方根,数の性質,方程式,比例式,2次方程式,方程式の利用,資料の整理,角度)

(1) $-3^2-\left(-\frac{3}{5}\right)\div\frac{1}{10}=-9+\frac{3}{5}\times10=-9+6=-3$

(2) $3\sqrt{8}+\sqrt{32}-\frac{10}{\sqrt{2}}=3\times2\sqrt{2}+4\sqrt{2}-5\sqrt{2}=5\sqrt{2}$

(3) $25<30<36$より,$5<\sqrt{30}<6$ よって,$\sqrt{30}$の整数部分は5

(4) $x+2y=13\cdots$① $5x-3y=13\cdots$② ①×5−②より,$13y=52$ $y=4$ これを①に代入して,$x+8=13$ $x=5$

(5) $(x-2):5=3:x$ $x(x-2)=15$ $x^2-2x-15=0$ $(x-5)(x+3)=0$ $x=5,\ -3$

(6) $504=2^3\times3^2\times7$より,求めるnは,$2\times7=14$

(7) $3x^2-6x-8=0$ 解の公式を用いて,$x=\frac{-(-6)\pm\sqrt{(-6)^2-4\times3\times(-8)}}{2\times3}=\frac{6\pm\sqrt{132}}{6}=\frac{3\pm\sqrt{33}}{3}$

(8) 定価をx円とすると,$x\times(1-0.15)=(x-300)-120$ $-0.15x=-420$ $x=2800$(円)

(9) 点数の低い順に並べると,2,2,3,5,5,7,7,8,8,9だから,中央値は,5番目と6番目の平均値で,$\frac{5+7}{2}=6$(点)

(10) $\angle B=\angle D=60°$だから,$\angle x=180°-60°-25°=95°$

2 (方程式の利用)

基本 (1) y人の7%だから,$\frac{7}{100}y$(人)

(2) $x+y=750\cdots$① $\frac{2}{100}x+\frac{7}{100}y=35$より,$2x+7y=3500\cdots$② ②−①×2より,$5y=$

2000 $y=400$ これを①に代入して，$x=350$ よって，男子生徒は350人，女子生徒は400人

3 (図形と関数・グラフの融合問題)

基本 (1) $y=2x^2$と$y=2x+4$からyを消去して，$2x^2=2x+4$ $x^2-x-2=0$ $(x-2)(x+1)=0$ $x=2,\ -1$ よって，B$(-1,\ 2)$

(2) P$(t,\ 2t^2)$，R$(t,\ 2t+4)$より，PR$=2t^2-(2t+4)=2t^2-2t-4$

(3) Q$(-t,\ 2t^2)$より，PQ$=t-(-t)=2t$ PQ$=$PRより，$2t=2t^2-2t-4$ $t^2-2t-2=0$ $(t-1)^2=2+1$ $t-1=\pm\sqrt{3}$ $t=1\pm\sqrt{3}$ $t>2$より，$t=1+\sqrt{3}$

4 (確率)

基本 (1) 点Rのとり方は全部で36通りだから，求める確率は，$\frac{1}{36}$

基本 (2) 直線PQの式は$y=x$だから，題意を満たすのは，(1, 1)，(2, 2)，(3, 3)，(4, 4)，(5, 5)，(6, 6)の6通りで，求める確率は$\frac{6}{36}=\frac{1}{6}$

重要 (3) 題意を満たすのは，線分PQの垂直二等分線である直線$y=-x+6$上に点Rがあるときで，(1, 5)，(2, 4)，(4, 2)，(5, 1)の4通りだから，求める確率は$\frac{4}{36}=\frac{1}{9}$

重要 (4) R(2, 4)または(4, 2)のとき，$\triangle$PQR$=\frac{1}{2}\times(4-2)^2=2$だから，直線PQに平行な直線$y=x+2$上，または$y=x-2$上に点Rがあるとき，題意を満たす。このような点は，(1, 3)，(2, 4)，(3, 5)，(4, 6)，(3, 1)，(4, 2)，(5, 3)，(6, 4)の8通りだから，求める確率は$\frac{8}{36}=\frac{2}{9}$

5 (平面図形の計量)

基本 (1) $\triangle$CPQは直角二等辺三角形だから，PQ$=\sqrt{2}$PC$=\sqrt{2}x$(cm)

重要 (2) $\triangle$APQは正三角形だから，AP$=$PQ よって，AP$^2=$PQ^2 $\triangle$ABPに三平方の定理を用いて，AP$^2=$AB$^2+$BP$^2=4^2+(4-x)^2=x^2-8x+32$ したがって，$x^2-8x+32=(\sqrt{2}x)^2$ $x^2+8x=32$ $(x+4)^2=32+16$ $x+4=\pm\sqrt{48}$ $x=-4\pm4\sqrt{3}$ $0<x<4$より，$x=-4+4\sqrt{3}$

(3) BP$=4-(-4+4\sqrt{3})=8-4\sqrt{3}$ 四角形APCQ$=$正方形ABCD$-\triangle$ABP$-\triangle$ADQ$=4^2-\frac{1}{2}\times4\times(8-4\sqrt{3})\times2=16-32+16\sqrt{3}=16\sqrt{3}-16$(cm^2)

★ワンポイントアドバイス★

出題傾向，難易度とも大きな変化はない。大問2以降は，各小問が関連しているので，ミスのないように解いていこう。

＜英語解答＞《学校からの正答の発表はありません。》

A 1 ③ 2 ④ 3 ③ 4 ① 5 ④ 6 ① 7 ③ 8 ③ 9 ④ 10 ①

B 11 ③ 12 ① 13 ② 14 ④ 15 ①

C 16 ① 17 ② 18 ② 19 ⑤ 20 ⑤ 21 ④

D 22 ① 23 ② 24 ③ 25 ② 26 ②

E　27 ③　28 ①　29 ②　30 ⑤　31 ④　32 ⑥
F　33 ③　34 ③
G　問1　35 ②　36 ④　問2　37 ②　問3　38 ①　39 ③
H　問1　40 ④　問2　41 ②　問3　42 ③　問4　43 ②　問5　44 ④
I　問1　45 ③　問2　46 ①　問3　47 ④　問4　48 ②　問5　49 ③
　問6　50 ④　問7　51 ③　問8　52 ④　問9　53 ②

○推定配点○
A, B, D　各1点×20　C, E, F, G　各2点×19　H, I　各3点×14　計100点

＜英語解説＞

基本 **A** (語句補充問題：受動態，進行形，助動詞，不定詞，比較，関係代名詞)

1 「あなたは昨夜，勉強しましたか」 last night「昨夜」と過去のことを尋ねている。study は一般動詞なので，過去の疑問文は＜ Did ＋主語＋動詞の原形 ～?＞の語順。

2 「私はその知らせに驚きました」 be surprised at ～「～に驚く」。

3 「ケンはそのときサッカーをしていました」 at that time「そのとき」とあるので，過去の時点で進行中だった動作を表す過去進行形＜ was[were] ＋～ing形＞が適切。

4 「古川駅まで歩いてどれくらいかかりますか」 ＜ It takes ＋時間＞は「(時間が)～かかる」という意味。歩いて古川駅まで行くのにかかる時間を尋ねる文と考えて，how long「(時間が)どれくらい」を用いる。

5 「ユミと私は今日の午後，図書館で勉強する予定です」 ＜ be going to ＋動詞の原形＞「～する予定[つもり]だ」の文。主語が複数なので，be動詞は are が適切。

6 「もう7時です。私は学校へ行かなくてはなりません」 直後に動詞の原形 go があるので，助動詞 must が適切。

7 「この映画は私を幸せにしてくれるので，私はそれを何度も見たことがあります」 ＜ make＋人＋形容詞＞「(人)を～にする」の文。

8 「この問題を解決することは私にとって本当に難しい」 ＜ It is ～ for ＋人＋ to ＋動詞の原形＞「…することは(人)にとって～だ」の文。solve は「(問題)を解決する」という意味。

9 「ケンは彼の学校のすべての生徒の中で最も上手に泳げます」 最上級を使った文。「(複数の同じ種類の人[もの])の中で」は of で表す。

10 「私は駅の近くにある家に住んでいます」 空所の直後に動詞 is があり，is near the station「駅の近くにある」が the house「家」を修飾すると考えると文意が成り立つので，is の主語になる関係代名詞 which が適切。

B (語句補充問題：語彙)

1 「ジャックは燃えている家から子供を救いました。彼はとても勇敢でした！」 燃えている家から子供を救った人について述べているので，brave「勇敢な」が適切。careful「注意深い」，dangerous「危険な」，funny「おかしな，こっけいな」。

2 「ジェーンは社交的です。彼女はたくさんの人々と話します」 たくさんの人々と話す人物について述べているので，sociable「社交的だ」が適切。angry「怒っている」，faithful「忠実な」，nervous「緊張している」

3 「患者は病院で医療を受けます」 病院で医療を受ける人は patient「患者」。customer「客」，passenger「乗客」，performer「演じる人，演奏者」

4 「あの生徒たちは，私が駅の前で会ったときに学校の制服を着ていました」 school uniform「制服」に合う動詞は wore「wear(着る)の過去形」。born「bear(生む)の過去分詞」，drew「draw(描く，引く)の過去形」，drove「drive(運転する)の過去形」

5 「卒業は，学校，専門学校，大学を終えることです」 学校を終えることを意味する名詞は graduation「卒業」。harvest「収穫」，congratulation「祝賀」，cooperation「協力」

C (語句整序問題：助動詞，比較，現在完了，接続詞)

1 (I) can't speak English (well.) 「～することができない」は助動詞 can の否定 can' t[cannot] のあとに動詞の原形を続けて表す。

2 What kind of sport do you like? 「どんなスポーツ」は，kind of ～「～の種類の」を用いてwhat kind of sport と表す。疑問文なのでこれを文頭に置き，その後に一般動詞の疑問文< do ＋主語＋動詞の原形>を続ける。

3 (You)have to do it (now.) 「～しなくてはならない」は< have[has] to ＋動詞の原形>で表す。

4 (Could) you tell me the way to (the station?) 「～していただけませんか」は Could you ～? で表す。「私に道を教える」は< tell ＋人＋もの・こと>の順で，tell me the way と表す。「～への道」the way to ～。

5 (Ken) is taller than any other (student in his class.) 「～よりも…」という文意なので，<比較級＋ than ～ >の形にする。<any other ＋名詞の単数形>で「他のどの～」という意味を表すので，any other student を than の後に続ける。

6 (Three years) have passed since my father (died.) 「私の父が死んでから3年が過ぎた」と考える。Three years「3年」が主語なので，pass「(時間が)過ぎる」を動詞にする。have があるので have passed と現在完了で表し，その後に「～してから」の意味の接続詞 since を置いて，my father died「私の父が他界した(＝死んだ)」を続ける。

D (会話文問題：語句・文選択補充)

1 「ダン：ぼくのお父さんが今日，野球の試合に連れていってくれるんだ。ぼくたちと一緒に行かない？／マイク：ごめん，予定があるんだ。でも，誘ってくれてありがとう」 Thank you for ～ing で「～してくれてありがとう」という意味を表す。「誘う」という意味の ask が会話の流れに合う。

2 「息子：この問題は難しすぎるよ！／父親：そんなに簡単にあきらめてはいけないよ。手伝ってあげよう」 難問を抱えてあきらめようとしている息子に，「あきらめてはいけない」と父親が言う。help「手伝う」を入れると，会話が成立する。

3 「息子：お母さん，具合がよくない。たぶん，ぼくは午前中は家にいたほうがいいよ。／母親：わかったわ。後であなたを医者に連れていくわ」 母親の返答から，息子は体調がよくないと考えられる。体調がよくないことを伝える内容の③「具合がよくない」が適切。

4 「職員：切符を拝見してもいいですか。／男性：さあ，どうぞ。私の座席はどこですか。／職員：そちらへご案内します」 電車などの車内での会話。男性は「私の座席はどこですか」と尋ねているので，自分の座席について言っている②が適切。

5 「トム：駅の近くにあるイタリアンレストランに行ったことがあるかい？／パム：ええ。よくそこに行くわ。あそこのピザは町でいちばんおいしいと思うわ」 トムの発言に対して，そのレストランについて行ったことがあるかどうかを答えている②が適切。

重要 E (会話文問題：文選択補充)

(全訳) マイク：きみは昨日，どうしてジェーンの誕生パーティーに来なかったの？

ジョン：彼女がぼくを誘ってくれなかったんだ。
マイク：27なんておかしなことだなあ！　彼女はきみが好きなんだと思っていたよ。
ジョン：以前はそうだったんだけど，もうそうではないんだよ。
マイク：28どうしてそうではないの？
ジョン：うん，1か月前に食事に誘ったんだ。
マイク：29彼女は行きたくなかったの？
ジョン：彼女はすぐに「はい」と言ったよ。ぼくたちはエルム通りのあの新しいレストランに行ったんだ。食事はとてもおいしくて，すべてうまくいったよ。
マイク：それじゃあ，何が起こったの？　30何がよくなかったの？
ジョン：お金を持って行くのを忘れたんだ。だから家に電話をして兄さんにレストランまでお金を持ってきてくれるように頼んだんだ。31でも彼が着くのに1時間かかったんだよ。
マイク：どうしてそんなに時間がかかったの？
ジョン：わからない。32彼はぼくに教訓を教えたかったんだと思うよ。
マイク：彼はきみに出かけるときには財布を忘れないように教えたんだね。

27　直後でマイクが「なんておかしなことだなあ！」と驚いていることから，ジョンがマイクにとって意外なことを言ったと考えられる。したがって，③が適切。

28　直前のジョンの but not anymore(= she does not like me anymore)「彼女はもうぼくのことを好きではない」という否定文を受けて Why not?(= Why doesn't she like you anymore?)「どうして彼女はきみのことをもう好きではないの？」とすると会話が成り立つ。

29　マイクはジョンとジェーンがうまくいっていないことがわかったので，ジョンが「1か月前に食事に誘った」と言ったことに対して，「彼女は行きたくなかったの？」とうまくいかなかったことを予測して返答したと考える。

30　ジョンが直前で「すべてうまくいった」と言ったのに，その後何かがあってジェーンの気持ちが変わったと考えられるので，何が起こり，何がよくなかったのかと尋ねる発言を入れると，その後でジョンが事情を説明していることともつながる。

31　直後でマイクが「どうしてそんなに時間がかかったの？」と尋ねていることから，ジョンの兄がレストランに来るまで時間がかかったことがわかる。したがって，④が適切。

32　直後のマイクの発言から，ジョンは兄が教訓を与えるためにわざとゆっくりレストランに来たのだろうと考えたとすると会話が成り立つ。

F　(短文の読解問題：内容吟味)

(全訳)　ケンとタカシは2人とも20歳だ。彼らはサッカーが大好きで，毎日熱心に練習している。ある日，彼らのチームが市の競技場で大きな試合をして，彼らは優勝した。その試合の後，彼らの大学の近くのレストランで盛大なパーティーが開かれた。多くの人々が彼らに会いに来た。彼らのチームは市からたくさんの贈り物と賞金を与えられた。メンバーの中にはそのお金で新しいボールを買うためにそのお金を使いたいと思う者もいたが，ケンとタカシはそれを市の貧しい子供たちを助けるために使いたいと思った。間もなく，彼らのチームはお金のすべてを子供たちのために使うことにした。パーティーに来ていた多くの人々は，それを聞いて喜んだ。

1)　①「ケンとタカシは毎週日曜日にサッカーをしている」(×)　第2文に，毎日練習しているとある。　②「ケンとタカシは同じ高校のサッカー部に入っている」(×)　2人は20歳で，第4文から大学生であることがわかる。　③「ケンとタカシのサッカー部は大きな試合で優勝した」(○)　第3文の内容に合う。　④「ケンとタカシのサッカー部は大学からお金をもらった」(×)　第6文から，ケンとタカシのチームにお金を与えたのは市であることがわかる。

2) ① 「サッカーの試合の後，彼らの大学で盛大なパーティーが開かれた」(×) 第4文を参照。パーティーが開かれたのは大学の近くのレストランである。 ② 「ケンとタカシのサッカー部はサッカーボールを買うことに決めた」(×) 最後から2文目を参照。彼らはもらったお金を市の貧しい子供たちのために使うことにした。 ③ 「ケンとタカシは貧しい子供たちを助けたかった」(○) 最後から3文目の内容に合う。 ④ 「だれもケンとタカシの考えを聞いてうれしいと思わなかった」(×) 最後の2文を参照。彼らのチームは結局お金を子供たちのために使う決定をして，多くの人がそのことを喜んだのだから，合わない。

G (短文の読解問題：英問英答，語句選択補充，語句整序)

(全訳) オーストラリアは広大な地で，およそ200年前にヨーロッパ人たちがそこに住むようになった。彼らはコアラやカンガルーといった変わった動物だけでなく，アボリジニにも出会った。アボリジニはそこで4万年暮らしてきたオーストラリアの現地人である。オーストラリアのアボリジニの中には，今でも荒れた砂漠地帯に住んでいる者もいる。彼らには「ウォークアバウト」という伝統がある。これは13，14歳の少年に与えられる生き残りの試練である。

すべてのアボリジニの少年は砂漠で1人旅をして，長期間そこで暮らさなければならない。<B>昼間はとても暑くなり，夜はとても寒くなる。彼は火のおこし方，調理のし方，<C>飲み水を得ることができるように水が出る穴を見つける方法を学ばなくてはならない。彼は病気にかかるかもしれないが，それを克服しなければならない。この旅で，彼は自分が本当に強いことを示さなくてはならないのだ。彼は家族に再会するまで7，8か月歩き回らなくてはならない。

「ウォークアバウト」を終えると，彼はアボリジニの大人の一員になる。そうすると，彼は結婚して子供を持つことができるのだ。

問1 (1) 質問は，「ヨーロッパ人はオーストラリアに住むようになったときに何に出会いましたか」という意味。第2文から，彼らが出会ったのは変わった動物とそこで暮らしている先住民であることがわかる。したがって，②「彼らは変わった動物と現地の人々の両方に出会った」が正解。①は「彼らはオーストラリアで多くのヨーロッパ人に出会った」，③は「彼らは生き残りの試練を与えられた少年に出会った」，④は「彼らは砂漠地域に住むコアラとカンガルーに出会った」という意味。 (2) 質問は，「アボリジニの少年は，生き残りの旅を通して何を示しますか」という意味。第2段落最後から2文目から，彼らが旅を通して示すことは，自分が本当に強いということであることがわかる。したがって，④「彼らは自分が強いことを示す」が正解。①は「彼らは火のおこし方を示す」，②は「彼らは動物の見つけ方を示す」，③は「彼らは妻と子供がいることを示す」という意味。

問2 for a long time で「長い間」という意味で，空所を含む文の内容にも合う。

問3 <B> It gets very hot during (the day …) 寒暖を表す it を主語にする。< get +形容詞>で「～になる」という意味を表す。during は「～の間(じゅう)」という意味の前置詞で，during the day で「昼の間は」という意味になる。 <C> (… he can) get some water to drink(.) can の後に動詞の原形 get を置き，その目的語として some water を続ける。to drinkは water を修飾する形容詞的用法の不定詞。

やや難 H (長文読解問題：内容吟味)

(全訳) マーク・トウェインはアメリカ合衆国が生んだ最も偉大な作家の1人である。彼は1835年にミズーリ州に生まれた。彼が4歳のときに，彼はミシシッピ川沿いの町に引っ越した。彼はそこで少年時代を過ごした。しかし，彼は12歳という幼いときに父親を亡くした。

彼の家族は貧しくなったので，彼は印刷所あるいは新聞社の召使いの少年として働いた。1857年，彼はミシシッピ川の水先案内人になり，およそ4年間働き続けた。それから彼は，南北戦争が始まったために，仕事を失った。そこで彼は兵士として戦争に参加した。しかしすぐに彼は軍隊をやめた。後に彼はサンフランシスコに行って，短編小説を書き始めた。それらはユーモアにあふれていた。それらは読者の間でどんどん人気となった。

1870年，彼は大金持ちの男性の娘と結婚して，コネティカット州に行って暮らした。そこで彼は作家としての人生を始めた。彼は多くの小説を書き，たくさんのお金をかせぐことができた。同時に彼は商売にお金を投資した。しかし彼はそれに失敗して多くの借金を作った。そこで彼は借金を返すために懸命に働かなくてはならなかった。

晩年，彼は国民的作家として国のすべての人々から尊敬された。彼は長く幸せな人生を過ごして1910年に亡くなった。彼の名は世界中でよく知られている。

問1 「マーク・トウェインはアメリカの歴史の中で偉大な作家である」 第1段落第1文の内容から，④が適切。①「1835年に，ミズーリ州で父親を亡くした」，②「少年時代に，1835年にミズーリ州に引っ越した」 1835年はマーク・トウェインが生まれた年である。③「父親が亡くなったとき4歳だった」 第1段落最終文から，彼が父親を亡くしたのは彼が12歳のときであることがわかる。

問2 「マーク・トウェインは，家族にあまりお金がなくなったので，召使いとして働かなくてはならなかった」 第2段落第1文から，②が適切。印刷所や新聞社の召使いになった理由は家庭の経済的状況のためなので，①「新聞記者になったので」，③「ミシシッピ川の水先案内人になりたかったので」，④「南北戦争が始まったので」はいずれも不適切。

問3 「軍隊をやめた後，マーク・トウェインはサンフランシスコに住んで，短編小説を書いた」 第2段落最後から4文目，3文目から，③が適切。①「マーク・トウェインは南北戦争に参加した」，②「マーク・トウェインは兵士になりたいと思った」はいずれも「軍隊をやめた後」のこととして不適切。マーク・トウェインは商売に投資して借金を作ったのだから，④「マーク・トウェインは自分のお金を商売に投資して多くのお金をかせいだ」は不適切。

問4 「マーク・トウェインはとても裕福な娘と結婚した」 第3段落第1文から，②が適切。①「コネティカット州に行って暮らした」は結婚してからのこと，③「小説を書いた」は，結婚する前からマーク・トウェインがしていたこと，④「商売に失敗した」もマーク・トウェインがしていたことなので，daughter「娘」を説明する内容として不適切。

問5 「晩年，彼は世界中で有名になった」 最終段落の内容から，④が適切。①「彼は1910年に国民的な作家となった」 1910年はマーク・トウェインが亡くなった年なので不適切。②「彼は借金を返すために懸命に働いた」 これは晩年のことではないので不適切。③「彼は国のすべての人々を尊敬した」 最終段落第1文から，国民に尊敬されたのはマーク・トウェインの方であることがわかる。

| (長文読解問題：語句選択補充，指示語，内容吟味)

ピーター・ホールが大学を出たとき，彼は大きな銀行で働き始めた。それはロンドンにあり，彼と彼の若い妻ペギーは遠く離れた村に住んでいた。彼は毎朝早く起きて，車庫から車を出し，駅まで運転してそこから電車でロンドンへ行き，毎晩同じ方法で帰宅した。

彼は帰宅するといつもとても[2]疲れていて，彼の妻はときどき，「ロンドンに家を買いましょうよ，ピーター。ロンドンの家の方があなたの銀行に近いし，帰宅したときにいつもは[3]疲れてはいないでしょう」と言った。

しかしピーターはいつも，「ロンドンの家はとても[4]高いんだよ，ペギー，それにぼくたちはあまりお金を持っていない」と答えた。しかし，ピーターは熱心によく働き，銀行からだんだん多くのお金をもらうようになり，ある日彼の妻は彼に，「昨日，お店である若い女性に会ったの。彼女の夫もロンドンで働いていて，彼らは来月そこに家を買うのよ。彼女が今晩うちに来て，そのことについて話してくれるの」と言った。
「いいね」とピーターは言った。
その若い女性は6時に家に来て，ピーターはその数分後に着いて，彼らはみな座ってビールを飲んだ。
それからピーターが若い女性に，「あなたの新しい家にはいくつ寝室がありますか」と言った。
「1室だけですけれど，私たちには[10]子供がいません」と彼女は答えた。
「すてきな浴槽のある浴室はありますか」
「いいえ，ありません。浴室には[11]シャワーしかありません」
「[12]車庫はありますか」
「ああ，はい，とても大きな車庫があります。[13]大通りです」

問1　「ロンドンにあった」もので，単数なので，直前にあるピーターの勤務先である a big bank を指すと考えるのが適切。

問2　ピーターが勤務先から遠いところに住んでいることから，仕事を終えて帰宅したときには「疲れている」はずである。[3]の後で，妻が「ロンドンに家を買う」ことを提案していることにも合う。

問3　妻がロンドンに家を買おうと言った直後の文(第3段落第1文)が But で始まっていることから，ピーターはロンドンに家を買うという提案に反対であると考えられる。また，空所の直後で「ぼくたちはあまりお金を持っていない」と言っていることからも，空所には「高価だ」の意味の expensive が合う。

問4　下線部を含む文の主語がピーターと同じようにロンドンで働いている Her husband, her はその前の文の a young woman を指す。この2人がロンドンに家を買うと考えると文意が成り立つ。

問5　「彼女の夫もロンドンで働いていて，彼らは来月そこに家を買う」というつながりから，thereは「ロンドンに」と考えるのが適切。

問6　ロンドンに家を買う予定である若い女性が何についてピーターたちに話すのかを考える。この後のやり取りから，彼らが女性たちが買う家について話していることがわかるので，④が適切。

問7　a few minutes after that「その後数分して」ピーターが(家に)着いた，という内容。ピーターが帰宅する前に若い女性がピーターの家に来たことが述べられているので，③が適切。

問8　直後に many があること，ピーターの質問に，若い女性が Only one と数を答えていることから，How を入れて寝室の数を尋ねる疑問文にする。

問9　全訳を参照。ピーターはロンドンから遠く離れた家に住み，若い女性はロンドンに家を買う予定だが，2人のやり取りから，ピーターは都会であるロンドンのせまい家に住むことよりも，広々とした自宅に住むことが気に入っていることをつかみ，それぞれの空所にはロンドンの家の狭さを表す文になるように語を選ぶ。[13]は車を停める場所が大通りであることを述べているが，これは自宅専用の車庫もないということを表している。

★ワンポイントアドバイス★

Hのように本文の内容に合う選択肢を選ぶ問題では，先に選択肢の内容をざっとつかんでおくことが重要。先に選択肢の内容をつかんでおくことで，本文の内容もとらえやすくなる。

<国語解答>《学校からの正答の発表はありません。》

第一問 問一 a ④ b ① c ② d ④ e ② 問二 1 ② 2 ② 3 ① 4 ① 問三 ③ 問四 ② 問五 ① 問六 ⑤ 問七 1 ① 2 ② 3 ② 4 ①

第二問 問一 ② 問二 x ④ y ④ 問三 ④ 問四 ② 問五 ② 問六 ① 問七 ④ 問八 ① 問九 ④

第三問 問一 ⑤ 問二 x ④ y ② z ① 問三 ⑤ 問四 ② 問五 ④ 問六 ⑤ 問七 ⑤ 問八 ④

○推定配点○

第一問 問三～問六 各4点×4 他 各2点×13

第二問 問一・問二 各2点×3 問五・問九 各4点×2 他 各3点×5

第三問 問一・問二 各2点×4 問三～問五 各3点×3 他 各4点×3

計100点

<国語解説>

第一問 (論説文－大意・要旨，内容吟味，文脈把握，脱語補充，漢字の書き取り)

基本 問一 傍線部aの「栽」は草木を植える，「培」は草木の根に土をかけて育てる，という意味。傍線部b「蓄」はたくわえる，「積」はつみ重ねる，という意味。c「従事」は，仕事にたずさわること。d「取得」は，自分のものとして得ること。e「到来」は，時機や時節がやってくること。

問二 「〈働く〉ことがイコールお金ではないように……」と述べているので，1は正しくない。「給料のでない自給自足は〈働く〉と呼んでいいものか，線引きが曖昧(はっきりしないこと)です」と述べているので，2も正しくない。3は傍線部アのある段落，4は「このように……」で始まる段落で述べているので，いずれも正しい。

問三 傍線部イのような「勘違い」は，「人間が〈働く〉ことをすべてお金の価値に還元して」しまう発想が背景にあることを述べているので，③が適当。イのような「勘違いが生まれやすい背景」を説明していない他の選択肢は不適当。

やや難 問四 空欄Aまでで，「人間はお金のためだけに〈働く〉わけではない」「UBIのお金をもらえたとしても，会社には皆が行くのではないでしょうか」と述べていることから，「生活のためだけに〈働く〉ことが，本来の人間のあるべき姿だとは思えない」という文脈になる②が適当。

問五 「〈働く〉ことの意味を大きく変えるような動きはこれからも加速していく」中で，傍線部ウが重要になり，「いままで社会を動かしていたようなロジック(論理)は」「ミーニング・オブ・ライフを与えてくれるものではありません」ということとともに，「自分の生き方の価値を高める」働き方を考えるには，「とても面白い時期だと思います」と述べているので，①が適当。②の「人々に広めなければならない」，③の「経済的に豊かになれるように働かなければならない」，④の「AIに仕事を奪われない働き方」，⑤の「お金を得るために」「人材として」はいずれもウの筆者の意見として不適当。

重要 問六 「スロースタディ」は，受験勉強のような答えだけを求める詰め込み式勉強ではなく，ゆっくりと着実に学び，思考するための勉強をし続けることなので，⑤が適当。①の「早急に解決するため」，②の「頑張って覚えている」，③の「既存の知識は役に立たない」「話し合っている」，④の「答えは歴史にあると考え」は，いずれも「スロースタディ」ではないので不適当。

重要 問七　1は，文章Xをふまえて「何のために働くのか」，文章Yをふまえて「知識を身につけながら思考を重ねていくことが重要だ」と述べている。文章Yでは「AIは膨大な時間がかかることを，瞬時にやってのけます」と述べているが，2の「知識が不要になる」とは述べていない。文章Yでは，これからの時代に求められる人材は「思考ができる人」と述べているが，3の「専門的なものを極め」ることは述べていない。4は，文章Xをふまえて「自分の価値を高める生き方をしようと思う」，文章Yをふまえて「豊かな発想ができ」るために「学び続けなければならない」「創造力を働かせ」ることを述べている。

第二問　(小説－情景・心情，内容吟味，文脈把握，筆順，品詞・用法)

問一　「を」のカタカナは「ヲ」で，三画で横棒を先に書く。

基本 問二　傍線部Xの「の」と④は，「こと」に置き換えられる体言代用の格助詞。①は「が」に置き換えられる主格(部分の主語)の格助詞。②は「道」にかかって連体修飾語になる格助詞。③は並立を表す格助詞。傍線部Yと④は，打消しの助動詞。①は形容詞「あぶない」の連用形。②は直前に「は」を入れることができるので，補助形容詞。③は形容詞「ない」の連用形。

問三　傍線部aは「殊更」すなわち，わざと小堀を無視して棗に声をかけていること，傍線部bも「強引に」小堀との距離をあけていることから，明史は棗と二人きりになりたいことが読み取れるので，④が適当。小堀に対する気持ちの説明になっている①は不適当。②の説明ほど強い気持ちは読み取れないので不適当。傍線部aに「棗を咎めたいという気持ち」は読み取れないので，③も不適当。

問四　傍線部cは，明史の学校の後輩になる棗のことを「よろしく頼みます」と言う小堀に対するもので，「なんと答えればよいかわからず」「所有物について語るようで不快だった」と明史は思っていることから，②が適当。①の「屈辱」とまでは読み取れないので不適当。③の「小堀の慇懃無礼(表面は丁寧で礼儀正しく見えるが，心の中では相手を軽く見ていること)」も不適当。「不快だった」ことを説明していない④も不適当。

やや難 問五　傍線部Eの「こっちへなんか曲るんじゃなかった」という呟きには，「明史は小道の……」で始まる場面で描かれているように，「バス通りから折れるのではなかった，と悔やまれた」という気持ちがある。また，自分の言葉を「恨みがましい」とも思っていることから，②が適当。「棗を迎えに行くことを思いつ」いたことを「悔やまれた」すなわち，後悔している心情がない他の選択肢は不適当。

問六　傍線部Fの「霧」は，見通しがつかず物がはっきりと見えないことから，どのような感情なのかわからないことを表しているので，①が適当。

重要 問七　棗に「そういう貴方，好きじゃないわ」ときっぱり言われ，「恨みがましい自分の言葉が彼女をそんな場所に追い込んだのを悔いながら，……すぐには引き返すことの出来ぬ厄介な傾斜に身が乗り出しているのも意識しないわけにはいかなかった」という明史の心情が描かれていることから，棗と自分，二人の関係が悪い方向に向かうかもしれないことを，傍線部Gのように表現していることが読み取れるので，④が適当。「厄介な傾斜に身が乗り出している」という描写は，悪い方向へ向かうかもしれない，ということを表しているので，①は不適当。自分自身だけの心情を説明している②，小堀への心情を説明している③，いずれも不適当。

問八　棗がひとりで来ると思ったのに小堀と一緒だったことで「こっちへ曲がるんじゃなかった」と明史が言ったため，棗は怒っているときの表情で傍線部Hのように言う棗に対し，明史は「彼女の怒りをやり過ごそうとし」ていることから，「腹が立ってきた」ことを説明している①が適当。明史はさらに言葉を続けようとしたが，「懸命に堪え」ているので，②の「しつこく言う」，④の「何度もくどくど言う」は不適当。③の「焼きもちを焼かせたい」も描かれていないので不適当。

重要 問九　最後の段落で，バスの到着で駆け出した棗が先を行き，明史は迷っていたが，結局棗が乗ったバスに間に合うよう疾走しはじめた様子が，バスの動きとともに躍動感をもって描かれているので，④が適当。小堀と明史が「対照的に描かれている」とある①は不適当。バスに乗るか乗らないかという，現実的な場面が描かれているので，②の「幻想的」も不適当。明史が迷ったことでバスに間に合わなかったので，「棗と小堀の残酷な行動」とある③も不適当。棗が「明史への思いを断ち切った」ことまでは読み取れないので，⑤も不適当。

第三問 (古文－内容吟味，文脈把握，脱語補充，仮名遣い，口語訳)

〈口語訳〉　今となっては昔のことだが，遣唐使が，唐土にいる間に妻をつくって，子を生ませた。その子がまだ幼いうちに日本へ帰ることになった。妻に約束して言うには，「別の遣唐使が(唐土に)来る時に，手紙を持たせよう。そしてこの子が，乳母から離れる頃には，迎えをやろう」と約束して，日本に戻った。母は，遣唐使が来るたびに，「手紙はありますか」と尋ねたが，少しの連絡もない。母はひどく恨み，この子を抱いて，日本の方角に向いて，子の首に，「遣唐使だれそれの子」という札を書いて，結びつけて「前世からのつながりがあれば，親子は行き逢うでしょう」と言って，海に投げ入れて帰った。

父が，ある時難波の浦の辺りを行くと，沖の方に，鳥が浮かぶようにして白い物が見える。近づいてくるのを見れば，子供のようである。不思議だったので，馬を止めて見ているうちに，どんどん近づき，四才くらいの子で，色白の可愛いらしい子供が，波に浮かんで打ち寄せた。馬を近づけて見れば，大きな魚の背に乗っている。従者に命じて，抱き取らせてみると，首に札がついていた。「遣唐使だれそれの子」と書いてある。「これは，我が子であったか。唐土で(引き取ると)約束した子のことを問わなかったから，母が腹を立て，海に投げ入れたのが，このような縁があり，こうして魚に乗ってきたのだろう」と，しみじみと心打たれて，たいそう愛しく思って育てた。(別の)遣唐使が行く時に(託して)，この事情を書いて送ると，母も，今は死んだものと思っていたが，そのように聞いて，珍しいことだと，喜んだ。

そうしてこの子は，大人になるにつれて，筆跡を素晴らしく書くようになった。魚に助けられたので，名を魚養と名づけた。七大寺の額などは，この人が書いたものであるという。

基本 問一　歴史的仮名遣いの語頭以外の「は行」は現代仮名遣いでは「わ行」になるので，二重傍線部「おほきに」→「おおきに」となる。

重要 問二　傍線部xの「あやし」は，自分では理解しにくいものに対して不思議に思うこと。傍線部yの「あはれ」は，しみじみとした感動を表す。傍線部zの「いみじ」は，程度がはなはだしいこと。

問三　空欄Xのある言葉は相手に尋ねているので，疑問の意味を表す「や」が適当。「や」は係助詞で，文末が連体形の「ある」になっている。

問四　空欄Yは，いずれも海の沖の方に浮かんでいた「四ばかりなる児」のことで，一つ目のYは，その子が海にいる「魚」の背中に乗っていた，ということ。二つ目のYも，そのような様子を，このように「魚」に乗ってきたのだろう，と父親が話している。

問五　aのみ「父」である「遣唐使」。b・c・dは「父」とは異なる別の「遣唐使」である。

問六　「父，ある時……」で始まる段落後半で，「『……唐土にていひ契りし児を問はずとて，母が腹立ちて，海の投げ入れてける……』」と，児の父が話していることから，⑤が適当。夫に対して腹が立っていることを説明していない他の選択肢は不適当。

やや難 問七　傍線部イは，「このよし」＝海を渡ったわが子を大切に育てている，という事情のことで，このことを書いて別の遣唐使に託した夫からの手紙によって事情がわかったは母は，「今ははかなき物に思ひけるに」という思いだったが，イのように喜んだということなので，⑤が適当。「このよし」を説明していない他の選択肢は不適当。

重要 問八　わが子が海を渡って夫のもとへたどりつき，夫が大切に育てていることを知った母が喜んでいることは述べているが，「夫と再び生活するために日本へ渡った」とは述べていないので，④は適当でない。

★ワンポイントアドバイス★

小説では，さまざまな言葉で表現されている心情を丁寧に読み取っていこう。

2019年度

★★★★★★★★★★★★★★★★★★★★★★★

入　試　問　題

2019年度

古川学園高等学校入試問題（普通科進学コース）

【数　学】（50分）　＜満点：100点＞

[1]から[5]までの［　］の[ア]～[ぬ]に入る適当な数を1つずつ解答用紙にマークしなさい。ただし，円周率をπとする。

[1]　次の問いに答えなさい。

(1)　$5-\frac{1}{2}\times(-6)$ を計算すると，［ア］である。

(2)　$7(a+b)-(3a-b)$ を計算すると，［イ］$a+$［ウ］b である。

(3)　絶対値が3以上6未満の整数は，全部で［エ］個ある。

(4)　$\sqrt{\frac{54}{n}}$ が自然数となるような最小の自然数 n は，［オ］である。

(5)　2次方程式 $x^2-3x-3=0$ を解くと，$x=\frac{［カ］\pm\sqrt{［キ］［ク］}}{［ケ］}$ である。

(6)　y は x に比例し，$x=3$ のとき $y=-4$ である。

このとき，$x=-2$ ならば $y=\frac{［コ］}{［サ］}$ である。

(7)　半径が6㎝，中心角が120°のおうぎ形の面積は，［シ］［ス］π㎝^{2}である。

(8)　表面積が36π㎝^{2}である球の半径は，［セ］㎝である。

(9)　右の図においてℓ // m であるとき，$\angle x=$［ソ］［タ］°である。

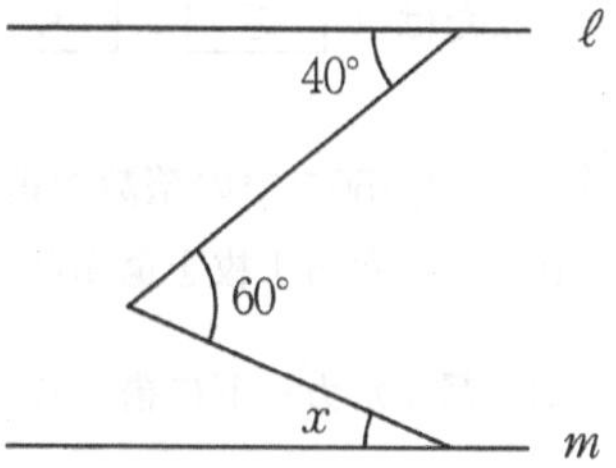

(10)　下の展開図を組み立ててできる，円柱の体積は［チ］［ツ］π㎝^{3}である。

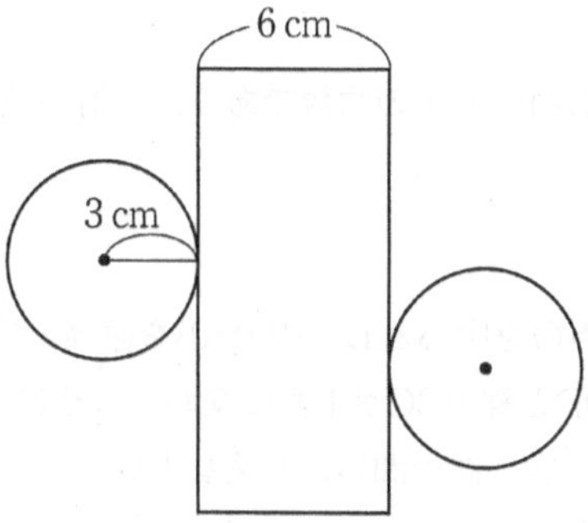

2 百の位が x，十の位が y，一の位が2である3桁の正の整数をNとする。
Nの各位の数の和は11であり，百の位の数と十の位の数を入れかえると，Nより90だけ小さくなる。
このとき，次の問いに答えなさい。

(1) Nは x，y を用いて，N＝ テトナ x＋ ニヌ $y+2$ と表すことができる。

(2) x，y について，連立方程式を作ると，

$$\begin{cases} x+y+2= \boxed{ネノ} \\ \boxed{ハヒフ}\,x+\boxed{ヘホ}\,y+2 \\ =\boxed{マミム}\,y+\boxed{メモ}\,x+2+\boxed{ラリ} \end{cases}$$

である。

(3) N＝ ルレロ である。

3 右の図のように，放物線 $y=x^2$…①，直線 $y=2x+a$ …② があり，①と②は点Aと点B（4，16）で交わっている。また，②と x 軸との交点をC，y 軸との交点をDとする。
このとき，次の問いに答えなさい。ただし，原点をOとする。

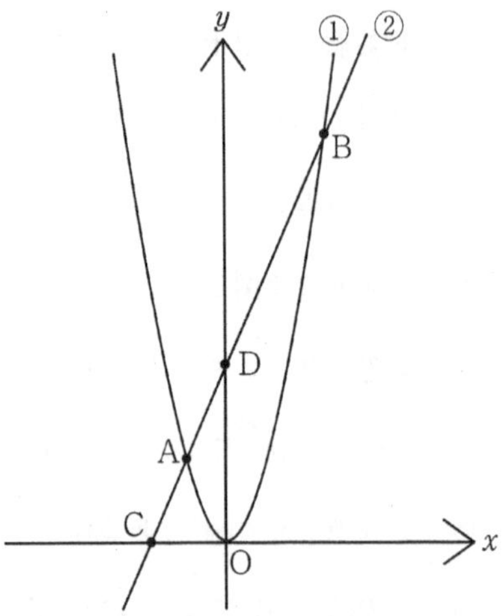

(1) $a=$ あ である。

(2) 点Aの座標は，（－ い ， う ）である。

(3) ①上に点Eを，△OACと△ODEの面積比が 1：3 となるようにとる。
このとき，点Eの座標は（－ え ， おか ），または（ き ， くけ ）である。

4 1から50までの整数が書かれたカードが1枚ずつ，計50枚ある。このカードを裏返してよく混ぜ，そこから1枚を選ぶとき，次の問いに答えなさい。

(1) 選んだカードに書かれた数が5の倍数である確率は，$\dfrac{こ}{さ}$ である。

(2) 選んだカードに書かれた数が5の倍数だが3の倍数ではない確率は，$\dfrac{し}{すせ}$ である。

(3) 選んだカードに書かれた数が100の正の約数であり，2桁の数でもある確率は $\dfrac{そ}{たち}$ である。

5 次のページの図のように，点Oを中心とし，線分ABを直径とする半円がある。
円周上に2点C，Dを，線分ODと線分BCが垂直に交わるようにとり，その交点をEとする。
AB＝20cm，AC＝16cm であるとき，次の問いに答えなさい。

(1) BC＝ つて cmである。

⑵　△EOBと相似な三角形を次の①～④の中から１つ選び，［と］にマークしなさい。

　①△ECD　　②△DOB　　③△CAB　　④△EAB

⑶　ED＝［な］cmである。

⑷　△BCDの面積は，［に］［ぬ］cm^2である。

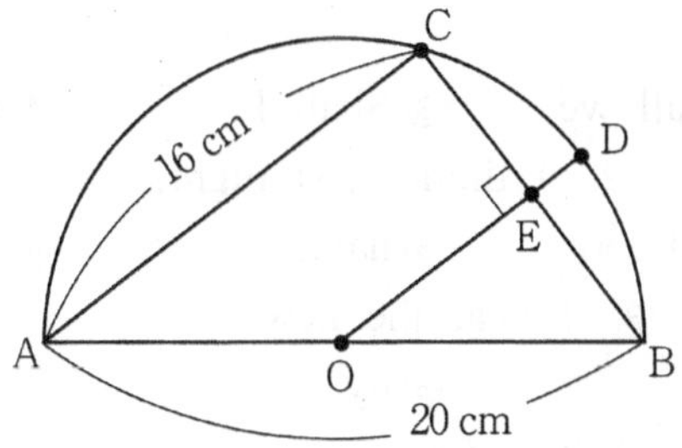

【英　語】（50分）　<満点：100点>

A．次の英文の（　）に入れるのに最も適切なものを選択肢①～④から１つずつ選び，番号をマークしてください。〔解答番号は1，2，3，4，5，6，7，8，9，10〕

1 "(1) help you?"
"Yes, please."
① Will you　② Shall we　③ Shall I　④ Do you

2 What time did you (2) dinner last night?
① have　② had　③ having　④ to have

3 She was surprised (3) hear the news.
① of　② at　③ by　④ to

4 Let's go hiking (4) it is fine.
① because　② though　③ or　④ but

5 You bought this camera yesterday, (5)?
① did you　② didn't you　③ weren't you　④ were you

6 Who's that girl (6) the piano in the music room?
① play　② is played　③ played　④ playing

7 This picture is (7) expensive to buy.
① too　② enough　③ so　④ very

8 This is a beautiful tower! When (8) it built?
① does　② was　③ did　④ is

9 I (9) to tell you about my dream.
① am going　② will　③ look forward　④ should

10 "(10) was your soccer game yesterday?"
"We lost."
① When　② Why　③ What　④ How

B．次の英文の（　）に入れるのに最も適切なものを選択肢①～④から１つずつ選び，番号をマークしてください。〔解答番号は11，12，13，14，15〕

1 (11) comes after Wednesday.
① Sunday　② Tuesday　③ Monday　④ Thursday

2 A lot of people visit *Nara*. There are tourists from (12) countries.
① final　② foreign　③ proud　④ short

3 Take off your shirt, Tom. It's so (13).
① kind　② fat　③ cheerful　④ dirty

4 *Kimono* is a part of Japan's (14).
① culture　② horizon　③ nature　④ weather

5 Toshiki has already (15) doing his homework.
① finished　② decided　③ separated　④ produced

C．次のそれぞれの日本語の意味を表す英文となるように選択肢①～④の語（句）を並べ替えたとき，（16）～（21）に入る語（句）を選び，番号をマークしてください。ただし，文頭にくる語も小文字にしてあります。〔**解答番号は**16，17，18，19，20，21〕

1　コウジ，僕とテニスをしないかい？
(　　)(　　)(　16　)(　　) with me, Koji?
① about　② tennis　③ how　④ playing

2　モーツァルトは最も有名な音楽家のひとりだ。
Mozart is one (　　)(　　)(　17　)(　　).
① of　② famous musicians　③ most　④ the

3　前からこんな時計が欲しかったんだ。
This is (　18　)(　　)(　　)(　　) a long time.
① for　② the watch　③ wanted　④ I've

4　今日初めてこの町を訪問した。
I (　　)(　　)(　19　)(　　) before.
① visited　② this city　③ never　④ have

5　幼いこどもが家にひとりでいるのは危険だ。
It is (　　)(　　)(　20　)(　　) home alone.
① a young child　② to stay　③ for　④ dangerous

6　ぼくたちの学校にはあなたたちの学校と同じ数の生徒がいる。
(　　)(　　)(　21　)(　　) as yours.
① students　② has　③ our school　④ as many

D．次の会話文を読んで，（22）～（26）に入れるのに最も適切なものを選択肢①～④から１つずつ選び，番号をマークしてください。〔**解答番号は**22，23，24，25，26〕

1　**Tom**　: Thank you for everything.
Ken　: Goodbye. I'll (　22　) you.
① miss　② have　③ get　④ make

2　**Beth**　: What are you doing?
Ken　: I am washing the dishes. Please lend me a (　23　).
① book　② knife　③ hand　④ leg

3　**John**　: What day is it today?
Yumi　: (　24　)
① It's five thirty.　② It's Friday today.
③ It's August eighth.　④ It's about thirty minutes.

4　**Mike**　: This is my house.
Ken　: Oh, it's nice.
Mike　: (　25　).
① How long have you lived here?
② It's my pleasure.

③ Please do it yourself.
④ Thank you, would you like some coffee?

5 **Tom** : Have you ever been abroad?
Ken : Yes, I have visited the United States before. I enjoyed talking with many people living there.
Tom : Oh, you had a good time.
Ken : Yes, (26).
① I was very tired.
② I can't speak English.
③ I was very happy to speak English.
④ I didn't read about the country.

E． 次の会話文を読んで，文中の（27）～（32）に入れるのに最も適切なものを，下の選択肢①～⑥の中から１つずつ選び，番号をマークしてください。〔**解答番号は**27，28，29，30，31，32〕

Takuya : Yumi, you have a nice book! (27)
Yumi : This is an English book of funny stories. It's a present from my uncle.
Takuya : Oh, really! (28)
Yumi : No, he bought it in Canada. (29)
Takuya : I see. Is the book interesting?
Yumi : Oh, yes, I read it to study English.
Takuya : (30)
Yumi : Do you want to read it?
Takuya : (31) I'm interested in English.
Yumi : (32) Let's study English together.
① Of course, yes.
② He went there last month on business.
③ That's a good idea.
④ Me, too.
⑤ What kind of book?
⑥ Did he buy it in Japan?

F． ３ヶ所の観光地（*Minna*, *Unda*, *Dacha*）について説明している次の英文を読んで，以下の問いに答えてください。なお，本文中で＊が付いている語には，（注）があります。

〔**解答番号は**33，34，35，36〕

The best season to enjoy the nature of our country starts from early summer. We will introduce some perfect places for hiking, walking and other activities.

Minna has a large park among three lakes and is famous for its big mountain. You can enjoy hiking in the forest and around the lakes. You can catch a lot of fish there. There are also a lot of activities to enjoy, such as camping and horse riding. There is a large station there and you can go to this place by train and bus.

Unda is famous for its *World Heritage shrines and temples. They were built 500 years ago. You can see a lot of beautiful flowers there. Those flowers are seen only there. So a lot of tourists and researchers come to visit this place from all over the world. This place is far away from the nearest station and you have to use cars to visit it.

Dacha is also a summer *resort to visit in our country. It is cooler there than other places even in hot summer. It has the beautiful view of *rich nature. It also has a good *hot spring and you can be relaxed. ＜A＞ <u>There are a lot of delicious dishes made of local vegetables.</u> You can get to this place by car and train.

Please enjoy your trip to these places in summer. If you want to get more information, please call XXXX- YY- ZZZZ.

（注） *World Heritage：世界遺産　*resort：リゾート地　*rich nature：豊かな自然
*hot spring：温泉

問１　本文の内容について，以下の質問に対する最も適切な答えを，選択肢①～④から１つずつ選び，番号をマークしてください。

(1) Where can you enjoy fishing?　〔解答番号は33〕
① You can enjoy fishing in *Minna*.
② You can enjoy fishing in *Unda*.
③ You can enjoy fishing in *Dacha*.
④ You can enjoy fishing in all the three places.

(2) Why do a lot of tourists and researchers come to *Unda* all over the world?　〔解答番号は34〕
① Because it is famous for its World Heritage shrines and temples.
② Because it is far away from the nearest station.
③ Because it is the best summer resort in the world.
④ Because it has the flowers that you can see only in *Unda*.

(3) If you want to enjoy riding a horse, which place should you visit?　〔解答番号は35〕
① You should visit *Minna*.
② You should visit *Unda*.
③ You should visit *Dacha*.
④ You cannot enjoy a horse riding in all the three places.

問２　下線部＜Ａ＞の日本語訳として最も適切なものを，選択肢①～④から１つ選び，番号をマークしてください。〔解答番号は36〕
①そこでたくさんのおいしい野菜が作られている。
②地元では，たくさんのおいしい料理と野菜が作られている。
③おいしい地元の野菜をのせるお皿がたくさんある。
④地元の野菜で作られたおいしい料理がたくさんある。

G． 次の２つの英文を読み，以下の問に答えてください。なお，本文中で＊が付いている語には，（注）があります。〔**解答番号は**37，38，39，40，41，42，43〕

以下の英文は，ある学校での取り組みについて説明したものです。

At the school farm near the school, the children plant various flowers and vegetables every season.

The first and second graders go out to the farm for their *home economics class. They begin by pulling the *weeds in the field. Over the summer, they grow many kinds of sweet potatoes. The potatoes are *harvested in November, and the children plant onions after that.

Next, the children go to the *rice field. They plant *mochi* rice to make *rice cakes. They all take off their shoes and socks, step down into the rice field, and pull the weeds. The rice fields are full of water, and their feet get all *muddy. There are frogs all over and sometimes snakes. The mud feels cool and kind of nice for some children. They enjoy the feelings and like to do some work on rice fields.

The rice ＜A＞[① make ② is ③ they ④ in the rice fields] used [B] January to make rice cakes. Their parents and teacher also enjoy eating rice cakes together. Farming ＜C＞[① them ② food ③ gives ④ delicious] and also wonderful time.

（注） *home economics class：家庭科の授業　*weed：雑草　*harvest：収穫する
*rice field：田んぼ　*rice cake：餅　*muddy：泥だらけ

問１　本文の内容について，以下の質問に対する最も適切な答えを，選択肢①～④から１つずつ選び，番号をマークしてください。

(1) What do the school children do after harvesting the potatoes?　〔**解答番号は**37〕

① They pull the weeds in the field.
② They grow many kinds of potatoes.
③ They plant onions.
④ They take home economics class.

(2) What do the school children do in the rice field?　〔**解答番号は**38〕

① They make rice cakes.　② They plant rice for making rice cakes.
③ They get frogs and snakes.　④ They plant the weeds.

問２　＜A＞と＜C＞の語（句）を意味が通るように並べかえたとき，３番目に来る語（句）を，選択肢①～④から１つずつ選び，番号をマークしてください。

＜A＞〔**解答番号は**39〕

① make　② is　③ they　④ in the rice fields

＜C＞〔**解答番号は**40〕

① them　② food　③ gives　④ delicious

問３　［B］に入れるのに，最も適切な語を，選択肢①～④から選び，番号をマークしてください。

〔**解答番号は**41〕

① with　② for　③ in　④ to

以下の英文は，“Rice” について説明したものです。

Rice is eaten in many countries all over the world, for example, in Japan, Taiwan, and China. Rice is one of the main foods in those countries. It is usually cooked into various dishes. In some areas, such as Spain, rice is first fried in olive oil or butter, then cooked with water or soup. In other areas, such as India, rice is eaten with *spicy sauce or curry. Rice can also be used to make *alcohol, such as *Japanese sake*.

Rice is born in *ancient southern China and India around 2500 BC. Rice growing was brought to Japan in the 1st century BC, and became popular during the 2nd century and the 3rd century. From India, rice went to southern Europe and Africa.

Rice is usually planted in a *flat field filled with water. In some hot areas, farmers can do double-cropping which means raising two *crops one year.

（注）*spicy：辛い　*alcohol：アルコール　*ancient：古代の　*flat：平らな　*crop：作物

問4　本文の内容に一致するものを，選択肢①～④から１つずつ選び，番号をマークしてください。

(1)〔**解答番号は42**〕

① Rice is eaten in every country in the world.

② Rice is a main food in Japan, Taiwan and Spain.

③ In India, rice is cooked with butter.

④ Rice is used to make alcohol in Japan.

(2)〔**解答番号は43**〕

① Rice became popular in China and India around 2500 BC.

② Rice was born in Japan in the 1st century BC.

③ Farmers in some hot areas raise two crops in a year.

④ During the 2nd and 3rd century, rice went to southern Europe and Africa.

H．次の英文を読み，以下の問に答えてください。なお，本文中で＊が付いている語には，（注）があります。〔**解答番号は44，45，46，47，48，49，50，51**〕

I was born in York, England in 1632. My father was German and my mother was English. My father's name was *Kreutznaer*, but people in England started to call him *Crusoe*. My mother's family was called *Robinson*. I am called *Robinson Crusoe*.

I had two older brothers. The oldest one joined the army and was killed in battle. The *middle one disappeared and we never heard of him again. I was *well-educated and my father wanted me to study law, [　1　] I wanted to go to sea. I didn't want to stay at home and become a lawyer.

I was 18 years old when my father called me to his room. He was old and ill and he had to stay in bed. My father wanted to know why I wanted to go to sea. I could stay at home, study and live happily in my country. He told me that travelling by sea was [2]. He *warned me that I would have many troubles if I went to sea. My father also told me that I would die like my oldest brother. ＜A＞He started crying.

When I listened [3] my father's advice and warnings, I thought about his words. I slowly forgot ＜B＞my dream of going to sea. However, ＜C＞my decision to stay at home didn't continue long. I decided to talk to my mother, and tell her that I wanted to travel. I told her how much I wanted to go. I told her how much I wanted to see the world. I asked her to talk to my father. I wanted her to change my father's mind. My mother didn't agree. She also didn't want me to go abroad.

I stayed home one more year. I was always thinking about my parents and my dreams. One day in September, I was in the town of *Hull. A friend of mine was going with his father's ship to London. I was invited to go with ＜D＞him *for free. I wasn't prepared and my parents didn't know about ＜E＞this, but I got on the ship on that September day.

This is how my unhappy adventures began.

（注） *middle：真ん中の　*well-educated：きちんとした教育を受けた
*warn：～と警告する　*Hull：ハル（イギリスの都市の名前）　*for free：無料で

問１　文中の＜A＞～＜E＞について最も適切に表しているものを，選択肢①～④から１つずつ選び，番号をマークしてください。

＜A＞　**［解答番号は44］**

①主人公の父親　②主人公の一番上の兄
③主人公の二番目の兄　④ Crusoe という名の人物

＜B＞　**［解答番号は45］**

①父のアドバイスに従うこと　②航海に出ること
③法律の勉強をすること　④両親と暮らすこと

＜C＞　**［解答番号は46］**

①家にいること　②航海に出ること
③母と暮らすこと　④父の気持ちを変えること

＜D＞　**［解答番号は47］**

①主人公の父親
②主人公の一番上の兄
③ロンドンに向かうという友人
④ Hull という町に住む両親

＜E＞　**［解答番号は48］**

①主人公の父親がロンドンに向かうこと
②両親がロンドンに向かうこと
③主人公は旅の準備ができていないこと
④主人公が友人とロンドンに向かおうとしていること

問２　文中の［１］～［３］に入れるのに最も適切な語を，選択肢①～④から１つずつ選び，番号をマークしてください。

［１］〔解答番号は㊾〕

① but　② soon　③ because　④ if

［２］〔解答番号は㊿〕

① safe　② dangerous　③ happy　④ beautiful

［３］〔解答番号は51〕

① in　② with　③ to　④ on

①そのため　②そのうえ
③それぱかりか　④そうであっても
⑤それはさておき

問七　傍線部４「さる事なし」の内容として最も適当なものを、次の①～⑤の中から一つ選んで番号をマークしなさい。**解答番号は37**

①親にお金を返してはいないということ。
②亀を買うためにお金を使ってはいないということ。
③宝を買ってはこなかったということ。
④亀を逃がしたことに後悔はないということ。
⑤貰ったお金の行方は分からないということ。

問八　本文の内容と合致するものを、次の①～⑤の中から一つ選んで番号をマークしなさい。**解答番号は38**

①舟に乗っていた人が飼っていた亀は、たまたま通りがかった「子」に、首を伸ばして助けを求めた。
②舟に乗っていた人は、「子」が自分の亀に興味を示していると気づき、高く売りつけようと、売ることを渋るふりをした。
③舟に乗っていた人は、亀を殺そうとしたことへの報復で、亀に舟を転覆させられるだけでなく、金まで奪われてしまった。
④「子」は預かった金を、亀を助けるために使ってしまったと正直に話したため、そのことを「親」に許された。
⑤戻ってきた金が濡れていたのは、「子」に助けられた亀が、川に沈んだ金を「親」のもとに返しに来たためであった。

※注1　天竺――昔のインドに対する呼び名。
※注2　貫――当時の金の単位。
※注3　なにのれうぞ――何の用に使うのですか。
※注4　物にせんずる――ある事に使おうと思うのだ。
※注5　まうけたる――手に入れた・用意した
※注6　手をすりて――手をすり合わせてお願いして
※注7　やみぬれば――宝を買うことをやめてしまったので
※注8　いかに…んずらむ――どれほど…だろうか。
※注9　いかで有るべきにあらねば――帰らないわけにはいかないので
※注10　下の渡り――下流の渡し場。渡し場は渡し舟の発着点。
※注11　しかしか――これこれ。こうこう。
※注12　ゆるしつれば――逃したので

問一　二重傍線部「の」と文法的用法が異なるものを、次の①～⑤の中から一つ選んで番号をマークしなさい。**解答番号は30**

①大きなる河のはたを行くに、　②舟のかたをみやれば、
③此の五十貫の銭にて、　④親のもとへ帰り行くに、
⑤子の帰らぬさきにやりけるなり。

問二　傍線部x「おもふやう」・y「まゐり」を現代仮名遣いに直したものとして適当なものを、次の①～⑤の中からそれぞれ一つずつ選んで番号をマークしなさい。**解答番号はx＝31、y＝32**

x　①おもふやふ　②おもうやう　③おもうよう
　④おもほよう　⑤おもうやん

y　①まひり　②まいり　③もうり
　④もふり　⑤もひり

問三　波線部a～eの中で、主語が異なるものはどれですか。次の①～⑤の中から一つ選んで番号をマークしなさい。**解答番号は33**

①a　行くに　②b　みやれば　③c　はなちつ
④d　かたる　⑤e　思ふ

問四　傍線部1「その亀買はん」とありますが、「子」がそのように言ったのはなぜですか。その理由として最も適当なものを、次の①～⑤の中から一つ選んで番号をマークしなさい。**解答番号は34**

①話をしているうちに、自分も亀を飼いたくなったため。
②親に買うことを頼まれていた宝としてちょうど良いと考えたため。
③亀を殺せば、色々な物に加工することができると考えたため。
④亀を買って逃がせば、後々見返りが期待できるだろうと考えたため。
⑤亀が殺されることをかわいそうだと感じ、逃がしてやろうと考えたため。

問五　傍線部2「いみじきあたひなりとも、うるまじき」とありますが、その現代語訳として最も適当なものを、次の①～⑤の中から一つ選んで番号をマークしなさい。**解答番号は35**

①たいしたことのない額では、亀を売るつもりはない。
②どんなに高い額を提示されたとしても、亀を売るつもりはない。
③家族のように大事にしているので、亀を売るつもりはない。
④相応の額を提示さえすれば、亀を売るつもりだ。
⑤大切に育てると約束するならば、亀を売るつもりだ。

問六　傍線部3「さりとて」の意味として最も適当なものを、次の①～⑤の中から一つ選んで番号をマークしなさい。**解答番号は36**

す効果。

④老人の言いがかりに対していだいた怒りが、思い出すたびによみがえることを表す効果。

⑤るみ子さんの調律師としての仕事が、もう継続できないのではないかという絶望感を暗示する効果。

問九　るみ子さんが、老人宅のピアノを再び調律する伏線となっていることがうかがえる部分はどこですか。本文中の〰〰線部**ア**～**エ**の中から一つ選んで番号をマークしなさい。**解答番号は28**

①ア　②イ　③ウ　④エ

問十　本文中の「音」に関する表現上の特色を説明したものとして最も適当なものを、次の①～⑤の中から一つ選んで番号をマークしなさい。**解答番号は29**

①ピアノの演奏の難しさを効果的に表現するために、倒置法や漢語を用いている。

②ピアノへの深い愛情を効果的に表現するために、直喩や擬態語を用いている。

③調律師の仕事の厳しさを効果的に表現するために、繰り返しや音楽専門用語を多用している。

④ピアノにも個性があることを効果的に表現するために、擬人法を用いている。

⑤ピアノをあきらめざるをえなかった悲しみを表現するために、隠喩や気持ちを表すことばを用いている。

第三問　次の文章をよく読んで、後の問いに答えなさい。

昔、※注1天竺（てんぢく）の人、宝（たから）をかはんために、銭（ぜに）五十※注2貫（くわん）を子にもたせてやる。

大きなる河のはたをa行くに、舟にのりたる人あり。舟のかたをbみやれば、舟より亀（かめ）、くびをさし出だ（い）したり。銭もちたる人、立ちどまりて、「その亀をば、※注3なにのれうぞ」ととへば、「殺して※注4物にせんずる」と云（い）ふ。「1その亀買はん」といへば、この舟の人いはく、「いみじき大切の事ありて、※注5まうけたる亀なれば、2いみじきあたひなりとも、うるまじき」よしをいへば、猶（なほ）あながちに※注6手をすりて、此（こ）の五十貫の銭にて、亀を買ひ取りて、cはなちつ。

心にxおもふやう、親の、宝買ひに隣の国へやりつる銭を、亀にかへて※注7やみぬれば、親、※注8いかに腹立ち給はんずらむ。3さりとて又（また）、親のもとへ※注9いかで有るべきにあらねば、親のもとへ帰り行くに、道に人あひていふやう、「ここに亀売りつる人は、この※注10下（しも）の渡（わた）りにて、舟うち返して死にぬ」となんdかたるをききて、親の家に帰り行きて、銭は亀にかへつるよしかたらん、とe思ふ程に、親のいふやう、「なにとて、此の銭をば返しおこせたるぞ」ととへば、子のいふ、「4さる事なし。その銭にては、※注11しかしか亀にかへて※注12ゆるしつれば、そのよしを申さんとてyまゐりつるなり」といへば、親のいふやう、「くろき衣きたる人、おなじやうなるが五人、おのおの十貫づつ持ちてきたりつる。これ、そなり」とて、みせければ、この銭いまだぬれながらあり。

はや、買ひて放しつる亀の、その銭、川に落ち入るを見て、とりもちて、親のもとに、子の帰らぬさきにやりけるなり。（『宇治拾遺物語』による）

①ひそめ　②入れ　③吹き返し　④殺し　⑤のみ

問五　傍線部１「いつの間にかまた調整が必要となる」とありますが、それはどうしてですか。その理由として最も適当なものを、次の①～⑤の中から一つ選んで番号をマークしなさい。**解答番号は24**

①ピアノのA音を微妙にずらしておくことで、演奏家をあきらめざるをえなかった復讐をするため。
②ピアノのA音を微妙にずらしておくことで、そのピアノの本領が発揮されて、調律依頼が増えることになるから。
③いずれ調律が必要になるようにわざと仕組んで、調律依頼が継続的にくるようにするため。
④いずれ調律が必要になるようにわざと仕組んで、演奏家をあきらめざるをえなかった復讐をするため。
⑤ピアノのA音をずらしておいても、優れたピアノならば自然と音程が合うのを知っていたから。

問六　傍線部２について、老人が「居間を出たり入ったりして」いたのはどうしてですか。その理由として最も適当なものを、次の①～⑤の中から一つ選んで番号をマークしなさい。**解答番号は25**

①るみ子さんが、ピアノのA音を外していることなんかどうせわからないだろうと高をくくって、いい加減に調律していることに気づいたから。
②老人が、そもそもが落ち着きのない短気な人物であることを強調するため。
③老人にとってはとても大切なピアノなので、調律師であっても他人がピアノに触れるのが嫌だったから。
④てきぱきと調律をすすめるるみ子さんに、なにかしてあげたくて落ち着かないから。
⑤家のピアノの音を元に戻すのに、るみ子さんの調律師としての腕前が確かなものかどうか気がかりだったから。

問七　傍線部３「るみ子さんは頬を打たれたような表情になり」とありますが、それはどうしてですか。その理由として最も適当なものを、次の①～⑤の中から一つ選んで番号をマークしなさい。**解答番号は26**

①老人が急に語気を荒らげて、るみ子さんの仕事ぶりにけちをつけてきたことに怒りを感じたから。
②意図的にA音をずらして調律していることを、老人に知られたと思ったから。
③老人が、いきなり見当違いな言いがかりをつけてきたことに驚いたから。
④るみ子さんは、これまで自分は恥ずかしい仕事をしてきてしまった、と反省させられたから。
⑤老人の元来の要求どおりに調律できていなかったことに、老人のことばで気づかされたから。

問八　傍線部４「屋根をぽつぽつと叩く雨音が家じゅうに響きます。」の一文には、どのような表現効果がありますか。最も適当なものを、次の①～⑤の中から一つ選んで番号をマークしなさい。**解答番号は27**

①老人宅で調律した後の、るみ子さんの鬱屈感を表す効果。
②調律依頼が絶えないように、もっとしたたかにやろうという邪心が芽生え始めていることを表す効果。
③これまでのいい加減な仕事ぶりに、我ながら猛省していることを表

お昼過ぎ、道具箱をもって、例の邸宅をまた訪ねます。目の見えない老人は少し驚いたようでしたが、何もいわず、るみ子さんを居間へと通しました。るみ子さんはピアノの前からかがみこみ、音を合わせはじめました。他のピアノにはない響き、それぞれの音が見せる表情を、一瞬でも聞き逃すまいと息を［ f ］て。ピアノのささやきは、はじめはおずおずと、そのうち大胆に、彼女の耳に流れこんできました。

やがてるみ子さんが、最後のA音をポロンとはじくと、老人は朗らかな声で、

「ああ、うちの音だ、やっとうちのピアノの音になった！」

視力のない目に深い笑みを浮かべて、

「あなたはまったくすばらしい腕ですね。もしよろしければ、なにか一曲、聞かせていただくわけにはまいりませんか？」

るみ子さんは軽くうなずきました。そして指の足りない両手で、子ども時分に習った短い練習曲を、軽やかに奏ではじめました。

（いしい　しんじ「調律師のるみ子さん」による）

※注1　A音――音名の一つで、「ラ」の音。鍵盤中央のA音は、調律する際の基準とされる。

問一　「を」のカタカナの筆順として最も適当なものを、次の①～④から一つ選んで番号をマークしなさい。**解答番号は15**

① フ→ヲ

② 一→ニ→ヲ

③ ノ→フ→ヲ

④ 一→ナ→オ

問二　傍線部X・Yの語句の意味として適当なものを、それぞれ①～⑤の中から一つずつ選んで番号をマークしなさい。**解答番号はX＝16、Y＝17**

X　お話になりませんな

①会話が成り立たないということ。
②代金を払いたくないということ。
③うわさに踊らされたということ。
④評価するに値しないということ。
⑤説明が十分ではなかったということ。

Y　憤然として

①なげやりになっているさま。
②むっとして怒っているさま。
③無関心なさま。
④途方に暮れているさま。
⑤しょんぼりとしたさま。

問三　空欄部［ a ］～［ d ］に当てはまる身体の一部を表す語を、次からそれぞれ一つずつ選んで番号をマークしなさい。**解答番号は**［ a ］＝18、［ b ］＝19、［ c ］＝20、［ d ］＝21

①腹　②肩　③鼻　④腰　⑤腕
⑥耳　⑦口　⑧手

問四　空欄部［ e ］・［ f ］に当てはまる語を、次からそれぞれ一つずつ選んで番号をマークしなさい。**解答番号は**［ e ］＝22、［ f ］＝23

「終わりました」

と声をかけました。老人は立ち止まり、

「あなた、ご冗談でしょう?」

とこたえました。

「ぜんぜん音がちがっていますよ」

3るみ子さんは頬を打たれたような表情になり、今度は慎重に、きわめて念入りに音を合わせました。鍵盤中央のA音もです。

「これでいかがでしょうか」

「Xお話になりませんな」

老人は細い [c] をすくめていいました。

「腕のいい方と伺っていましたが、どうやらなにか [d] 違いがあったらしい。ピアノはそのままにして、どうぞお帰りください。時間分の手間賃はお支払いしますから」

「でも」

るみ子さんは真っ赤になって、

「音は全部合っていますよ」

「そういう問題じゃない」

老人は首を振って、

「これじゃあピアノがかわいそうです。あなたは本当のところ、ピアノのことが、あまりお好きではないようですね」

Y憤然として、るみ子さんは帰ります。それから何日も雨がつづきました。仕事に出てもピアノの音が、なんだかくぐもって聞こえます。首根っこが重く、食欲もない。るみ子さんは三件つづけて注文を断りました。4屋根をぽつぽつと叩く雨音が家じゅうに響きます。

薄曇りの夕方、洗濯物を取り込んでいるときドアベルが鳴りました。郵便配達が、請求書の束と小包をひとつ、るみ子さんに手渡します。小包の差出人には見覚えがない。ア包装紙を破るとなにやら香ばしい匂いが漂ってきます。添えられた手紙を開いた途端、るみ子さんは大きく息を [e] ました。

十年前のお礼から、その手紙ははじまっていました。あの転覆した電車のなかで、見ず知らずのあなたに助けていただいて、まだ小学生だった私は、ろくにお礼もいえませんでした。お怪我はだいじょうぶだったでしょうか。私のやけどはその後なんとか安定し、今年の春、調理師の免状をいただくことができました。ゆうべチョコレートケーキを焼きました。いま私ができるせめてものお礼です。スポンジのつなぎにちょっぴり工夫を凝らしてあります。これから新作ができるたびお届けしようと思います。もしご迷惑ならば二度とお送りはしません。ほんとうに、ほんとうにありがとうございました。

るみ子さんは手紙をとじ、イケーキを冷蔵庫にしまいました。元来、甘いものが好きではないのです。夜中になっても寝付けず、るみ子さんはステレオの前に座り、古いレコードをとりだしました。学生のころよく聞いたピアノソナタ。一枚が終わると、また別のレコードをかけました。ひさしぶりに聞くその音は、以前と同じく、きらきらと光を振りまくように聞こえました。それでいて、ウどの演奏のピアノも、すべて、それぞれがちがう輝きを放っているのでした。三枚目をかける前、るみ子さんは冷蔵庫をあけ、エチョコレートケーキをつまみました。四枚目、五枚目とかけているうち、窓から朝日が覗きました。皿のケーキは半分以上なくなっていました。

と言っているのですか。その説明として最も適当なものを、次の①～⑤の中から一つ選んで番号をマークしなさい。**解答番号は13**

①実際には因果関係があるとしか言えないのに、相関関係があるかのように分析しているから。

②実際には相関関係があるとしか言えないのに、因果関係があるかのように分析しているから。

③実際には相関関係と因果関係があるものなのに、相関関係のことしか分析していないから。

④実際には相関関係と因果関係があるものなのに、因果関係のことしか分析していないから。

⑤実際には相関関係も因果関係もないものなのに、因果関係があるかのように分析しているから。

問六　筆者の主張として最も適当なものを、次の①～⑤の中から一つ選んで番号をマークしなさい。**解答番号は14**

①世の中は実験室のように単純ではないため、因果関係が主張されているデータは本当は全て相関関係であると考える必要がある。

②データから因果関係を読み解くことは不可能であるため、ニュースや新聞の論調は疑ってかかる必要がある。

③因果関係と相関関係を混同させて論じるニュースや新聞は信じられないため、自分で情報を収集し、判断する必要がある。

④因果関係も相関関係もデータから導くことは困難なため、様々な可能性を考慮し結論づけていくことが必要である。

⑤因果関係があると結論づけられているデータや論調は疑問が残るため、立ち止まってよく考えてみることが必要である。

第二問　次の文章をよく読んで、後の問いに答えなさい。

三十八歳になる調律師のるみ子さんは、依頼されたピアノのチューニングを、いつも一音、わずかだけ外しておきます。

鍵盤中央の※注1A音。客にはまったく聞き分けられないほどほんのわずか。仕事が終わると、まあ、まるで新品にでもなったみたい、客は晴れやかな笑みで、るみ子さんの手を取ろうとする。そしてはっとします。手袋をはずしたるみ子さんの右手には、ひとさし指となか指がありません。るみ子さんは［ a ］をかがめ、時計の針のようなお辞儀をすると、道具かばんを提げて玄関を出て行きます。

事故に遭う前から、るみ子さんの耳は評判だった。音楽大学の発表会で、ピアノ曲の演奏途中、突然曲をやめ、黙々と調律をはじめたことがあります。十年前に手指を失い、調律師の職に就きました。ピアノを置く家は、以前とくらべ少なくはなりましたが、仕事の注文が途絶えることはありませんでした。穏やかそうな容貌とたしかな耳、そして、「1いつの間にかまた調整が必要となる」ピアノのチューニングのおかげだったといえます。

とある週末、紹介をうけて、街はずれの邸宅を訪ねました。まるで公園のようにえんえんと塀がつづき、やっとたどりついた玄関には、白髪の小柄な老人がひとり、黙りこくって立っていました。［ b ］を結んだまま廊下を進み、じゅうたん敷きの居間に入ると、年季のはいったグランドピアノを指さします。るみ子さんはひとつうなずくと音叉（おんさ）を出し、調律をはじめました。老人は杖（つえ）を突き、2居間を出たり入ったりしています。どうやら目がほとんど見えないようです。

三十分ほど経ったでしょうか、るみ子さんは老人を振り向き、

太郎　「電力価格は、２０１２年は２００８年に比べて［ i ］いるね。」

さくら「そうね。それに対して電力消費量は２０１２年が２００８年に比べて［ ii ］と言えるわね。」

太郎　「それじゃあ、このグラフから電力価格を上げると節電意識が高まると言うことがわかったね。」

さくら「でもそれは違うと思うのよ。」

太郎　「なんで？」

さくら「たとえば、２０１２年の夏は比較的涼しかったから、［ iii ］可能性もあると思うの。」

太郎　「なるほど。そういえば、２０１１年には東日本大震災があったから、［ iv ］という可能性もあるわけだね。」

さくら「だからこのグラフからは、電力価格の変化が電力消費の変化をもたらすという［ v ］は分からないと思うわ。」

［ i ］の選択肢

①５円上昇して　②５円下降して

③25円上昇して　④25円下降して

［ ii ］の選択肢

①15ｋＷｈ下降した　②15ｋＷｈ上昇した

③５ｋＷｈ下降した　④５ｋＷｈ上昇した

［ iii ］の選択肢

①自動車の利用が増えた　②自動車の利用が減った

③エアコンの利用が増えた　④エアコンの利用が減った

［ iv ］の選択肢

①節電意識が高まった　②節電意識が低くなった

③電気が利用できなかった　④電気を利用しやすくなった

［ v ］の選択肢

①相関関係　②主述関係　③利害関係　④因果関係

問四　傍線部**Ｃ**「ＶがＸとＹの両方に影響を及ぼしただけ、という可能性があるのです。」とありますが、これをアイスクリームと広告の例に当てはめたときの説明として最も適当なものを、次の①〜⑤の中から一つ選んで番号をマークしなさい。**解答番号は 12**

①気温が上昇したことにより、企業は広告を出す余裕が生まれるとともに、家庭はアイスクリームを買う余裕が生まれたと考えることができる。

②気温が上昇したことにより、企業は広告を出す理由が生まれ、その結果家庭がアイスクリームを買うようになったと考えることができる。

③気温が上昇したことにより、家庭はアイスクリームを買う理由が生まれ、その結果企業が広告を出すようになったと考えることができる。

④経済状況が良くなったことにより、企業は広告を出す余裕が生まれるとともに、家庭はアイスクリームを買う余裕が生まれたと考えることができる。

⑤経済状況が良くなったことにより、企業は広告を出す理由が生まれ、その結果家庭がアイスクリームを買うようになったと考えることができる。

問五　傍線部**Ｄ**「怪しい分析結果」とありますが、筆者はなぜ「怪しい」

a　ケン討
①ケンアクな雰囲気になる　②シンケンに取り組む
③ケンコウな生活習慣　④血液ケンサをする
⑤ケンチク中の家

b　金ユウ
①ユウうつな気分になる　②部活にカンユウする
③返済をユウヨしてもらう　④シユウを決する
⑤氷がユウカイする

c　排ジョ
①車でジョコウする　②対象からジョガイする
③まだまだジョバンだ　④物資をエンジョする
⑤ありのままにジョジュツする

d　シ向
①タメしにやってみる　②策をホドコす
③ワタシの名前　④医者をココロザす
⑤将棋をサす

e　抜スイ
①イキなはからい　②目的をトげる
③車にヨう　④気持ちをオし量る
⑤からだがオトロえる

問二　傍線部A「なぜあなたの結論が間違っている可能性があるのか考えてみてください。」とありますが、筆者はなぜ結論が間違っている可能性があると考えているのですか。その説明として最も適当なものを、次の①～⑤の中から一つ選んで番号をマークしなさい。**解答番号は 6**

①この図からだけでは40％売り上げが上がったとは言えないから。
②売り上げが40％上がったのが広告の影響だけとは言えないから。
③データそのものに誤りがある可能性が高いと言えるから。
④２００９年の夏は冷夏であったと言えるから。
⑤売り上げが40％上がったのは経済の影響としか考えられないから。

問三　筆者は空欄 B で、電力価格と電力消費量に関するグラフを用いて説明をしています。

次の会話は、グラフから考えられることを、筆者の主張に即して太郎君とさくらさんが話し合っているものです。本文とグラフを参考に、空欄部 i ～ v に当てはまる最も適当なものを、各群の①～④からそれぞれ一つずつ選んで、番号をマークしなさい。**解答番号は**

i＝7、ii＝8、iii＝9、iv＝10、v＝11

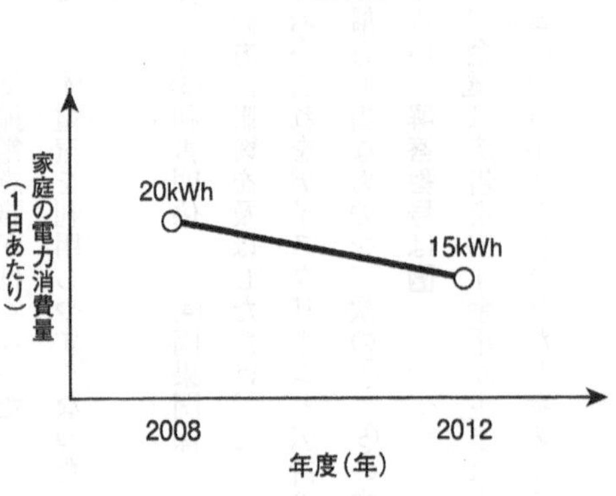

れた。よって、子供を産みたい女性がマンションの高層階に住むのは危険である」

↓マンションの高層階に住む女性と低層階に住む女性では、所得・年齢・職業など様々な別の要因が違う可能性があり、高層階に住むことが本当の要因なのかは明らかではない。

「電力市場の自由化改革を行った国の電力価格は、行っていない国の価格よりも高い。よって、電力市場自由化改革を行うと電力価格が上がってしまう」

↓電力市場の自由化改革を行った国とそれ以外の国では様々な要素が異なるので、自由化改革自体が価格に影響したのかは明らかではない。また、そもそも価格が高い国ほど自由化改革に取り組んだ、という逆の因果関係もあり得る。

　このような論調は、一見すると素通りして因果関係と捉えてしまいがちです。しかし、一歩立ち止まってよく考えてみると、「XがYに影響したと結論づけているけれども、他の要因Vも影響している可能性があるのでは？」「もしかしたらYがXへ影響している可能性もあるのでは？」という疑問が出てきます。しかし残念ながら、新聞やテレビで主張されていることの多くは、相関関係を誤って解釈して因果関係のごとく示されているものなのです。

（伊藤　公一朗『データ分析の力　因果関係に迫る思考法』による）

図表1

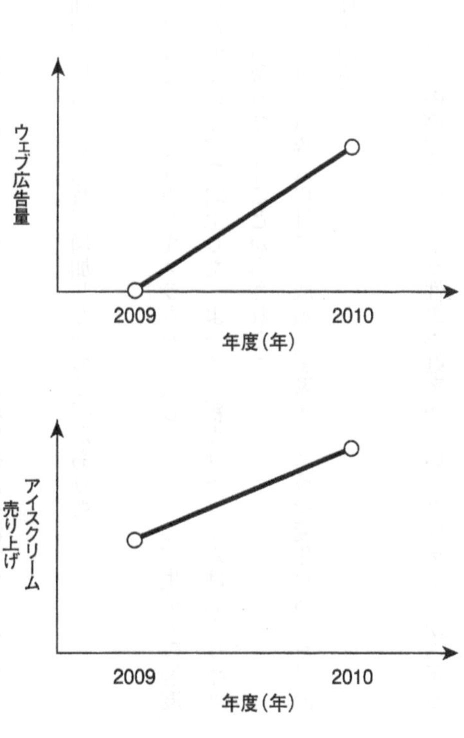

※注1　3つの例――筆者はアイスクリーム、電力に加えて、「海外留学をすると就職率が向上する」という新聞記事を紹介しています。留学経験者のAさんと未経験者のBさんを比較し、留学以外にも財力や成績などの違いがあることから、留学以外の要因が就職率に影響している可能性もあると述べています。

※注2　相関関係――筆者は、「統計学上、2つのデータの動きに関係性があること」と定義しています。

問一　傍線部a～eのカタカナの部分と同じ漢字が使われているものを、次の各群の①～⑤の中からそれぞれ一つずつ選んで、番号をマークしなさい。**解答番号は、**a＝**1**、b＝**2**、c＝**3**、d＝**4**、e＝**5**

一番の理由は、「Yが変化したのはX以外の他の要因の影響だったのでは？」という問題をc排ジョできないことです。

データ分析者は、XがYに影響した、と主張したわけです。ところが、通常、世の中は実験室のように単純ではありません。Xを発生させたと同時期に、色々なこと（XやYではない要素をVと呼ぶことにしましょう）が起こり得ます。

広告の例の場合、広告というXを発生させたと同時に、気温の上昇や経済状況の変化といったVが発生している可能性があります。留学政策の例の場合、留学をしたというXと同時に、留学前からの成績、親の財力、国際的dシ向といったVがYに影響している可能性があるのです。

その場合、図表1にあるように、XとYのデータが同時に動いているように見える場合でも、XがYに直接影響を与えたのではなく、C VがXとYの両方に影響を及ぼしただけ、という可能性があるのです。

さらに、場合によっては、実は「YがXに影響を与えたのではないか」という「逆の因果関係（reverse causality）」の可能性を否定できないこともあります。

アイスクリームの例では、

「2010年の初期に猛暑の影響でアイスクリームの売り上げが伸びたので、会社としてはその売上金を使ってウェブ広告を始めてみた」

という可能性もあります。この場合、X→Yという因果関係ではなく、Y→Xという因果関係が存在しているわけです。

（中略）

こうやって説明されてみると、データ分析から因果関係を導くことの難しさは直感的に理解できると思います。ところが、ニュースや新聞を見てみると※注2相関関係と因果関係を混同させたD怪しい分析結果は世の中に溢（あふ）れています。さらに問題なのは、怪しい分析結果に基づく単なる相関関係が「あたかも因果関係のように」主張され、気をつけないと読者も頭の中で因果関係だと理解してしまっていることが多いという点です。

以下の例は、実際に著者が見かけたことのある新聞記事のe抜スイです。

「ある企業では社長が代わった次の年に株価が上昇した。これは新社長の改革の成果である」

→社長が代わった以外にも株価が上昇した他の要因があり得る。

「政府が数億円かけて実施した補助金政策によって、補助金交付後、各地域で消費が増加した。これは、補助金が地域経済を活性化した証である」

→補助金以外にも消費が増加した他の要因があり得る。

「ある学校では新たなカリキュラムを導入した。すると、生徒の理解度と成績が前年に比べて向上した。よって、新カリキュラムは旧カリキュラムよりも優れていることが示された」

→カリキュラム導入以外にも成績へ影響するような変化があった可能性がある。

「マンションの高層階に住む女性の不妊率が高いことがデータから示さ

【国　語】（五〇分）〈満点：一〇〇点〉

第一問　次の文章をよく読んで、後の問いに答えなさい。（設問の都合上、一部文章を省略した箇所があります。）

あなたはアイスクリームを売る企業のマーケティング部に所属しています。現在社内では、ウェブサイト上で広告を表示することによって今年夏のアイスクリームの売り上げを伸ばすことができないか、ということが<u>ａケン討</u>されています。あなたは上司から、広告を出すと売り上げがどれだけ伸びるのかデータ分析をしてほしいと頼まれました。

過去のデータを見てみると、次のことがわかりました。

２０１０年にあなたの会社では、あるアイスクリーム商品についてのウェブ広告を出しました。すると、広告を出さなかった２００９年と比較して、２０１０年の売り上げは40％上がっていました。そのデータの動きをグラフにしたのが図表1です。この図では、広告を出した影響で売り上げが伸びたように見えます。そのため、あなたは上司に対し以下のような報告をしました。

「この図を見ていただくとわかるように、広告を出した影響により２０１０年の売り上げは２００９年に比べて40％上がった、ということが分析からわかりました」

さてここで、<u>Ａなぜあなたの結論が間違っている可能性があるのか考</u>えてみてください。どんな可能性が考えられますか？

ここでの問題は、

「広告を出した　→　広告の影響で売り上げが40％伸びた」

という広告から売り上げへの因果関係（英語ではcausal relationship、もしくはcausalityと呼びます）が、あなたのデータ分析結果から導けるかどうかです。

例えば、２０１０年の夏が２００９年の夏よりも猛暑だった場合はどうでしょうか？

実際に日本では２００９年は比較的冷夏で、２０１０年は猛暑でした。その場合、40％の売り上げ増というのは、広告の影響ではなく、単に気温が高くなったために消費者がアイスクリームを求めたから、という可能性はないでしょうか？

他にも様々な理由が考えられます。

例えば、日本では２００８年の世界<u>ｂ金ユウ</u>危機以降、消費が冷え込みましたが、２０１０年あたりから少しずつ消費が上向きになりました。その場合、40％の売り上げ増は広告の効果ではなく、単に経済が全体的に良くなって消費者がお財布の紐を緩め始めたからだった、という可能性はないでしょうか？

B

ここまでの※注1　3つの例で共通しているのは、「ある要素（X）が結果（Y）に影響を与えた」というX→Yの因果関係が主張されている点です。最初の例では広告（X）がアイスクリームの売り上げ（Y）に影響した因果関係を主張しており、最後の例では留学経験（X）が就職（Y）へ影響した因果関係の主張でした。

ここで「XがYに影響を与えた」という因果関係を示すことが難しい

MEMO

大切なことはメモしておこうネ！

進学

2019年度

解 答 と 解 説

《2019年度の配点は解答欄に掲載してあります。》

<数学解答>《学校からの正答の発表はありません。》

1 (1) ア 8 (2) イ 4 ウ 8 (3) エ 6 (4) オ 6 (5) カ 3
キ 2 ク 1 ケ 2 (6) コ 8 サ 3 (7) シ 1 ス 2
(8) セ 3 (9) ソ 2 タ 0 (10) チ 5 ツ 4

2 (1) テ 1 ト 0 ナ 0 ニ 1 ヌ 0 (2) ネ 1 ノ 1 ハ 1
ヒ 0 フ 0 ヘ 1 ホ 0 マ 1 ミ 0 ム 0 メ 1 モ 0
ラ 9 リ 0 (3) ル 5 レ 4 ロ 2

3 (1) あ 8 (2) い 2 う 4 (3) え 6 お 3 か 6 き 6
く 3 け 6

4 (1) こ 1 さ 5 (2) し 7 す 5 せ 0 (3) そ 2 た 2
ち 5

5 (1) つ 1 て 2 (2) と 3 (3) な 2 (4) に 1 ぬ 2

○推定配点○

1 各4点×10 2 (1) 2点 (2) 3点 (3) 5点 3~5 各5点×10
計100点

<数学解説>

基本 1 (正負の数，式の計算，数の性質，二次方程式，比例，平面図形，空間図形)

(1) $5-\frac{1}{2}\times(-6)=5+3=8$

(2) $7(a+b)-(3a-b)=7a+7b-3a+b=4a+8b$

(3) -5, -4, -3, 3, 4, 5の6個。

(4) $54=2\times3^3$より，求める自然数は$2\times3=6$

(5) $x^2-3x-3=0$ 解の公式を用いて，$x=\frac{-(-3)\pm\sqrt{(-3)^2-4\times1\times(-3)}}{2\times1}=\frac{3\pm\sqrt{21}}{2}$

(6) $y=ax$に$x=3$, $y=-4$を代入して，$-4=3a$ $a=-\frac{4}{3}$ よって，$y=-\frac{4}{3}x$に$x=-2$を代入して，$y=-\frac{4}{3}\times(-2)=\frac{8}{3}$

(7) $\pi\times6^2\times\frac{120}{360}=12\pi(\mathrm{cm}^2)$

(8) 球の半径をrとすると，$4\pi r^2=36\pi$ $r^2=9$ $r>0$より，$r=3(\mathrm{cm})$

(9) 60°の角の頂点を通り直線ℓに平行な直線をひくと，平行線の錯角は等しいから，$\angle x+40°=60°$ $\angle x=60°-40°=20°$

(10) $\pi\times3^2\times6=54\pi(\mathrm{cm}^3)$

2 (方程式の利用)

基本 (1) $\mathrm{N}=100x+10y+2$

基本 (2) $x+y+2=11$…① $100x+10y+2=100y+10x+2+90$…②

(3) ①より, $x+y=9$…③ ②より, $x-y=1$…④ ③+④より, $2x=10$ $x=5$ これを③に代入して, $y=4$ よって, N=542

③ **(図形と関数・グラフの融合問題)**

基本 (1) B(4, 16)は$y=2x+a$上の点であるから, $16=2\times4+a$ $a=8$

基本 (2) $y=x^2$と$y=2x+8$からyを消去して, $x^2=2x+8$ $x^2-2x-8=0$ $(x-4)(x+2)=0$ $x=4,\ -2$ よって, A(−2, 4)

(3) $y=2x+8$に$y=0$を代入して, $x=-4$ よって, C(−4, 0)より, $\triangle OAC=\frac{1}{2}\times4\times4=8$ したがって, $\triangle ODE=3\triangle OAC=3\times8=24$ D(0, 8)より, OD=8 よって, 点Eからy軸にひいた垂線の長さをhとすると, $\frac{1}{2}\times8\times h=24$ $h=6$ したがって, 点Eのx座標は±6となるから, E(−6, 36)または(6, 36)

④ **(確率)**

基本 (1) 5の倍数のカードは, 50÷5=10より, 10枚あるから, 求める確率は, $\frac{10}{50}=\frac{1}{5}$

(2) 5と3の最小公倍数は15で, 15の倍数は, 50÷15=3あまり5より, 3枚あるから, 求める確率は$\frac{10-3}{50}=\frac{7}{50}$

(3) 100の正の約数は1, 2, 4, 5, 10, 20, 25, 50, 100で, このうち, 2桁の数は4枚あるから, 求める確率は$\frac{4}{50}=\frac{2}{25}$

⑤ **(平面図形の計量)**

基本 (1) ABは直径だから, ∠ACB=90° △ABCに三平方の定理を用いて, $BC=\sqrt{20^2-16^2}=12$ (cm)

基本 (2) △EOBと△CABにおいて, ∠OEB=∠ACB=90° AC//OEより, 平行線の同位角は等しいから, ∠BOE=∠BAC 2組の角がそれぞれ等しいから, △EOB∽△CAB よって, ③

(3) △EOB∽△CABより, OE:AC=BO:BA=2:1 よって, $OE=\frac{1}{2}AC=\frac{1}{2}\times16=8$ OD=OB=20÷2=10 したがって, ED=10−8=2(cm)

基本 (4) $\triangle BCD=\frac{1}{2}\times BC\times ED=\frac{1}{2}\times12\times2=12$(cm^2)

★ワンポイントアドバイス★

あらゆる分野から標準レベルの問題が出題されている。基礎を固めて, 弱点分野をなくしておきたい。

<英語解答>《学校からの正答の発表はありません。》

A 1 ③ 2 ① 3 ④ 4 ① 5 ② 6 ④ 7 ① 8 ② 9 ① 10 ④

B 11 ④ 12 ② 13 ④ 14 ① 15 ①

C 16 ④ 17 ③ 18 ② 19 ① 20 ① 21 ④

D 22 ① 23 ③ 24 ② 25 ④ 26 ③

E　27 ⑤　28 ⑥　29 ②　30 ③　31 ①　32 ④
F　33 ①　34 ④　35 ①　36 ④
G　37 ③　38 ②　39 ④　40 ④　41 ③　42 ④　43 ③
H　44 ①　45 ②　46 ①　47 ③　48 ④　49 ①　50 ②　51 ③

○推定配点○
A　各1点×10　H　各3点×8　他　各2点×33　計100点

＜英語解説＞

基本 **A** (語句選択補充問題：助動詞，不定詞，接続詞，付加疑問文，分詞，受動態)

1 「手伝いましょうか？／はい，お願いします」 Shall I ～? は「(自分が)～しましょうか」と申し出る言い方。申し出を受けるときは Yes, please. などと言う。Shall we ～? とすると「(一緒に)～しましょうか」と相手に提案する言い方になる。

2 「あなたは昨晩何時に夕食を食べましたか？」 一般動詞過去の疑問文。<did +主語+動詞の原形>の語順になる。

3 「彼女はその知らせを聞いて驚きました」 空所の後に動詞の原形があるので，不定詞<to +動詞の原形>にする。この場合は「～して」の意味で，感情の原因・理由を表す副詞的用法。

4 「天気が良いからハイキングに行きましょう」 文の後半が理由を表している。

5 「あなたは昨日このカメラを買ったのですね？」 一般動詞過去の文の付加疑問文。文全体が肯定文なので，<didn't +主語(代名詞)>を文末につける。

6 「音楽室でピアノを弾いているあの少女はだれですか？」 that girl を「ピアノを弾いている」という意味で後ろから修飾するように現在分詞 playing を入れると文が成り立つ。

7 「この絵は高すぎて買えません」 <too ～ to +動詞の原形>で「～すぎて…できない，…するには～すぎる」という意味を表す。

8 「これは美しい塔ですね！　いつ建てられたのですか？」 空所の後の it(= tower) を主語とする受動態<be動詞+過去分詞>の文にする。built は build「建てる」の過去分詞。

9 「私はあなたに私の夢についてお話しするつもりです」 空所の直後の<to +動詞の原形>につながる形は am going しかない。<be going to +動詞の原形>で「～するつもりだ，～する予定だ」という意味を表す。

10 「昨日のサッカーの試合はどうでしたか？／負けました」 相手が試合の結果を答えているので，様子や状態を尋ねる how を用いる。

B (語句選択補充問題：語彙)

1 「木曜日は水曜日の次に来ます」 ①「日曜日」，②「火曜日」，③「月曜日」

2 「多くの人々が奈良を訪れます。外国からの旅行者がいます」 ①「最後の」，③「誇りに思っている」，④「短い」

3 「シャツを脱ぎなさい，トム。それはとても汚いです」 ①「親切な」，②「太っている」，③「快活な」

4 「着物は日本の文化の一部です」 ②「地平線，水平線」，③「自然」，④「天気」

5 「トシキはすでに宿題をやり終えてしまいました」 ②「決心する」の過去形・過去分詞，③「分ける」の過去形・過去分詞，④「生産する」の過去形・過去分詞

C (語句整序問題：動名詞，前置詞，関係代名詞，現在完了，不定詞，比較)

1 How about playing tennis (with me, Koji?) How about ～? は「～はどうです

か」という意味。後に～ing形(動名詞)を置くと,「～することはどうですか, ～しませんか」となって,相手を誘う表現になる。

2 (Mozart is one) of the most famous musicians. 「～の中の1人[つ]」は< one of ＋名詞の複数形>で表す。

3 (This is) the watch I've wanted for (a long time.) 「これは私が長い間欲しかった時計です」と考える。the watch と I've の間に関係代名詞が省略されている。

4 (I) have never visited this city (before.) 経験を表す現在完了を使って,「私はこの町を訪問したことがありません」という文で表す。

5 (It is) dangerous for a young child to stay (home alone.) < It is ~ for + 人+ to+動詞の原形>「…することは(人)にとって～だ」の構文。

6 Our school has as many students (as yours.) 「(場所に)～がいる[ある]」は場所を表す語句を主語, have を動詞にして表すことができる。「同じくらいたくさんの～」は as ～ as …「…と同じくらい～」の「～」に< many ＋名詞>を置いて表す。

D (会話文問題:語句選択補充,文選択補充)

1 「トム:いろいろありがとう。/ケン:さようなら。きみがいなくなってさみしいよ」 友人との別れの場面での会話。miss は「～がいなくてさみしい」とう意味。

2 「ベス:あなたは何をしているのですか?/ケン:皿を洗っているんです。手伝ってください」 lend ~ a hand で「～に手を貸す, ～を手伝う」という意味を表す。

3 「ジョン:今日は何曜日ですか?/ユミ:今日は金曜日です」 What day is it? は曜日を尋ねる表現。What day of the month is it? とすると日付を尋ねる表現になる。①「5時半です」,③「8月8日です」,④「およそ30分です」

4 「マイク:これがぼくの家だよ。/ケン:ああ,すてきだね。/マイク:ありがとう,コーヒーでもどう?」 自分の家をほめられたので,Thank you.「ありがとう」とお礼を言うのが自然。①「あなたはどれくらいの間ここに住んでいるのですか?」,②「どういたしまして」,③「ご自分でどうぞ」

5 「トム:あなたは外国に行ったことがありますか?/ケン:はい,前に合衆国へ行ったことがあります。そこに住む人たちと話をして楽しみました。/トム:ああ,楽しく過ごしたのですね。/ケン:はい,英語を話してとてもうれしかったです」 合衆国で会話を楽しんだことについて,「楽しく過ごしたのですね」と言われたのに対する応答。ケンは話をして楽しんだのだから,そのことを別の表現で表した③が適切。①「私はとても疲れました」,②「私は英語を話せません」,④「私はその国について本を読みませんでした」

重要 E (会話文問題:文選択補充)

(全訳) タクヤ:ユミ,すてきな本を持っているね! 27どんな種類の本なの?

ユミ :これは英語の笑い話の本よ。おじさんからのプレゼントなの。

タクヤ:ああ,本当! 28彼はそれを日本で買ったの?

ユミ :いいえ,カナダで買ったのよ。29彼は先月仕事でそこへ行ったの。

タクヤ:なるほど。その本はおもしろい?

ユミ :ええ,おもしろいわ,英語の勉強のために読んでいるの。

タクヤ:30それはいい考えだね。

ユミ :それを読みたい?

タクヤ:31もちろん,読みたいよ。ぼくは英語に興味があるんだ。

ユミ :32私もよ。一緒に英語を勉強しましょう。

全訳を参照。 27 ユミが本の内容を答えているので，⑤が適切。 28 ユミがタクヤの発言を否定して「カナダで買った」と言っているので，⑥が適切。 29 おじがカナダへ行った事情を入れると会話がつながる。 30 直前のユミの発言に対する意見として③を入れると会話がつながる。 31 「それを読みたい？」という問いに対する答えが入る。①の yes はYes, I want to read it. ということ。 32 直前のタクヤの「ぼくは英語に興味があるんだ」という発言に同意を表す④を入れると会話がつながる。

F (長文読解・説明文：英問英答，英文和訳)

(全訳) 私たちの国の自然を楽しむのにいちばん良い季節は初夏から始まります。ハイキング，ウォーキング，そして他の活動に申し分のない場所を紹介しましょう。

ミンナは，3つの湖の間に広大な公園があり，その大きな山で有名です。森や湖の周りでハイキングを楽しむことができます。そこではたくさんの魚を捕まえることができます。キャンプや乗馬など，楽しめる活動もたくさんあります。そこには大きな駅があって，電車やバスでこの場所に行くことができます。

ウンダは世界遺産の神社や寺で有名です。それらは500年前に建てられました。そこではきれいな花をたくさん見ることができます。それらの花はそこでしか見られません。ですから，多くの観光客や研究者が世界中からこの場所を訪れに来ます。この場所は最寄りの駅から遠く，訪れるには車を使わなければなりません。

ダチャもまた，私たちの国で訪れるべき夏のリゾート地です。暑い夏でも，そこは他の場所よりも涼しいです。そこでは豊かな自然の美しい眺めを見ることができます。良質の温泉もあり，くつろぐことができます。地元の野菜で作られたおいしい料理がたくさんあります。この場所へは車か電車で行くことができます。

夏にはこれらの場所への旅を楽しんでください。さらに情報が欲しければ，XXXX−YY−ZZZZまでお電話ください。

問1 (1) 質問は「どこで釣りを楽しむことができますか」という意味。第2段落第3文に「たくさんの魚を捕まえることができます」とあるので，釣りを楽しめるのはミンナである。①「ミンナで釣りを楽しむことができます」が正解。 (2) 質問は「なぜ多くの観光客や研究者が世界中からウンダに来るのですか」という意味。第3段落第4，5文を参照。ウンダに世界中から人が集まる理由は，第5文の So の前に書かれている「それらの花はそこでしか見られない」ことである。したがって，④「ウンダでしか見られない花があるから」が正解。①は「世界遺産の神社や寺で有名だから」，②は「最寄りの駅から遠いから」，③は「世界で最高の夏のリゾート地だから」という意味。 (3) 質問は，「乗馬を楽しみたければ，どの場所を訪れるべきですか」という意味。乗馬については第2段落最後から2文目に書かれているので，ミンナが正解。

問2 There is[are] ~.「~がある」の構文。made は過去分詞で，made ~ vegetables がdishes を後ろから修飾している。made of ~ は「(材料)で作られている」という意味。

やや難 G (長文読解・物語文：英問英答，語句整序，語句選択補充，内容吟味)

(全訳) 学校の近くにある学校農場で，子どもたちが季節ごとに様々な花や野菜を植えています。

1，2年生は家庭科の授業でその農場に出かけます。彼らは畑の雑草を引き抜くことから始めます。夏の間，彼らは多くの種類のさつまいもを栽培します。さつまいもは11月に収穫され，子どもたちはその後でタマネギを植えます。

次に，子どもたちは田んぼに行きます。彼らは餅を作るためにもち米を植えます。彼らは全員，くつとくつ下を脱いで，田んぼに降り，雑草を引き抜きます。田んぼは水がいっぱいで，彼らの足は泥だらけになります。あらゆるところにカエルがいますが，ときにはヘビも出ます。泥は冷たく，子どもによっては少し気持ちよく感じることもあります。彼らはその感覚を楽しみ，田んぼで何か仕事をすることが好きです。

彼らが田んぼで作る米は餅を作るために1月に使われます。彼らの親と先生も，一緒に餅を食べて楽しみます。農業は彼らにおいしい食べ物と，またすばらしい時を与えてくれます。

問1 (1) 質問は，「学校の子どもたちはイモを収穫した後に何をしますか」という意味。第2段落最終文から，イモの収穫の後ですることはタマネギを植えることである。したがって，③「彼らはイモを植える」が正解。①は「彼らは畑の雑草を引き抜く」，②は「彼らはたくさんの種類のイモを栽培する」，④は「彼らは家庭科の授業を受ける」という意味。 (2) 質問は，「学校の子どもたちは田んぼで何をしますか」という意味。第3段落第2文から，②「彼らは餅を作るために米を植える」が正解。①は「彼らは餅を作る」，③は「彼らはカエルやヘビを捕まえる」，④は「彼らは雑草を植える」という意味。

問2 <A> (The rice) they make <u>in the rice fields</u> is (used ….) they make の前に関係代名詞が省略されていて，they make in the rice fields が主語 The rice を修飾している。文の動詞は is。 <B> (Farming) gives them delicious food (and also wonderful time.) < give ＋人＋もの>「(人)に(もの)を与える」の構文。

問3 ここでは「1月に使われる」という意味にすると文意が通る。「(～月)に」は in で表す。

(全訳) 米は，例えば日本，台湾，中国など，世界じゅうの多くの国々で食べられています。それらの国では米は主食の1つです。それは普通，様々な食べ物に料理されます。スペインなど，地域によっては，米は最初にオリーブオイルやバターで炒めて，それから水やスープとともに料理されます。インドのように，またある地域では，米は辛いソースやカレーとともに食べられます。米はまた，日本酒のようにアルコールを作るためにも使われます。

米は紀元前2,500年ころに古代の中国南部とインドで生まれました。米の栽培は紀元前1世紀に日本にもたらされて，2，3世紀の間に広まりました。米はインドから南ヨーロッパとアフリカに広まりました。

米は普通，水を入れた平らな畑に植えられます。暑い地域では，農民は年に2回作物を育てることを意味する二毛作をすることができます。

問4 (1) ①「米は世界のすべての国で食べられる」(×) 第1段落第1文に，「米は，例えば日本，台湾，中国など，世界じゅうの多くの国々で食べられています」とあるが，すべての国で食べられているとは書かれていない。 ②「米は日本，台湾，スペインでは主食である」(×) 第1段落第2文に「それらの国では米は主食の1つです」とあり，「それらの国」とは前文の「日本，台湾，中国」を指す。第4文にスペインでの米の調理法が書かれているが，スペインで米が主食かどうかについては書かれていない。 ③「インドでは，米はバターとともに料理される」(×) 第1段落第5文に「インドのように，またある地域では，米は辛いソースやカレーとともに食べられます」とある。バターで米を料理するのはスペインなどの国である。 ④「日本では，米はアルコールを作るために使われる」(○) 第1段落最終文の内容に合う。 (2) ①「米は紀元前2,500年ころに中国とインドで広まった」(×) 第2段落第1文を参照。紀元前2,500年ころは，中国とインドで米が初めて栽培され始めた時期。 ②「米は紀元前1世紀に日本で初めて生まれた」(×) 米が生まれたのは中国とインド。第2段落第2文から，紀元前1世紀は日本に米がもたらされた時期。 ③「暑い地域の農民は1年に2回作物を育てる」(○) 最終段落最終文の内容に合う。 ④「2，3世紀の間に，米は南ヨーロッパとアフリカに伝わった」(×) 第2段落第2文を参照。2，3世紀の間は米が日本で広まった時期。

H (長文読解・説明文:指示語，語句選択補充，文選択補充，語句解釈，語句整序，脱文補充)

(全訳) 私は1632年にイギリスのヨークで生まれた。私の父はドイツ人で母はイギリス人だった。父の名前はクルツナルだったが，イギリスの人々は彼をクルーソーと呼ぶようになった。母の家族はロビンソンと呼ばれていた。私はロビンソン・クルーソーと呼ばれている。

私には兄が2人いた。一番上の兄は軍隊に入って戦闘で死んだ。真ん中の兄は姿を消して，彼のことは二度と聞いたことがなかった。私はきちんとした教育を受け，父は私に法律を勉強してほしいと思っていたが，私は海に出たかった。私は家にいて弁護士になることを望まなかった。

父が私を部屋に呼んだとき，私は18歳だった。彼は年をとっていて病気で，寝ていなくてはならなかった。父は，私がなぜ海へ出たいのかを知りたがった。私は家にいて，勉強して自分の国で幸せに暮らすこともできた。彼は私に，航海は危険だと言った。彼は私に，もし海へ行けば多くの問題を抱えることになるだろうと警告した。父はまた，私は一番上の兄のように死ぬだろうと言った。彼は泣き出した。

父の助言と警告を聞いたとき，私は彼の言葉について考えた。私は少しずつ海へ出るという自分の夢を忘れた。しかし，家にいようという私の決心は長くは続かなかった。私は母と話すことにして，彼女に旅に出たいと伝えた。私は彼女に自分がどれほど行きたいと思っているかを伝えた。私は彼女に，自分がどれほど世界を見たいと思っているかを伝えた。私は彼女に父に話してくれるように頼んだ。私は彼女に父の心を変えてもらいたかったのだ。母は同意しなかった。彼女も私に海外へ行ってほしくなかったのだ。

私はさらに1年間家にいた。私はいつも両親と自分の夢について考えていた。9月のある日，私はハルの町にいた。友人の1人が父親の船でロンドンへ行くことになっていた。私は無料で彼と一緒に行こうと誘われたのだ。私は何も準備をしていなかったし，両親はこのことについて知らなかったが，私はその9月の日に船に乗った。

こうして私の不幸な冒険が始まったのだ。

問1 <A> 主人公(I)が父親と話している場面なので，He は主人公の父親を指す。

<B> 父親の話を聞いて「少しずつ忘れた」夢なので，主人公が抱いていた海に出ると言う夢を指す。下線部直後の of は「～という」という意味で，my dream = going to sea という関係になる。 <C> 「少しずつ海へ出るという自分の夢を忘れた」という文と However「しかし」でつながれて「私の決心は長く続かなかった」と続くので，この場合の「決心」とは，父の希望に応じて家にいることということになる。my decision の直後の to stay at home は decision を修飾し，「家にいようという決心」という意味になる。 <D> 主人公を一緒に船でロンドンへ行こうと誘った人物，つまり，船でロンドンへ向かおうとしている主人公の友人を指す。 <E> 友人に一緒に船でロンドンへ行こうと誘われたときの状況として，両親は「主人公が船でロンドンへ行こうとしていることを知らなかった」と考えるのが適切。

問2 [1] 空所の前後は対照的な内容を表しているので，but でつなぐ。 [2] 主人公の父親は，主人公が海に出ることに反対しているので，父親は航海が「危険」なものとみなしていると考えられる。safe「安全な」，happy「幸せな」，beautiful「美しい」。 [3] listen to ～「(人の話)を聞く」とすると文意が通る。

★ワンポイントアドバイス★

H　問1の<B>，<C>は，文章の前後関係を読み取ることが重要であることは言うまでもないが，直後の of going to sea や to stay at home から類推して下線部の内容をつかむこともできる。

<国語解答>《学校からの正答の発表はありません。》

第一問　問一　a ④　b ⑤　c ②　d ④　e ①　問二　②　問三　i ①　ii ③　iii ④　iv ①　v ④　問四　④　問五　②　問六　⑤

第二問　問一　②　問二　x ④　y ②　問三　a ④　b ⑦　c ②　d ⑧　問四　e ⑤　f ①　問五　③　問六　⑤　問七　②　問八　①　問九　③　問十　④

第三問　問一　⑤　問二　x ③　y ②　問三　④　問四　⑤　問五　②　問六　④　問七　①　問八　⑤

○推定配点○

第一問　問一　各2点×5　他　各3点×9

第二問　問三・問四　各2点×6　他　各3点×9

第三問　問一・問二　各2点×3　他　各3点×6　計100点

<国語解説>

第一問　(論説文－大意・要旨，内容吟味，文脈把握，脱語補充，漢字の書き取り，資料の読み取り)

基本　問一　a「検討」①険悪　②真剣　③健康　④検査　⑤建築。 b「金融」①憂うつ　②勧誘　③猶予　④雌雄　⑤融解。 c「排除」①徐行　②除外　③序盤　④援助　⑤叙述。 d「志向」①試し　②施す　③私　④志す　⑤指す。「志向」は意識や気持ちがある目標に向かって働くこと，同音異義語の「指向」は事物がある方向や目的を目指して向かう傾向を持つこと。 e「抜粋」①粋　②遂げる　③酔う　④推し　⑤衰える。

問二　A後で，40%の売り上げ増は広告の影響ではなく，単に気温が高くなったために消費者がアイスクリームを求めた可能性，単に経済が全体的に良くなって消費者がお財布の紐を緩め始めたからという可能性といった理由が考えられることを述べているので，②が適当。「あなたの結論」＝40%の売り上げ増は広告の影響である，ということが間違っていることを説明していない①，③，④は不適当。⑤の「経済の影響としか考えられない」も不適当。

重要　問三　iは2008年と比較した2012年の電力価格なので①，iiは2008年と比較した2012年の電力消費量なので③が適当。iiiは2012年の電力消費量が下降した理由として夏が比較的涼しかったことを挙げているので④，ivは東日本大震災を挙げているので①が適当。vはiii，ivから電力価格の変化が原因となって電力消費量の変化をもたらす結果になるとはいえないということなので④が適当。

やや難　問四　問二でも考察したように，アイスクリームの売り上げが伸びたのは単に気温が高くなったことや経済が全体的に良くなって消費者がお財布の紐を緩め始めたことが原因として考えられ，C後で「2010年の初期に猛暑の影響でアイスクリームの売り上げが伸びたので，会社としてはその売上金を使ってウェブ広告を始めてみた」という可能性もあることを述べている。これらは気温の上昇や経済状況が良くなったこと(＝V)が，広告(＝X)とアイスクリームの売り上げ(＝Y)に影響を及ぼしたということなので④が適当。気温の上昇が広告を出す余裕とアイスクリームを買う余裕の理由となっている①，③は不適当。広告の結果アイスクリームを買うようになったと説明している②，⑤も不適当。

問五　D前後で，相関関係と因果関係を混同し，単なる相関関係が因果関係のように主張されていることを述べているので②が適当。相関関係を因果関係のように分析していることを説明していない他の選択肢は不適当。

重要 問六　新聞やテレビで主張されていることの多くは相関関係を誤って解釈して因果関係のように示されていると述べているが「全て相関関係である」とは述べていないので①は不適当。データ分析から因果関係を導くことの難しさは直感的に理解できると述べているので，②の「不可能である」，④の「相関関係も」はいずれも不適当。ニュースや新聞の怪しい分析結果に気をつけるべきと述べているが「信じられない」とは述べていないので③も不適当。⑤は「以下の例」を踏まえた最後の段落で述べているので適当。

第二問 (小説－情景・心情，内容吟味，文脈把握，脱語補充，筆順，語句の意味，慣用句)

問一　「ヲ」は三画で横棒を先に書く。

問二　「話にならない」はあきれて話題にする価値もないという意味なのでXは④，「憤然」は怒る，いきどおるさまという意味なので②，がそれぞれ適当。

基本 問三　aはお辞儀をしていることを表しているので④，bは口を閉じて黙ってという意味で⑦，cはあきれた気持ちを表すという意味で②が適当。dの「手違い」は手順や手続きなどを間違えること。

問四　eは驚いて一瞬息を止めるという意味で⑤，fは音を聞くことに集中して呼吸をできるだけおさえてという意味で①，がそれぞれ適当。

問五　1となる「ピアノのチューニング」とは冒頭にあるように「わずかだけ外してお」くことで，そのようにすることで「仕事の注文が途絶えることは」なかったので③が適当。調律師の仕事の注文を途絶えるようにしなかったことを説明していない他の選択肢は不適当。

問六　最後の場面で再度るみ子さんが調律した結果「やっとうちのピアノの音になった！」と喜んでいることから，2ではるみ子さんの調律師としての腕前が気になって2のようにしていることが読み取れるので⑤が適当。A音も念入りに合わせても話にならないと言って，るみ子さんを帰らせているので①は不適当。老人の性格や「他人がピアノに触れるのが嫌だった」こと，るみ子さんに好印象を持っていることは描かれていないので②，③，④も不適当。

重要 問七　3前は最初の調律で，冒頭にあるようにA音をずらして調律したが，音がちがうことを老人に指摘されて3のようになり，今度はA音も念入りに合わせていることから②が適当。3前後でA音を調律し直したことを踏まえて説明していない他の選択肢は不適当。

やや難 問八　老人にピアノのことがあまりお好きではないようですねと言われたことで，るみ子さんは憤然としたが，老人宅から帰った後，ピアノの音が聞こえづらく，首が重くて体調もすぐれず仕事も断っているのは，老人の言葉がるみ子さんの心に重く残っているからである。老人の言葉によって気分が晴れず落ち込んでいる心情を4のように表現しているので①が適当。②の「邪心」，③の「猛省」は読み取れないので不適当。④の「思い出すたび」も描かれていないので不適当。仕事も断っているので⑤も不適当。

重要 問九　ア，イ，エはお礼の手紙とともに送られてきたチョコレートケーキのことである。ピアノソナタのレコードを聞いてウのように感じたことで翌日再び老人宅を訪れているので，ウが伏線になっている。

やや難 問十　①の「演奏の難しさ」，③の「調律師の仕事の厳しさ」，⑤の「ピアノをあきらめざるをえなかった悲しみ」を表現した描写はないのでいずれも不適当。「きらきらと光を振りまくように」はレコードを聞いているときの様子なので「ピアノへの深い愛情」とある②も不適当。「他のピアノにはない響き，それぞれの音が見せる表情」「ピアノのささやき」といった擬人法でピアノにも個性があることを描いているので④が適当。

第三問 (古文－内容吟味，文脈把握，指示語，品詞・用法，仮名遣い，口語訳)

〈口語訳〉 昔，天竺の人が，宝物を買うために，五十貫のお金を子に持たせてやった。

(子が)大きな川のほとりを歩いていると，舟に乗っている人がいた。舟の方を見ると，舟から亀が，首をつき出していた。お金を持っていた人(＝子)は，立ち止まって，「その亀を，何の用に使うのですか」と尋ねると，(その舟の人は)「殺してある事に使おうと思うのだ」と言う。「その亀を買いましょう」と言うと，この舟の人は，「非常に大切な事があって，手に入れた亀だから，どんなに高い額を提示されたとしても，亀を売るつもりはない」ということを言うので，なおも強く手をすり合わせてお願いして，この五十貫のお金で，亀を買い取って放した。

(子は)心の中で思うには，親が，宝物を買いに隣の国へ行かせて持たせたお金を，亀を買って宝を買うことをやめてしまったので，親は，どれほど腹を立ててらっしゃるだろうか。そうかといってまた，親のもとへ帰らないわけにはいかないので，(仕方なく)親のもとへ帰って行こうとすると，その途中ですれ違った人が言うには，「ここで(あなたに)亀を売った人は，下流の渡し場で，舟が転覆して死んでしまった」と話すのを聞いて，親の家へ帰って，持たされたお金で亀を買ってしまった話をしよう，と思っていると，親が言うには，「どういうわけで，このお金を返してよこしたのですか」と尋ねるので，子が言うには，「そんな事はありません。そのお金は，これこれ(ということがあって)亀を買って逃したので，そのことを話そうと戻ってきたのです」と言えば，親が言うには，「黒い衣装を着た人で，同じような姿の人が五人，それぞれ十貫ずつ届けに来たのです。これがそうです」と(お金を)見せると，そのお金はまだ濡れていた。

実は買って放してやった亀が，そのお金が，川に落ちたのを見て，取って拾い，親のもとへ，子が帰る前に届けたのであった。

問一　⑤のみ主格を表す格助詞。他は直後の体言にかかる連体格の格助詞。

基本 問二　歴史的仮名遣いの語頭以外の「は行」は現代仮名遣いでは「わ行」，「ア段＋う」は「オ段＋う」，「ゐ・ゑ」は「い・え」となるので，xは「おもふやう」→「おもうよう」，yは「まゐり」→「まいり」となる。

重要 問三　dのみ「(子が道ですれ違った)人」，他は「子」である。

問四　「殺してある事に使おうと思うのだ」と聞いて1のように言い，買った亀を放しているので⑤が適当。亀を逃がしてやろうとしていることを説明していない他の選択肢は不適当。

問五　「いみじき」は程度がはなはだしいこと，「あたひ」は「値段，代金」，「まじき」は打消し意志で「～ないつもりだ，～まい」という意味なので②が適当。

問六　3は「そうかといって，だからといって」という意味なので④が適当。

やや難 問七　4は「親」が「どういうわけで，このお金を返してよこしたのですか」と言ったことに対して，「子」が「そんな事はありません」と否定しているので①が適当。

重要 問八　亀は舟から首をつき出していたが，「子」に「助けを求めた」とは描かれていないので①は合致しない。舟に乗っていた人は「どんなに高い額を提示されたとしても，亀を売るつもりはない」と話しているので②も合致しない。「子」が亀を買ったお金は「川に落ちた」ので③も合致しない。「子」が話をする前に親が「どういうわけで，このお金を返してよこしたのですか」と話し始めているので④も合致しない。⑤は最後の一文で描かれているので合致する。

★ワンポイントアドバイス★

小説では直接的な表現だけではなく，その場面の風景や天候などを通して心情が描写されることが多い。何気ない描写もしっかり読み取っていこう。

MEMO

大切なことはメモしておこうネ！

解答用紙集

○月×日 △曜日 天気（合格日和）

◆ご利用のみなさまへ

＊解答用紙の公表を行っていない学校につきましては、弊社の責任において、解答用紙を制作いたしました。

＊編集上の理由により一部縮小掲載した解答用紙がございます。

＊編集上の理由により一部実物と異なる形式の解答用紙がございます。

人間の最も偉大な力とは、その一番の弱点を克服したところから生まれてくるものである。 ──カール・ヒルティ──

※データのダウンロードは 2024 年 3 月末日まで。

東京学参株式会社

古川学園高等学校（普通科進学・創志コース）　2023年度

◇数学◇

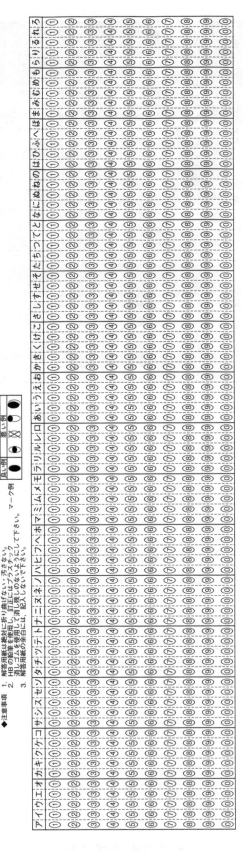

◆注意事項
1. 解答用紙は絶対に折り曲げない・汚さない。
2. HB の鉛筆を使用し，訂正にはプラスチック消しゴムを使用して消し残しのないようにして下さい。
3. 解答用紙の余白には，記入しないで下さい。

マーク例

良い例	悪い例

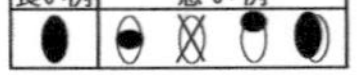

ア	イ	ウ	エ	オ	カ	キ	ク	ケ	コ	サ	シ	ス	セ	ソ	タ	チ	ツ	テ	ト
1	1	1	1	1	1	1	1	1	1	1	1	1	1	1	1	1	1	1	1
2	2	2	2	2	2	2	2	2	2	2	2	2	2	2	2	2	2	2	2
3	3	3	3	3	3	3	3	3	3	3	3	3	3	3	3	3	3	3	3
4	4	4	4	4	4	4	4	4	4	4	4	4	4	4	4	4	4	4	4
5	5	5	5	5	5	5	5	5	5	5	5	5	5	5	5	5	5	5	5
6	6	6	6	6	6	6	6	6	6	6	6	6	6	6	6	6	6	6	6
7	7	7	7	7	7	7	7	7	7	7	7	7	7	7	7	7	7	7	7
8	8	8	8	8	8	8	8	8	8	8	8	8	8	8	8	8	8	8	8
9	9	9	9	9	9	9	9	9	9	9	9	9	9	9	9	9	9	9	9
0	0	0	0	0	0	0	0	0	0	0	0	0	0	0	0	0	0	0	0

ナ	ニ	ヌ	ネ	ノ	ハ	ヒ	フ	ヘ	ホ	マ	ミ	ム	メ	モ	ラ	リ	ル	レ	ロ
1	1	1	1	1	1	1	1	1	1	1	1	1	1	1	1	1	1	1	1
2	2	2	2	2	2	2	2	2	2	2	2	2	2	2	2	2	2	2	2
3	3	3	3	3	3	3	3	3	3	3	3	3	3	3	3	3	3	3	3
4	4	4	4	4	4	4	4	4	4	4	4	4	4	4	4	4	4	4	4
5	5	5	5	5	5	5	5	5	5	5	5	5	5	5	5	5	5	5	5
6	6	6	6	6	6	6	6	6	6	6	6	6	6	6	6	6	6	6	6
7	7	7	7	7	7	7	7	7	7	7	7	7	7	7	7	7	7	7	7
8	8	8	8	8	8	8	8	8	8	8	8	8	8	8	8	8	8	8	8
9	9	9	9	9	9	9	9	9	9	9	9	9	9	9	9	9	9	9	9
0	0	0	0	0	0	0	0	0	0	0	0	0	0	0	0	0	0	0	0

あ	い	う	え	お	か	き	く	け	こ	さ	し	す	せ	そ	た	ち	つ	て	と
1	1	1	1	1	1	1	1	1	1	1	1	1	1	1	1	1	1	1	1
2	2	2	2	2	2	2	2	2	2	2	2	2	2	2	2	2	2	2	2
3	3	3	3	3	3	3	3	3	3	3	3	3	3	3	3	3	3	3	3
4	4	4	4	4	4	4	4	4	4	4	4	4	4	4	4	4	4	4	4
5	5	5	5	5	5	5	5	5	5	5	5	5	5	5	5	5	5	5	5
6	6	6	6	6	6	6	6	6	6	6	6	6	6	6	6	6	6	6	6
7	7	7	7	7	7	7	7	7	7	7	7	7	7	7	7	7	7	7	7
8	8	8	8	8	8	8	8	8	8	8	8	8	8	8	8	8	8	8	8
9	9	9	9	9	9	9	9	9	9	9	9	9	9	9	9	9	9	9	9
0	0	0	0	0	0	0	0	0	0	0	0	0	0	0	0	0	0	0	0

な	に	ぬ	ね	の	は	ひ	ふ	へ	ほ	ま	み	む	め	も	ら	り	る	れ	ろ
1	1	1	1	1	1	1	1	1	1	1	1	1	1	1	1	1	1	1	1
2	2	2	2	2	2	2	2	2	2	2	2	2	2	2	2	2	2	2	2
3	3	3	3	3	3	3	3	3	3	3	3	3	3	3	3	3	3	3	3
4	4	4	4	4	4	4	4	4	4	4	4	4	4	4	4	4	4	4	4
5	5	5	5	5	5	5	5	5	5	5	5	5	5	5	5	5	5	5	5
6	6	6	6	6	6	6	6	6	6	6	6	6	6	6	6	6	6	6	6
7	7	7	7	7	7	7	7	7	7	7	7	7	7	7	7	7	7	7	7
8	8	8	8	8	8	8	8	8	8	8	8	8	8	8	8	8	8	8	8
9	9	9	9	9	9	9	9	9	9	9	9	9	9	9	9	9	9	9	9
0	0	0	0	0	0	0	0	0	0	0	0	0	0	0	0	0	0	0	0

古川学園高等学校（普通科進学・創志コース）　2023年度

◇英語◇

◆注意事項
1. 解答用紙は絶対に折り曲げない・汚さない。
2. HBの鉛筆を使用し，訂正にはプラスチック消しゴムを使用して消し残しのないようにして下さい。
3. 解答用紙の余白には，記入しないで下さい。

マーク例　良い例　悪い例

1	2	3	4	5	6	7	8	9	10	11	12	13	14	15	16	17	18	19	20
①	①	①	①	①	①	①	①	①	①	①	①	①	①	①	①	①	①	①	①
②	②	②	②	②	②	②	②	②	②	②	②	②	②	②	②	②	②	②	②
③	③	③	③	③	③	③	③	③	③	③	③	③	③	③	③	③	③	③	③
④	④	④	④	④	④	④	④	④	④	④	④	④	④	④	④	④	④	④	④
⑤	⑤	⑤	⑤	⑤	⑤	⑤	⑤	⑤	⑤	⑤	⑤	⑤	⑤	⑤	⑤	⑤	⑤	⑤	⑤
⑥	⑥	⑥	⑥	⑥	⑥	⑥	⑥	⑥	⑥	⑥	⑥	⑥	⑥	⑥	⑥	⑥	⑥	⑥	⑥
⑦	⑦	⑦	⑦	⑦	⑦	⑦	⑦	⑦	⑦	⑦	⑦	⑦	⑦	⑦	⑦	⑦	⑦	⑦	⑦
⑧	⑧	⑧	⑧	⑧	⑧	⑧	⑧	⑧	⑧	⑧	⑧	⑧	⑧	⑧	⑧	⑧	⑧	⑧	⑧
⑨	⑨	⑨	⑨	⑨	⑨	⑨	⑨	⑨	⑨	⑨	⑨	⑨	⑨	⑨	⑨	⑨	⑨	⑨	⑨
⓪	⓪	⓪	⓪	⓪	⓪	⓪	⓪	⓪	⓪	⓪	⓪	⓪	⓪	⓪	⓪	⓪	⓪	⓪	⓪

21	22	23	24	25	26	27	28	29	30	31	32	33	34	35	36	37	38	39	40
①	①	①	①	①	①	①	①	①	①	①	①	①	①	①	①	①	①	①	①
②	②	②	②	②	②	②	②	②	②	②	②	②	②	②	②	②	②	②	②
③	③	③	③	③	③	③	③	③	③	③	③	③	③	③	③	③	③	③	③
④	④	④	④	④	④	④	④	④	④	④	④	④	④	④	④	④	④	④	④
⑤	⑤	⑤	⑤	⑤	⑤	⑤	⑤	⑤	⑤	⑤	⑤	⑤	⑤	⑤	⑤	⑤	⑤	⑤	⑤
⑥	⑥	⑥	⑥	⑥	⑥	⑥	⑥	⑥	⑥	⑥	⑥	⑥	⑥	⑥	⑥	⑥	⑥	⑥	⑥
⑦	⑦	⑦	⑦	⑦	⑦	⑦	⑦	⑦	⑦	⑦	⑦	⑦	⑦	⑦	⑦	⑦	⑦	⑦	⑦
⑧	⑧	⑧	⑧	⑧	⑧	⑧	⑧	⑧	⑧	⑧	⑧	⑧	⑧	⑧	⑧	⑧	⑧	⑧	⑧
⑨	⑨	⑨	⑨	⑨	⑨	⑨	⑨	⑨	⑨	⑨	⑨	⑨	⑨	⑨	⑨	⑨	⑨	⑨	⑨
⓪	⓪	⓪	⓪	⓪	⓪	⓪	⓪	⓪	⓪	⓪	⓪	⓪	⓪	⓪	⓪	⓪	⓪	⓪	⓪

41	42	43	44	45	46	47	48	49	50	51	52	53	54	55	56	57	58	59	60
①	①	①	①	①	①	①	①	①	①	①	①	①	①	①	①	①	①	①	①
②	②	②	②	②	②	②	②	②	②	②	②	②	②	②	②	②	②	②	②
③	③	③	③	③	③	③	③	③	③	③	③	③	③	③	③	③	③	③	③
④	④	④	④	④	④	④	④	④	④	④	④	④	④	④	④	④	④	④	④
⑤	⑤	⑤	⑤	⑤	⑤	⑤	⑤	⑤	⑤	⑤	⑤	⑤	⑤	⑤	⑤	⑤	⑤	⑤	⑤
⑥	⑥	⑥	⑥	⑥	⑥	⑥	⑥	⑥	⑥	⑥	⑥	⑥	⑥	⑥	⑥	⑥	⑥	⑥	⑥
⑦	⑦	⑦	⑦	⑦	⑦	⑦	⑦	⑦	⑦	⑦	⑦	⑦	⑦	⑦	⑦	⑦	⑦	⑦	⑦
⑧	⑧	⑧	⑧	⑧	⑧	⑧	⑧	⑧	⑧	⑧	⑧	⑧	⑧	⑧	⑧	⑧	⑧	⑧	⑧
⑨	⑨	⑨	⑨	⑨	⑨	⑨	⑨	⑨	⑨	⑨	⑨	⑨	⑨	⑨	⑨	⑨	⑨	⑨	⑨
⓪	⓪	⓪	⓪	⓪	⓪	⓪	⓪	⓪	⓪	⓪	⓪	⓪	⓪	⓪	⓪	⓪	⓪	⓪	⓪

61	62	63	64	65	66	67	68	69	70	71	72	73	74	75	76	77	78	79	80
①	①	①	①	①	①	①	①	①	①	①	①	①	①	①	①	①	①	①	①
②	②	②	②	②	②	②	②	②	②	②	②	②	②	②	②	②	②	②	②
③	③	③	③	③	③	③	③	③	③	③	③	③	③	③	③	③	③	③	③
④	④	④	④	④	④	④	④	④	④	④	④	④	④	④	④	④	④	④	④
⑤	⑤	⑤	⑤	⑤	⑤	⑤	⑤	⑤	⑤	⑤	⑤	⑤	⑤	⑤	⑤	⑤	⑤	⑤	⑤
⑥	⑥	⑥	⑥	⑥	⑥	⑥	⑥	⑥	⑥	⑥	⑥	⑥	⑥	⑥	⑥	⑥	⑥	⑥	⑥
⑦	⑦	⑦	⑦	⑦	⑦	⑦	⑦	⑦	⑦	⑦	⑦	⑦	⑦	⑦	⑦	⑦	⑦	⑦	⑦
⑧	⑧	⑧	⑧	⑧	⑧	⑧	⑧	⑧	⑧	⑧	⑧	⑧	⑧	⑧	⑧	⑧	⑧	⑧	⑧
⑨	⑨	⑨	⑨	⑨	⑨	⑨	⑨	⑨	⑨	⑨	⑨	⑨	⑨	⑨	⑨	⑨	⑨	⑨	⑨
⓪	⓪	⓪	⓪	⓪	⓪	⓪	⓪	⓪	⓪	⓪	⓪	⓪	⓪	⓪	⓪	⓪	⓪	⓪	⓪

古川学園高等学校（普通科進学・創志コース）　2023年度

◇国語◇

◆注意事項　1. 解答用紙は絶対に折り曲げない・汚さない。
2. HBの鉛筆を使用し，訂正にはプラスチック消しゴムを使用して消し残しのないようにして下さい。
3. 解答用紙の余白には，記入しないで下さい。

マーク例

良い例	悪い例
●	⊖ ⊗ ◓ ◐

1	2	3	4	5	6	7	8	9	10	11	12	13	14	15	16	17	18	19	20
①	①	①	①	①	①	①	①	①	①	①	①	①	①	①	①	①	①	①	①
②	②	②	②	②	②	②	②	②	②	②	②	②	②	②	②	②	②	②	②
③	③	③	③	③	③	③	③	③	③	③	③	③	③	③	③	③	③	③	③
④	④	④	④	④	④	④	④	④	④	④	④	④	④	④	④	④	④	④	④
⑤	⑤	⑤	⑤	⑤	⑤	⑤	⑤	⑤	⑤	⑤	⑤	⑤	⑤	⑤	⑤	⑤	⑤	⑤	⑤
⑥	⑥	⑥	⑥	⑥	⑥	⑥	⑥	⑥	⑥	⑥	⑥	⑥	⑥	⑥	⑥	⑥	⑥	⑥	⑥
⑦	⑦	⑦	⑦	⑦	⑦	⑦	⑦	⑦	⑦	⑦	⑦	⑦	⑦	⑦	⑦	⑦	⑦	⑦	⑦
⑧	⑧	⑧	⑧	⑧	⑧	⑧	⑧	⑧	⑧	⑧	⑧	⑧	⑧	⑧	⑧	⑧	⑧	⑧	⑧
⑨	⑨	⑨	⑨	⑨	⑨	⑨	⑨	⑨	⑨	⑨	⑨	⑨	⑨	⑨	⑨	⑨	⑨	⑨	⑨
⓪	⓪	⓪	⓪	⓪	⓪	⓪	⓪	⓪	⓪	⓪	⓪	⓪	⓪	⓪	⓪	⓪	⓪	⓪	⓪

21	22	23	24	25	26	27	28	29	30	31	32	33	34	35	36	37	38	39	40
①	①	①	①	①	①	①	①	①	①	①	①	①	①	①	①	①	①	①	①
②	②	②	②	②	②	②	②	②	②	②	②	②	②	②	②	②	②	②	②
③	③	③	③	③	③	③	③	③	③	③	③	③	③	③	③	③	③	③	③
④	④	④	④	④	④	④	④	④	④	④	④	④	④	④	④	④	④	④	④
⑤	⑤	⑤	⑤	⑤	⑤	⑤	⑤	⑤	⑤	⑤	⑤	⑤	⑤	⑤	⑤	⑤	⑤	⑤	⑤
⑥	⑥	⑥	⑥	⑥	⑥	⑥	⑥	⑥	⑥	⑥	⑥	⑥	⑥	⑥	⑥	⑥	⑥	⑥	⑥
⑦	⑦	⑦	⑦	⑦	⑦	⑦	⑦	⑦	⑦	⑦	⑦	⑦	⑦	⑦	⑦	⑦	⑦	⑦	⑦
⑧	⑧	⑧	⑧	⑧	⑧	⑧	⑧	⑧	⑧	⑧	⑧	⑧	⑧	⑧	⑧	⑧	⑧	⑧	⑧
⑨	⑨	⑨	⑨	⑨	⑨	⑨	⑨	⑨	⑨	⑨	⑨	⑨	⑨	⑨	⑨	⑨	⑨	⑨	⑨
⓪	⓪	⓪	⓪	⓪	⓪	⓪	⓪	⓪	⓪	⓪	⓪	⓪	⓪	⓪	⓪	⓪	⓪	⓪	⓪

41	42	43	44	45	46	47	48	49	50	51	52	53	54	55	56	57	58	59	60
①	①	①	①	①	①	①	①	①	①	①	①	①	①	①	①	①	①	①	①
②	②	②	②	②	②	②	②	②	②	②	②	②	②	②	②	②	②	②	②
③	③	③	③	③	③	③	③	③	③	③	③	③	③	③	③	③	③	③	③
④	④	④	④	④	④	④	④	④	④	④	④	④	④	④	④	④	④	④	④
⑤	⑤	⑤	⑤	⑤	⑤	⑤	⑤	⑤	⑤	⑤	⑤	⑤	⑤	⑤	⑤	⑤	⑤	⑤	⑤
⑥	⑥	⑥	⑥	⑥	⑥	⑥	⑥	⑥	⑥	⑥	⑥	⑥	⑥	⑥	⑥	⑥	⑥	⑥	⑥
⑦	⑦	⑦	⑦	⑦	⑦	⑦	⑦	⑦	⑦	⑦	⑦	⑦	⑦	⑦	⑦	⑦	⑦	⑦	⑦
⑧	⑧	⑧	⑧	⑧	⑧	⑧	⑧	⑧	⑧	⑧	⑧	⑧	⑧	⑧	⑧	⑧	⑧	⑧	⑧
⑨	⑨	⑨	⑨	⑨	⑨	⑨	⑨	⑨	⑨	⑨	⑨	⑨	⑨	⑨	⑨	⑨	⑨	⑨	⑨
⓪	⓪	⓪	⓪	⓪	⓪	⓪	⓪	⓪	⓪	⓪	⓪	⓪	⓪	⓪	⓪	⓪	⓪	⓪	⓪

61	62	63	64	65	66	67	68	69	70	71	72	73	74	75	76	77	78	79	80
①	①	①	①	①	①	①	①	①	①	①	①	①	①	①	①	①	①	①	①
②	②	②	②	②	②	②	②	②	②	②	②	②	②	②	②	②	②	②	②
③	③	③	③	③	③	③	③	③	③	③	③	③	③	③	③	③	③	③	③
④	④	④	④	④	④	④	④	④	④	④	④	④	④	④	④	④	④	④	④
⑤	⑤	⑤	⑤	⑤	⑤	⑤	⑤	⑤	⑤	⑤	⑤	⑤	⑤	⑤	⑤	⑤	⑤	⑤	⑤
⑥	⑥	⑥	⑥	⑥	⑥	⑥	⑥	⑥	⑥	⑥	⑥	⑥	⑥	⑥	⑥	⑥	⑥	⑥	⑥
⑦	⑦	⑦	⑦	⑦	⑦	⑦	⑦	⑦	⑦	⑦	⑦	⑦	⑦	⑦	⑦	⑦	⑦	⑦	⑦
⑧	⑧	⑧	⑧	⑧	⑧	⑧	⑧	⑧	⑧	⑧	⑧	⑧	⑧	⑧	⑧	⑧	⑧	⑧	⑧
⑨	⑨	⑨	⑨	⑨	⑨	⑨	⑨	⑨	⑨	⑨	⑨	⑨	⑨	⑨	⑨	⑨	⑨	⑨	⑨
⓪	⓪	⓪	⓪	⓪	⓪	⓪	⓪	⓪	⓪	⓪	⓪	⓪	⓪	⓪	⓪	⓪	⓪	⓪	⓪

古川学園高等学校（情報ビジネス科・普通科総合コース）　2023年度

◇数学◇

◆注意事項
1. 解答用紙は絶対に折り曲げない・汚さない。
2. HBの鉛筆を使用し，訂正にはプラスチック消しゴムを使用して消し残しのないようにして下さい。
3. 解答用紙の余白には，記入しないで下さい。

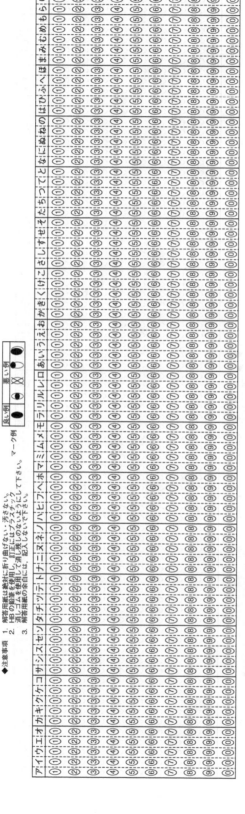

マーク例

良い例	悪い例

ア	イ	ウ	エ	オ	カ	キ	ク	ケ	コ	サ	シ	ス	セ	ソ	タ	チ	ツ	テ	ト	ナ	ニ	ヌ	ネ	ノ	ハ	ヒ	フ	ヘ	ホ	マ	ミ	ム	メ	モ	ラ	リ	ル	レ	ロ
1	1	1	1	1	1	1	1	1	1	1	1	1	1	1	1	1	1	1	1	1	1	1	1	1	1	1	1	1	1	1	1	1	1	1	1	1	1	1	1
2	2	2	2	2	2	2	2	2	2	2	2	2	2	2	2	2	2	2	2	2	2	2	2	2	2	2	2	2	2	2	2	2	2	2	2	2	2	2	2
3	3	3	3	3	3	3	3	3	3	3	3	3	3	3	3	3	3	3	3	3	3	3	3	3	3	3	3	3	3	3	3	3	3	3	3	3	3	3	3
4	4	4	4	4	4	4	4	4	4	4	4	4	4	4	4	4	4	4	4	4	4	4	4	4	4	4	4	4	4	4	4	4	4	4	4	4	4	4	4
5	5	5	5	5	5	5	5	5	5	5	5	5	5	5	5	5	5	5	5	5	5	5	5	5	5	5	5	5	5	5	5	5	5	5	5	5	5	5	5
6	6	6	6	6	6	6	6	6	6	6	6	6	6	6	6	6	6	6	6	6	6	6	6	6	6	6	6	6	6	6	6	6	6	6	6	6	6	6	6
7	7	7	7	7	7	7	7	7	7	7	7	7	7	7	7	7	7	7	7	7	7	7	7	7	7	7	7	7	7	7	7	7	7	7	7	7	7	7	7
8	8	8	8	8	8	8	8	8	8	8	8	8	8	8	8	8	8	8	8	8	8	8	8	8	8	8	8	8	8	8	8	8	8	8	8	8	8	8	8
9	9	9	9	9	9	9	9	9	9	9	9	9	9	9	9	9	9	9	9	9	9	9	9	9	9	9	9	9	9	9	9	9	9	9	9	9	9	9	9
0	0	0	0	0	0	0	0	0	0	0	0	0	0	0	0	0	0	0	0	0	0	0	0	0	0	0	0	0	0	0	0	0	0	0	0	0	0	0	0

あ	い	う	え	お	か	き	く	け	こ	さ	し	す	せ	そ	た	ち	つ	て	と	な	に	ぬ	ね	の	は	ひ	ふ	へ	ほ	ま	み	む	め	も	ら	り	る	れ	ろ
1	1	1	1	1	1	1	1	1	1	1	1	1	1	1	1	1	1	1	1	1	1	1	1	1	1	1	1	1	1	1	1	1	1	1	1	1	1	1	1
2	2	2	2	2	2	2	2	2	2	2	2	2	2	2	2	2	2	2	2	2	2	2	2	2	2	2	2	2	2	2	2	2	2	2	2	2	2	2	2
3	3	3	3	3	3	3	3	3	3	3	3	3	3	3	3	3	3	3	3	3	3	3	3	3	3	3	3	3	3	3	3	3	3	3	3	3	3	3	3
4	4	4	4	4	4	4	4	4	4	4	4	4	4	4	4	4	4	4	4	4	4	4	4	4	4	4	4	4	4	4	4	4	4	4	4	4	4	4	4
5	5	5	5	5	5	5	5	5	5	5	5	5	5	5	5	5	5	5	5	5	5	5	5	5	5	5	5	5	5	5	5	5	5	5	5	5	5	5	5
6	6	6	6	6	6	6	6	6	6	6	6	6	6	6	6	6	6	6	6	6	6	6	6	6	6	6	6	6	6	6	6	6	6	6	6	6	6	6	6
7	7	7	7	7	7	7	7	7	7	7	7	7	7	7	7	7	7	7	7	7	7	7	7	7	7	7	7	7	7	7	7	7	7	7	7	7	7	7	7
8	8	8	8	8	8	8	8	8	8	8	8	8	8	8	8	8	8	8	8	8	8	8	8	8	8	8	8	8	8	8	8	8	8	8	8	8	8	8	8
9	9	9	9	9	9	9	9	9	9	9	9	9	9	9	9	9	9	9	9	9	9	9	9	9	9	9	9	9	9	9	9	9	9	9	9	9	9	9	9
0	0	0	0	0	0	0	0	0	0	0	0	0	0	0	0	0	0	0	0	0	0	0	0	0	0	0	0	0	0	0	0	0	0	0	0	0	0	0	0

古川学園高等学校(情報ビジネス科・普通科総合コース)　2023年度

◇英語◇

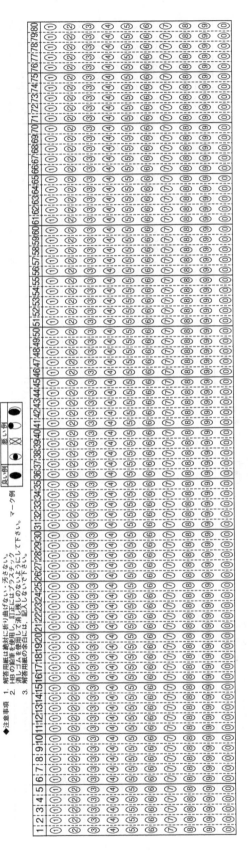

◆注意事項　1. 解答用紙は絶対に折り曲げない・汚さない。
2. HBの鉛筆を使用し，訂正にはプラスチック消しゴムを使用して消し残しのないようにして下さい。
3. 解答用紙の余白には，記入しないで下さい。

マーク例　良い例　悪い例

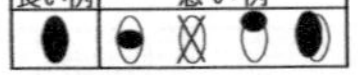

1	2	3	4	5	6	7	8	9	10	11	12	13	14	15	16	17	18	19	20
①	①	①	①	①	①	①	①	①	①	①	①	①	①	①	①	①	①	①	①
②	②	②	②	②	②	②	②	②	②	②	②	②	②	②	②	②	②	②	②
③	③	③	③	③	③	③	③	③	③	③	③	③	③	③	③	③	③	③	③
④	④	④	④	④	④	④	④	④	④	④	④	④	④	④	④	④	④	④	④
⑤	⑤	⑤	⑤	⑤	⑤	⑤	⑤	⑤	⑤	⑤	⑤	⑤	⑤	⑤	⑤	⑤	⑤	⑤	⑤
⑥	⑥	⑥	⑥	⑥	⑥	⑥	⑥	⑥	⑥	⑥	⑥	⑥	⑥	⑥	⑥	⑥	⑥	⑥	⑥
⑦	⑦	⑦	⑦	⑦	⑦	⑦	⑦	⑦	⑦	⑦	⑦	⑦	⑦	⑦	⑦	⑦	⑦	⑦	⑦
⑧	⑧	⑧	⑧	⑧	⑧	⑧	⑧	⑧	⑧	⑧	⑧	⑧	⑧	⑧	⑧	⑧	⑧	⑧	⑧
⑨	⑨	⑨	⑨	⑨	⑨	⑨	⑨	⑨	⑨	⑨	⑨	⑨	⑨	⑨	⑨	⑨	⑨	⑨	⑨
⓪	⓪	⓪	⓪	⓪	⓪	⓪	⓪	⓪	⓪	⓪	⓪	⓪	⓪	⓪	⓪	⓪	⓪	⓪	⓪

21	22	23	24	25	26	27	28	29	30	31	32	33	34	35	36	37	38	39	40
①	①	①	①	①	①	①	①	①	①	①	①	①	①	①	①	①	①	①	①
②	②	②	②	②	②	②	②	②	②	②	②	②	②	②	②	②	②	②	②
③	③	③	③	③	③	③	③	③	③	③	③	③	③	③	③	③	③	③	③
④	④	④	④	④	④	④	④	④	④	④	④	④	④	④	④	④	④	④	④
⑤	⑤	⑤	⑤	⑤	⑤	⑤	⑤	⑤	⑤	⑤	⑤	⑤	⑤	⑤	⑤	⑤	⑤	⑤	⑤
⑥	⑥	⑥	⑥	⑥	⑥	⑥	⑥	⑥	⑥	⑥	⑥	⑥	⑥	⑥	⑥	⑥	⑥	⑥	⑥
⑦	⑦	⑦	⑦	⑦	⑦	⑦	⑦	⑦	⑦	⑦	⑦	⑦	⑦	⑦	⑦	⑦	⑦	⑦	⑦
⑧	⑧	⑧	⑧	⑧	⑧	⑧	⑧	⑧	⑧	⑧	⑧	⑧	⑧	⑧	⑧	⑧	⑧	⑧	⑧
⑨	⑨	⑨	⑨	⑨	⑨	⑨	⑨	⑨	⑨	⑨	⑨	⑨	⑨	⑨	⑨	⑨	⑨	⑨	⑨
⓪	⓪	⓪	⓪	⓪	⓪	⓪	⓪	⓪	⓪	⓪	⓪	⓪	⓪	⓪	⓪	⓪	⓪	⓪	⓪

41	42	43	44	45	46	47	48	49	50	51	52	53	54	55	56	57	58	59	60
①	①	①	①	①	①	①	①	①	①	①	①	①	①	①	①	①	①	①	①
②	②	②	②	②	②	②	②	②	②	②	②	②	②	②	②	②	②	②	②
③	③	③	③	③	③	③	③	③	③	③	③	③	③	③	③	③	③	③	③
④	④	④	④	④	④	④	④	④	④	④	④	④	④	④	④	④	④	④	④
⑤	⑤	⑤	⑤	⑤	⑤	⑤	⑤	⑤	⑤	⑤	⑤	⑤	⑤	⑤	⑤	⑤	⑤	⑤	⑤
⑥	⑥	⑥	⑥	⑥	⑥	⑥	⑥	⑥	⑥	⑥	⑥	⑥	⑥	⑥	⑥	⑥	⑥	⑥	⑥
⑦	⑦	⑦	⑦	⑦	⑦	⑦	⑦	⑦	⑦	⑦	⑦	⑦	⑦	⑦	⑦	⑦	⑦	⑦	⑦
⑧	⑧	⑧	⑧	⑧	⑧	⑧	⑧	⑧	⑧	⑧	⑧	⑧	⑧	⑧	⑧	⑧	⑧	⑧	⑧
⑨	⑨	⑨	⑨	⑨	⑨	⑨	⑨	⑨	⑨	⑨	⑨	⑨	⑨	⑨	⑨	⑨	⑨	⑨	⑨
⓪	⓪	⓪	⓪	⓪	⓪	⓪	⓪	⓪	⓪	⓪	⓪	⓪	⓪	⓪	⓪	⓪	⓪	⓪	⓪

61	62	63	64	65	66	67	68	69	70	71	72	73	74	75	76	77	78	79	80
①	①	①	①	①	①	①	①	①	①	①	①	①	①	①	①	①	①	①	①
②	②	②	②	②	②	②	②	②	②	②	②	②	②	②	②	②	②	②	②
③	③	③	③	③	③	③	③	③	③	③	③	③	③	③	③	③	③	③	③
④	④	④	④	④	④	④	④	④	④	④	④	④	④	④	④	④	④	④	④
⑤	⑤	⑤	⑤	⑤	⑤	⑤	⑤	⑤	⑤	⑤	⑤	⑤	⑤	⑤	⑤	⑤	⑤	⑤	⑤
⑥	⑥	⑥	⑥	⑥	⑥	⑥	⑥	⑥	⑥	⑥	⑥	⑥	⑥	⑥	⑥	⑥	⑥	⑥	⑥
⑦	⑦	⑦	⑦	⑦	⑦	⑦	⑦	⑦	⑦	⑦	⑦	⑦	⑦	⑦	⑦	⑦	⑦	⑦	⑦
⑧	⑧	⑧	⑧	⑧	⑧	⑧	⑧	⑧	⑧	⑧	⑧	⑧	⑧	⑧	⑧	⑧	⑧	⑧	⑧
⑨	⑨	⑨	⑨	⑨	⑨	⑨	⑨	⑨	⑨	⑨	⑨	⑨	⑨	⑨	⑨	⑨	⑨	⑨	⑨
⓪	⓪	⓪	⓪	⓪	⓪	⓪	⓪	⓪	⓪	⓪	⓪	⓪	⓪	⓪	⓪	⓪	⓪	⓪	⓪

古川学園高等学校（情報ビジネス科・普通科総合コース）　2023年度

◇国語◇

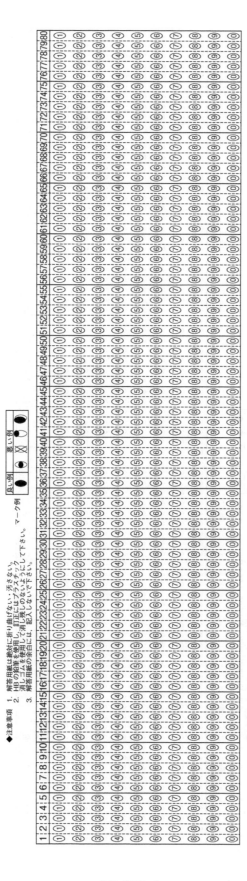

◆注意事項
1. 解答用紙は絶対に折り曲げない・汚さない。
2. HB の鉛筆を使用し，訂正にはプラスチック消しゴムを使用して消し残しのないようにして下さい。
3. 解答用紙の余白には，記入しないで下さい。

マーク例　良い例　悪い例

1	2	3	4	5	6	7	8	9	10	11	12	13	14	15	16	17	18	19	20
①	①	①	①	①	①	①	①	①	①	①	①	①	①	①	①	①	①	①	①
②	②	②	②	②	②	②	②	②	②	②	②	②	②	②	②	②	②	②	②
③	③	③	③	③	③	③	③	③	③	③	③	③	③	③	③	③	③	③	③
④	④	④	④	④	④	④	④	④	④	④	④	④	④	④	④	④	④	④	④
⑤	⑤	⑤	⑤	⑤	⑤	⑤	⑤	⑤	⑤	⑤	⑤	⑤	⑤	⑤	⑤	⑤	⑤	⑤	⑤
⑥	⑥	⑥	⑥	⑥	⑥	⑥	⑥	⑥	⑥	⑥	⑥	⑥	⑥	⑥	⑥	⑥	⑥	⑥	⑥
⑦	⑦	⑦	⑦	⑦	⑦	⑦	⑦	⑦	⑦	⑦	⑦	⑦	⑦	⑦	⑦	⑦	⑦	⑦	⑦
⑧	⑧	⑧	⑧	⑧	⑧	⑧	⑧	⑧	⑧	⑧	⑧	⑧	⑧	⑧	⑧	⑧	⑧	⑧	⑧
⑨	⑨	⑨	⑨	⑨	⑨	⑨	⑨	⑨	⑨	⑨	⑨	⑨	⑨	⑨	⑨	⑨	⑨	⑨	⑨
⓪	⓪	⓪	⓪	⓪	⓪	⓪	⓪	⓪	⓪	⓪	⓪	⓪	⓪	⓪	⓪	⓪	⓪	⓪	⓪

21	22	23	24	25	26	27	28	29	30	31	32	33	34	35	36	37	38	39	40
①	①	①	①	①	①	①	①	①	①	①	①	①	①	①	①	①	①	①	①
②	②	②	②	②	②	②	②	②	②	②	②	②	②	②	②	②	②	②	②
③	③	③	③	③	③	③	③	③	③	③	③	③	③	③	③	③	③	③	③
④	④	④	④	④	④	④	④	④	④	④	④	④	④	④	④	④	④	④	④
⑤	⑤	⑤	⑤	⑤	⑤	⑤	⑤	⑤	⑤	⑤	⑤	⑤	⑤	⑤	⑤	⑤	⑤	⑤	⑤
⑥	⑥	⑥	⑥	⑥	⑥	⑥	⑥	⑥	⑥	⑥	⑥	⑥	⑥	⑥	⑥	⑥	⑥	⑥	⑥
⑦	⑦	⑦	⑦	⑦	⑦	⑦	⑦	⑦	⑦	⑦	⑦	⑦	⑦	⑦	⑦	⑦	⑦	⑦	⑦
⑧	⑧	⑧	⑧	⑧	⑧	⑧	⑧	⑧	⑧	⑧	⑧	⑧	⑧	⑧	⑧	⑧	⑧	⑧	⑧
⑨	⑨	⑨	⑨	⑨	⑨	⑨	⑨	⑨	⑨	⑨	⑨	⑨	⑨	⑨	⑨	⑨	⑨	⑨	⑨
⓪	⓪	⓪	⓪	⓪	⓪	⓪	⓪	⓪	⓪	⓪	⓪	⓪	⓪	⓪	⓪	⓪	⓪	⓪	⓪

41	42	43	44	45	46	47	48	49	50	51	52	53	54	55	56	57	58	59	60
①	①	①	①	①	①	①	①	①	①	①	①	①	①	①	①	①	①	①	①
②	②	②	②	②	②	②	②	②	②	②	②	②	②	②	②	②	②	②	②
③	③	③	③	③	③	③	③	③	③	③	③	③	③	③	③	③	③	③	③
④	④	④	④	④	④	④	④	④	④	④	④	④	④	④	④	④	④	④	④
⑤	⑤	⑤	⑤	⑤	⑤	⑤	⑤	⑤	⑤	⑤	⑤	⑤	⑤	⑤	⑤	⑤	⑤	⑤	⑤
⑥	⑥	⑥	⑥	⑥	⑥	⑥	⑥	⑥	⑥	⑥	⑥	⑥	⑥	⑥	⑥	⑥	⑥	⑥	⑥
⑦	⑦	⑦	⑦	⑦	⑦	⑦	⑦	⑦	⑦	⑦	⑦	⑦	⑦	⑦	⑦	⑦	⑦	⑦	⑦
⑧	⑧	⑧	⑧	⑧	⑧	⑧	⑧	⑧	⑧	⑧	⑧	⑧	⑧	⑧	⑧	⑧	⑧	⑧	⑧
⑨	⑨	⑨	⑨	⑨	⑨	⑨	⑨	⑨	⑨	⑨	⑨	⑨	⑨	⑨	⑨	⑨	⑨	⑨	⑨
⓪	⓪	⓪	⓪	⓪	⓪	⓪	⓪	⓪	⓪	⓪	⓪	⓪	⓪	⓪	⓪	⓪	⓪	⓪	⓪

61	62	63	64	65	66	67	68	69	70	71	72	73	74	75	76	77	78	79	80
①	①	①	①	①	①	①	①	①	①	①	①	①	①	①	①	①	①	①	①
②	②	②	②	②	②	②	②	②	②	②	②	②	②	②	②	②	②	②	②
③	③	③	③	③	③	③	③	③	③	③	③	③	③	③	③	③	③	③	③
④	④	④	④	④	④	④	④	④	④	④	④	④	④	④	④	④	④	④	④
⑤	⑤	⑤	⑤	⑤	⑤	⑤	⑤	⑤	⑤	⑤	⑤	⑤	⑤	⑤	⑤	⑤	⑤	⑤	⑤
⑥	⑥	⑥	⑥	⑥	⑥	⑥	⑥	⑥	⑥	⑥	⑥	⑥	⑥	⑥	⑥	⑥	⑥	⑥	⑥
⑦	⑦	⑦	⑦	⑦	⑦	⑦	⑦	⑦	⑦	⑦	⑦	⑦	⑦	⑦	⑦	⑦	⑦	⑦	⑦
⑧	⑧	⑧	⑧	⑧	⑧	⑧	⑧	⑧	⑧	⑧	⑧	⑧	⑧	⑧	⑧	⑧	⑧	⑧	⑧
⑨	⑨	⑨	⑨	⑨	⑨	⑨	⑨	⑨	⑨	⑨	⑨	⑨	⑨	⑨	⑨	⑨	⑨	⑨	⑨
⓪	⓪	⓪	⓪	⓪	⓪	⓪	⓪	⓪	⓪	⓪	⓪	⓪	⓪	⓪	⓪	⓪	⓪	⓪	⓪

古川学園高等学校（普通科進学・創志コース）　2022年度

◇数学◇

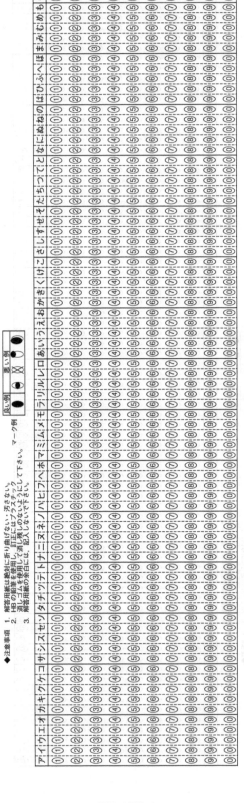

◆注意事項
1. 解答用紙は絶対に折り曲げない・汚さない。
2. HB の鉛筆を使用し，訂正にはプラスチック消しゴムを使用して消し残しのないようにして下さい。
3. 解答用紙の余白には，記入しないで下さい。

マーク例　良い例　悪い例

ア	イ	ウ	エ	オ	カ	キ	ク	ケ	コ	サ	シ	ス	セ	ソ	タ	チ	ツ	テ	ト	ナ	ニ	ヌ	ネ	ノ	ハ	ヒ	フ	ヘ	ホ	マ	ミ	ム	メ	モ	ラ	リ	ル	レ	ロ
1	1	1	1	1	1	1	1	1	1	1	1	1	1	1	1	1	1	1	1	1	1	1	1	1	1	1	1	1	1	1	1	1	1	1	1	1	1	1	1
2	2	2	2	2	2	2	2	2	2	2	2	2	2	2	2	2	2	2	2	2	2	2	2	2	2	2	2	2	2	2	2	2	2	2	2	2	2	2	2
3	3	3	3	3	3	3	3	3	3	3	3	3	3	3	3	3	3	3	3	3	3	3	3	3	3	3	3	3	3	3	3	3	3	3	3	3	3	3	3
4	4	4	4	4	4	4	4	4	4	4	4	4	4	4	4	4	4	4	4	4	4	4	4	4	4	4	4	4	4	4	4	4	4	4	4	4	4	4	4
5	5	5	5	5	5	5	5	5	5	5	5	5	5	5	5	5	5	5	5	5	5	5	5	5	5	5	5	5	5	5	5	5	5	5	5	5	5	5	5
6	6	6	6	6	6	6	6	6	6	6	6	6	6	6	6	6	6	6	6	6	6	6	6	6	6	6	6	6	6	6	6	6	6	6	6	6	6	6	6
7	7	7	7	7	7	7	7	7	7	7	7	7	7	7	7	7	7	7	7	7	7	7	7	7	7	7	7	7	7	7	7	7	7	7	7	7	7	7	7
8	8	8	8	8	8	8	8	8	8	8	8	8	8	8	8	8	8	8	8	8	8	8	8	8	8	8	8	8	8	8	8	8	8	8	8	8	8	8	8
9	9	9	9	9	9	9	9	9	9	9	9	9	9	9	9	9	9	9	9	9	9	9	9	9	9	9	9	9	9	9	9	9	9	9	9	9	9	9	9
0	0	0	0	0	0	0	0	0	0	0	0	0	0	0	0	0	0	0	0	0	0	0	0	0	0	0	0	0	0	0	0	0	0	0	0	0	0	0	0

あ	い	う	え	お	か	き	く	け	こ	さ	し	す	せ	そ	た	ち	つ	て	と	な	に	ぬ	ね	の	は	ひ	ふ	へ	ほ	ま	み	む	め	も	ら	り	る	れ	ろ
1	1	1	1	1	1	1	1	1	1	1	1	1	1	1	1	1	1	1	1	1	1	1	1	1	1	1	1	1	1	1	1	1	1	1	1	1	1	1	1
2	2	2	2	2	2	2	2	2	2	2	2	2	2	2	2	2	2	2	2	2	2	2	2	2	2	2	2	2	2	2	2	2	2	2	2	2	2	2	2
3	3	3	3	3	3	3	3	3	3	3	3	3	3	3	3	3	3	3	3	3	3	3	3	3	3	3	3	3	3	3	3	3	3	3	3	3	3	3	3
4	4	4	4	4	4	4	4	4	4	4	4	4	4	4	4	4	4	4	4	4	4	4	4	4	4	4	4	4	4	4	4	4	4	4	4	4	4	4	4
5	5	5	5	5	5	5	5	5	5	5	5	5	5	5	5	5	5	5	5	5	5	5	5	5	5	5	5	5	5	5	5	5	5	5	5	5	5	5	5
6	6	6	6	6	6	6	6	6	6	6	6	6	6	6	6	6	6	6	6	6	6	6	6	6	6	6	6	6	6	6	6	6	6	6	6	6	6	6	6
7	7	7	7	7	7	7	7	7	7	7	7	7	7	7	7	7	7	7	7	7	7	7	7	7	7	7	7	7	7	7	7	7	7	7	7	7	7	7	7
8	8	8	8	8	8	8	8	8	8	8	8	8	8	8	8	8	8	8	8	8	8	8	8	8	8	8	8	8	8	8	8	8	8	8	8	8	8	8	8
9	9	9	9	9	9	9	9	9	9	9	9	9	9	9	9	9	9	9	9	9	9	9	9	9	9	9	9	9	9	9	9	9	9	9	9	9	9	9	9
0	0	0	0	0	0	0	0	0	0	0	0	0	0	0	0	0	0	0	0	0	0	0	0	0	0	0	0	0	0	0	0	0	0	0	0	0	0	0	0

古川学園高等学校（普通科進学・創志コース）　2022年度

◇英語◇

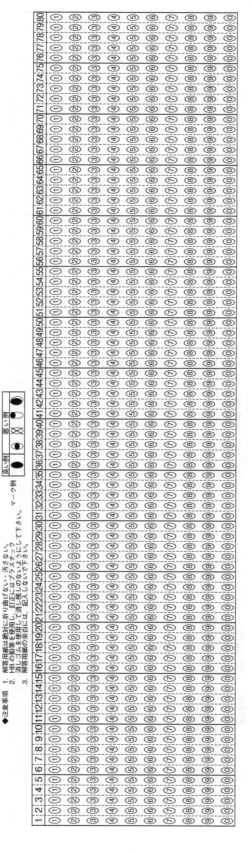

◆注意事項
1. 解答用紙は絶対に折り曲げない・汚さない。
2. HB の鉛筆を使用し，訂正にはプラスチック消しゴムを使用して消し残しのないようにして下さい。
3. 解答用紙の余白には，記入しないで下さい。

マーク例　良い例　悪い例

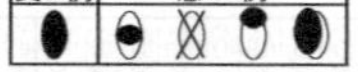

1	2	3	4	5	6	7	8	9	10	11	12	13	14	15	16	17	18	19	20
①	①	①	①	①	①	①	①	①	①	①	①	①	①	①	①	①	①	①	①
②	②	②	②	②	②	②	②	②	②	②	②	②	②	②	②	②	②	②	②
③	③	③	③	③	③	③	③	③	③	③	③	③	③	③	③	③	③	③	③
④	④	④	④	④	④	④	④	④	④	④	④	④	④	④	④	④	④	④	④
⑤	⑤	⑤	⑤	⑤	⑤	⑤	⑤	⑤	⑤	⑤	⑤	⑤	⑤	⑤	⑤	⑤	⑤	⑤	⑤
⑥	⑥	⑥	⑥	⑥	⑥	⑥	⑥	⑥	⑥	⑥	⑥	⑥	⑥	⑥	⑥	⑥	⑥	⑥	⑥
⑦	⑦	⑦	⑦	⑦	⑦	⑦	⑦	⑦	⑦	⑦	⑦	⑦	⑦	⑦	⑦	⑦	⑦	⑦	⑦
⑧	⑧	⑧	⑧	⑧	⑧	⑧	⑧	⑧	⑧	⑧	⑧	⑧	⑧	⑧	⑧	⑧	⑧	⑧	⑧
⑨	⑨	⑨	⑨	⑨	⑨	⑨	⑨	⑨	⑨	⑨	⑨	⑨	⑨	⑨	⑨	⑨	⑨	⑨	⑨
⓪	⓪	⓪	⓪	⓪	⓪	⓪	⓪	⓪	⓪	⓪	⓪	⓪	⓪	⓪	⓪	⓪	⓪	⓪	⓪

21	22	23	24	25	26	27	28	29	30	31	32	33	34	35	36	37	38	39	40
①	①	①	①	①	①	①	①	①	①	①	①	①	①	①	①	①	①	①	①
②	②	②	②	②	②	②	②	②	②	②	②	②	②	②	②	②	②	②	②
③	③	③	③	③	③	③	③	③	③	③	③	③	③	③	③	③	③	③	③
④	④	④	④	④	④	④	④	④	④	④	④	④	④	④	④	④	④	④	④
⑤	⑤	⑤	⑤	⑤	⑤	⑤	⑤	⑤	⑤	⑤	⑤	⑤	⑤	⑤	⑤	⑤	⑤	⑤	⑤
⑥	⑥	⑥	⑥	⑥	⑥	⑥	⑥	⑥	⑥	⑥	⑥	⑥	⑥	⑥	⑥	⑥	⑥	⑥	⑥
⑦	⑦	⑦	⑦	⑦	⑦	⑦	⑦	⑦	⑦	⑦	⑦	⑦	⑦	⑦	⑦	⑦	⑦	⑦	⑦
⑧	⑧	⑧	⑧	⑧	⑧	⑧	⑧	⑧	⑧	⑧	⑧	⑧	⑧	⑧	⑧	⑧	⑧	⑧	⑧
⑨	⑨	⑨	⑨	⑨	⑨	⑨	⑨	⑨	⑨	⑨	⑨	⑨	⑨	⑨	⑨	⑨	⑨	⑨	⑨
⓪	⓪	⓪	⓪	⓪	⓪	⓪	⓪	⓪	⓪	⓪	⓪	⓪	⓪	⓪	⓪	⓪	⓪	⓪	⓪

41	42	43	44	45	46	47	48	49	50	51	52	53	54	55	56	57	58	59	60
①	①	①	①	①	①	①	①	①	①	①	①	①	①	①	①	①	①	①	①
②	②	②	②	②	②	②	②	②	②	②	②	②	②	②	②	②	②	②	②
③	③	③	③	③	③	③	③	③	③	③	③	③	③	③	③	③	③	③	③
④	④	④	④	④	④	④	④	④	④	④	④	④	④	④	④	④	④	④	④
⑤	⑤	⑤	⑤	⑤	⑤	⑤	⑤	⑤	⑤	⑤	⑤	⑤	⑤	⑤	⑤	⑤	⑤	⑤	⑤
⑥	⑥	⑥	⑥	⑥	⑥	⑥	⑥	⑥	⑥	⑥	⑥	⑥	⑥	⑥	⑥	⑥	⑥	⑥	⑥
⑦	⑦	⑦	⑦	⑦	⑦	⑦	⑦	⑦	⑦	⑦	⑦	⑦	⑦	⑦	⑦	⑦	⑦	⑦	⑦
⑧	⑧	⑧	⑧	⑧	⑧	⑧	⑧	⑧	⑧	⑧	⑧	⑧	⑧	⑧	⑧	⑧	⑧	⑧	⑧
⑨	⑨	⑨	⑨	⑨	⑨	⑨	⑨	⑨	⑨	⑨	⑨	⑨	⑨	⑨	⑨	⑨	⑨	⑨	⑨
⓪	⓪	⓪	⓪	⓪	⓪	⓪	⓪	⓪	⓪	⓪	⓪	⓪	⓪	⓪	⓪	⓪	⓪	⓪	⓪

61	62	63	64	65	66	67	68	69	70	71	72	73	74	75	76	77	78	79	80
①	①	①	①	①	①	①	①	①	①	①	①	①	①	①	①	①	①	①	①
②	②	②	②	②	②	②	②	②	②	②	②	②	②	②	②	②	②	②	②
③	③	③	③	③	③	③	③	③	③	③	③	③	③	③	③	③	③	③	③
④	④	④	④	④	④	④	④	④	④	④	④	④	④	④	④	④	④	④	④
⑤	⑤	⑤	⑤	⑤	⑤	⑤	⑤	⑤	⑤	⑤	⑤	⑤	⑤	⑤	⑤	⑤	⑤	⑤	⑤
⑥	⑥	⑥	⑥	⑥	⑥	⑥	⑥	⑥	⑥	⑥	⑥	⑥	⑥	⑥	⑥	⑥	⑥	⑥	⑥
⑦	⑦	⑦	⑦	⑦	⑦	⑦	⑦	⑦	⑦	⑦	⑦	⑦	⑦	⑦	⑦	⑦	⑦	⑦	⑦
⑧	⑧	⑧	⑧	⑧	⑧	⑧	⑧	⑧	⑧	⑧	⑧	⑧	⑧	⑧	⑧	⑧	⑧	⑧	⑧
⑨	⑨	⑨	⑨	⑨	⑨	⑨	⑨	⑨	⑨	⑨	⑨	⑨	⑨	⑨	⑨	⑨	⑨	⑨	⑨
⓪	⓪	⓪	⓪	⓪	⓪	⓪	⓪	⓪	⓪	⓪	⓪	⓪	⓪	⓪	⓪	⓪	⓪	⓪	⓪

古川学園高等学校（普通科進学・創志コース）　2022年度

◇国語◇

◆注意事項
1. 解答用紙は絶対に折り曲げない・汚さない。
2. HB の鉛筆を使用し，訂正にはプラスチック消しゴムを使用して消し残しのないようにして下さい。
3. 解答用紙の余白には，記入しないで下さい。

マーク例　良い例　悪い例

1	2	3	4	5	6	7	8	9	10	11	12	13	14	15	16	17	18	19	20
1	1	1	1	1	1	1	1	1	1	1	1	1	1	1	1	1	1	1	1
2	2	2	2	2	2	2	2	2	2	2	2	2	2	2	2	2	2	2	2
3	3	3	3	3	3	3	3	3	3	3	3	3	3	3	3	3	3	3	3
4	4	4	4	4	4	4	4	4	4	4	4	4	4	4	4	4	4	4	4
5	5	5	5	5	5	5	5	5	5	5	5	5	5	5	5	5	5	5	5
6	6	6	6	6	6	6	6	6	6	6	6	6	6	6	6	6	6	6	6
7	7	7	7	7	7	7	7	7	7	7	7	7	7	7	7	7	7	7	7
8	8	8	8	8	8	8	8	8	8	8	8	8	8	8	8	8	8	8	8
9	9	9	9	9	9	9	9	9	9	9	9	9	9	9	9	9	9	9	9
0	0	0	0	0	0	0	0	0	0	0	0	0	0	0	0	0	0	0	0

21	22	23	24	25	26	27	28	29	30	31	32	33	34	35	36	37	38	39	40
1	1	1	1	1	1	1	1	1	1	1	1	1	1	1	1	1	1	1	1
2	2	2	2	2	2	2	2	2	2	2	2	2	2	2	2	2	2	2	2
3	3	3	3	3	3	3	3	3	3	3	3	3	3	3	3	3	3	3	3
4	4	4	4	4	4	4	4	4	4	4	4	4	4	4	4	4	4	4	4
5	5	5	5	5	5	5	5	5	5	5	5	5	5	5	5	5	5	5	5
6	6	6	6	6	6	6	6	6	6	6	6	6	6	6	6	6	6	6	6
7	7	7	7	7	7	7	7	7	7	7	7	7	7	7	7	7	7	7	7
8	8	8	8	8	8	8	8	8	8	8	8	8	8	8	8	8	8	8	8
9	9	9	9	9	9	9	9	9	9	9	9	9	9	9	9	9	9	9	9
0	0	0	0	0	0	0	0	0	0	0	0	0	0	0	0	0	0	0	0

41	42	43	44	45	46	47	48	49	50	51	52	53	54	55	56	57	58	59	60
1	1	1	1	1	1	1	1	1	1	1	1	1	1	1	1	1	1	1	1
2	2	2	2	2	2	2	2	2	2	2	2	2	2	2	2	2	2	2	2
3	3	3	3	3	3	3	3	3	3	3	3	3	3	3	3	3	3	3	3
4	4	4	4	4	4	4	4	4	4	4	4	4	4	4	4	4	4	4	4
5	5	5	5	5	5	5	5	5	5	5	5	5	5	5	5	5	5	5	5
6	6	6	6	6	6	6	6	6	6	6	6	6	6	6	6	6	6	6	6
7	7	7	7	7	7	7	7	7	7	7	7	7	7	7	7	7	7	7	7
8	8	8	8	8	8	8	8	8	8	8	8	8	8	8	8	8	8	8	8
9	9	9	9	9	9	9	9	9	9	9	9	9	9	9	9	9	9	9	9
0	0	0	0	0	0	0	0	0	0	0	0	0	0	0	0	0	0	0	0

61	62	63	64	65	66	67	68	69	70	71	72	73	74	75	76	77	78	79	80
1	1	1	1	1	1	1	1	1	1	1	1	1	1	1	1	1	1	1	1
2	2	2	2	2	2	2	2	2	2	2	2	2	2	2	2	2	2	2	2
3	3	3	3	3	3	3	3	3	3	3	3	3	3	3	3	3	3	3	3
4	4	4	4	4	4	4	4	4	4	4	4	4	4	4	4	4	4	4	4
5	5	5	5	5	5	5	5	5	5	5	5	5	5	5	5	5	5	5	5
6	6	6	6	6	6	6	6	6	6	6	6	6	6	6	6	6	6	6	6
7	7	7	7	7	7	7	7	7	7	7	7	7	7	7	7	7	7	7	7
8	8	8	8	8	8	8	8	8	8	8	8	8	8	8	8	8	8	8	8
9	9	9	9	9	9	9	9	9	9	9	9	9	9	9	9	9	9	9	9
0	0	0	0	0	0	0	0	0	0	0	0	0	0	0	0	0	0	0	0

古川学園高等学校（情報ビジネス科・普通科総合コース）　2022年度

◇数学◇

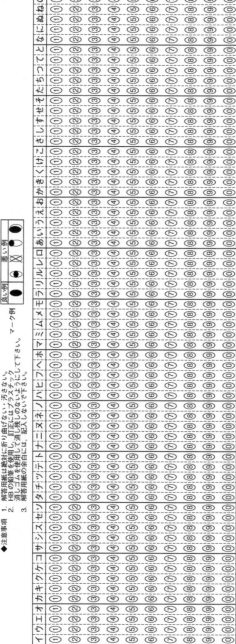

◆注意事項
1. 解答用紙は絶対に折り曲げない・汚さない。
2. HB の鉛筆を使用し，訂正にはプラスチック消しゴムを使用して消し残しのないようにして下さい。
3. 解答用紙の余白には，記入しないで下さい。

マーク例　良い例　悪い例

ア	イ	ウ	エ	オ	カ	キ	ク	ケ	コ	サ	シ	ス	セ	ソ	タ	チ	ツ	テ	ト
1	1	1	1	1	1	1	1	1	1	1	1	1	1	1	1	1	1	1	1
2	2	2	2	2	2	2	2	2	2	2	2	2	2	2	2	2	2	2	2
3	3	3	3	3	3	3	3	3	3	3	3	3	3	3	3	3	3	3	3
4	4	4	4	4	4	4	4	4	4	4	4	4	4	4	4	4	4	4	4
5	5	5	5	5	5	5	5	5	5	5	5	5	5	5	5	5	5	5	5
6	6	6	6	6	6	6	6	6	6	6	6	6	6	6	6	6	6	6	6
7	7	7	7	7	7	7	7	7	7	7	7	7	7	7	7	7	7	7	7
8	8	8	8	8	8	8	8	8	8	8	8	8	8	8	8	8	8	8	8
9	9	9	9	9	9	9	9	9	9	9	9	9	9	9	9	9	9	9	9
0	0	0	0	0	0	0	0	0	0	0	0	0	0	0	0	0	0	0	0

ナ	ニ	ヌ	ネ	ノ	ハ	ヒ	フ	ヘ	ホ	マ	ミ	ム	メ	モ	ラ	リ	ル	レ	ロ
1	1	1	1	1	1	1	1	1	1	1	1	1	1	1	1	1	1	1	1
2	2	2	2	2	2	2	2	2	2	2	2	2	2	2	2	2	2	2	2
3	3	3	3	3	3	3	3	3	3	3	3	3	3	3	3	3	3	3	3
4	4	4	4	4	4	4	4	4	4	4	4	4	4	4	4	4	4	4	4
5	5	5	5	5	5	5	5	5	5	5	5	5	5	5	5	5	5	5	5
6	6	6	6	6	6	6	6	6	6	6	6	6	6	6	6	6	6	6	6
7	7	7	7	7	7	7	7	7	7	7	7	7	7	7	7	7	7	7	7
8	8	8	8	8	8	8	8	8	8	8	8	8	8	8	8	8	8	8	8
9	9	9	9	9	9	9	9	9	9	9	9	9	9	9	9	9	9	9	9
0	0	0	0	0	0	0	0	0	0	0	0	0	0	0	0	0	0	0	0

あ	い	う	え	お	か	き	く	け	こ	さ	し	す	せ	そ	た	ち	つ	て	と
1	1	1	1	1	1	1	1	1	1	1	1	1	1	1	1	1	1	1	1
2	2	2	2	2	2	2	2	2	2	2	2	2	2	2	2	2	2	2	2
3	3	3	3	3	3	3	3	3	3	3	3	3	3	3	3	3	3	3	3
4	4	4	4	4	4	4	4	4	4	4	4	4	4	4	4	4	4	4	4
5	5	5	5	5	5	5	5	5	5	5	5	5	5	5	5	5	5	5	5
6	6	6	6	6	6	6	6	6	6	6	6	6	6	6	6	6	6	6	6
7	7	7	7	7	7	7	7	7	7	7	7	7	7	7	7	7	7	7	7
8	8	8	8	8	8	8	8	8	8	8	8	8	8	8	8	8	8	8	8
9	9	9	9	9	9	9	9	9	9	9	9	9	9	9	9	9	9	9	9
0	0	0	0	0	0	0	0	0	0	0	0	0	0	0	0	0	0	0	0

な	に	ぬ	ね	の	は	ひ	ふ	へ	ほ	ま	み	む	め	も	ら	り	る	れ	ろ
1	1	1	1	1	1	1	1	1	1	1	1	1	1	1	1	1	1	1	1
2	2	2	2	2	2	2	2	2	2	2	2	2	2	2	2	2	2	2	2
3	3	3	3	3	3	3	3	3	3	3	3	3	3	3	3	3	3	3	3
4	4	4	4	4	4	4	4	4	4	4	4	4	4	4	4	4	4	4	4
5	5	5	5	5	5	5	5	5	5	5	5	5	5	5	5	5	5	5	5
6	6	6	6	6	6	6	6	6	6	6	6	6	6	6	6	6	6	6	6
7	7	7	7	7	7	7	7	7	7	7	7	7	7	7	7	7	7	7	7
8	8	8	8	8	8	8	8	8	8	8	8	8	8	8	8	8	8	8	8
9	9	9	9	9	9	9	9	9	9	9	9	9	9	9	9	9	9	9	9
0	0	0	0	0	0	0	0	0	0	0	0	0	0	0	0	0	0	0	0

古川学園高等学校(情報ビジネス科・普通科総合コース)　2022年度

◇英語◇

◆注意事項
1. 解答用紙は絶対に折り曲げない・汚さない。
2. HB の鉛筆を使用し，訂正にはプラスチック消しゴムを使用して消し残しのないようにして下さい。
3. 解答用紙の余白には，記入しないで下さい。

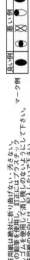

マーク例

良い例	悪い例

1	2	3	4	5	6	7	8	9	10	11	12	13	14	15	16	17	18	19	20
①	①	①	①	①	①	①	①	①	①	①	①	①	①	①	①	①	①	①	①
②	②	②	②	②	②	②	②	②	②	②	②	②	②	②	②	②	②	②	②
③	③	③	③	③	③	③	③	③	③	③	③	③	③	③	③	③	③	③	③
④	④	④	④	④	④	④	④	④	④	④	④	④	④	④	④	④	④	④	④
⑤	⑤	⑤	⑤	⑤	⑤	⑤	⑤	⑤	⑤	⑤	⑤	⑤	⑤	⑤	⑤	⑤	⑤	⑤	⑤
⑥	⑥	⑥	⑥	⑥	⑥	⑥	⑥	⑥	⑥	⑥	⑥	⑥	⑥	⑥	⑥	⑥	⑥	⑥	⑥
⑦	⑦	⑦	⑦	⑦	⑦	⑦	⑦	⑦	⑦	⑦	⑦	⑦	⑦	⑦	⑦	⑦	⑦	⑦	⑦
⑧	⑧	⑧	⑧	⑧	⑧	⑧	⑧	⑧	⑧	⑧	⑧	⑧	⑧	⑧	⑧	⑧	⑧	⑧	⑧
⑨	⑨	⑨	⑨	⑨	⑨	⑨	⑨	⑨	⑨	⑨	⑨	⑨	⑨	⑨	⑨	⑨	⑨	⑨	⑨
⓪	⓪	⓪	⓪	⓪	⓪	⓪	⓪	⓪	⓪	⓪	⓪	⓪	⓪	⓪	⓪	⓪	⓪	⓪	⓪

21	22	23	24	25	26	27	28	29	30	31	32	33	34	35	36	37	38	39	40
①	①	①	①	①	①	①	①	①	①	①	①	①	①	①	①	①	①	①	①
②	②	②	②	②	②	②	②	②	②	②	②	②	②	②	②	②	②	②	②
③	③	③	③	③	③	③	③	③	③	③	③	③	③	③	③	③	③	③	③
④	④	④	④	④	④	④	④	④	④	④	④	④	④	④	④	④	④	④	④
⑤	⑤	⑤	⑤	⑤	⑤	⑤	⑤	⑤	⑤	⑤	⑤	⑤	⑤	⑤	⑤	⑤	⑤	⑤	⑤
⑥	⑥	⑥	⑥	⑥	⑥	⑥	⑥	⑥	⑥	⑥	⑥	⑥	⑥	⑥	⑥	⑥	⑥	⑥	⑥
⑦	⑦	⑦	⑦	⑦	⑦	⑦	⑦	⑦	⑦	⑦	⑦	⑦	⑦	⑦	⑦	⑦	⑦	⑦	⑦
⑧	⑧	⑧	⑧	⑧	⑧	⑧	⑧	⑧	⑧	⑧	⑧	⑧	⑧	⑧	⑧	⑧	⑧	⑧	⑧
⑨	⑨	⑨	⑨	⑨	⑨	⑨	⑨	⑨	⑨	⑨	⑨	⑨	⑨	⑨	⑨	⑨	⑨	⑨	⑨
⓪	⓪	⓪	⓪	⓪	⓪	⓪	⓪	⓪	⓪	⓪	⓪	⓪	⓪	⓪	⓪	⓪	⓪	⓪	⓪

41	42	43	44	45	46	47	48	49	50	51	52	53	54	55	56	57	58	59	60
①	①	①	①	①	①	①	①	①	①	①	①	①	①	①	①	①	①	①	①
②	②	②	②	②	②	②	②	②	②	②	②	②	②	②	②	②	②	②	②
③	③	③	③	③	③	③	③	③	③	③	③	③	③	③	③	③	③	③	③
④	④	④	④	④	④	④	④	④	④	④	④	④	④	④	④	④	④	④	④
⑤	⑤	⑤	⑤	⑤	⑤	⑤	⑤	⑤	⑤	⑤	⑤	⑤	⑤	⑤	⑤	⑤	⑤	⑤	⑤
⑥	⑥	⑥	⑥	⑥	⑥	⑥	⑥	⑥	⑥	⑥	⑥	⑥	⑥	⑥	⑥	⑥	⑥	⑥	⑥
⑦	⑦	⑦	⑦	⑦	⑦	⑦	⑦	⑦	⑦	⑦	⑦	⑦	⑦	⑦	⑦	⑦	⑦	⑦	⑦
⑧	⑧	⑧	⑧	⑧	⑧	⑧	⑧	⑧	⑧	⑧	⑧	⑧	⑧	⑧	⑧	⑧	⑧	⑧	⑧
⑨	⑨	⑨	⑨	⑨	⑨	⑨	⑨	⑨	⑨	⑨	⑨	⑨	⑨	⑨	⑨	⑨	⑨	⑨	⑨
⓪	⓪	⓪	⓪	⓪	⓪	⓪	⓪	⓪	⓪	⓪	⓪	⓪	⓪	⓪	⓪	⓪	⓪	⓪	⓪

61	62	63	64	65	66	67	68	69	70	71	72	73	74	75	76	77	78	79	80
①	①	①	①	①	①	①	①	①	①	①	①	①	①	①	①	①	①	①	①
②	②	②	②	②	②	②	②	②	②	②	②	②	②	②	②	②	②	②	②
③	③	③	③	③	③	③	③	③	③	③	③	③	③	③	③	③	③	③	③
④	④	④	④	④	④	④	④	④	④	④	④	④	④	④	④	④	④	④	④
⑤	⑤	⑤	⑤	⑤	⑤	⑤	⑤	⑤	⑤	⑤	⑤	⑤	⑤	⑤	⑤	⑤	⑤	⑤	⑤
⑥	⑥	⑥	⑥	⑥	⑥	⑥	⑥	⑥	⑥	⑥	⑥	⑥	⑥	⑥	⑥	⑥	⑥	⑥	⑥
⑦	⑦	⑦	⑦	⑦	⑦	⑦	⑦	⑦	⑦	⑦	⑦	⑦	⑦	⑦	⑦	⑦	⑦	⑦	⑦
⑧	⑧	⑧	⑧	⑧	⑧	⑧	⑧	⑧	⑧	⑧	⑧	⑧	⑧	⑧	⑧	⑧	⑧	⑧	⑧
⑨	⑨	⑨	⑨	⑨	⑨	⑨	⑨	⑨	⑨	⑨	⑨	⑨	⑨	⑨	⑨	⑨	⑨	⑨	⑨
⓪	⓪	⓪	⓪	⓪	⓪	⓪	⓪	⓪	⓪	⓪	⓪	⓪	⓪	⓪	⓪	⓪	⓪	⓪	⓪

古川学園高等学校（情報ビジネス科・普通科総合コース）　2022年度

◇国語◇

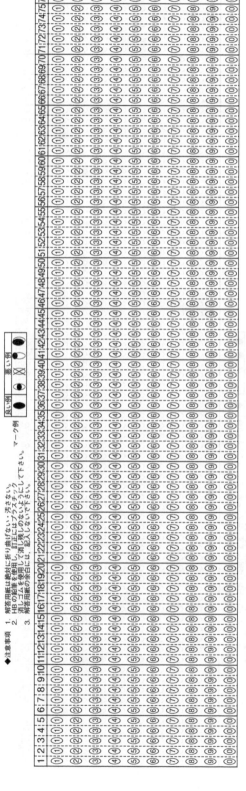

◆注意事項　1. 解答用紙は絶対に折り曲げない・汚さない。
2. HBの鉛筆を使用し，訂正にはプラスチック消しゴムを使用して消し残しのないようにして下さい。
3. 解答用紙の余白には，記入しないで下さい。

マーク例　良い例　悪い例

1	2	3	4	5	6	7	8	9	10	11	12	13	14	15	16	17	18	19	20
1	1	1	1	1	1	1	1	1	1	1	1	1	1	1	1	1	1	1	1
2	2	2	2	2	2	2	2	2	2	2	2	2	2	2	2	2	2	2	2
3	3	3	3	3	3	3	3	3	3	3	3	3	3	3	3	3	3	3	3
4	4	4	4	4	4	4	4	4	4	4	4	4	4	4	4	4	4	4	4
5	5	5	5	5	5	5	5	5	5	5	5	5	5	5	5	5	5	5	5
6	6	6	6	6	6	6	6	6	6	6	6	6	6	6	6	6	6	6	6
7	7	7	7	7	7	7	7	7	7	7	7	7	7	7	7	7	7	7	7
8	8	8	8	8	8	8	8	8	8	8	8	8	8	8	8	8	8	8	8
9	9	9	9	9	9	9	9	9	9	9	9	9	9	9	9	9	9	9	9
0	0	0	0	0	0	0	0	0	0	0	0	0	0	0	0	0	0	0	0

21	22	23	24	25	26	27	28	29	30	31	32	33	34	35	36	37	38	39	40
1	1	1	1	1	1	1	1	1	1	1	1	1	1	1	1	1	1	1	1
2	2	2	2	2	2	2	2	2	2	2	2	2	2	2	2	2	2	2	2
3	3	3	3	3	3	3	3	3	3	3	3	3	3	3	3	3	3	3	3
4	4	4	4	4	4	4	4	4	4	4	4	4	4	4	4	4	4	4	4
5	5	5	5	5	5	5	5	5	5	5	5	5	5	5	5	5	5	5	5
6	6	6	6	6	6	6	6	6	6	6	6	6	6	6	6	6	6	6	6
7	7	7	7	7	7	7	7	7	7	7	7	7	7	7	7	7	7	7	7
8	8	8	8	8	8	8	8	8	8	8	8	8	8	8	8	8	8	8	8
9	9	9	9	9	9	9	9	9	9	9	9	9	9	9	9	9	9	9	9
0	0	0	0	0	0	0	0	0	0	0	0	0	0	0	0	0	0	0	0

41	42	43	44	45	46	47	48	49	50	51	52	53	54	55	56	57	58	59	60
1	1	1	1	1	1	1	1	1	1	1	1	1	1	1	1	1	1	1	1
2	2	2	2	2	2	2	2	2	2	2	2	2	2	2	2	2	2	2	2
3	3	3	3	3	3	3	3	3	3	3	3	3	3	3	3	3	3	3	3
4	4	4	4	4	4	4	4	4	4	4	4	4	4	4	4	4	4	4	4
5	5	5	5	5	5	5	5	5	5	5	5	5	5	5	5	5	5	5	5
6	6	6	6	6	6	6	6	6	6	6	6	6	6	6	6	6	6	6	6
7	7	7	7	7	7	7	7	7	7	7	7	7	7	7	7	7	7	7	7
8	8	8	8	8	8	8	8	8	8	8	8	8	8	8	8	8	8	8	8
9	9	9	9	9	9	9	9	9	9	9	9	9	9	9	9	9	9	9	9
0	0	0	0	0	0	0	0	0	0	0	0	0	0	0	0	0	0	0	0

61	62	63	64	65	66	67	68	69	70	71	72	73	74	75	76	77	78	79	80
1	1	1	1	1	1	1	1	1	1	1	1	1	1	1	1	1	1	1	1
2	2	2	2	2	2	2	2	2	2	2	2	2	2	2	2	2	2	2	2
3	3	3	3	3	3	3	3	3	3	3	3	3	3	3	3	3	3	3	3
4	4	4	4	4	4	4	4	4	4	4	4	4	4	4	4	4	4	4	4
5	5	5	5	5	5	5	5	5	5	5	5	5	5	5	5	5	5	5	5
6	6	6	6	6	6	6	6	6	6	6	6	6	6	6	6	6	6	6	6
7	7	7	7	7	7	7	7	7	7	7	7	7	7	7	7	7	7	7	7
8	8	8	8	8	8	8	8	8	8	8	8	8	8	8	8	8	8	8	8
9	9	9	9	9	9	9	9	9	9	9	9	9	9	9	9	9	9	9	9
0	0	0	0	0	0	0	0	0	0	0	0	0	0	0	0	0	0	0	0

古川学園高等学校（普通科進学・創志コース）　2021年度

◇数学◇

◆注意事項　1. 解答用紙は絶対に折り曲げない・汚さない。
2. HB の鉛筆を使用し，訂正にはプラスチック消しゴムを使用して消し残しのないようにして下さい。
3. 解答用紙の余白には，記入しないで下さい。

マーク例

良い例	悪い例

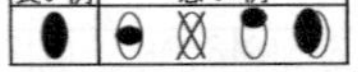

ア	イ	ウ	エ	オ	カ	キ	ク	ケ	コ	サ	シ	ス	セ	ソ	タ	チ	ツ	テ	ト
1	1	1	1	1	1	1	1	1	1	1	1	1	1	1	1	1	1	1	1
2	2	2	2	2	2	2	2	2	2	2	2	2	2	2	2	2	2	2	2
3	3	3	3	3	3	3	3	3	3	3	3	3	3	3	3	3	3	3	3
4	4	4	4	4	4	4	4	4	4	4	4	4	4	4	4	4	4	4	4
5	5	5	5	5	5	5	5	5	5	5	5	5	5	5	5	5	5	5	5
6	6	6	6	6	6	6	6	6	6	6	6	6	6	6	6	6	6	6	6
7	7	7	7	7	7	7	7	7	7	7	7	7	7	7	7	7	7	7	7
8	8	8	8	8	8	8	8	8	8	8	8	8	8	8	8	8	8	8	8
9	9	9	9	9	9	9	9	9	9	9	9	9	9	9	9	9	9	9	9
0	0	0	0	0	0	0	0	0	0	0	0	0	0	0	0	0	0	0	0

ナ	ニ	ヌ	ネ	ノ	ハ	ヒ	フ	ヘ	ホ	マ	ミ	ム	メ	モ	ラ	リ	ル	レ	ロ
1	1	1	1	1	1	1	1	1	1	1	1	1	1	1	1	1	1	1	1
2	2	2	2	2	2	2	2	2	2	2	2	2	2	2	2	2	2	2	2
3	3	3	3	3	3	3	3	3	3	3	3	3	3	3	3	3	3	3	3
4	4	4	4	4	4	4	4	4	4	4	4	4	4	4	4	4	4	4	4
5	5	5	5	5	5	5	5	5	5	5	5	5	5	5	5	5	5	5	5
6	6	6	6	6	6	6	6	6	6	6	6	6	6	6	6	6	6	6	6
7	7	7	7	7	7	7	7	7	7	7	7	7	7	7	7	7	7	7	7
8	8	8	8	8	8	8	8	8	8	8	8	8	8	8	8	8	8	8	8
9	9	9	9	9	9	9	9	9	9	9	9	9	9	9	9	9	9	9	9
0	0	0	0	0	0	0	0	0	0	0	0	0	0	0	0	0	0	0	0

あ	い	う	え	お	か	き	く	け	こ	さ	し	す	せ	そ	た	ち	つ	て	と
1	1	1	1	1	1	1	1	1	1	1	1	1	1	1	1	1	1	1	1
2	2	2	2	2	2	2	2	2	2	2	2	2	2	2	2	2	2	2	2
3	3	3	3	3	3	3	3	3	3	3	3	3	3	3	3	3	3	3	3
4	4	4	4	4	4	4	4	4	4	4	4	4	4	4	4	4	4	4	4
5	5	5	5	5	5	5	5	5	5	5	5	5	5	5	5	5	5	5	5
6	6	6	6	6	6	6	6	6	6	6	6	6	6	6	6	6	6	6	6
7	7	7	7	7	7	7	7	7	7	7	7	7	7	7	7	7	7	7	7
8	8	8	8	8	8	8	8	8	8	8	8	8	8	8	8	8	8	8	8
9	9	9	9	9	9	9	9	9	9	9	9	9	9	9	9	9	9	9	9
0	0	0	0	0	0	0	0	0	0	0	0	0	0	0	0	0	0	0	0

な	に	ぬ	ね	の	は	ひ	ふ	へ	ほ	ま	み	む	め	も	ら	り	る	れ	ろ
1	1	1	1	1	1	1	1	1	1	1	1	1	1	1	1	1	1	1	1
2	2	2	2	2	2	2	2	2	2	2	2	2	2	2	2	2	2	2	2
3	3	3	3	3	3	3	3	3	3	3	3	3	3	3	3	3	3	3	3
4	4	4	4	4	4	4	4	4	4	4	4	4	4	4	4	4	4	4	4
5	5	5	5	5	5	5	5	5	5	5	5	5	5	5	5	5	5	5	5
6	6	6	6	6	6	6	6	6	6	6	6	6	6	6	6	6	6	6	6
7	7	7	7	7	7	7	7	7	7	7	7	7	7	7	7	7	7	7	7
8	8	8	8	8	8	8	8	8	8	8	8	8	8	8	8	8	8	8	8
9	9	9	9	9	9	9	9	9	9	9	9	9	9	9	9	9	9	9	9
0	0	0	0	0	0	0	0	0	0	0	0	0	0	0	0	0	0	0	0

古川学園高等学校（普通科進学・創志コース）　2021年度　◇英語◇

◆注意事項　1. 解答用紙は絶対に折り曲げない・汚さない。
2. HB の鉛筆を使用し，訂正にはプラスチック消しゴムを使用して消し残しのないようにして下さい。
3. 解答用紙の余白には，記入しないで下さい。

マーク例　良い例　悪い例

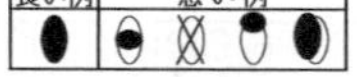

1	2	3	4	5	6	7	8	9	10	11	12	13	14	15	16	17	18	19	20
①	①	①	①	①	①	①	①	①	①	①	①	①	①	①	①	①	①	①	①
②	②	②	②	②	②	②	②	②	②	②	②	②	②	②	②	②	②	②	②
③	③	③	③	③	③	③	③	③	③	③	③	③	③	③	③	③	③	③	③
④	④	④	④	④	④	④	④	④	④	④	④	④	④	④	④	④	④	④	④
⑤	⑤	⑤	⑤	⑤	⑤	⑤	⑤	⑤	⑤	⑤	⑤	⑤	⑤	⑤	⑤	⑤	⑤	⑤	⑤
⑥	⑥	⑥	⑥	⑥	⑥	⑥	⑥	⑥	⑥	⑥	⑥	⑥	⑥	⑥	⑥	⑥	⑥	⑥	⑥
⑦	⑦	⑦	⑦	⑦	⑦	⑦	⑦	⑦	⑦	⑦	⑦	⑦	⑦	⑦	⑦	⑦	⑦	⑦	⑦
⑧	⑧	⑧	⑧	⑧	⑧	⑧	⑧	⑧	⑧	⑧	⑧	⑧	⑧	⑧	⑧	⑧	⑧	⑧	⑧
⑨	⑨	⑨	⑨	⑨	⑨	⑨	⑨	⑨	⑨	⑨	⑨	⑨	⑨	⑨	⑨	⑨	⑨	⑨	⑨
⓪	⓪	⓪	⓪	⓪	⓪	⓪	⓪	⓪	⓪	⓪	⓪	⓪	⓪	⓪	⓪	⓪	⓪	⓪	⓪

21	22	23	24	25	26	27	28	29	30	31	32	33	34	35	36	37	38	39	40
①	①	①	①	①	①	①	①	①	①	①	①	①	①	①	①	①	①	①	①
②	②	②	②	②	②	②	②	②	②	②	②	②	②	②	②	②	②	②	②
③	③	③	③	③	③	③	③	③	③	③	③	③	③	③	③	③	③	③	③
④	④	④	④	④	④	④	④	④	④	④	④	④	④	④	④	④	④	④	④
⑤	⑤	⑤	⑤	⑤	⑤	⑤	⑤	⑤	⑤	⑤	⑤	⑤	⑤	⑤	⑤	⑤	⑤	⑤	⑤
⑥	⑥	⑥	⑥	⑥	⑥	⑥	⑥	⑥	⑥	⑥	⑥	⑥	⑥	⑥	⑥	⑥	⑥	⑥	⑥
⑦	⑦	⑦	⑦	⑦	⑦	⑦	⑦	⑦	⑦	⑦	⑦	⑦	⑦	⑦	⑦	⑦	⑦	⑦	⑦
⑧	⑧	⑧	⑧	⑧	⑧	⑧	⑧	⑧	⑧	⑧	⑧	⑧	⑧	⑧	⑧	⑧	⑧	⑧	⑧
⑨	⑨	⑨	⑨	⑨	⑨	⑨	⑨	⑨	⑨	⑨	⑨	⑨	⑨	⑨	⑨	⑨	⑨	⑨	⑨
⓪	⓪	⓪	⓪	⓪	⓪	⓪	⓪	⓪	⓪	⓪	⓪	⓪	⓪	⓪	⓪	⓪	⓪	⓪	⓪

41	42	43	44	45	46	47	48	49	50	51	52	53	54	55	56	57	58	59	60
①	①	①	①	①	①	①	①	①	①	①	①	①	①	①	①	①	①	①	①
②	②	②	②	②	②	②	②	②	②	②	②	②	②	②	②	②	②	②	②
③	③	③	③	③	③	③	③	③	③	③	③	③	③	③	③	③	③	③	③
④	④	④	④	④	④	④	④	④	④	④	④	④	④	④	④	④	④	④	④
⑤	⑤	⑤	⑤	⑤	⑤	⑤	⑤	⑤	⑤	⑤	⑤	⑤	⑤	⑤	⑤	⑤	⑤	⑤	⑤
⑥	⑥	⑥	⑥	⑥	⑥	⑥	⑥	⑥	⑥	⑥	⑥	⑥	⑥	⑥	⑥	⑥	⑥	⑥	⑥
⑦	⑦	⑦	⑦	⑦	⑦	⑦	⑦	⑦	⑦	⑦	⑦	⑦	⑦	⑦	⑦	⑦	⑦	⑦	⑦
⑧	⑧	⑧	⑧	⑧	⑧	⑧	⑧	⑧	⑧	⑧	⑧	⑧	⑧	⑧	⑧	⑧	⑧	⑧	⑧
⑨	⑨	⑨	⑨	⑨	⑨	⑨	⑨	⑨	⑨	⑨	⑨	⑨	⑨	⑨	⑨	⑨	⑨	⑨	⑨
⓪	⓪	⓪	⓪	⓪	⓪	⓪	⓪	⓪	⓪	⓪	⓪	⓪	⓪	⓪	⓪	⓪	⓪	⓪	⓪

61	62	63	64	65	66	67	68	69	70	71	72	73	74	75	76	77	78	79	80
①	①	①	①	①	①	①	①	①	①	①	①	①	①	①	①	①	①	①	①
②	②	②	②	②	②	②	②	②	②	②	②	②	②	②	②	②	②	②	②
③	③	③	③	③	③	③	③	③	③	③	③	③	③	③	③	③	③	③	③
④	④	④	④	④	④	④	④	④	④	④	④	④	④	④	④	④	④	④	④
⑤	⑤	⑤	⑤	⑤	⑤	⑤	⑤	⑤	⑤	⑤	⑤	⑤	⑤	⑤	⑤	⑤	⑤	⑤	⑤
⑥	⑥	⑥	⑥	⑥	⑥	⑥	⑥	⑥	⑥	⑥	⑥	⑥	⑥	⑥	⑥	⑥	⑥	⑥	⑥
⑦	⑦	⑦	⑦	⑦	⑦	⑦	⑦	⑦	⑦	⑦	⑦	⑦	⑦	⑦	⑦	⑦	⑦	⑦	⑦
⑧	⑧	⑧	⑧	⑧	⑧	⑧	⑧	⑧	⑧	⑧	⑧	⑧	⑧	⑧	⑧	⑧	⑧	⑧	⑧
⑨	⑨	⑨	⑨	⑨	⑨	⑨	⑨	⑨	⑨	⑨	⑨	⑨	⑨	⑨	⑨	⑨	⑨	⑨	⑨
⓪	⓪	⓪	⓪	⓪	⓪	⓪	⓪	⓪	⓪	⓪	⓪	⓪	⓪	⓪	⓪	⓪	⓪	⓪	⓪

古川学園高等学校（普通科進学・創志コース）　2021年度

◇国語◇

◆注意事項
1. 解答用紙は絶対に折り曲げない・汚さない。
2. HBの鉛筆を使用し，訂正にはプラスチック消しゴムを使用して消し残しのないようにして下さい。
3. 解答用紙の余白には，記入しないで下さい。

マーク例
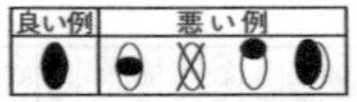

1	2	3	4	5	6	7	8	9	10	11	12	13	14	15	16	17	18	19	20
①	①	①	①	①	①	①	①	①	①	①	①	①	①	①	①	①	①	①	①
②	②	②	②	②	②	②	②	②	②	②	②	②	②	②	②	②	②	②	②
③	③	③	③	③	③	③	③	③	③	③	③	③	③	③	③	③	③	③	③
④	④	④	④	④	④	④	④	④	④	④	④	④	④	④	④	④	④	④	④
⑤	⑤	⑤	⑤	⑤	⑤	⑤	⑤	⑤	⑤	⑤	⑤	⑤	⑤	⑤	⑤	⑤	⑤	⑤	⑤
⑥	⑥	⑥	⑥	⑥	⑥	⑥	⑥	⑥	⑥	⑥	⑥	⑥	⑥	⑥	⑥	⑥	⑥	⑥	⑥
⑦	⑦	⑦	⑦	⑦	⑦	⑦	⑦	⑦	⑦	⑦	⑦	⑦	⑦	⑦	⑦	⑦	⑦	⑦	⑦
⑧	⑧	⑧	⑧	⑧	⑧	⑧	⑧	⑧	⑧	⑧	⑧	⑧	⑧	⑧	⑧	⑧	⑧	⑧	⑧
⑨	⑨	⑨	⑨	⑨	⑨	⑨	⑨	⑨	⑨	⑨	⑨	⑨	⑨	⑨	⑨	⑨	⑨	⑨	⑨
⓪	⓪	⓪	⓪	⓪	⓪	⓪	⓪	⓪	⓪	⓪	⓪	⓪	⓪	⓪	⓪	⓪	⓪	⓪	⓪

21	22	23	24	25	26	27	28	29	30	31	32	33	34	35	36	37	38	39	40
①	①	①	①	①	①	①	①	①	①	①	①	①	①	①	①	①	①	①	①
②	②	②	②	②	②	②	②	②	②	②	②	②	②	②	②	②	②	②	②
③	③	③	③	③	③	③	③	③	③	③	③	③	③	③	③	③	③	③	③
④	④	④	④	④	④	④	④	④	④	④	④	④	④	④	④	④	④	④	④
⑤	⑤	⑤	⑤	⑤	⑤	⑤	⑤	⑤	⑤	⑤	⑤	⑤	⑤	⑤	⑤	⑤	⑤	⑤	⑤
⑥	⑥	⑥	⑥	⑥	⑥	⑥	⑥	⑥	⑥	⑥	⑥	⑥	⑥	⑥	⑥	⑥	⑥	⑥	⑥
⑦	⑦	⑦	⑦	⑦	⑦	⑦	⑦	⑦	⑦	⑦	⑦	⑦	⑦	⑦	⑦	⑦	⑦	⑦	⑦
⑧	⑧	⑧	⑧	⑧	⑧	⑧	⑧	⑧	⑧	⑧	⑧	⑧	⑧	⑧	⑧	⑧	⑧	⑧	⑧
⑨	⑨	⑨	⑨	⑨	⑨	⑨	⑨	⑨	⑨	⑨	⑨	⑨	⑨	⑨	⑨	⑨	⑨	⑨	⑨
⓪	⓪	⓪	⓪	⓪	⓪	⓪	⓪	⓪	⓪	⓪	⓪	⓪	⓪	⓪	⓪	⓪	⓪	⓪	⓪

41	42	43	44	45	46	47	48	49	50	51	52	53	54	55	56	57	58	59	60
①	①	①	①	①	①	①	①	①	①	①	①	①	①	①	①	①	①	①	①
②	②	②	②	②	②	②	②	②	②	②	②	②	②	②	②	②	②	②	②
③	③	③	③	③	③	③	③	③	③	③	③	③	③	③	③	③	③	③	③
④	④	④	④	④	④	④	④	④	④	④	④	④	④	④	④	④	④	④	④
⑤	⑤	⑤	⑤	⑤	⑤	⑤	⑤	⑤	⑤	⑤	⑤	⑤	⑤	⑤	⑤	⑤	⑤	⑤	⑤
⑥	⑥	⑥	⑥	⑥	⑥	⑥	⑥	⑥	⑥	⑥	⑥	⑥	⑥	⑥	⑥	⑥	⑥	⑥	⑥
⑦	⑦	⑦	⑦	⑦	⑦	⑦	⑦	⑦	⑦	⑦	⑦	⑦	⑦	⑦	⑦	⑦	⑦	⑦	⑦
⑧	⑧	⑧	⑧	⑧	⑧	⑧	⑧	⑧	⑧	⑧	⑧	⑧	⑧	⑧	⑧	⑧	⑧	⑧	⑧
⑨	⑨	⑨	⑨	⑨	⑨	⑨	⑨	⑨	⑨	⑨	⑨	⑨	⑨	⑨	⑨	⑨	⑨	⑨	⑨
⓪	⓪	⓪	⓪	⓪	⓪	⓪	⓪	⓪	⓪	⓪	⓪	⓪	⓪	⓪	⓪	⓪	⓪	⓪	⓪

61	62	63	64	65	66	67	68	69	70	71	72	73	74	75	76	77	78	79	80
①	①	①	①	①	①	①	①	①	①	①	①	①	①	①	①	①	①	①	①
②	②	②	②	②	②	②	②	②	②	②	②	②	②	②	②	②	②	②	②
③	③	③	③	③	③	③	③	③	③	③	③	③	③	③	③	③	③	③	③
④	④	④	④	④	④	④	④	④	④	④	④	④	④	④	④	④	④	④	④
⑤	⑤	⑤	⑤	⑤	⑤	⑤	⑤	⑤	⑤	⑤	⑤	⑤	⑤	⑤	⑤	⑤	⑤	⑤	⑤
⑥	⑥	⑥	⑥	⑥	⑥	⑥	⑥	⑥	⑥	⑥	⑥	⑥	⑥	⑥	⑥	⑥	⑥	⑥	⑥
⑦	⑦	⑦	⑦	⑦	⑦	⑦	⑦	⑦	⑦	⑦	⑦	⑦	⑦	⑦	⑦	⑦	⑦	⑦	⑦
⑧	⑧	⑧	⑧	⑧	⑧	⑧	⑧	⑧	⑧	⑧	⑧	⑧	⑧	⑧	⑧	⑧	⑧	⑧	⑧
⑨	⑨	⑨	⑨	⑨	⑨	⑨	⑨	⑨	⑨	⑨	⑨	⑨	⑨	⑨	⑨	⑨	⑨	⑨	⑨
⓪	⓪	⓪	⓪	⓪	⓪	⓪	⓪	⓪	⓪	⓪	⓪	⓪	⓪	⓪	⓪	⓪	⓪	⓪	⓪

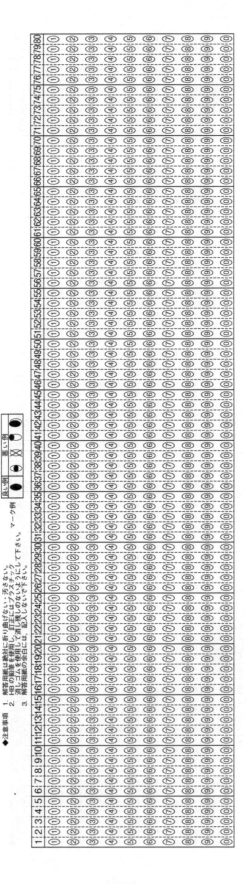

古川学園高等学校（情報ビジネス科・普通科総合コース）　2021年度

◇数学◇

◆注意事項
1. 解答用紙は絶対に折り曲げない・汚さない。
2. HBの鉛筆を使用し，訂正にはプラスチック消しゴムを使用して消し残しのないようにして下さい。
3. 解答用紙の余白には，記入しないで下さい。

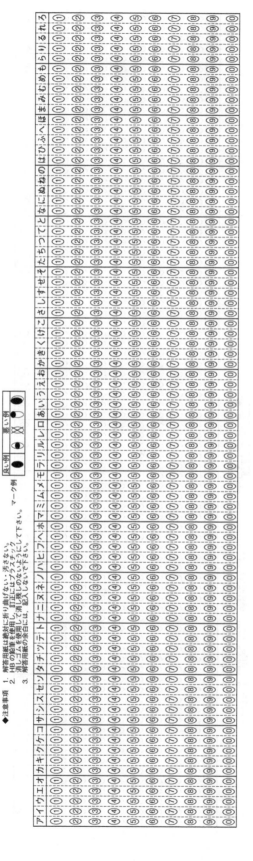

マーク例　良い例　悪い例

ア	イ	ウ	エ	オ	カ	キ	ク	ケ	コ	サ	シ	ス	セ	ソ	タ	チ	ツ	テ	ト	ナ	ニ	ヌ	ネ	ノ	ハ	ヒ	フ	ヘ	ホ	マ	ミ	ム	メ	モ	ラ	リ	ル	レ	ロ
1	1	1	1	1	1	1	1	1	1	1	1	1	1	1	1	1	1	1	1	1	1	1	1	1	1	1	1	1	1	1	1	1	1	1	1	1	1	1	1
2	2	2	2	2	2	2	2	2	2	2	2	2	2	2	2	2	2	2	2	2	2	2	2	2	2	2	2	2	2	2	2	2	2	2	2	2	2	2	2
3	3	3	3	3	3	3	3	3	3	3	3	3	3	3	3	3	3	3	3	3	3	3	3	3	3	3	3	3	3	3	3	3	3	3	3	3	3	3	3
4	4	4	4	4	4	4	4	4	4	4	4	4	4	4	4	4	4	4	4	4	4	4	4	4	4	4	4	4	4	4	4	4	4	4	4	4	4	4	4
5	5	5	5	5	5	5	5	5	5	5	5	5	5	5	5	5	5	5	5	5	5	5	5	5	5	5	5	5	5	5	5	5	5	5	5	5	5	5	5
6	6	6	6	6	6	6	6	6	6	6	6	6	6	6	6	6	6	6	6	6	6	6	6	6	6	6	6	6	6	6	6	6	6	6	6	6	6	6	6
7	7	7	7	7	7	7	7	7	7	7	7	7	7	7	7	7	7	7	7	7	7	7	7	7	7	7	7	7	7	7	7	7	7	7	7	7	7	7	7
8	8	8	8	8	8	8	8	8	8	8	8	8	8	8	8	8	8	8	8	8	8	8	8	8	8	8	8	8	8	8	8	8	8	8	8	8	8	8	8
9	9	9	9	9	9	9	9	9	9	9	9	9	9	9	9	9	9	9	9	9	9	9	9	9	9	9	9	9	9	9	9	9	9	9	9	9	9	9	9
0	0	0	0	0	0	0	0	0	0	0	0	0	0	0	0	0	0	0	0	0	0	0	0	0	0	0	0	0	0	0	0	0	0	0	0	0	0	0	0

あ	い	う	え	お	か	き	く	け	こ	さ	し	す	せ	そ	た	ち	つ	て	と	な	に	ぬ	ね	の	は	ひ	ふ	へ	ほ	ま	み	む	め	も	ら	り	る	れ	ろ
1	1	1	1	1	1	1	1	1	1	1	1	1	1	1	1	1	1	1	1	1	1	1	1	1	1	1	1	1	1	1	1	1	1	1	1	1	1	1	1
2	2	2	2	2	2	2	2	2	2	2	2	2	2	2	2	2	2	2	2	2	2	2	2	2	2	2	2	2	2	2	2	2	2	2	2	2	2	2	2
3	3	3	3	3	3	3	3	3	3	3	3	3	3	3	3	3	3	3	3	3	3	3	3	3	3	3	3	3	3	3	3	3	3	3	3	3	3	3	3
4	4	4	4	4	4	4	4	4	4	4	4	4	4	4	4	4	4	4	4	4	4	4	4	4	4	4	4	4	4	4	4	4	4	4	4	4	4	4	4
5	5	5	5	5	5	5	5	5	5	5	5	5	5	5	5	5	5	5	5	5	5	5	5	5	5	5	5	5	5	5	5	5	5	5	5	5	5	5	5
6	6	6	6	6	6	6	6	6	6	6	6	6	6	6	6	6	6	6	6	6	6	6	6	6	6	6	6	6	6	6	6	6	6	6	6	6	6	6	6
7	7	7	7	7	7	7	7	7	7	7	7	7	7	7	7	7	7	7	7	7	7	7	7	7	7	7	7	7	7	7	7	7	7	7	7	7	7	7	7
8	8	8	8	8	8	8	8	8	8	8	8	8	8	8	8	8	8	8	8	8	8	8	8	8	8	8	8	8	8	8	8	8	8	8	8	8	8	8	8
9	9	9	9	9	9	9	9	9	9	9	9	9	9	9	9	9	9	9	9	9	9	9	9	9	9	9	9	9	9	9	9	9	9	9	9	9	9	9	9
0	0	0	0	0	0	0	0	0	0	0	0	0	0	0	0	0	0	0	0	0	0	0	0	0	0	0	0	0	0	0	0	0	0	0	0	0	0	0	0

古川学園高等学校（情報ビジネス科・普通科総合コース）　2021年度

◇英語◇

◆注意事項
1. 解答用紙は絶対に折り曲げない・汚さない。
2. HB の鉛筆を使用し，訂正にはプラスチック消しゴムを使用して消し残しのないようにして下さい。
3. 解答用紙の余白には，記入しないで下さい。

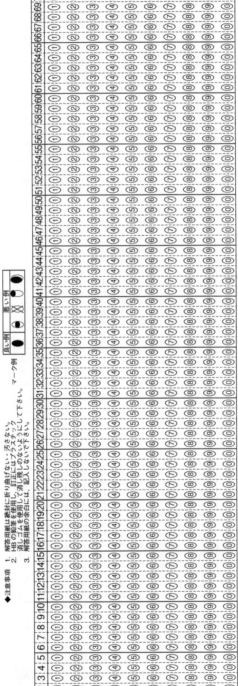

マーク例

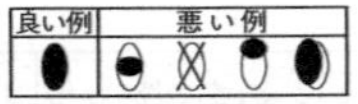

1	2	3	4	5	6	7	8	9	10	11	12	13	14	15	16	17	18	19	20
1	1	1	1	1	1	1	1	1	1	1	1	1	1	1	1	1	1	1	1
2	2	2	2	2	2	2	2	2	2	2	2	2	2	2	2	2	2	2	2
3	3	3	3	3	3	3	3	3	3	3	3	3	3	3	3	3	3	3	3
4	4	4	4	4	4	4	4	4	4	4	4	4	4	4	4	4	4	4	4
5	5	5	5	5	5	5	5	5	5	5	5	5	5	5	5	5	5	5	5
6	6	6	6	6	6	6	6	6	6	6	6	6	6	6	6	6	6	6	6
7	7	7	7	7	7	7	7	7	7	7	7	7	7	7	7	7	7	7	7
8	8	8	8	8	8	8	8	8	8	8	8	8	8	8	8	8	8	8	8
9	9	9	9	9	9	9	9	9	9	9	9	9	9	9	9	9	9	9	9
0	0	0	0	0	0	0	0	0	0	0	0	0	0	0	0	0	0	0	0

21	22	23	24	25	26	27	28	29	30	31	32	33	34	35	36	37	38	39	40
1	1	1	1	1	1	1	1	1	1	1	1	1	1	1	1	1	1	1	1
2	2	2	2	2	2	2	2	2	2	2	2	2	2	2	2	2	2	2	2
3	3	3	3	3	3	3	3	3	3	3	3	3	3	3	3	3	3	3	3
4	4	4	4	4	4	4	4	4	4	4	4	4	4	4	4	4	4	4	4
5	5	5	5	5	5	5	5	5	5	5	5	5	5	5	5	5	5	5	5
6	6	6	6	6	6	6	6	6	6	6	6	6	6	6	6	6	6	6	6
7	7	7	7	7	7	7	7	7	7	7	7	7	7	7	7	7	7	7	7
8	8	8	8	8	8	8	8	8	8	8	8	8	8	8	8	8	8	8	8
9	9	9	9	9	9	9	9	9	9	9	9	9	9	9	9	9	9	9	9
0	0	0	0	0	0	0	0	0	0	0	0	0	0	0	0	0	0	0	0

41	42	43	44	45	46	47	48	49	50	51	52	53	54	55	56	57	58	59	60
1	1	1	1	1	1	1	1	1	1	1	1	1	1	1	1	1	1	1	1
2	2	2	2	2	2	2	2	2	2	2	2	2	2	2	2	2	2	2	2
3	3	3	3	3	3	3	3	3	3	3	3	3	3	3	3	3	3	3	3
4	4	4	4	4	4	4	4	4	4	4	4	4	4	4	4	4	4	4	4
5	5	5	5	5	5	5	5	5	5	5	5	5	5	5	5	5	5	5	5
6	6	6	6	6	6	6	6	6	6	6	6	6	6	6	6	6	6	6	6
7	7	7	7	7	7	7	7	7	7	7	7	7	7	7	7	7	7	7	7
8	8	8	8	8	8	8	8	8	8	8	8	8	8	8	8	8	8	8	8
9	9	9	9	9	9	9	9	9	9	9	9	9	9	9	9	9	9	9	9
0	0	0	0	0	0	0	0	0	0	0	0	0	0	0	0	0	0	0	0

61	62	63	64	65	66	67	68	69	70	71	72	73	74	75	76	77	78	79	80
1	1	1	1	1	1	1	1	1	1	1	1	1	1	1	1	1	1	1	1
2	2	2	2	2	2	2	2	2	2	2	2	2	2	2	2	2	2	2	2
3	3	3	3	3	3	3	3	3	3	3	3	3	3	3	3	3	3	3	3
4	4	4	4	4	4	4	4	4	4	4	4	4	4	4	4	4	4	4	4
5	5	5	5	5	5	5	5	5	5	5	5	5	5	5	5	5	5	5	5
6	6	6	6	6	6	6	6	6	6	6	6	6	6	6	6	6	6	6	6
7	7	7	7	7	7	7	7	7	7	7	7	7	7	7	7	7	7	7	7
8	8	8	8	8	8	8	8	8	8	8	8	8	8	8	8	8	8	8	8
9	9	9	9	9	9	9	9	9	9	9	9	9	9	9	9	9	9	9	9
0	0	0	0	0	0	0	0	0	0	0	0	0	0	0	0	0	0	0	0

古川学園高等学校(情報ビジネス科・普通科総合コース)　2021年度

◇国語◇

◆注意事項　1. 解答用紙は絶対に折り曲げない・汚さない。
2. HB の鉛筆を使用し，訂正にはプラスチック消しゴムを使用して消し残しのないようにして下さい。
3. 解答用紙の余白には，記入しないで下さい。

マーク例　良い例　悪い例

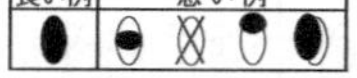

1	2	3	4	5	6	7	8	9	10	11	12	13	14	15	16	17	18	19	20
①	①	①	①	①	①	①	①	①	①	①	①	①	①	①	①	①	①	①	①
②	②	②	②	②	②	②	②	②	②	②	②	②	②	②	②	②	②	②	②
③	③	③	③	③	③	③	③	③	③	③	③	③	③	③	③	③	③	③	③
④	④	④	④	④	④	④	④	④	④	④	④	④	④	④	④	④	④	④	④
⑤	⑤	⑤	⑤	⑤	⑤	⑤	⑤	⑤	⑤	⑤	⑤	⑤	⑤	⑤	⑤	⑤	⑤	⑤	⑤
⑥	⑥	⑥	⑥	⑥	⑥	⑥	⑥	⑥	⑥	⑥	⑥	⑥	⑥	⑥	⑥	⑥	⑥	⑥	⑥
⑦	⑦	⑦	⑦	⑦	⑦	⑦	⑦	⑦	⑦	⑦	⑦	⑦	⑦	⑦	⑦	⑦	⑦	⑦	⑦
⑧	⑧	⑧	⑧	⑧	⑧	⑧	⑧	⑧	⑧	⑧	⑧	⑧	⑧	⑧	⑧	⑧	⑧	⑧	⑧
⑨	⑨	⑨	⑨	⑨	⑨	⑨	⑨	⑨	⑨	⑨	⑨	⑨	⑨	⑨	⑨	⑨	⑨	⑨	⑨
⓪	⓪	⓪	⓪	⓪	⓪	⓪	⓪	⓪	⓪	⓪	⓪	⓪	⓪	⓪	⓪	⓪	⓪	⓪	⓪

21	22	23	24	25	26	27	28	29	30	31	32	33	34	35	36	37	38	39	40
①	①	①	①	①	①	①	①	①	①	①	①	①	①	①	①	①	①	①	①
②	②	②	②	②	②	②	②	②	②	②	②	②	②	②	②	②	②	②	②
③	③	③	③	③	③	③	③	③	③	③	③	③	③	③	③	③	③	③	③
④	④	④	④	④	④	④	④	④	④	④	④	④	④	④	④	④	④	④	④
⑤	⑤	⑤	⑤	⑤	⑤	⑤	⑤	⑤	⑤	⑤	⑤	⑤	⑤	⑤	⑤	⑤	⑤	⑤	⑤
⑥	⑥	⑥	⑥	⑥	⑥	⑥	⑥	⑥	⑥	⑥	⑥	⑥	⑥	⑥	⑥	⑥	⑥	⑥	⑥
⑦	⑦	⑦	⑦	⑦	⑦	⑦	⑦	⑦	⑦	⑦	⑦	⑦	⑦	⑦	⑦	⑦	⑦	⑦	⑦
⑧	⑧	⑧	⑧	⑧	⑧	⑧	⑧	⑧	⑧	⑧	⑧	⑧	⑧	⑧	⑧	⑧	⑧	⑧	⑧
⑨	⑨	⑨	⑨	⑨	⑨	⑨	⑨	⑨	⑨	⑨	⑨	⑨	⑨	⑨	⑨	⑨	⑨	⑨	⑨
⓪	⓪	⓪	⓪	⓪	⓪	⓪	⓪	⓪	⓪	⓪	⓪	⓪	⓪	⓪	⓪	⓪	⓪	⓪	⓪

41	42	43	44	45	46	47	48	49	50	51	52	53	54	55	56	57	58	59	60
①	①	①	①	①	①	①	①	①	①	①	①	①	①	①	①	①	①	①	①
②	②	②	②	②	②	②	②	②	②	②	②	②	②	②	②	②	②	②	②
③	③	③	③	③	③	③	③	③	③	③	③	③	③	③	③	③	③	③	③
④	④	④	④	④	④	④	④	④	④	④	④	④	④	④	④	④	④	④	④
⑤	⑤	⑤	⑤	⑤	⑤	⑤	⑤	⑤	⑤	⑤	⑤	⑤	⑤	⑤	⑤	⑤	⑤	⑤	⑤
⑥	⑥	⑥	⑥	⑥	⑥	⑥	⑥	⑥	⑥	⑥	⑥	⑥	⑥	⑥	⑥	⑥	⑥	⑥	⑥
⑦	⑦	⑦	⑦	⑦	⑦	⑦	⑦	⑦	⑦	⑦	⑦	⑦	⑦	⑦	⑦	⑦	⑦	⑦	⑦
⑧	⑧	⑧	⑧	⑧	⑧	⑧	⑧	⑧	⑧	⑧	⑧	⑧	⑧	⑧	⑧	⑧	⑧	⑧	⑧
⑨	⑨	⑨	⑨	⑨	⑨	⑨	⑨	⑨	⑨	⑨	⑨	⑨	⑨	⑨	⑨	⑨	⑨	⑨	⑨
⓪	⓪	⓪	⓪	⓪	⓪	⓪	⓪	⓪	⓪	⓪	⓪	⓪	⓪	⓪	⓪	⓪	⓪	⓪	⓪

61	62	63	64	65	66	67	68	69	70	71	72	73	74	75	76	77	78	79	80
①	①	①	①	①	①	①	①	①	①	①	①	①	①	①	①	①	①	①	①
②	②	②	②	②	②	②	②	②	②	②	②	②	②	②	②	②	②	②	②
③	③	③	③	③	③	③	③	③	③	③	③	③	③	③	③	③	③	③	③
④	④	④	④	④	④	④	④	④	④	④	④	④	④	④	④	④	④	④	④
⑤	⑤	⑤	⑤	⑤	⑤	⑤	⑤	⑤	⑤	⑤	⑤	⑤	⑤	⑤	⑤	⑤	⑤	⑤	⑤
⑥	⑥	⑥	⑥	⑥	⑥	⑥	⑥	⑥	⑥	⑥	⑥	⑥	⑥	⑥	⑥	⑥	⑥	⑥	⑥
⑦	⑦	⑦	⑦	⑦	⑦	⑦	⑦	⑦	⑦	⑦	⑦	⑦	⑦	⑦	⑦	⑦	⑦	⑦	⑦
⑧	⑧	⑧	⑧	⑧	⑧	⑧	⑧	⑧	⑧	⑧	⑧	⑧	⑧	⑧	⑧	⑧	⑧	⑧	⑧
⑨	⑨	⑨	⑨	⑨	⑨	⑨	⑨	⑨	⑨	⑨	⑨	⑨	⑨	⑨	⑨	⑨	⑨	⑨	⑨
⓪	⓪	⓪	⓪	⓪	⓪	⓪	⓪	⓪	⓪	⓪	⓪	⓪	⓪	⓪	⓪	⓪	⓪	⓪	⓪

古川学園高等学校（普通科進学・創志コース）　2020年度

◇数学◇

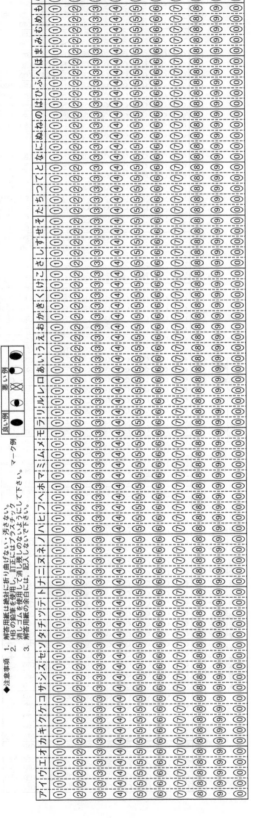

◆注意事項　1. 解答用紙は絶対に折り曲げない・汚さない。
2. HB の鉛筆を使用し，訂正にはプラスチック消しゴムを使用して消し残しのないようにして下さい。
3. 解答用紙の余白には，記入しないで下さい。

マーク例　良い例　悪い例

ア	イ	ウ	エ	オ	カ	キ	ク	ケ	コ
①	①	①	①	①	①	①	①	①	①
②	②	②	②	②	②	②	②	②	②
③	③	③	③	③	③	③	③	③	③
④	④	④	④	④	④	④	④	④	④
⑤	⑤	⑤	⑤	⑤	⑤	⑤	⑤	⑤	⑤
⑥	⑥	⑥	⑥	⑥	⑥	⑥	⑥	⑥	⑥
⑦	⑦	⑦	⑦	⑦	⑦	⑦	⑦	⑦	⑦
⑧	⑧	⑧	⑧	⑧	⑧	⑧	⑧	⑧	⑧
⑨	⑨	⑨	⑨	⑨	⑨	⑨	⑨	⑨	⑨
⓪	⓪	⓪	⓪	⓪	⓪	⓪	⓪	⓪	⓪

サ	シ	ス	セ	ソ	タ	チ	ツ	テ	ト
①	①	①	①	①	①	①	①	①	①
②	②	②	②	②	②	②	②	②	②
③	③	③	③	③	③	③	③	③	③
④	④	④	④	④	④	④	④	④	④
⑤	⑤	⑤	⑤	⑤	⑤	⑤	⑤	⑤	⑤
⑥	⑥	⑥	⑥	⑥	⑥	⑥	⑥	⑥	⑥
⑦	⑦	⑦	⑦	⑦	⑦	⑦	⑦	⑦	⑦
⑧	⑧	⑧	⑧	⑧	⑧	⑧	⑧	⑧	⑧
⑨	⑨	⑨	⑨	⑨	⑨	⑨	⑨	⑨	⑨
⓪	⓪	⓪	⓪	⓪	⓪	⓪	⓪	⓪	⓪

ナ	ニ	ヌ	ネ	ノ	ハ	ヒ	フ	ヘ	ホ
①	①	①	①	①	①	①	①	①	①
②	②	②	②	②	②	②	②	②	②
③	③	③	③	③	③	③	③	③	③
④	④	④	④	④	④	④	④	④	④
⑤	⑤	⑤	⑤	⑤	⑤	⑤	⑤	⑤	⑤
⑥	⑥	⑥	⑥	⑥	⑥	⑥	⑥	⑥	⑥
⑦	⑦	⑦	⑦	⑦	⑦	⑦	⑦	⑦	⑦
⑧	⑧	⑧	⑧	⑧	⑧	⑧	⑧	⑧	⑧
⑨	⑨	⑨	⑨	⑨	⑨	⑨	⑨	⑨	⑨
⓪	⓪	⓪	⓪	⓪	⓪	⓪	⓪	⓪	⓪

マ	ミ	ム	メ	モ	ラ	リ	ル	レ	ロ
①	①	①	①	①	①	①	①	①	①
②	②	②	②	②	②	②	②	②	②
③	③	③	③	③	③	③	③	③	③
④	④	④	④	④	④	④	④	④	④
⑤	⑤	⑤	⑤	⑤	⑤	⑤	⑤	⑤	⑤
⑥	⑥	⑥	⑥	⑥	⑥	⑥	⑥	⑥	⑥
⑦	⑦	⑦	⑦	⑦	⑦	⑦	⑦	⑦	⑦
⑧	⑧	⑧	⑧	⑧	⑧	⑧	⑧	⑧	⑧
⑨	⑨	⑨	⑨	⑨	⑨	⑨	⑨	⑨	⑨
⓪	⓪	⓪	⓪	⓪	⓪	⓪	⓪	⓪	⓪

あ	い	う	え	お	か	き	く	け	こ
①	①	①	①	①	①	①	①	①	①
②	②	②	②	②	②	②	②	②	②
③	③	③	③	③	③	③	③	③	③
④	④	④	④	④	④	④	④	④	④
⑤	⑤	⑤	⑤	⑤	⑤	⑤	⑤	⑤	⑤
⑥	⑥	⑥	⑥	⑥	⑥	⑥	⑥	⑥	⑥
⑦	⑦	⑦	⑦	⑦	⑦	⑦	⑦	⑦	⑦
⑧	⑧	⑧	⑧	⑧	⑧	⑧	⑧	⑧	⑧
⑨	⑨	⑨	⑨	⑨	⑨	⑨	⑨	⑨	⑨
⓪	⓪	⓪	⓪	⓪	⓪	⓪	⓪	⓪	⓪

さ	し	す	せ	そ	た	ち	つ	て	と
①	①	①	①	①	①	①	①	①	①
②	②	②	②	②	②	②	②	②	②
③	③	③	③	③	③	③	③	③	③
④	④	④	④	④	④	④	④	④	④
⑤	⑤	⑤	⑤	⑤	⑤	⑤	⑤	⑤	⑤
⑥	⑥	⑥	⑥	⑥	⑥	⑥	⑥	⑥	⑥
⑦	⑦	⑦	⑦	⑦	⑦	⑦	⑦	⑦	⑦
⑧	⑧	⑧	⑧	⑧	⑧	⑧	⑧	⑧	⑧
⑨	⑨	⑨	⑨	⑨	⑨	⑨	⑨	⑨	⑨
⓪	⓪	⓪	⓪	⓪	⓪	⓪	⓪	⓪	⓪

な	に	ぬ	ね	の	は	ひ	ふ	へ	ほ
①	①	①	①	①	①	①	①	①	①
②	②	②	②	②	②	②	②	②	②
③	③	③	③	③	③	③	③	③	③
④	④	④	④	④	④	④	④	④	④
⑤	⑤	⑤	⑤	⑤	⑤	⑤	⑤	⑤	⑤
⑥	⑥	⑥	⑥	⑥	⑥	⑥	⑥	⑥	⑥
⑦	⑦	⑦	⑦	⑦	⑦	⑦	⑦	⑦	⑦
⑧	⑧	⑧	⑧	⑧	⑧	⑧	⑧	⑧	⑧
⑨	⑨	⑨	⑨	⑨	⑨	⑨	⑨	⑨	⑨
⓪	⓪	⓪	⓪	⓪	⓪	⓪	⓪	⓪	⓪

ま	み	む	め	も	ら	り	る	れ	ろ
①	①	①	①	①	①	①	①	①	①
②	②	②	②	②	②	②	②	②	②
③	③	③	③	③	③	③	③	③	③
④	④	④	④	④	④	④	④	④	④
⑤	⑤	⑤	⑤	⑤	⑤	⑤	⑤	⑤	⑤
⑥	⑥	⑥	⑥	⑥	⑥	⑥	⑥	⑥	⑥
⑦	⑦	⑦	⑦	⑦	⑦	⑦	⑦	⑦	⑦
⑧	⑧	⑧	⑧	⑧	⑧	⑧	⑧	⑧	⑧
⑨	⑨	⑨	⑨	⑨	⑨	⑨	⑨	⑨	⑨
⓪	⓪	⓪	⓪	⓪	⓪	⓪	⓪	⓪	⓪

古川学園高等学校（普通科進学・創志コース）　2020年度

◇英語◇

◆注意事項　1. 解答用紙は絶対に折り曲げない・汚さない。
2. HB の鉛筆を使用し，訂正にはプラスチック消しゴムを使用して消し残しのないようにして下さい。
3. 解答用紙の余白には，記入しないで下さい。

マーク例　良い例　悪い例

1	2	3	4	5	6	7	8	9	10	11	12	13	14	15	16	17	18	19	20
1	1	1	1	1	1	1	1	1	1	1	1	1	1	1	1	1	1	1	1
2	2	2	2	2	2	2	2	2	2	2	2	2	2	2	2	2	2	2	2
3	3	3	3	3	3	3	3	3	3	3	3	3	3	3	3	3	3	3	3
4	4	4	4	4	4	4	4	4	4	4	4	4	4	4	4	4	4	4	4
5	5	5	5	5	5	5	5	5	5	5	5	5	5	5	5	5	5	5	5
6	6	6	6	6	6	6	6	6	6	6	6	6	6	6	6	6	6	6	6
7	7	7	7	7	7	7	7	7	7	7	7	7	7	7	7	7	7	7	7
8	8	8	8	8	8	8	8	8	8	8	8	8	8	8	8	8	8	8	8
9	9	9	9	9	9	9	9	9	9	9	9	9	9	9	9	9	9	9	9
0	0	0	0	0	0	0	0	0	0	0	0	0	0	0	0	0	0	0	0

21	22	23	24	25	26	27	28	29	30	31	32	33	34	35	36	37	38	39	40
1	1	1	1	1	1	1	1	1	1	1	1	1	1	1	1	1	1	1	1
2	2	2	2	2	2	2	2	2	2	2	2	2	2	2	2	2	2	2	2
3	3	3	3	3	3	3	3	3	3	3	3	3	3	3	3	3	3	3	3
4	4	4	4	4	4	4	4	4	4	4	4	4	4	4	4	4	4	4	4
5	5	5	5	5	5	5	5	5	5	5	5	5	5	5	5	5	5	5	5
6	6	6	6	6	6	6	6	6	6	6	6	6	6	6	6	6	6	6	6
7	7	7	7	7	7	7	7	7	7	7	7	7	7	7	7	7	7	7	7
8	8	8	8	8	8	8	8	8	8	8	8	8	8	8	8	8	8	8	8
9	9	9	9	9	9	9	9	9	9	9	9	9	9	9	9	9	9	9	9
0	0	0	0	0	0	0	0	0	0	0	0	0	0	0	0	0	0	0	0

41	42	43	44	45	46	47	48	49	50	51	52	53	54	55	56	57	58	59	60
1	1	1	1	1	1	1	1	1	1	1	1	1	1	1	1	1	1	1	1
2	2	2	2	2	2	2	2	2	2	2	2	2	2	2	2	2	2	2	2
3	3	3	3	3	3	3	3	3	3	3	3	3	3	3	3	3	3	3	3
4	4	4	4	4	4	4	4	4	4	4	4	4	4	4	4	4	4	4	4
5	5	5	5	5	5	5	5	5	5	5	5	5	5	5	5	5	5	5	5
6	6	6	6	6	6	6	6	6	6	6	6	6	6	6	6	6	6	6	6
7	7	7	7	7	7	7	7	7	7	7	7	7	7	7	7	7	7	7	7
8	8	8	8	8	8	8	8	8	8	8	8	8	8	8	8	8	8	8	8
9	9	9	9	9	9	9	9	9	9	9	9	9	9	9	9	9	9	9	9
0	0	0	0	0	0	0	0	0	0	0	0	0	0	0	0	0	0	0	0

61	62	63	64	65	66	67	68	69	70	71	72	73	74	75	76	77	78	79	80
1	1	1	1	1	1	1	1	1	1	1	1	1	1	1	1	1	1	1	1
2	2	2	2	2	2	2	2	2	2	2	2	2	2	2	2	2	2	2	2
3	3	3	3	3	3	3	3	3	3	3	3	3	3	3	3	3	3	3	3
4	4	4	4	4	4	4	4	4	4	4	4	4	4	4	4	4	4	4	4
5	5	5	5	5	5	5	5	5	5	5	5	5	5	5	5	5	5	5	5
6	6	6	6	6	6	6	6	6	6	6	6	6	6	6	6	6	6	6	6
7	7	7	7	7	7	7	7	7	7	7	7	7	7	7	7	7	7	7	7
8	8	8	8	8	8	8	8	8	8	8	8	8	8	8	8	8	8	8	8
9	9	9	9	9	9	9	9	9	9	9	9	9	9	9	9	9	9	9	9
0	0	0	0	0	0	0	0	0	0	0	0	0	0	0	0	0	0	0	0

古川学園高等学校（普通科進学・創志コース）　2020年度

◇国語◇

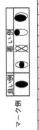

◆注意事項　1. 解答用紙は絶対に折り曲げない・汚さない。
2. HBの鉛筆を使用し，訂正にはプラスチック消しゴムを使用して消し残しのないようにして下さい。
3. 解答用紙の余白には，記入しないで下さい。

マーク例

良い例	悪い例

1	2	3	4	5	6	7	8	9	10	11	12	13	14	15	16	17	18	19	20
①	①	①	①	①	①	①	①	①	①	①	①	①	①	①	①	①	①	①	①
②	②	②	②	②	②	②	②	②	②	②	②	②	②	②	②	②	②	②	②
③	③	③	③	③	③	③	③	③	③	③	③	③	③	③	③	③	③	③	③
④	④	④	④	④	④	④	④	④	④	④	④	④	④	④	④	④	④	④	④
⑤	⑤	⑤	⑤	⑤	⑤	⑤	⑤	⑤	⑤	⑤	⑤	⑤	⑤	⑤	⑤	⑤	⑤	⑤	⑤
⑥	⑥	⑥	⑥	⑥	⑥	⑥	⑥	⑥	⑥	⑥	⑥	⑥	⑥	⑥	⑥	⑥	⑥	⑥	⑥
⑦	⑦	⑦	⑦	⑦	⑦	⑦	⑦	⑦	⑦	⑦	⑦	⑦	⑦	⑦	⑦	⑦	⑦	⑦	⑦
⑧	⑧	⑧	⑧	⑧	⑧	⑧	⑧	⑧	⑧	⑧	⑧	⑧	⑧	⑧	⑧	⑧	⑧	⑧	⑧
⑨	⑨	⑨	⑨	⑨	⑨	⑨	⑨	⑨	⑨	⑨	⑨	⑨	⑨	⑨	⑨	⑨	⑨	⑨	⑨
⓪	⓪	⓪	⓪	⓪	⓪	⓪	⓪	⓪	⓪	⓪	⓪	⓪	⓪	⓪	⓪	⓪	⓪	⓪	⓪

21	22	23	24	25	26	27	28	29	30	31	32	33	34	35	36	37	38	39	40
①	①	①	①	①	①	①	①	①	①	①	①	①	①	①	①	①	①	①	①
②	②	②	②	②	②	②	②	②	②	②	②	②	②	②	②	②	②	②	②
③	③	③	③	③	③	③	③	③	③	③	③	③	③	③	③	③	③	③	③
④	④	④	④	④	④	④	④	④	④	④	④	④	④	④	④	④	④	④	④
⑤	⑤	⑤	⑤	⑤	⑤	⑤	⑤	⑤	⑤	⑤	⑤	⑤	⑤	⑤	⑤	⑤	⑤	⑤	⑤
⑥	⑥	⑥	⑥	⑥	⑥	⑥	⑥	⑥	⑥	⑥	⑥	⑥	⑥	⑥	⑥	⑥	⑥	⑥	⑥
⑦	⑦	⑦	⑦	⑦	⑦	⑦	⑦	⑦	⑦	⑦	⑦	⑦	⑦	⑦	⑦	⑦	⑦	⑦	⑦
⑧	⑧	⑧	⑧	⑧	⑧	⑧	⑧	⑧	⑧	⑧	⑧	⑧	⑧	⑧	⑧	⑧	⑧	⑧	⑧
⑨	⑨	⑨	⑨	⑨	⑨	⑨	⑨	⑨	⑨	⑨	⑨	⑨	⑨	⑨	⑨	⑨	⑨	⑨	⑨
⓪	⓪	⓪	⓪	⓪	⓪	⓪	⓪	⓪	⓪	⓪	⓪	⓪	⓪	⓪	⓪	⓪	⓪	⓪	⓪

41	42	43	44	45	46	47	48	49	50	51	52	53	54	55	56	57	58	59	60
①	①	①	①	①	①	①	①	①	①	①	①	①	①	①	①	①	①	①	①
②	②	②	②	②	②	②	②	②	②	②	②	②	②	②	②	②	②	②	②
③	③	③	③	③	③	③	③	③	③	③	③	③	③	③	③	③	③	③	③
④	④	④	④	④	④	④	④	④	④	④	④	④	④	④	④	④	④	④	④
⑤	⑤	⑤	⑤	⑤	⑤	⑤	⑤	⑤	⑤	⑤	⑤	⑤	⑤	⑤	⑤	⑤	⑤	⑤	⑤
⑥	⑥	⑥	⑥	⑥	⑥	⑥	⑥	⑥	⑥	⑥	⑥	⑥	⑥	⑥	⑥	⑥	⑥	⑥	⑥
⑦	⑦	⑦	⑦	⑦	⑦	⑦	⑦	⑦	⑦	⑦	⑦	⑦	⑦	⑦	⑦	⑦	⑦	⑦	⑦
⑧	⑧	⑧	⑧	⑧	⑧	⑧	⑧	⑧	⑧	⑧	⑧	⑧	⑧	⑧	⑧	⑧	⑧	⑧	⑧
⑨	⑨	⑨	⑨	⑨	⑨	⑨	⑨	⑨	⑨	⑨	⑨	⑨	⑨	⑨	⑨	⑨	⑨	⑨	⑨
⓪	⓪	⓪	⓪	⓪	⓪	⓪	⓪	⓪	⓪	⓪	⓪	⓪	⓪	⓪	⓪	⓪	⓪	⓪	⓪

61	62	63	64	65	66	67	68	69	70	71	72	73	74	75	76	77	78	79	80
①	①	①	①	①	①	①	①	①	①	①	①	①	①	①	①	①	①	①	①
②	②	②	②	②	②	②	②	②	②	②	②	②	②	②	②	②	②	②	②
③	③	③	③	③	③	③	③	③	③	③	③	③	③	③	③	③	③	③	③
④	④	④	④	④	④	④	④	④	④	④	④	④	④	④	④	④	④	④	④
⑤	⑤	⑤	⑤	⑤	⑤	⑤	⑤	⑤	⑤	⑤	⑤	⑤	⑤	⑤	⑤	⑤	⑤	⑤	⑤
⑥	⑥	⑥	⑥	⑥	⑥	⑥	⑥	⑥	⑥	⑥	⑥	⑥	⑥	⑥	⑥	⑥	⑥	⑥	⑥
⑦	⑦	⑦	⑦	⑦	⑦	⑦	⑦	⑦	⑦	⑦	⑦	⑦	⑦	⑦	⑦	⑦	⑦	⑦	⑦
⑧	⑧	⑧	⑧	⑧	⑧	⑧	⑧	⑧	⑧	⑧	⑧	⑧	⑧	⑧	⑧	⑧	⑧	⑧	⑧
⑨	⑨	⑨	⑨	⑨	⑨	⑨	⑨	⑨	⑨	⑨	⑨	⑨	⑨	⑨	⑨	⑨	⑨	⑨	⑨
⓪	⓪	⓪	⓪	⓪	⓪	⓪	⓪	⓪	⓪	⓪	⓪	⓪	⓪	⓪	⓪	⓪	⓪	⓪	⓪

古川学園高等学校(普通科進学コース)　　2019年度

◇数学◇

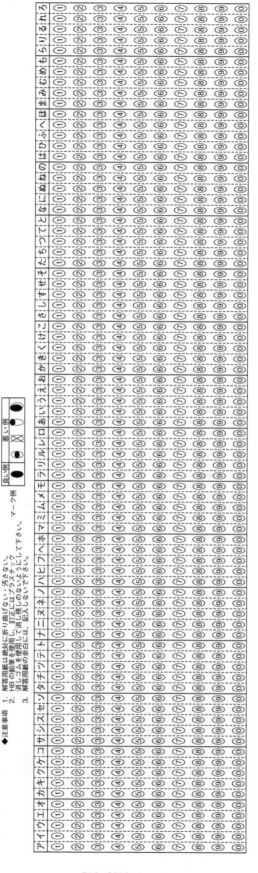

◆注意事項
1. 解答用紙は絶対に折り曲げない・汚さない。
2. HB の鉛筆を使用し，訂正にはプラスチック消しゴムを使用して消し残しのないようにして下さい。
3. 解答用紙の余白には，記入しないで下さい。

マーク例

良い例	悪い例

ア	イ	ウ	エ	オ	カ	キ	ク	ケ	コ	サ	シ	ス	セ	ソ	タ	チ	ツ	テ	ト
1	1	1	1	1	1	1	1	1	1	1	1	1	1	1	1	1	1	1	1
2	2	2	2	2	2	2	2	2	2	2	2	2	2	2	2	2	2	2	2
3	3	3	3	3	3	3	3	3	3	3	3	3	3	3	3	3	3	3	3
4	4	4	4	4	4	4	4	4	4	4	4	4	4	4	4	4	4	4	4
5	5	5	5	5	5	5	5	5	5	5	5	5	5	5	5	5	5	5	5
6	6	6	6	6	6	6	6	6	6	6	6	6	6	6	6	6	6	6	6
7	7	7	7	7	7	7	7	7	7	7	7	7	7	7	7	7	7	7	7
8	8	8	8	8	8	8	8	8	8	8	8	8	8	8	8	8	8	8	8
9	9	9	9	9	9	9	9	9	9	9	9	9	9	9	9	9	9	9	9
0	0	0	0	0	0	0	0	0	0	0	0	0	0	0	0	0	0	0	0

ナ	ニ	ヌ	ネ	ノ	ハ	ヒ	フ	ヘ	ホ	マ	ミ	ム	メ	モ	ラ	リ	ル	レ	ロ
1	1	1	1	1	1	1	1	1	1	1	1	1	1	1	1	1	1	1	1
2	2	2	2	2	2	2	2	2	2	2	2	2	2	2	2	2	2	2	2
3	3	3	3	3	3	3	3	3	3	3	3	3	3	3	3	3	3	3	3
4	4	4	4	4	4	4	4	4	4	4	4	4	4	4	4	4	4	4	4
5	5	5	5	5	5	5	5	5	5	5	5	5	5	5	5	5	5	5	5
6	6	6	6	6	6	6	6	6	6	6	6	6	6	6	6	6	6	6	6
7	7	7	7	7	7	7	7	7	7	7	7	7	7	7	7	7	7	7	7
8	8	8	8	8	8	8	8	8	8	8	8	8	8	8	8	8	8	8	8
9	9	9	9	9	9	9	9	9	9	9	9	9	9	9	9	9	9	9	9
0	0	0	0	0	0	0	0	0	0	0	0	0	0	0	0	0	0	0	0

あ	い	う	え	お	か	き	く	け	こ	さ	し	す	せ	そ	た	ち	つ	て	と
1	1	1	1	1	1	1	1	1	1	1	1	1	1	1	1	1	1	1	1
2	2	2	2	2	2	2	2	2	2	2	2	2	2	2	2	2	2	2	2
3	3	3	3	3	3	3	3	3	3	3	3	3	3	3	3	3	3	3	3
4	4	4	4	4	4	4	4	4	4	4	4	4	4	4	4	4	4	4	4
5	5	5	5	5	5	5	5	5	5	5	5	5	5	5	5	5	5	5	5
6	6	6	6	6	6	6	6	6	6	6	6	6	6	6	6	6	6	6	6
7	7	7	7	7	7	7	7	7	7	7	7	7	7	7	7	7	7	7	7
8	8	8	8	8	8	8	8	8	8	8	8	8	8	8	8	8	8	8	8
9	9	9	9	9	9	9	9	9	9	9	9	9	9	9	9	9	9	9	9
0	0	0	0	0	0	0	0	0	0	0	0	0	0	0	0	0	0	0	0

な	に	ぬ	ね	の	は	ひ	ふ	へ	ほ	ま	み	む	め	も	ら	り	る	れ	ろ
1	1	1	1	1	1	1	1	1	1	1	1	1	1	1	1	1	1	1	1
2	2	2	2	2	2	2	2	2	2	2	2	2	2	2	2	2	2	2	2
3	3	3	3	3	3	3	3	3	3	3	3	3	3	3	3	3	3	3	3
4	4	4	4	4	4	4	4	4	4	4	4	4	4	4	4	4	4	4	4
5	5	5	5	5	5	5	5	5	5	5	5	5	5	5	5	5	5	5	5
6	6	6	6	6	6	6	6	6	6	6	6	6	6	6	6	6	6	6	6
7	7	7	7	7	7	7	7	7	7	7	7	7	7	7	7	7	7	7	7
8	8	8	8	8	8	8	8	8	8	8	8	8	8	8	8	8	8	8	8
9	9	9	9	9	9	9	9	9	9	9	9	9	9	9	9	9	9	9	9
0	0	0	0	0	0	0	0	0	0	0	0	0	0	0	0	0	0	0	0

古川学園高等学校（普通科進学コース）　2019年度

◇英語◇

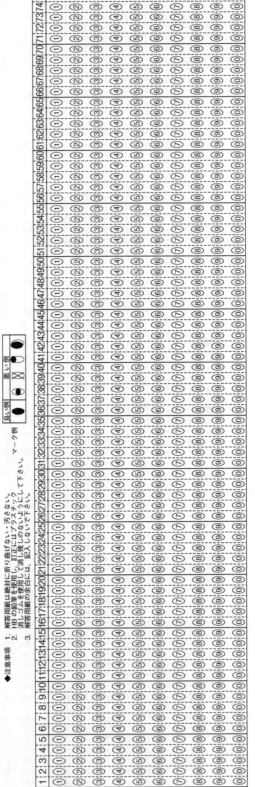

◆注意事項　1. 解答用紙は絶対に折り曲げない・汚さない。
2. HB の鉛筆を使用し，訂正にはプラスチック消しゴムを使用して消し残しのないようにして下さい。
3. 解答用紙の余白には，記入しないで下さい。

マーク例　良い例　悪い例

1	2	3	4	5	6	7	8	9	10	11	12	13	14	15	16	17	18	19	20
①	①	①	①	①	①	①	①	①	①	①	①	①	①	①	①	①	①	①	①
②	②	②	②	②	②	②	②	②	②	②	②	②	②	②	②	②	②	②	②
③	③	③	③	③	③	③	③	③	③	③	③	③	③	③	③	③	③	③	③
④	④	④	④	④	④	④	④	④	④	④	④	④	④	④	④	④	④	④	④
⑤	⑤	⑤	⑤	⑤	⑤	⑤	⑤	⑤	⑤	⑤	⑤	⑤	⑤	⑤	⑤	⑤	⑤	⑤	⑤
⑥	⑥	⑥	⑥	⑥	⑥	⑥	⑥	⑥	⑥	⑥	⑥	⑥	⑥	⑥	⑥	⑥	⑥	⑥	⑥
⑦	⑦	⑦	⑦	⑦	⑦	⑦	⑦	⑦	⑦	⑦	⑦	⑦	⑦	⑦	⑦	⑦	⑦	⑦	⑦
⑧	⑧	⑧	⑧	⑧	⑧	⑧	⑧	⑧	⑧	⑧	⑧	⑧	⑧	⑧	⑧	⑧	⑧	⑧	⑧
⑨	⑨	⑨	⑨	⑨	⑨	⑨	⑨	⑨	⑨	⑨	⑨	⑨	⑨	⑨	⑨	⑨	⑨	⑨	⑨
⓪	⓪	⓪	⓪	⓪	⓪	⓪	⓪	⓪	⓪	⓪	⓪	⓪	⓪	⓪	⓪	⓪	⓪	⓪	⓪

21	22	23	24	25	26	27	28	29	30	31	32	33	34	35	36	37	38	39	40
①	①	①	①	①	①	①	①	①	①	①	①	①	①	①	①	①	①	①	①
②	②	②	②	②	②	②	②	②	②	②	②	②	②	②	②	②	②	②	②
③	③	③	③	③	③	③	③	③	③	③	③	③	③	③	③	③	③	③	③
④	④	④	④	④	④	④	④	④	④	④	④	④	④	④	④	④	④	④	④
⑤	⑤	⑤	⑤	⑤	⑤	⑤	⑤	⑤	⑤	⑤	⑤	⑤	⑤	⑤	⑤	⑤	⑤	⑤	⑤
⑥	⑥	⑥	⑥	⑥	⑥	⑥	⑥	⑥	⑥	⑥	⑥	⑥	⑥	⑥	⑥	⑥	⑥	⑥	⑥
⑦	⑦	⑦	⑦	⑦	⑦	⑦	⑦	⑦	⑦	⑦	⑦	⑦	⑦	⑦	⑦	⑦	⑦	⑦	⑦
⑧	⑧	⑧	⑧	⑧	⑧	⑧	⑧	⑧	⑧	⑧	⑧	⑧	⑧	⑧	⑧	⑧	⑧	⑧	⑧
⑨	⑨	⑨	⑨	⑨	⑨	⑨	⑨	⑨	⑨	⑨	⑨	⑨	⑨	⑨	⑨	⑨	⑨	⑨	⑨
⓪	⓪	⓪	⓪	⓪	⓪	⓪	⓪	⓪	⓪	⓪	⓪	⓪	⓪	⓪	⓪	⓪	⓪	⓪	⓪

41	42	43	44	45	46	47	48	49	50	51	52	53	54	55	56	57	58	59	60
①	①	①	①	①	①	①	①	①	①	①	①	①	①	①	①	①	①	①	①
②	②	②	②	②	②	②	②	②	②	②	②	②	②	②	②	②	②	②	②
③	③	③	③	③	③	③	③	③	③	③	③	③	③	③	③	③	③	③	③
④	④	④	④	④	④	④	④	④	④	④	④	④	④	④	④	④	④	④	④
⑤	⑤	⑤	⑤	⑤	⑤	⑤	⑤	⑤	⑤	⑤	⑤	⑤	⑤	⑤	⑤	⑤	⑤	⑤	⑤
⑥	⑥	⑥	⑥	⑥	⑥	⑥	⑥	⑥	⑥	⑥	⑥	⑥	⑥	⑥	⑥	⑥	⑥	⑥	⑥
⑦	⑦	⑦	⑦	⑦	⑦	⑦	⑦	⑦	⑦	⑦	⑦	⑦	⑦	⑦	⑦	⑦	⑦	⑦	⑦
⑧	⑧	⑧	⑧	⑧	⑧	⑧	⑧	⑧	⑧	⑧	⑧	⑧	⑧	⑧	⑧	⑧	⑧	⑧	⑧
⑨	⑨	⑨	⑨	⑨	⑨	⑨	⑨	⑨	⑨	⑨	⑨	⑨	⑨	⑨	⑨	⑨	⑨	⑨	⑨
⓪	⓪	⓪	⓪	⓪	⓪	⓪	⓪	⓪	⓪	⓪	⓪	⓪	⓪	⓪	⓪	⓪	⓪	⓪	⓪

61	62	63	64	65	66	67	68	69	70	71	72	73	74	75	76	77	78	79	80
①	①	①	①	①	①	①	①	①	①	①	①	①	①	①	①	①	①	①	①
②	②	②	②	②	②	②	②	②	②	②	②	②	②	②	②	②	②	②	②
③	③	③	③	③	③	③	③	③	③	③	③	③	③	③	③	③	③	③	③
④	④	④	④	④	④	④	④	④	④	④	④	④	④	④	④	④	④	④	④
⑤	⑤	⑤	⑤	⑤	⑤	⑤	⑤	⑤	⑤	⑤	⑤	⑤	⑤	⑤	⑤	⑤	⑤	⑤	⑤
⑥	⑥	⑥	⑥	⑥	⑥	⑥	⑥	⑥	⑥	⑥	⑥	⑥	⑥	⑥	⑥	⑥	⑥	⑥	⑥
⑦	⑦	⑦	⑦	⑦	⑦	⑦	⑦	⑦	⑦	⑦	⑦	⑦	⑦	⑦	⑦	⑦	⑦	⑦	⑦
⑧	⑧	⑧	⑧	⑧	⑧	⑧	⑧	⑧	⑧	⑧	⑧	⑧	⑧	⑧	⑧	⑧	⑧	⑧	⑧
⑨	⑨	⑨	⑨	⑨	⑨	⑨	⑨	⑨	⑨	⑨	⑨	⑨	⑨	⑨	⑨	⑨	⑨	⑨	⑨
⓪	⓪	⓪	⓪	⓪	⓪	⓪	⓪	⓪	⓪	⓪	⓪	⓪	⓪	⓪	⓪	⓪	⓪	⓪	⓪

古川学園高等学校（普通科進学コース）　2019年度

◇国語◇

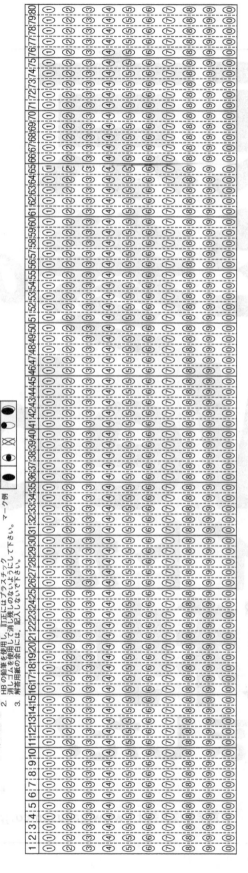

◆注意事項
1. 解答用紙は絶対に折り曲げない・汚さない。
2. HB の鉛筆を使用し，訂正にはプラスチック消しゴムを使用して消し残しのないようにして下さい。
3. 解答用紙の余白には，記入しないで下さい。

マーク例

良い例	悪い例

1	2	3	4	5	6	7	8	9	10	11	12	13	14	15	16	17	18	19	20
1	1	1	1	1	1	1	1	1	1	1	1	1	1	1	1	1	1	1	1
2	2	2	2	2	2	2	2	2	2	2	2	2	2	2	2	2	2	2	2
3	3	3	3	3	3	3	3	3	3	3	3	3	3	3	3	3	3	3	3
4	4	4	4	4	4	4	4	4	4	4	4	4	4	4	4	4	4	4	4
5	5	5	5	5	5	5	5	5	5	5	5	5	5	5	5	5	5	5	5
6	6	6	6	6	6	6	6	6	6	6	6	6	6	6	6	6	6	6	6
7	7	7	7	7	7	7	7	7	7	7	7	7	7	7	7	7	7	7	7
8	8	8	8	8	8	8	8	8	8	8	8	8	8	8	8	8	8	8	8
9	9	9	9	9	9	9	9	9	9	9	9	9	9	9	9	9	9	9	9
0	0	0	0	0	0	0	0	0	0	0	0	0	0	0	0	0	0	0	0

21	22	23	24	25	26	27	28	29	30	31	32	33	34	35	36	37	38	39	40
1	1	1	1	1	1	1	1	1	1	1	1	1	1	1	1	1	1	1	1
2	2	2	2	2	2	2	2	2	2	2	2	2	2	2	2	2	2	2	2
3	3	3	3	3	3	3	3	3	3	3	3	3	3	3	3	3	3	3	3
4	4	4	4	4	4	4	4	4	4	4	4	4	4	4	4	4	4	4	4
5	5	5	5	5	5	5	5	5	5	5	5	5	5	5	5	5	5	5	5
6	6	6	6	6	6	6	6	6	6	6	6	6	6	6	6	6	6	6	6
7	7	7	7	7	7	7	7	7	7	7	7	7	7	7	7	7	7	7	7
8	8	8	8	8	8	8	8	8	8	8	8	8	8	8	8	8	8	8	8
9	9	9	9	9	9	9	9	9	9	9	9	9	9	9	9	9	9	9	9
0	0	0	0	0	0	0	0	0	0	0	0	0	0	0	0	0	0	0	0

41	42	43	44	45	46	47	48	49	50	51	52	53	54	55	56	57	58	59	60
1	1	1	1	1	1	1	1	1	1	1	1	1	1	1	1	1	1	1	1
2	2	2	2	2	2	2	2	2	2	2	2	2	2	2	2	2	2	2	2
3	3	3	3	3	3	3	3	3	3	3	3	3	3	3	3	3	3	3	3
4	4	4	4	4	4	4	4	4	4	4	4	4	4	4	4	4	4	4	4
5	5	5	5	5	5	5	5	5	5	5	5	5	5	5	5	5	5	5	5
6	6	6	6	6	6	6	6	6	6	6	6	6	6	6	6	6	6	6	6
7	7	7	7	7	7	7	7	7	7	7	7	7	7	7	7	7	7	7	7
8	8	8	8	8	8	8	8	8	8	8	8	8	8	8	8	8	8	8	8
9	9	9	9	9	9	9	9	9	9	9	9	9	9	9	9	9	9	9	9
0	0	0	0	0	0	0	0	0	0	0	0	0	0	0	0	0	0	0	0

61	62	63	64	65	66	67	68	69	70	71	72	73	74	75	76	77	78	79	80
1	1	1	1	1	1	1	1	1	1	1	1	1	1	1	1	1	1	1	1
2	2	2	2	2	2	2	2	2	2	2	2	2	2	2	2	2	2	2	2
3	3	3	3	3	3	3	3	3	3	3	3	3	3	3	3	3	3	3	3
4	4	4	4	4	4	4	4	4	4	4	4	4	4	4	4	4	4	4	4
5	5	5	5	5	5	5	5	5	5	5	5	5	5	5	5	5	5	5	5
6	6	6	6	6	6	6	6	6	6	6	6	6	6	6	6	6	6	6	6
7	7	7	7	7	7	7	7	7	7	7	7	7	7	7	7	7	7	7	7
8	8	8	8	8	8	8	8	8	8	8	8	8	8	8	8	8	8	8	8
9	9	9	9	9	9	9	9	9	9	9	9	9	9	9	9	9	9	9	9
0	0	0	0	0	0	0	0	0	0	0	0	0	0	0	0	0	0	0	0

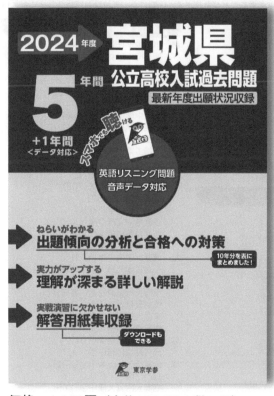

東京学参の

中学校別入試過去問題シリーズ

＊出版校は一部変更することがあります。一覧にない学校はお問い合わせください。

東京ラインナップ

あ　青山学院中等部(L04)
麻布中学(K01)
桜蔭中学(K02)
お茶の水女子大附属中学(K07)
か　海城中学(K09)
開成中学(M01)
学習院中等科(M03)
慶應義塾中等部(K04)
晃華学園中学(N13)
攻玉社中学(L11)
国学院大久我山中学
（一般・CC）(N22)
（ST）(N23)
駒場東邦中学(L01)
さ　芝中学(K16)
芝浦工業大附属中学(M06)
城北中学(M05)
女子学院中学(K03)
巣鴨中学(M02)
成蹊中学(N06)
成城中学(K28)
成城学園中学(L05)
青稜中学(K23)
創価中学(N14)★
た　玉川学園中学部(N17)
中央大附属中学(N08)
筑波大附属中学(K06)
筑波大附属駒場中学(L02)
帝京大中学(N16)
東海大菅生高中等部(N27)
東京学芸大附属竹早中学(K08)
東京都市大付属中学(L13)
桐朋中学(N03)
東洋英和女学院中学部(K15)
豊島岡女子学園中学(M12)
な　日本大第一中学(M14)
日本大第三中学(N19)
日本大第二中学(N10)
は　雙葉中学(K05)
法政大学中学(N11)
本郷中学(M08)
ま　武蔵中学(N01)
明治大付属中野中学(N05)
明治大付属中野八王子中学(N07)
明治大付属明治中学(K13)
ら　立教池袋中学(M04)
わ　和光中学(N21)
早稲田中学(K10)
早稲田実業学校中等部(K11)
早稲田大高等学院中等部(N12)

神奈川ラインナップ

あ　浅野中学(O04)
栄光学園中学(O06)
か　神奈川大附属中学(O08)
鎌倉女学院中学(O27)
関東学院六浦中学(O31)
慶應義塾湘南藤沢中等部(O07)
慶應義塾普通部(O01)
さ　相模女子大中学部(O32)
サレジオ学院中学(O17)
逗子開成中学(O22)
聖光学院中学(O11)
清泉女学院中学(O20)
洗足学園中学(O18)
捜真女学校中学部(O29)
た　桐蔭学園中等教育学校(O02)
東海大付属相模高中等部(O24)
桐光学園中学(O16)
な　日本大中学(O09)
は　フェリス女学院中学(O03)
法政大第二中学(O19)
や　山手学院中学(O15)
横浜隼人中学(O26)

千・埼・茨・他ラインナップ

あ　市川中学(P01)
浦和明の星女子中学(Q06)
か　海陽中等教育学校
（入試Ⅰ・Ⅱ）(T01)
（特別給費生選抜）(T02)
久留米大附設中学(Y04)
さ　栄東中学（東大・難関大）(Q09)
栄東中学（東大特待）(Q10)
狭山ヶ丘高校付属中学(Q01)
芝浦工業大柏中学(P14)
渋谷教育学園幕張中学(P09)
城北埼玉中学(Q07)
昭和学院秀英中学(P05)
清真学園中学(S01)
西南学院中学(Y02)
西武学園文理中学(Q03)
西武台新座中学(Q02)
専修大松戸中学(P13)
た　筑紫女学園中学(Y03)
千葉日本大第一中学(P07)
千葉明徳中学(P12)
東海大付属浦安高中等部(P06)
東邦大付属東邦中学(P08)
東洋大附属牛久中学(S02)
獨協埼玉中学(Q08)
な　長崎日本大中学(Y01)
成田高校付属中学(P15)
は　函館ラ・サール中学(X01)
日出学園中学(P03)
福岡大附属大濠中学(Y05)
北嶺中学(X03)
細田学園中学(Q04)
や　八千代松陰中学(P10)
ら　ラ・サール中学(Y07)
立命館慶祥中学(X02)
立教新座中学(Q05)
わ　早稲田佐賀中学(Y06)

公立中高一貫校ラインナップ

北海道　市立札幌開成中等教育学校(J22)
宮　城　宮城県仙台二華・古川黎明中学校(J17)
市立仙台青陵中等教育学校(J33)
山　形　県立東桜学館・致道館中学校(J27)
茨　城　茨城県立中学・中等教育学校(J09)
栃　木　県立宇都宮東・佐野・矢板東高校附属中学校(J11)
群　馬　県立中央・市立四ツ葉学園中等教育学校・
市立太田中学校(J10)
埼　玉　市立浦和中学校(J06)
県立伊奈学園中学校(J31)
さいたま市立大宮国際中等教育学校(J32)
川口市立高等学校附属中学校(J35)
千　葉　県立千葉・東葛飾中学校(J07)
市立稲毛国際中等教育学校(J25)
東　京　区立九段中等教育学校(J21)
都立大泉高等学校附属中学校(J28)
都立両国高等学校附属中学校(J01)
都立白鷗高等学校附属中学校(J02)
都立富士高等学校附属中学校(J03)
都立三鷹中等教育学校(J29)
都立南多摩中等教育学校(J30)
都立武蔵高等学校附属中学校(J04)
都立立川国際中等教育学校(J05)
都立小石川中等教育学校(J23)
都立桜修館中等教育学校(J24)
神奈川　川崎市立川崎高等学校附属中学校(J26)
県立平塚・相模原中等教育学校(J08)
横浜市立南高等学校附属中学校(J20)
横浜サイエンスフロンティア高校附属中学校(J34)
広　島　県立広島中学校(J16)
県立三次中学校(J37)
徳　島　県立城ノ内中等教育学校・富岡東・川島中学校(J18)
愛　媛　県立今治東・松山西(J19)
福　岡　福岡県立中学校・中等教育学校(J12)
佐　賀　県立香楠・致遠館・唐津東・武雄青陵中学校(J13)
宮　崎　県立五ヶ瀬中等教育学校・宮崎西・都城泉ヶ丘高校附属中学校(J15)
長　崎　県立長崎東・佐世保北・諫早高校附属中学校(J14)

公立中高一貫校「適性検査対策」問題集シリーズ

総合編　作文問題編　資料問題編　数と図形編　生活と科学編　実力確認テスト編

私立中・高スクールガイド

THE（ザ） 私立

私立中学&高校の学校生活がわかる！

〈リスニング問題の音声について〉

本問題集掲載のリスニング問題の音声は、弊社ホームページでデータ配信しております。

現在お聞きいただけるのは「2024年度受験用」に対応した音声で、2024年3月末日までダウンロード可能です。弊社ホームページにアクセスの上、ご利用ください。

※本問題集を中古品として購入された場合など、配信期間の終了によりお聞きいただけない年度がございますのでご了承ください。

高校別入試過去問題シリーズ

古川学園高等学校　2024年度

ISBN978-4-8141-2686-6

発行所　東京学参株式会社
〒153-0043　東京都目黒区東山2-6-4
URL　https://www.gakusan.co.jp

編集部　E-mail　hensyu@gakusan.co.jp
※本書の編集責任はすべて弊社にあります。内容に関するお問い合わせ等は、編集部まで、メールにてお願い致します。なお、回答にはしばらくお時間をいただく場合がございます。何卒ご了承くださいませ。

営業部　TEL　03 (3794) 3154
FAX　03 (3794) 3164
E-mail　shoten@gakusan.co.jp
※ご注文・出版予定のお問い合わせ等は営業部までお願い致します。

2023年9月21日　初版